Christoph Reinprecht

Nach der Gastarbeit

Prekäres Altern in der Einwanderungsgesellschaft

Sociologica
Herausgegeben von Hilde Weiss und Christoph Reinprecht
Band 9

Christoph Reinprecht

Nach der Gastarbeit

Prekäres Altern in der Einwanderungsgesellschaft

BRAUMÜLLER

Gedruckt mit Förderung
des Bundesministeriums für Bildung, Wissenschaft und Kultur in Wien.

Bibliografische Information Der Deutschen Bibliothek

Die Deutsche Bibliothek verzeichnet diese Publikation in der
Deutschen Nationalbibliografie; detaillierte bibliografische Daten
sind im Internet über http://dnb.ddb.de abrufbar.

Printed in Austria

Alle Rechte, insbesondere das Recht der Vervielfältigung und Verbreitung sowie
der Übersetzung, vorbehalten. Kein Teil des Werkes darf in irgendeiner Form
(durch Photokopie, Mikrofilm oder ein anderes Verfahren) ohne schriftliche
Genehmigung des Verlages reproduziert oder unter Verwendung elektronischer
Systeme gespeichert, verarbeitet, vervielfältigt oder verbreitet werden.

© 2006 by Wilhelm Braumüller Universitäts-Verlagsbuchhandlung Ges.m.b.H.
A-1092 Wien
http://www.braumueller.at

ISSN 1814-5647
ISBN 3-7003-1541-4
ISBN 978-3-7003-1541-4

Basisdesign für Cover: Lukas Drechsel-Burkhard
Satz: Mario Nepraunig
Druck: Ferdinand Berger & Söhne Gesellschaft m.b.H., A-3580 Horn

Inhalt

Vorwort 1

I. **Die Unsichtbarkeit des Alterns der ArbeitsmigrantInnen in Forschung und Öffentlichkeit** 7
   1. „Wo gingen die Maurer am Abend hin, als die große Mauer fertig war?" 7
   2. Kurzer Rückblick auf ein Kapitel Arbeitsmigration 9
   3. Soziodemografische Merkmale der älteren arbeitsmigrantischen Bevölkerung 11
   4. Zur Forschungslage in Österreich 19

II. **Prekäres Altern in der Einwanderungsgesellschaft** 25
   1. Leben in komplexer Unsicherheit 25
   2. Interrelationen von Arbeitsmarktlage, Minderheitenstatus und Alter 27
   3. Migration als reflexives Projekt 35
   4. Prekäres Altern im Kontext des gesellschaftlichen Strukturwandels 38

III. **Migration und Unsicherheitserfahrung** 47
   1. Unschlüssigkeit und Befristung des Zeithorizonts 47
   2. Instabilitäten im Lebenslauf fixieren die Ungewissheit: Besonderheiten der Erwerbsbiografie 52
   3. Bildung und Berufsqualifikation als Bewältigungsressourcen ... 54
   4. Austritt aus dem Erwerbsleben: Unsicherheiten und Uneindeutigkeiten im Übergangsverlauf ... 58
   5. Zeit der Bilanzierung und Neuorientierung 63
   6. Zwischen Erfolg und Scheitern: Versuch einer Typenbildung 69

IV. **Lebensqualität trotz Prekarität?** 77
   1. Lebensqualität als Kriterium für die Möglichkeit zu einem „guten Leben" 77
   2. Determinanten der Lebensqualität 84
   3. Armuts- und Deprivationsrisiko 89
   4. Soziale Bindungen als Quelle von Lebensqualität 91
   5. Die ambivalente Bedeutung der sozialen Ressourcen ... 93

V. **Dimensionen von Zugehörigkeit und Identität** 107
   1. Identitätskonstruktion unter der Bedingung von Unsicherheit ... 107
   2. Leben in mehreren Welten. Empirische Hinweise auf die komplexen Identitätslagen älterer ArbeitsmigrantInnen ... 112
   3. Identitätslagen als Ausdruck unterschiedlicher Akkulturationspfade 117
   4. Ethnizität im Alter: Zwischen Lebensstil, Rückzug und Abgrenzung 121

VI.	Zurückkehren, pendeln, bleiben	129
	1. Entscheidungsdilemma oder Optionenvielfalt?	129
	2. Konkurrierende Zukunftspräferenzen	133
	3. Möglichkeiten und Grenzen transnationaler Mobilität	141

VII.	Alterseinstellungen und Aktivitätsressourcen	149
	1. Gesellschaftliche Altersbilder und individuelle Alterseinstellungen	149
	2. Dominante Erwartungen: Entlastung von Erwerbsarbeit, Angst vor sozialer Entbundenheit und Abhängigkeit	152
	3. Alterserwartungen, Zukunftssicht und Lebensqualität	156
	4. Analyse von Aktivitätsressourcen	159
	5. Produktives Altern: Soziale Partizipation – eine Möglichkeit zur Förderung von Integration?	163

VIII.	Gesundheitliche Ungleichheit als Determinante des prekären Alterns	169
	1. Gesundheit und Unsicherheitsempfinden	169
	2. Migration und Gesundheit – ein komplexer Zusammenhang	171
	3. Soziale und ökologische Determinanten von Gesundheit im Migrationskontext (Andeutung einer aneignungstheoretischen Perspektive)	178
	4. Förderung von Aktivität und Bekämpfung der sozialräumlichen Segregation als zentrale Ziele der Gesundheits- und Autonomieförderung	184
	5. Präferenzen bei Krankheit und Pflegebedürftigkeit	192
	6. Kernbedürfnisse selbstständiger Lebensführung	206

IX.	Ausblick in die Zukunft	213

Literaturverzeichnis ... 221
Anhang ... 243

Vorwort

Älterwerden in der Migration? Dass das Offensichtliche nicht wahrgenommen wird, wenn es nicht wahrgenommen werden soll, war wohl eine der prägendsten Erfahrungen, die mir im Rahmen der Arbeit an den Studien, die ich mit diesem Buch vorlege, widerfahren ist.

Altern und Migration werden häufig als Kontradiktion angesehen. Migration wird mit Jugendlichkeit und Bewegung, Altern mit Rückzug und Stillstand assoziiert. Was aber geschieht, wenn Bewegung und Stillstand zusammenfallen? Das Unerhörte dieses Gedankens zieht sich wie ein roter Faden durch die Moderne. Im romantischen Kunstlied etwa hält die Figur des Wandernden inne, am Bach sitzend hört sie ein beunruhigendes Stimmengewirr, das aber nicht von außen, sondern aus ihrem Inneren kommt und immer wieder von Neuem Differenz erzeugt. Mit Freud hält dieses Motiv der Ambivalenz, in der sich auch ein uneindeutiger gesellschaftlicher Status widerspiegelt, Einzug in den sozialwissenschaftlichen Diskurs. Oder bei Georg Simmel: Der Fremde, der heute kommt und morgen bleibt – ein potenziell Wandernder, kritisch und unberechenbar. Oder wenn Max Frisch sagt, man habe Arbeitskräfte gerufen und es seien Menschen gekommen. Und hinzufügt: „Sie verzehren nicht unseren Wohlstand, sie sind im Gegenteil selbst ein wichtiger Teil davon."

Was geschieht, wenn dieses Offensichtliche – dass ArbeitsmigrantInnen sich niederlassen und auch einmal älter werden – nicht gesehen werden will, lässt sich tagtäglich beobachten. Dann lassen es die Menschen laufen und richten sich im ungeklärten Zustand ein, schrieb vor ein paar Jahren Marina Achenbach. Es ist dies ein idealer Nährboden für Legenden, Zerrbilder und die Erzeugung eines sozialen Problems: Was zuerst beiseite geschoben wird, weil es im gesellschaftlichen Common Sense nicht vorgesehen ist – in Österreich gibt es keine Einwanderung, Gastarbeiterinnen und Gastarbeiter bleiben im Alter nicht in Österreich –, wird, sobald es sichtbar wird, als soziales Problem gebrandmarkt. Problematisch ist aber nicht das Älterwerden der MigrantInnen, sondern die Leugnung einer simplen Wahrheit: Dass aus einem ökonomisch kalkulierten Import von Arbeitskräften eine Einwanderung von Individuen wird, die ihre Lebensstrategien allen Widrigkeiten zum Trotz entwerfen und durchzusetzen suchen.

In diesem Buch befasse ich mich, auf der Grundlage einer mehrjährigen empirischen Forschungstätigkeit, mit verschiedensten Facetten der Lebensrealität von älteren ArbeitsmigrantInnen, die ab Anfang der 1960er-Jahre aus dem ehemaligen Jugoslawien und der Türkei nach Österreich zugewandert sind und sich hier dauerhaft niedergelassen haben. Der Titel „Nach der Gastarbeit" bezieht sich dabei auf den Umstand, dass dieses Kapitel Arbeitsmigration sowohl auf gesamtgesellschaftlicher Ebene (durch die Transformation des Migrationsregimes) als auch auf individueller Ebene (durch das altersbedingte Ausscheiden aus dem Erwerbsleben) abgeschlossen ist. Eine wachsende Anzahl an ArbeitsmigrantInnen befindet sich im Übergang in die nachberufliche Lebensphase oder ist bereits pensioniert, wobei eine Vielzahl an Fragen, die sich auf das Älterwerden in der Einwanderungsgesellschaft beziehen, von Relevanz ist: Welche Erwartungen und Vorstellungen bestehen hinsichtlich des Älterwerdens? Welche Rahmenbedingungen prägen Lebenssituation und Lebensführung im Alter? Welche Ressourcen stehen für die Bewältigung des Alltags, insbesondere bei Krankheit und Pflegebedürftigkeit zur Verfügung?

Jede Einwanderung stellt nicht nur Herausforderungen dar für jene, die wandern, die mobil waren und sind, sondern verändert auch die Gesellschaften, aus denen heraus und in die hinein Wanderungsverläufe stattfinden, die durch Mobilitätspfade gekreuzt werden, die manchmal dauerhaft, manchmal vorübergehend, manchmal auch gar nicht angehalten werden, oder die in mal pendel-, mal kreisförmigen Bewegungen immer wieder von Neuem die Grenzen der jeweiligen Gesellschaften überschreiten. In diesem Sinne sollen die Fragen und Studien des Buches den Blick öffnen für die veränderte Struktur und Form der altersbezogenen Übergänge und Lebensphasen unter der Bedingung zunehmender Einwanderung und der damit verbundenen fortschreitenden strukturellen und sozio-kulturellen Ausdifferenzierung des Alterns.

Der Ausdruck „prekäres Altern" bezeichnet die komplexe Erfahrung von alternsspezifischen Belastungen und von Benachteiligungen, die sich aus Minderheitenstatus und sozialer Position ergeben. Die empirische Anlage des Buches erlaubt es, teilweise aus der Perspektive eines Vergleichs mit autochthonen Älteren, spezifische Gefährdungs- und Ressourcenlagen herauszuarbeiten; darüber hinaus wird nach der Bedeutung und Tragfähigkeit familiärer Netzwerke und kultureller Orientierungen sowie nach der häufig mehrdeutigen Struktur von Zugehörigkeit und Identität gefragt, und es werden die spezifischen Optionen der Lebensführung – zwischen Assimilation und Marginalität, ethnischem Rückzug und transnationaler Mobilität – analysiert. Die großen Fragenbereiche, denen diese Arbeit nachgeht, lauten: In welcher Weise verstärken sich Alter, soziale Position und Minderheitenstatus gegenseitig? Wie wirken die mit dem Arbeiter- und Migrationsstatus verbundenen Belastungen und Benachteiligungen im Alter nach? Wie stabil ist die soziale Integration im verwandtschaftlichen und ethnischen Binnenmilieu? Wie deutlich ausgeprägt sind Ethnizität und sozialer Rückzug, welche alternativen Lebensstile und Orientierungen stehen im Alter zur Wahl? In welcher Weise können unter den Bedingungen von Prekarität und gesundheitlicher Beeinträchtigung eine selbstständige Lebensführung, Entscheidungsfreiheit und Lebensqualität erhalten und/oder ausgebildet werden?

Mit dem Begriff des prekären Alterns wird zugleich die grundsätzliche Intention zur Geltung gebracht, in der Analyse der Interrelationen von Altern und Migration das Spezifische (Lebenslagen von älteren ArbeitsmigrantInnen) mit dem Allgemeinen (Prekarisierung von Lebenszusammenhängen in der späten Moderne) zu verbinden. Die zentralen Analysekategorien, die in diesem Buch Anwendung finden, wie das Konzept der komplexen Unsicherheit, folgen diesem Anspruch. Sie betonen die Bedeutung der Erfahrung von Instabilität und Unsicherheit, Ungewissheit und Schutzlosigkeit im Altersübergang, die im Kontext knapper Ressourcenausstattung, wohlfahrtsstaatlicher Schließungstendenzen und des allgemeinen gesellschaftlichen Strukturwandels an Relevanz gewinnt; erst aus der Verknüpfung dieser verschiedenen Faktoren bemächtigt sich die Prekarität im Geschehen des Älterwerdens.

Der Ausdruck Einwanderungsgesellschaft bezieht sich schließlich auf den Umstand, dass sich in der Diversität des Alterns – nach Herkunft und Ethnizität – ein im öffentlichen Bewusstsein erst wenig vermerkter gesellschaftlicher Wandel abbildet, der durch jahrzehntelange Zu- und Einwanderungsprozesse strukturiert ist und zu einer neuen Differenzierung und Pluralisierung des Alterns geführt hat, wodurch sich auch die Frage der sozialen Eingliederung und Integration im nachberuflichen Lebensabschnitt neu stellt. Dass das normative Konzept der Einwanderungsgesellschaft noch nicht entsprechende Geltung erlangt hat, ändert nichts an ihrer Faktizität. In diesem Zusammenhang wirft das Buch die zentrale Frage nach den Rahmenbedingungen für ein selbstständiges und selbstbestimmtes Älterwerden im Einwanderungskontext auf, wobei sich diese Frage an die MigrantInnen selbst sowie in allgemeiner Weise an die auch im Alternsprozess zunehmend kulturell plurale Gesellschaft und ihre Institutionen richtet. Diesem Aspekt kommt für Thematiken wie Gesundheitsförderung und Gesundheitsversorgung oder in Bezug auf die notwendige Adaptation und Öffnung von Einrichtungen und Diensten im Altenbereich besondere Bedeutung zu.

Die Analyse der Lebenslagen und Lebensweisen von älteren ArbeitsmigrantInnen, die in diesem Buch vorgelegt wird, beruht auf einer Reihe von empirischen Forschungen, darunter zwei umfangreichen Befragungen älterer MigrantInnen, die im Rahmen von angewandten, interventionsorientierten Projektvorhaben in Wien zwischen 1997 und 2005 durchgeführt wurden. Über die Details dieser Forschungen berichtet das erste Kapitel. An dessen Beginn steht eine kritische Sichtung der vorliegenden (aus der amtlichen Sozialstatistik stammenden) Daten zur soziodemografischen Struktur der Bevölkerungsgruppe der migrantischen Älteren, wobei ein eklatanter Mangel an Grundlageninformation und Forschungswissen konstatiert wird. Mit den tiefer liegenden, gesellschaftsstrukturellen Ursachen des prekären Alterns in der Arbeitsmigration befasst sich Kapitel II; zugleich wird der theoretische Analyserahmen der in diesem Buch präsentierten empirischen Betrachtungen abgesteckt. Ausgehend vom Konzept der komplexen Unsicherheit verbindet sich der Anspruch einer konzeptuellen Verknüpfung von Perspektiven der Migrations-, Alterns- bzw. Lebenslaufs- und Ungleichheitsforschung mit dem Bestreben, die untersuchte Thematik an eine allgemeine theoretische Perspektive der Prekarisierung rückzubinden. In den darauffolgenden sechs Kapiteln werden schließlich spezielle theoretisch relevante Fragestellungen aufgegriffen und auf Grundlage der eigenen empirischen Forschungen analysiert und diskutiert.

Im Mittelpunkt von Kapitel III steht die Frage nach der Bedeutung der vielschichtigen Erfahrungen von Unsicherheit und Diskontinuität im Übergangsprozess in die Altersphase. In der Analyse können die dauerhaften Folgen von sozialer Instabilität sowohl in Hinblick auf das Ausmaß der Gefährdungslagen als auch für die im Alter relevanten Bewertungsprozesse von Migration und Lebenslauf sichtbar gemacht werden; beiden Aspekten kommt für das subjektive Befinden und in Bezug auf die Ausrichtung der weiteren Lebensplanung gleichermaßen hohe Relevanz zu. An diese Befunde anknüpfend, geht Kapitel IV der Frage nach der Bedeutung und Möglichkeit von Lebensqualität unter der Bedingung von Prekarität nach. Ein besonderes Augenmerk wird dabei dem zentralen Stellenwert der auf Familie und Verwandtschaft, zu einem geringeren Grad auch auf ethnischen Bezugsgruppen aufbauenden sozialen Netzwerkressourcen geschenkt.

Kapitel V thematisiert die Frage der Identitätskonstruktion unter der Bedingung von komplexer Unsicherheit. In der differenzierten Analyse werden unterschiedliche Dimensionen von Zugehörigkeit und Identität herausgearbeitet, wobei spezielle Aufmerksamkeit dem Zusammenhang von Akkulturationspfaden und Ethnizität zwischen Lebensstil, Rückzug und Abgrenzung zukommt. Die Thematik von (ethnischer) Identität und Lebensstil prägt auch das Kapitel VI, in dem eine der zentralen Fragestellungen von MigrantInnen im Alter, nämlich die konkurrierenden Zukunftspräferenzen von Rückkehr, Bleiben und Pendeln untersucht wird; in einem eigenen Abschnitt werden Voraussetzungen, Möglichkeiten und Grenzen von mobilen und transnationalen Formen der Lebensführung im Alter diskutiert. In Kapitel VII fokussiert die empirische Analyse auf die Thematik der Alterseinstellungen und Aktivitätsressourcen; es werden die dominanten altersbezogenen Erwartungshaltungen herausgearbeitet, die sowohl eine Quelle, mitunter aber auch eine Barriere für Zukunftsgestaltung und Partizipation darstellen können. Die Diskussion in diesem Kapitel unterstreicht weiters die Notwendigkeit eines an den konkreten existentiellen Lagen anknüpfenden Aktivitätsbegriffs, dem hinsichtlich von Fragen der gesundheitsbezogenen Lebensführung im Alter besondere Relevanz zukommt. Die Thematik gesundheitlicher Ungleichheit als eine Determinante des prekären Alterns wird in Kapitel VIII behandelt. Besondere Aufmerksamkeit kommt in diesem Zusammenhang den sozial-ökologischen Problemkonstellationen zu, die im Alter generell an Bedeutung gewinnen und die sich im Migrationskontext in einer erschwerten Zugänglichkeit und Erreichbarkeit von Ressourcen, die für die Alltagsbewältigung erforderlich sind, manifestieren (als Folge von sozialräumlicher Segregation, gesellschaftlicher Isolation oder institutioneller Ausschließung). Ein weiteres wichtiges Thema dieses Kapitels sind die Präferenzen älterer MigrantInnen in Hinblick auf die Lebensführung bei Krankheit und Pflegebedürftigkeit sowie die damit verbundenen Anforderungen an die sozialen und institutionellen Umwelten.

Kapitel IX schließt die Ausführungen mit einem Ausblick in die Zukunft; vor dem Hintergrund der vorangegangenen Analysen und Reflexionen wird für eine Öffnung und Perspektivenverschiebung der Forschung in Richtung der zunehmenden Diversität des Alterns plädiert, darüber hinaus werden bestehende Forschungslücken, vor allem aber auch Notwendigkeiten methodologischer Neuansätze und Korrekturen thematisiert. Der Anhang enthält Detailinformationen zu den Forschungen sowie ergänzende Übersichtstabellen.

I. Die Unsichtbarkeit des Alterns der ArbeitsmigrantInnen in Forschung und Öffentlichkeit

1. „Wo gingen die Maurer am Abend hin, als die grosse Mauer fertig war?"

Die Frage des lesenden Arbeiters, die Bert Brecht 1935 in seinem berühmten Gedicht festhielt, erscheint (im übertragenen Sinn) auch im Kontext der Gastarbeit von Relevanz: Wo und unter welchen Bedingungen leben die vor Jahrzehnten angeworbenen und zugewanderten ArbeiterInnen heute, nach dem Ende des Projekts Gastarbeit? Wie viele von ihnen sind in der Zwischenzeit in ihre Herkunftsländer, überwiegend das ehemalige Jugoslawien und die Türkei, zurückgekehrt, wie viele sind in Österreich geblieben? Wie geht es den vielen, die sich nunmehr im Übergang in die nachberufliche Lebensphase befinden oder bereits in Pension sind? Zu diesen Fragen liegt bislang kein gesichertes Wissen vor: Es fehlt an einschlägigen Untersuchungen, und auch die amtliche Bevölkerungsstatistik verfügt über keine Daten, die erlauben würden, Zahl, gesellschaftliche Stellung, Einwanderungsverlauf, Einbürgerungs- und Mobilitätsverhalten von ArbeitsmigrantInnen repräsentativ und zuverlässig nachzuzeichnen.[1] Zudem verliert sich mit der Einbürgerung die Spur der ArbeitsmigrantInnen in der Sozialstatistik: Eingebürgerte MigrantInnen werden naturgemäß als ÖsterreicherInnen gezählt. Diese Unsichtbarkeit des Alterns in der Arbeitsmigration korrespondiert mit der geringen Aufmerksamkeit, die Politik, Verwaltung, aber auch Forschung bislang der vielschichtigen Lebensrealität älterer ArbeitsmigrantInnen entgegengebracht haben. Der Widerspruch von Nicht-Wissen und faktischer Anwesenheit erzeugt Unsicherheit, Ängste und Phantasien; so kapselt sich die Aufnahmegesellschaft vom gesellschaftlichen Wandel ab, und es verengt sich der Möglichkeitsraum für ein autonomes und sozial eingebundenes Älterwerden im Kontext der Migration.

Während der Gastarbeitsmigration sind hunderttausende Arbeitskräfte nach Österreich zugewandert, von denen ein Teil im Aufnahmeland geblieben ist, um sich hier dauerhaft niederzulassen; immer mehr dieser älteren ArbeitsmigrantInnen rücken nun in das Pensionsalter vor. Der Ausdruck ältere MigrantIn umfasst darüber hinaus Personen, die im Rahmen des Familiennachzugs nach Österreich gekommen sind, einschließlich einer kleineren Anzahl an Personen, die erst als alte Menschen von ihren hier lebenden Kindern und Enkelkindern aus Gründen der Hilfs- und Pflegebedürftigkeit nachgeholt wurden. Eine Neueinwanderung von Älteren (im Sinn von

---

[1] Mit der Umstellung der Bevölkerungsstatistik auf das zentrale Melderegister werden längerfristig die Wanderungsverläufe besser nachvollziehbar (vgl. Kytir/Lebhart/Hochstädter 2005).

Eigenmigration) kommt eher selten vor, eine Ausnahme ergab sich durch den Krieg im ehemaligen Jugoslawien, als auch ältere Flüchtlinge in Österreich Schutz suchten, wobei es sich dabei teilweise um eine Rückkehr ehemaliger GastarbeiterInnen aus Ex-Jugoslawien nach Österreich handelte.

Bereits diese kurze Hinführung macht deutlich, wie wichtig es ist, klar zwischen den Termini „ArbeitsmigrantIn" und „AusländerIn" zu unterscheiden. Während der Status des/der AusländerIn durch das Staatsbürgerschaftsrecht eindeutig definiert ist, beschreibt der Status des/der MigrantIn eine soziologische Kategorie unabhängig von der Staatsbürgerschaft. Obwohl viele ehemalige GastarbeiterInnen im Sinne des Staatsbürgerrechts naturalisiert sind, sind sie gesellschaftlich dennoch nicht als ÖsterreicherInnen anerkannt und kein gleichberechtigter Teil der Mehrheitsbevölkerung geworden; vielmehr bleiben sie, ungeachtet ihrer Nationalität, mit für ArbeitsmigrantInnen typischen Benachteiligungen konfrontiert. Die Stellung von älteren ArbeitsmigrantInnen ist über die Dauer ihres Aufenthaltes (Aufenthaltsverfestigung), ihren beruflichen Status und spezifische Merkmale der Migrationsbiografie definiert. Während der Begriff „AusländerIn" Personen in sehr unterschiedlichen Lebenskontexten umfasst und sich auch auf Personen mit kürzerem Aufenthalt erstreckt, bezieht sich der Begriff „ArbeitsmigrantIn" unabhängig vom Bürgerschaftsstatus auf Personen mit einer ähnlichen biografischen Erfahrung und in vergleichbaren „typischen" Lebenslagen.

Dass in Österreich in der öffentlichen und sozialpolitischen Debatte das unscharfe Konzept „AusländerIn" vorherrschend ist, kann als Ausdruck eines bislang nur wenig entwickelten gesellschaftlichen Bewusstseins gedeutet werden: Einwanderung wird in Österreich nach wie vor als Ausnahme und nicht als Regel, als soziales Problem und nicht als gesellschaftliche Normalität definiert. Dies manifestiert sich auch in einer selektiven Forschungspraxis und Forschungsförderung sowie einem insgesamt eher dürftigen Berichtwesen zu Migration und Einwanderung. Die ungenügende Sichtbarkeit der MigrantInnen in der amtlichen Statistik kann deshalb nicht als Anzeichen ihrer gesellschaftlichen Integration gedeutet werden, sondern erscheint vielmehr als Ausdruck ihrer institutionalisierten Diskriminierung; sie werden gewissermaßen unsichtbar gemacht.[2] Dieses strukturelle Defizit der österreichischen Sozialberichterstattung kann die sozialwissenschaftliche Primärforschung, die aus theoretischen, methodologischen, aber auch forschungspragmatischen Gründen (Fehlen von Information über Grundgesamtheiten, schwierige Feldzugänglichkeit, Problematik des Gruppenvergleichs, etc.) zumeist auf die Analyse der komplexen Lebenswirklichkeit von

---

[2] Dieser Gedanke wurde im Rahmen des EU-Projektes „Mobilität als Handlungsfähigkeit gegen Diskriminierung" entwickelt, an dem der Autor gemeinsam mit Stamatis Assimenios, Maria Dietzel-Papakyriakou, Gerrit van Ginkel, Alexandra Grasl, Barbara Gunst, Athena Leotsakou, Willem Loupattij, Eleni Stamou, Georgios Tsialakos mitgewirkt hat (vgl. BAGIV 2002).

ausgewählten Bevölkerungsgruppen begrenzt bleibt, nur partiell wettmachen. In diese grundlegende Problematik ist auch dieses Buch eingebettet: So beziehen sich die eigenen Forschungen zur Lebenslage von migrantischen Älteren in Österreich auf bestimmte Auswahlen von Personen, die im Kontext der Gastarbeit aus Ex-Jugoslawien und der Türkei nach Österreich zugewandert sind, und zwar unabhängig vom staatsbürgerlichen Status, wohingegen sich die in diesem Kapitel versammelten allgemeinen Informationen zur demografischen Entwicklung und Struktur der Älteren ausländischer Herkunft auf die Kategorien Geburtsland und Staatsbürgerschaft (ohne Spezifikation von Migrationsgründen oder anderen Akkulturationsindikatoren) beziehen.

In der institutionell erzeugten Unsichtbarkeit des Alterns in der Arbeitsmigration setzt sich die spezifische Geschichte der Gastarbeit fort, die nachstehend kurz skizziert werden soll und auf die im weiteren Verlauf, insbesondere in Kapitel II, immer wieder rekurriert wird. Der historische Rückblick ist aber auch von Relevanz, da Struktur und Geschichte der Arbeitsmigration die sozio-demografische Gliederung der aus Ex-Jugoslawien und der Türkei stammenden Älteren nachhaltig beeinflussen. Die Kenntnis dieser demografischen Merkmale ist eine wichtige Grundlage für das differenzierte Verständnis der Thematik. Im Anschluss an den historischen Rückblick wird es deshalb darum gehen, die vorhandenen Datengrundlagen der Bevölkerungs- und Sozialstatistik kritisch zu sichten.

2. Kurzer Rückblick auf ein Kapitel Arbeitsmigration

Zwischen 1961, als sich die Sozialpartner im so genannten Raab-Olah-Abkommen darauf verständigten, ausländische Arbeitskräfte nach Österreich zu holen, und 1973, dem Höhepunkt der ersten Phase der Arbeitsmigration, wanderten rund 265.000 Personen nach Österreich ein. Diese Arbeitskräftezuwanderung ist eingebettet in einen tiefgehenden Strukturwandel der österreichischen Gesellschaft: Kontinuierliches Wirtschaftswachstum, nachholende Industrialisierung und schrumpfende Arbeitskraftreserven im Inland (aufgrund eines Rückgangs des Arbeitskräftepotenzials der ländlichen Bevölkerung, einer stagnierenden Frauenerwerbstätigkeit und der Abwanderung österreichischer Arbeitskräfte insbesondere nach Deutschland und in die Schweiz) führten Anfang der 1960er-Jahre zu einer steigenden Nachfrage nach ausländischen Arbeitskräften (vgl. Fassmann/Münz 1995; Bauböck 1996; Gächter et al. 2004). Es folgen Anwerbeabkommen mit Spanien (1962), der Türkei (1964) und Jugoslawien (1966). Ende der 1960er- und Anfang der 1970er-Jahre nimmt die Zahl der ausländischen Arbeitskräfte jährlich um 20.000 bis 40.000 Personen zu, unter ihnen vor allem MigrantInnen aus dem ehemaligen Jugoslawien und zu einem geringeren Teil auch aus der Türkei; Arbeitskräfte aus Spanien und Italien kamen hingegen nur wenige nach Österreich (vgl. Fassmann/Münz 1995, 41f.).

1973 umfasste die ausländische Wohnbevölkerung 300.000 Personen (4,1 Prozent der Gesamtbevölkerung), für die die Zuwanderung mehrheitlich gleichbedeutend mit Arbeitsmigration war (230.000 beschäftigte ausländische Arbeitskräfte; vgl. Münz/Zuser/Kytir 2003, 22). Ökonomische Stagnation und Rezessionsängste führten 1974 infolge der Ölkrise zu einem Anwerbestopp, einem Rückgang der Ausländerbeschäftigung sowie einer teilweisen Rückwanderung vor allem von Arbeitskräften aus dem ehemaligen Jugoslawien. In der Folge sank die Zahl der ausländischen Arbeitskräfte bis 1984 um rund 88.000 Personen und stieg erst danach wieder an, wobei das Niveau von Mitte der Siebzigerjahre erst Anfang der Neunzigerjahre wieder erreicht wurde. Entscheidend ist jedoch, dass mit 1973/74 die zweite Phase der Gastarbeit eingeleitet wurde, die durch Niederlassung und Familiennachzug charakterisiert ist. Diese Entwicklung ist unter anderem an der zunehmenden Differenz von ausländischer Wohnbevölkerung und ausländischen Beschäftigten festzumachen. Während 1971 150.000 ausländische Arbeitskräfte einer ausländischen Bevölkerung von insgesamt 212.000 Personen gegenüber stehen, verändert sich diese Relation bis 1981 auf 172.000 zu 291.000 Personen. Obwohl ab Mitte der 1980er-Jahre aufgrund der günstigen Konjunkturentwicklung der Bedarf an ausländischen Arbeitskräften wieder steigt und es zu einer verstärkten Neuzuwanderung von Arbeitskräften aus der Türkei und Jugoslawien kommt, setzt sich dieser Trend weiter fort: So stehen 1991 rund 264.000 ausländische Beschäftigte einer ausländischen Bevölkerungszahl von 518.000 Personen gegenüber, für 2001 beträgt diese Relation 329.000 zu 711.000 Personen. Der Familiennachzug kompensierte bis in die Mitte der 1980er die Rückwanderung und veränderte nachhaltig auch die soziodemografische Struktur der ausländischen Bevölkerung: Während die erste Phase der Gastarbeit stark männlich dominiert war, erhöht sich in der zweiten Phase der Anteil von Frauen und Kindern.

Obwohl sich von ihrer Struktur her die erste und zweite Phase der Gastarbeit deutlich voneinander unterscheiden und die Niederlassung vieler MigrantInnen die Intention des Rotationsprinzips (jährlicher Austausch der Arbeitskräfte zur Verhinderung von dauerhafter Einwanderung) de facto außer Kraft setzte, wurde bis Anfang der 1990er-Jahre am primär arbeitsmarktpolitisch ausgerichteten Einwanderungsregime der Gastarbeit festgehalten. Der historisch-politische Rahmenwechsel in Europa (Zusammenbruch des Staatssozialismus) und der von Bürgerkriegen begleitete Zerfall multi-nationaler Staatensysteme (besonders von Jugoslawien, dem für Österreich wichtigsten Rekrutierungsland für die Arbeitsmigration) veränderte nicht nur die Struktur der Zuwanderung, sondern führte schließlich auch zu einer Neudefinition der einwanderungs- und aufenthaltsrechtlichen Regelungen: Das 1993 in Kraft getretene Aufenthaltsgesetz markiert gesellschaftspolitisch das Ende dieses bedeutsamsten Kapitels der Arbeitsmigration in der Zweiten Republik.

Die Geschichte der Gastarbeit ist mit dem politisch-rechtlichen Rahmenwechsel nicht abgeschlossen, sondern wirkt in der österreichischen

Gesellschaft auf vielfältige Weise fort – nicht zuletzt durch die faktische gesellschaftliche Präsenz der ehemaligen GastarbeiterInnen. Indem die ArbeitsmigrantInnen in die nachberufliche Lebensphase eintreten, verändern und nuancieren sie auch die Struktur und das Erscheinungsbild der älteren Bevölkerung insgesamt, wie der folgende Blick auf die Soziodemografie der älteren ArbeitsmigrantInnen unterstreicht.

3. Soziodemografische Merkmale der älteren arbeitsmigrantischen Bevölkerung

Das Älterwerden der MigrantInnen wird in der Literatur im Kontext des allgemeinen Strukturwandels des Alters als Ausdruck einer fortschreitenden „kulturellen Ausdifferenzierung des Alters und des Alterns" (Olbermann 1995, 150) diskutiert. Diese Charakterisierung erscheint jedoch aus zwei Gründen nicht unproblematisch: Zum einen legt sie nahe, die komplexe Lebensrealität älterer MigrantInnen auf eine ethnisch-kulturelle Dimension zu reduzieren; zum anderen ist eine allzu unbedachte Ankoppelung an das Konzept des Altersstrukturwandels fragwürdig, da die darin implizit eingelagerten normativen Leitbilder des erfolgreichen und aktiven Alterns die meist restriktiven Lebenslagen, häufig familienorientierten Lebensformen und subkulturell ausgerichteten Lebensstile als abweichend stigmatisieren, während es doch gerade umgekehrt darum ginge, das Älterwerden der MigrantInnen als integrierten Bestandteil einer keineswegs nur sozio-kulturellen, sondern vor allem sozialstrukturellen Heterogenisierung des Alter(n)s anzusehen.

Mit dem Ausdruck „Strukturwandel des Alters" (Tews 1993) werden grundlegende sozial-strukturelle und demografisch messbare Veränderungen des Alters und Alterns wie zunehmende Hochaltrigkeit und Singularisierung, Entberuflichung und Feminisierung, Individualisierung und Pluralisierung der Lebenslagen auf den Begriff gebracht. Wie im Folgenden anhand demografischer Daten gezeigt werden soll, nimmt die Gruppe der älteren ArbeitsmigrantInnen in Bezug auf diese Merkmale allerdings eine gewisse Sonderstellung ein: Es überwiegen jüngere Alte bei erst wenigen Hochaltrigen, charakteristisch sind ein relativ hoher Männeranteil und eine hohe Erwerbsquote sowie ein nur geringer Anteil an Singles und nicht verheirateten oder verwitweten Personen. Aus dem Blickwinkel einer allgemeinen soziologischen Theorie stützen diese Beobachtungen die These, dass das Alter, wie andere Lebensphasen auch, in zunehmender Weise durch eine Divergenz unterschiedlicher Lebensformen, Lebensstile und Wertpräferenzen geprägt ist, wobei diese Verwerfungen auch für die von außen meist als homogen wahrgenommene Gruppe der älteren ArbeitsmigrantInnen zutreffen.

„Unter den Ausländern viele junge, wenige alte Menschen", heißt es lapidar in der sozialstatistischen Berichterstattung (Ladstätter 2002). Doch auch wenn, wie nach der Volkszählung von 2001, die Bevölkerung ausländischer Herkunft im Durchschnitt jünger ist als die einheimische Wohnbevölkerung, so nehmen Zahl und Anteil der Älteren auch bei den migrantischen Bevölkerungsgruppen zu. Diese Entwicklung ist vor allem darauf zurückzuführen, dass, wie in allen europäischen Ländern, die auf eine Geschichte der Arbeitsmigration zurückblicken können, auch in Österreich immer mehr ehemalige GastarbeiterInnen und ihre Familienangehörigen ins Pensionsalter vorrücken. Die folgende Darstellung der soziodemografischen Struktur fokussiert entsprechend der Themenstellung des Buches auf die Situation von über 50-jährigen ArbeitsmigrantInnen aus Ex-Jugoslawien und der Türkei.

Nach den Ergebnissen der Volkszählung 2001, bei der neben der Staatsangehörigkeit erstmals auch das Geburtsland erhoben wurde, was relativ realistische Rückschlüsse auf die tatsächliche Zahl der älteren ArbeitsmigrantInnen erlaubt[3], lebten zum Erhebungszeitpunkt 120.924 über 50-jährige Personen mit Geburtsland Ex-Jugoslawien und der Türkei in Österreich. Der weitaus größere Teil (102.528 Personen) kommt aus dem ehemaligen Jugoslawien, 18.396 Personen stammen aus der Türkei. Die in Ex-Jugoslawien und der Türkei gebürtige über 50-jährige Bevölkerung macht somit knapp 5 Prozent der gesamten Bevölkerung in diesem Altersegment aus. Insgesamt sind fast 13 Prozent der gesamten über 50-jährigen Bevölkerung außerhalb Österreichs geboren, wobei dieser Wert regional stark schwankt: So etwa verfügt in Wien ein Fünftel der über 50-jährigen über einen Migrationshintergrund. In Wien stammt fast die Hälfte dieser Personen aus Ex-Jugoslawien und der Türkei, im bundesweiten Durchschnitt trifft dies auf ein Drittel der älteren Bevölkerung mit migrantischer Herkunft zu.[4]

Nach den Ergebnissen der Volkszählung 2001 waren insgesamt 25 Prozent der in Österreich lebenden Bevölkerung aus Ex-Jugoslawien und der Türkei älter als 50 Jahre, womit der Anteil der Älteren deutlich unter dem Vergleichswert von 33 Prozent für die autochthone Bevölkerung liegt (die Werte für die über 60-jährigen betragen 11 Prozent für die zugewanderte

---

[3] Die Kategorie Geburtsland erzeugt allerdings eigene Probleme; in der Volkszählung wurde der Zuwanderungszeitpunkt nicht erhoben, auch wurde nach dem Geburtsland in den Grenzen zum Befragungszeitpunkt gefragt. Demnach erlauben Angaben zum Geburtsland keine eindeutige nationale oder ethnische Zuordnung (z. B. wäre ein in Wrocław gebürtiger Schlesier, der nach 1945 emigrierte, als Herkunftspole identifiziert).

[4] Die Darstellung beruht auf Eigenberechnungen der Volkszählung 2001 (ISIS-Datenbank der Statistik Austria).

und 21 Prozent für die autochthone Bevölkerung). Allerdings besteht eine erhebliche Differenz zwischen den Herkunftsgruppen: So liegt der Anteil der über 50-jährigen unter der türkeistämmigen Bevölkerung mit 15 Prozent markant unter dem der jugoslawienstämmigen Bevölkerung mit 29 Prozent (für die über 60-jährigen betragen diese Anteilswerte 4 bzw. 14 Prozent). Die türkeistämmige Bevölkerung verfügt also über eine deutlich jüngere Altersstruktur als die aus dem ehemaligen Jugoslawien zugewanderte Bevölkerung.

Der Zeitvergleich ergibt signifikante Hinweise auf den demografischen Alterungsprozess der ZuwandererInnen aus den traditionellen Herkunftsländern der Arbeitsmigration (da nur in der Volkszählung 2001 das Geburtsland erhoben wurde, unterscheiden die folgenden Angaben zwischen In- und AusländerInnen). So hat sich zwischen 1981 – damals waren 4 Prozent der türkischen und 9 Prozent der jugoslawischen MigrantInnen älter als 50 Jahre – und 2001 der Anteil der über 50-jährigen MigrantInnen aus Ex-Jugoslawien verfünffacht und jener aus der Türkei versechsfacht; der Anteil der über 60-jährigen hat sich in diesem Zeitraum sogar verzwölffacht (Ex-Jugoslawien) bzw. verdreizehnfacht (Türkei) (vgl. Abbildung A 1 im Anhang). Der Altenanteil der österreichischen Bevölkerung ist in diesem Zeitraum nur moderat angestiegen (von 32 auf 35 Prozent bei den über 50-jährigen und von knapp unter auf knapp über 22 Prozent bei den über 60-jährigen), der Altenanteil unter den EU-BürgerInnen war sogar rückläufig.

Demografische Prognosen lassen eine weitere Zunahme der Altenanteile an der Bevölkerung mit migrantischer Herkunft erwarten. Berechnungen für Wien gehen davon aus, dass der Anteil der Älteren bis 2021 auf das heutige Niveau der einheimischen Wohnbevölkerung anwachsen wird (Institut für Demografie 1998; die Prognosen beziehen sich allerdings auf die Gesamtheit der ausländischen StaatsbürgerInnen sowie auf die über 60-jährige Bevölkerung). Wichtige Grundannahmen dieser Schätzungen sind Aufenthaltsverfestigung und vergleichsweise niedrige Zuwanderungsraten aufgrund restriktiver Zuwanderungsbestimmungen. Die Zahl der ausländischen SeniorInnen soll sich demnach bis zum Ende des zweiten Jahrzehnts des 21. Jahrhunderts etwa vervierfachen, für 2021 wird der Anteil der über 60-Jährigen an den in Wien lebenden AusländerInnen auf rund 23 Prozent geschätzt; der Anteil der über 60-jährigen InländerInnen wird in diesem Zeitraum nur mehr schwach ansteigen, und zwar von 24 auf etwa 27 Prozent. Es wird davon ausgegangen, dass der Wandel der Altersstruktur die Gruppe der ArbeitsmigrantInnen aus Ex-Jugoslawien und der Türkei, die über einen längeren Zeitraum in Österreich sind und eine Tendenz zur Niederlassung und Einbürgerung zeigen, in besonderem Maße betrifft. Erneut gilt es auf den problematischen Umstand hinzuweisen, dass in diesen Berechnungen eingebürgerte MigrantInnen nicht berücksichtigt werden, was eine systematische Unterschätzung der Population zur Folge hat.

Viele jüngere und überdurchschnittlich viele männliche Alte

Die demografische Struktur der älteren MigrantInnen ist ein Abbild der Geschichte der Arbeitsmigration der zweiten Hälfte des 20. Jahrhunderts. Die starken Zuwanderungskohorten der 1960er- und 1970er-Jahre stoßen nun langsam in höhere Altersgruppen vor. Unter den älteren MigrantInnen finden sich daher noch überwiegend jüngere Alte (50- bis 60-jährige), während höhere Alterskategorien (über 70-jährige) erst schwach besetzt sind.

Laut Volkszählung 2001 beträgt der Anteil der 50- bis unter 60-jährigen, die im ehemaligen Jugoslawien und der Türkei gebürtig sind, an allen über 50-jährigen MigrantInnen 56 Prozent, 26 Prozent fallen in die Kategorie der 60- bis unter 70-jährigen, 19 Prozent zählen zu den über 70-jährigen. Im Vergleich mit der autochthonen österreichischen Bevölkerung kommt die unterschiedliche Altersstruktur deutlich zur Geltung: So sind nur 36 Prozent der über 50-jährigen einheimischen Bevölkerung den jüngeren Alten (50- bis unter 60-jährige), 30 Prozent der mittleren Kategorie (60- bis unter 70-jährige), aber 35 Prozent den Höheraltrigen zuzurechnen. Markante Unterschiede bestehen zwischen den Herkunftsländern: So zählen 73 Prozent der über 50-jährigen MigrantInnen aus der Türkei zu den jüngeren Alten (50- bis unter 60-jährige), bei der jugoslawienstämmigen Bevölkerung sind es 56 Prozent. 6 Prozent der MigrantInnen aus der Türkei und 22 Prozent der MigrantInnen aus Ex-Jugoslawien sind über 70 Jahre alt (vgl. Tabelle A 1 im Anhang).

Nicht nur im Altersaufbau, auch hinsichtlich der Geschlechterproportion hat die Geschichte der Arbeitsmigration Spuren hinterlassen. Die Arbeitsmigration war primär ein Projekt junger Männer, unter Frauen war Eigenmigration eher selten, ein großer Teil der Zuwanderung von Frauen erfolgte im Rahmen der Familienzusammenführung. Dies bestätigt auch ein Blick in die Bevölkerungsstatistik: So betrug 1971 der Frauenanteil unter den über 50-jährigen MigrantInnen aus Ex-Jugoslawien 33 Prozent und unter jenen aus der Türkei 19 Prozent; 2001 waren bereits 44 bzw. 40 Prozent der über 50-jährigen MigrantInnen mit ex-jugoslawischer oder türkischer Staatsbürgerschaft Frauen. Der deutlich ausgeprägte Männerüberhang in früheren Zuwanderungskohorten prägt die innere Struktur der älteren migrantischen Bevölkerung aber bis heute. Im Unterschied zum höheren Frauenanteil in der einheimischen älteren Bevölkerung sind über 50-jährige MigrantInnen mehrheitlich männlich. Erst unter den Höheraltrigen (60- bis 70-jährige) und Hochaltrigen (70 Jahre und mehr) überwiegen auch bei den MigrantInnen die Frauen. Da alleinstehende Männer nach der Pensionierung vielfach in ihre Herkunftsländer zurückkehren und auch bei den MigrantInnen die Lebenserwartung der Frauen größer ist als jene der Männer, verschiebt sich die Geschlechterproportion der ausländischen Wohnbevölkerung im höheren Alter in Richtung Frauen (vgl. Abbildung A 2 im Anhang).

Der Männeranteil ist unter den Älteren aus der Türkei erheblich höher als unter jenen aus dem ehemaligen Jugoslawien. So beträgt, wiederum bezogen auf das Geburtsland, nach den Ergebnissen der Volkszählung 2001 der Frauenanteil bei den MigrantInnen aus der Türkei in der Alterskategorie der 50- bis unter 60-jährigen 38 Prozent (Jugoslawienstämmige: 48 Prozent, autochthone Bevölkerung: 51 Prozent) und steigt unter den 60- bis unter 70-jährigen nur unmerklich auf 39 Prozent an (Jugoslawienstämmige: 52 Prozent, autochthone Bevölkerung: 53 Prozent); erst in der Kategorie der über 70-jährigen findet sich eine leichte Mehrheit Frauen (54 Prozent). In der aus Jugoslawien stammenden Bevölkerung sind in dieser Alterskategorie fast zwei Drittel Frauen zu verzeichnen, sie gleicht damit der Struktur der einheimischen Bevölkerung (64 Prozent; Autochthone: 65 Prozent).

Geringere Singularisierung des Alters

Sozialpolitisch wichtige Langzeitfolgen zeitigt die Struktur der Arbeitsmigration auch in Hinblick auf den Familienstand. Männlich, jung, gesund und ledig – über diese Eigenschaften sollten die Gastarbeiter der ersten Generation verfügen. Lange Zeit spiegelte sich dieser Umstand in einer höheren Ledigenquote nieder: Noch in der Volkszählung 1991 waren 12 Prozent der über 60-jährigen Männer aus dem ehemaligen Jugoslawien und 9 Prozent der aus der Türkei stammenden Männer ledig (Inländer: 5 Prozent; vgl. Findl/Fraiji 1993). Die Ledigenquote älterer Migranten, die in vielen europäischen Aufnahmeländern sozialpolitisch stark problematisiert wird (vgl. Naegele/Olbermann/Dietzel-Papakyriakou 1997), ist jedoch, aufgrund von Familiengründung und Rückwanderung, in den letzten Jahren gesunken: Laut Volkszählung 2001 waren (aus Vergleichsgründen beziehen sich die Angaben in diesem Fall auf die über 60-jährigen) 6 Prozent der Männer aus Ex-Jugoslawien und 7 Prozent der Migranten aus der Türkei als ledig verzeichnet (vgl. Tabelle A 1 im Anhang).

Die aktuellen Bevölkerungsstatistiken dokumentieren für die Älteren mit migrantischem Hintergrund im Vergleich mit der autochthonen Bevölkerung einen insgesamt geringeren Singularisierungsgrad, wie sowohl an der höheren Ehelichenquote als auch am Anteil an Einpersonenhaushalten festzustellen ist. Laut Volkszählung 2001 leben 17 Prozent der über 50-jährigen Älteren aus der Türkei und 36 Prozent der Zuwanderer aus Ex-Jugoslawien in einem Einpersonenhaushalt, wobei dies jeweils in rund einem Drittel der Fälle Frauen betrifft (in der autochthonen älteren Bevölkerung leben in 73 Prozent der Singlehaushalte Frauen; insgesamt beträgt der Anteil der Einpersonenhaushalte unter den über 50-jährigen Einheimischen 39 Prozent). Zugleich existiert eine hohe Ehequote, wobei diese besonders stark unter den MigrantInnen aus der Türkei (86 Prozent) ausgeprägt ist. Unter den Älteren aus dem ehemaligen Jugoslawien sind 67 Prozent verheiratet (Autochthone 63 Prozent).

Bezogen auf die einheimischen Älteren ist der Anteil der Verwitweten in der migrantischen Bevölkerung mit 7 Prozent unter den türkeistämmigen

Personen und 16 Prozent unter jenen aus Ex-Jugoslawien vergleichsweise niedrig (Autochthone: 21 Prozent). Diese Werte korrespondieren mit der jüngeren Altersstruktur der aus der Türkei zugewanderten Bevölkerung, während die Lage der MigrantInnen aus Ex-Jugoslawien jener der autochthonen Bevölkerung ähnelt. Dies zeigt sich besonders für die Gruppe der über 60-jährigen Frauen: So gleicht sowohl die Verheirateten- als auch die Verwitwetenquote der über 60-jährigen Ex-Jugoslawinnen jenen der autochthonen Frauen (vgl. dazu die Übersichtstabelle A 1 im Anhang).

Die demografischen Daten unterstreichen alles in allem die stärker am Familienverband ausgerichtete Lebensführung vieler MigrantInnen im Alter, insbesondere von Zugewanderten aus der Türkei, allerdings enthalten sie auch Hinweise auf versteckte Singularisierungsrisiken im höheren Alter, insbesondere für die Gruppe der MigrantInnen aus Ex-Jugoslawien. In diesem Zusammenhang gilt es auf das häufig unbeachtete Faktum hinzuweisen, dass die niedrige Ehelichenquote unter den Frauen aus dem ehemaligen Jugoslawien auch auf hohe Scheidungsraten zurückzuführen ist. Nach den Ergebnissen der Volkszählung 2001 liegt mit 12 Prozent die Scheidungsquote der Frauen aus dem ehemaligen Jugoslawien über dem Wert für die einheimischen Frauen (9 Prozent) sowie markant über jenem der Frauen aus der Türkei (5 Prozent). Unter den aus Serbien stammenden Frauen beträgt die Scheidungsquote sogar 13 Prozent; bei Männern liegt die Scheidungsquote der Zuwanderer leicht unter den Werten für die Einheimischen (die Angaben beziehen sich jeweils auf die über 50-jährige Bevölkerung nach Geburtsland).

Hoher Anteil an Erwerbstätigen, erst wenige Pensionisten

Im Unterschied zur These der Entberuflichung des Alters, die sich primär auf die empirisch beobachtbare Ausdehnung des prospektiven nicht-produktiven Alters bezieht, die sich auch in einer sinkenden Erwerbsquote niederschlägt, sind viele MigrantInnen auf einen möglichst langen Verbleib am Arbeitsmarkt angewiesen. Sofern es nicht zu einem Ausscheiden aus dem Arbeitsmarkt aufgrund von Langzeitarbeitslosigkeit, Erkrankung oder Invalidität kommt, bleiben MigrantInnen primär aus existentiellen Gründen sowie aufgrund kürzerer oder ungenügender Versicherungszeiten, die entweder keinen oder nur einen geringen Pensionsanspruch begründen, möglichst lange erwerbstätig, auch wenn gesundheitliche Belastungen den Alterungsprozess beschleunigen und die Risiken insbesondere auch von Arbeitslosigkeit in der Spätphase des Erwerbslebens groß sind. Diese Erfahrung spiegelt sich eindrucksvoll in der Frage nach dem Lebensunterhalt im Rahmen der Volkszählung 2001 wider: Während (bezogen auf die über 50-jährige Bevölkerung) nur 24 Prozent der einheimischen Älteren den Lebensunterhalt aus einer aktiven Erwerbstätigkeit beziehen, ist dies für 41 Prozent der aus Jugoslawien stammenden sowie für 33 Prozent der türkeistämmigen MigrantInnen der Fall, wobei in allen Gruppen Männer markant häufiger erwerbstätig sind (Jugoslawienstämmige: 47 Prozent, Türkeistämmige: 42 Prozent, Autochthone: 33 Prozent). Eine vergleichsweise hohe Erwerbsquote findet sich aber auch unter den migrantischen Frauen, einschließlich jener aus der Türkei. Während nur 17 Prozent der einheimischen Frauen ihren Lebensunterhalt aus einer Erwerbstätigkeit beziehen, trifft dies auf 20 Prozent der Migrantinnen aus der Türkei sowie auf 36 Prozent der Frauen aus dem ehemaligen Jugoslawien zu. Die Unterschiedlichkeit der Lebensformen manifestiert sich auch in einem höheren Anteil an Frauen aus der Türkei, die ihren Lebensunterhalt über ihre Haushaltstätigkeit beziehen (d.h. von dem Pensions- oder Erwerbseinkommen des Partners/der Partnerin oder anderen Fremdeinkünften abhängig sind). Dies trifft auf insgesamt 37 Prozent der türkischstämmigen Frauen zu, im Vergleich zu 10 Prozent unter den Migrantinnen aus Ex-Jugoslawien und 8 Prozent der Einheimischen.

Insgesamt niedriger ist der Anteil jener MigrantInnen, die ihren Lebensunterhalt aus einer Pension beziehen: Während 67 Prozent der über 50-jährigen Einheimischen über den Pensionsstatus verfügen, gilt dies nur für 32 Prozent der türkeistämmigen und für 43 Prozent der jugoslawienstämmigen Älteren. In der Statistik schlagen sich weiters die erheblichen Arbeitslosigkeitsrisiken nieder: Während der Anteil der Arbeitslosen unter den Einheimischen auf 4 Prozent beschränkt bleibt, berichten 9 Prozent der MigrantInnen aus dem ehemaligen Jugoslawien sowie 16 Prozent jener aus der Türkei, dass sie arbeitslos sind; unter den Männern aus der Türkei trifft dies sogar auf 22 Prozent zu (vgl. die Übersichtstabelle A 1 im Anhang).

Niedriger sozio-ökonomischer Status, restriktive Einkommens- und Wohnverhältnisse

Individualisierung und Pluralisierung der Lebensstile entfalten sich im Kontext eines allgemeinen sozialstrukturellen Wandels, der unter anderem an der Verbreiterung der sozialen Mittelschichten festgemacht wird. Nach der Volkszählung 2001 sind 53 Prozent der über 50-jährigen einheimischen Erwerbspersonen im Angestelltenstatus, 13 Prozent gehen einer selbstständigen Erwerbstätigkeit nach, 13 Prozent sind BeamtInnen. Zusammengefasst können also 69 Prozent der autochthonen Älteren im weitesten Sinne den sozialen Mittelschichten zugeordnet werden. In die Kategorien der angelernten ArbeiterInnen und der HilfsarbeiterInnen fallen 12 Prozent, 9 Prozent sind FacharbeiterInnen. Die beruflichen Positionen der älteren migrantischen Erwerbspersonen unterscheidet sich grundlegend von diesem Muster: Unter den MigrantInnen aus dem ehemaligen Jugoslawien verfügen 59 Prozent über einen Status als angelernte/r ArbeiterIn und HilfsarbeiterIn, unter den älteren Erwerbspersonen aus der Türkei sind es 67 Prozent. Zusammen mit der Kategorie der FacharbeiterInnen (Herkunft Ex-Jugoslawien: 14 Prozent; Herkunft Türkei: 13 Prozent) umfasst der Arbeiterstatus 73 bzw. 80 Prozent der jugoslawien- bzw. türkeistämmigen MigrantInnen. Als Angestellte firmieren 23 bzw. 17 Prozent, einen Beamtenstatus kann überhaupt nur eine kleine Minderheit erreichen (knapp über bzw. unter 1 Prozent), in beiden Herkunftsgruppen sind jeweils rund 4 Prozent selbstständig erwerbstätig. Dieser Berufsstatus spiegelt auch die Bildungsferne der migrantischen Älteren wider. So verfügen 73 Prozent aller Älteren aus Ex-Jugoslawien höchstens über einen Pflichtschulabschluss, für die Älteren aus der Türkei wird ein Anteil von 89 Prozent ausgewiesen (Autochthone: 31 Prozent).

Entsprechend ihrem Berufsstatus verfügen MigrantInnen generell über niedrigere Einkommen als einheimische Arbeitskräfte. Diverse Studien stimmen darin überein, dass zwischen einheimischen und migrantischen Arbeitskräften Einkommensdifferenzen von bis zu über 20 Prozent bestehen (Förster/Heitzmann 2003; Gächter 1998; Hammer 1999). Auch in Bezug auf die Arbeitslosenentgelte reproduzieren sich diese Muster (vgl. Reinprecht/Latcheva 2000). Detailuntersuchungen zur Einkommenssituation der älteren migrantischen Bevölkerung liegen bislang nicht vor. Eine ungenügende Datenlage besteht insbesondere in Hinblick auf die Pensionsleistungen, die in den Statistiken nicht nach Herkunftsland gesondert ausgewiesen werden. Primärerhebungen und eigene Forschungen deuten jedoch auf erhebliche finanzielle Restriktionen und hohe Anteile an prekären Lagen (vgl. dazu auch Kapitel III, Abschnitt 4, und Kapitel IV, Abschnitt 3). Generell liegt die Armutsgefährdung der MigrantInnen über jener der einheimischen Bevölkerung. Nach aktuellen Analysen sind zwischen einem Viertel und einem Drittel der migrantischen Haushalte als armutsgefährdet einzustufen; der niedrigere Wert gilt für eingebürgerte MigrantInnen sowie für StaatsbürgerInnen aus Ex-Jugoslawien, der höhere Wert für türkische StaatsbürgerInnen (Till-Tentschert/Lamei/Bauer 2004). Spezialauswertungen der Bevölkerungserhebung „Leben in Wien" (2003) bestätigen das überdurchschnittliche Armuts- und Deprivationsrisiko in der Gruppe der über 50-jährigen MigrantInnen aus den traditionellen Anwerbeländern der Arbeitsmigration. Nach dieser Studie beurteilen rund 60 Prozent der über 50-jährigen Befragten türkischer Herkunft und ca. 37 Prozent der Befragten mit ex-jugoslawischem Hintergrund das eigene Haushaltseinkommen als nicht ausreichend (Reinprecht/Unterwurzacher 2006). Deprivation wird von der Europäischen Kommission als „fehlende Möglichkeit zur Inanspruchnahme von Gütern und Dienstleistungen sowie zur Teilnahme an Aktivitäten, die von der jeweiligen Gesellschaft als zentral angesehen werden", definiert (zit. nach Lamei/Till-Tentschert 2005, 39). Bezogen auf diese Definition zeigt sich, dass ein Drittel der älteren MigrantInnen aus der Türkei und ein Fünftel jener aus Ex-Jugoslawien sich keinen Urlaub leisten können, für 18 bzw. 15 Prozent ist es bei Bedarf oft nicht möglich, neue Kleider zu kaufen, 14 bzw. 11 Prozent können sich oft die Rezeptgebühr nicht leisten. Der niedrige sozio-ökonomische Status manifestiert sich darüber hinaus in einer restriktiven Wohnsituation. Ältere MigrantInnen sind in besonderem Ausmaß von der Unterversorgung mit Wohnraum betroffen. So haben laut „Leben in Wien" 44 Prozent der aus der Türkei und 26 Prozent der aus Ex-Jugoslawien stammenden im Vergleich zu 3 Prozent der autochthonen über 50-jährigen pro Person höchstens 18,5 Quadratmeter zur Verfügung (dieser Wert repräsentiert 50 Prozent des Medians der Wohnfläche aller Befragten und wurde als Schwellenwert für Unterversorgung definiert; vgl. Reinprecht/Unterwurzacher 2006). Wie später ausgeführt wird, kommt diesen knappen Wohnverhältnissen vor allem in Hinblick auf die Versorgung bei Krankheit oder Pflegebedürftigkeit besondere Bedeutung zu.

Angesichts der knappen finanziellen Ressourcenausstattung sind viele ältere ArbeitsmigrantInnen auf die Unterstützung ihrer Familie sowie auf soziale Transfers angewiesen, der Zugang zu den Leistungen des zweiten sozialen Netzes (Sozialhilfe, Hilfe für behinderte Menschen, Pflegegeld), aber auch zu anderen wichtigen Leistungen wie etwa der Wohnbeihilfe ist jedoch restriktiven Zugangsregelungen unterworfen; die Möglichkeit einer Inanspruchnahme dieser Leistungen setzt überwiegend Staatsbürgerschaft oder mehrjährigen Aufenthalt voraus, wobei die Regelungen beträchtlich zwischen den Bundesländern variieren (vgl. König/Stadler 2003). Aufgrund der mangelhaften Datenlage im Bereich des zweiten sozialen Netzes sind Angaben über die Inanspruchnahme der entsprechenden finanziellen Aushilfen und sozialen Dienste nicht möglich.

Mit dem Älterwerden verdichten sich die lebenslangen Belastungen und Benachteiligungen in Arbeit und Gesellschaft bei vielen MigrantInnen zu sozialpolitischen Problem- und Bedarfslagen, und dies gilt, wie im Zuge der empirischen Analysen in den einzelnen Kapiteln dieses Buches ausgeführt wird, für alle relevanten Lebensbereiche.

4. Zur Forschungslage in Österreich

Trotz eines kontinuierlich anwachsenden Interesses an Fragen der Niederlassung, Eingliederung und Lebenssituation der in Österreich lebenden Bevölkerung ausländischer Herkunft, ist über Lebenslage und Lebensführung der älter werdenden ArbeitsmigrantInnen nur verhältnismäßig wenig bekannt. Während in Ländern mit einer längeren Migrationsgeschichte wie Frankreich, Niederlande, Großbritannien, aber auch Deutschland und Schweiz die Lebenssituation der älteren und älter werdenden ImmigrantInnen seit längerem einen wichtigen Forschungsgegenstand darstellt (vgl. Öczan/Seifert 2006, Attias-Donfut 2005, Matthäi 2005, Krumme 2004, Warnes/Friedrich/Kellaher 2004, Brockmann 2002, Izuhara/Shibata 2001, Fibbi/Bolzmann/Vial 1999, Goldberg/Feld/Aydin 1999, Sayad 1999, Klinkers 1998, Amin/Patel 1997, Blakemore/Boneham 1994, Dietzel-Papakyriakou 1993, Balkan 1988), liegen für Österreich – abgesehen von den Untersuchungen des Autors – erst vereinzelte Studien zum Themenkomplex Altern und Migration vor, die sich überwiegend mit Teilaspekten etwa hinsichtlich des Bedarfs im Bereich der Altenpflege (vgl. Kremla 2005, Kienzl-Plochberger 2005, Grilz-

Wolf 2003, Binder-Fritz 2003) oder mit Älteren in besonderen Lebenslagen wie z. B. Flüchtlingen befassen (Knapp/Kremla 2002).

In geraffter Zusammenschau der vorliegenden (internationalen und österreichischen) Forschungen ergibt sich das folgende übereinstimmende Bild:

- Die Lebenslage von MigrantInnen im Alter ist vielfach durch Einkommensarmut, knappe Wohnraumressourcen, gesundheitliche Beeinträchtigungen und geringes Bildungskapital (fehlende Sprachkenntnisse) geprägt; gleichwohl fällt die subjektive Gesamteinschätzung der Lebenslage häufig positiv aus.
- Soziale Ressourcen spielen eine bedeutsame Rolle und deuten auf eine starke Binnenintegration; die informellen Netzwerke sind jedoch fast ausschließlich familienzentriert.
- Es besteht, insbesondere bei Krankheit und Pflege, ein ausgeprägter Bedarf an Hilfe und Unterstützung in der Alltagsbewältigung, der fast ausschließlich informell durch familiäre oder nachbarschaftliche bzw. ethnische Netze abgedeckt wird, während soziale Dienste kaum in Anspruch genommen werden (können), und zwar nicht zuletzt auch, weil die dafür erforderlichen Informationen nicht zugänglich sind.
- Zwischen den verschiedenen Herkunftsgruppen bestehen zahlreiche Gemeinsamkeiten in der Lebenslage oder in Bezug auf den Bedarf und das Interesse an eigensprachlichen Informations-, Beratungs- oder Betreuungsangeboten; gleichwohl bilden ältere MigrantInnen keine homogene Gruppe, ihre Lebenssituation und Bedarfslage differenziert erheblich sowohl nach sozialen und ökonomischen als auch nach Herkunfts- und kulturellen Merkmalen.
- Für einen Großteil der migrantischen Älteren bleibt das Aufnahmeland auch nach dem altersbedingten Ausscheiden aus dem Erwerbsleben der Lebensmittelpunkt, während gleichzeitig die Bindung an das Herkunftsland vielfach aufrechterhalten und (etwa über die Praxis der Pendelmigration) aktiv gelebt wird.

Diese Beobachtungen werden im Folgenden auf Grundlage eigener Forschungen sowie unter Bezugnahme auf die internationale empirische und theoretische Fachliteratur im Detail analysiert und diskutiert. Die eigenen Forschungen beruhen im Kern auf zwei umfangreichen empirischen Erhebungen, die zwischen 1997 und 2005 in Wien im Rahmen von international vernetzten Forschungsprogrammen zur Verbesserung der Lebensbedingungen von Bevölkerungsgruppen in benachteiligten Stadtregionen durchgeführt wurden. Dabei handelt es sich zum einen um das Projekt „Senior-Plus" (1997–1999), das als Teil des regionalen Förderprogramms „URBAN-Wien Gürtel-Plus" die Aufwertung der Lebensgrundlagen und sozialen Infrastrukturen für die ältere Bevölkerung in dieser strukturschwachen innerstädtischen Wohnregion zum Ziel hatte. Zum anderen um das WHO-Demonstrationsprojekt „Investition in die Gesundheit älterer Menschen"

(„Aktiv ins Alter", 2002–2005), das die Entwicklung von niederschwelligen und partizipativen Maßnahmen zur Gesundheitsförderung und Lebensqualitätsverbesserung in ausgewählten urbanen Kontexten zum Thema hatte. Im Rahmen dieser Projekte wurden jeweils standardisierte Befragungen mit über 50-jährigen Personen mit und ohne migrantischem Hintergrund durchgeführt, wobei die MigrantInnen aus dem ehemaligen Jugoslawien und der Türkei, den wichtigsten Herkunftsländern der Arbeitsmigration, stammten. Für die Alterseingrenzung von 50 Jahren (Senior-Plus) bzw. 55 Jahren (Aktiv ins Alter) war ausschlaggebend, dass MigrantInnen frühzeitiger als autochthone Ältere mit charakteristischen Fragen und Problemen des Älterwerdens konfrontiert sind und die Forschungen in besonderem Maße auch auf die Analyse von Handlungspotenzialen für die Lebensgestaltung im Übergang in die nachberufliche Lebensphase abzielten. Die methodische Vorgangsweise begründet sich zum einen im Bemühen um eine zumindest annähernd repräsentative Auswahl an älteren ArbeitsmigrantInnen aus Ex-Jugoslawien und der Türkei, die erstmals für Österreich möglich macht, empirisch fundierte Kenntnisse über die Lebens- und Gesundheitssituation, Ressourcenausstattung, identifikatorische Zugehörigkeit und Zukunftsplanung zu erhalten, wobei die Ergebnisse im Kontext der internationalen Forschung validiert werden konnten. Zum anderen ermöglicht dieses Design einen systematischen Vergleich zwischen migrantischen und einheimischen Bevölkerungsgruppen wie auch eine differenzierte Betrachtung der Älteren nach relevanten Merkmalen wie Herkunftskontext, Pensionsstatus, Einbürgerungsstatus oder Geschlecht. Zusätzlich zu diesen jeweils sehr umfassenden Befragungen steht eine Vielzahl an ergänzenden Informationen und Daten zur Verfügung, die im Zusammenhang mit den genannten Projekten erhoben wurden; dazu zählen etwa kleinere Fallstudien (zu migrantischen Biografien), Bearbeitungen von amtlichen Statistiken und Datengrundlagen (Reinprecht/Latcheva 2000) oder Befragungen von Einrichtungen im Sozial- und Gesundheitsbereich, die über die Sensibilität der Institutionen in Bezug auf die Bedarfslage älterer MigrantInnen Aufschluss geben konnten (vgl. Reinprecht/Doğan/Tietze 1999). Im Rahmen der universitären Tätigkeit des Autors wurden zudem einige begleitende Pilotstudien zu speziellen Fragestellungen unter studentischer Beteiligung durchgeführt, wie etwa eine Befragung von Jugendlichen der zweiten und dritten Generation über ihr Verhältnis zu älteren familiären Bezugspersonen (Reinprecht/Donat 2004) oder zur kulturellen Diversifizierung der älteren Bevölkerung Wiens (Reinprecht/Donat 2005b).

Die Senior-Plus-Studie (Reinprecht 1999) beruht auf einer Befragung von 241 ZuwandererInnen aus der Türkei und dem ehemaligen Jugoslawien sowie 231 Angehörigen der einheimischen Wohnbevölkerung (vollstandardisierte mündliche Interviews). Die migrantische Stichprobe umfasst berufstätige wie bereits pensionierte Personen (letztere ein knappes Drittel), von den befragten MigrantInnen waren etwa jede(r) fünfte eingebürgert und ein knappes Drittel Frauen (Details zur Stichprobe im Anhang). Die Feldarbeit fand in den Monaten April bis Juli 1999 statt. Erhebungsgebiet war die äußere westliche Gürtelregion zwischen dem 12. und 17. Bezirk (traditionelles Zuwanderungsgebiet mit dichter Verbauung und Gründerzeitwohnungen), die Interviews wurden großteils von eigensprachlichen InterviewerInnen durchgeführt. Die Erhebung hatte fünf thematische Schwerpunkte: Erstens Aspekte der Migrationsbiografie (Wanderungsmotive, Bleibeabsichten, beruflicher Lebenslauf, Deutschkenntnisse, Diskriminierungserfahrungen, Einbürgerung bzw. Einbürgerungsabsichten, emotionale Bindung an Österreich bzw. an das Herkunftsland); zweitens der Bereich der materiellen und gesundheitlichen Belastungen und Ressourcen (Wohnsituation und räumliche Segregation, Bewertung von Wohnung und Wohnumfeld, finanzielle Ressourcen, Aspekte der Freizeitgestaltung, Beurteilung der gesundheitlichen Ressourcen, etc.); drittens die Verfügbarkeit von informellen Netzwerkressourcen (Anzahl der Netzwerkpersonen, Art und Qualität der Kontakte, soziale Austausch- und Stützungsfunktion, usw.); viertens die Kenntnis, Inanspruchnahme und Akzeptanz von sozialen Leistungen, Diensten und Einrichtungen, insbesondere in Hinblick auf die Versorgung im Krankheits- und Pflegefall; fünftens Altersplanung, Lebensbilanzierung und Zufriedenheit (darunter fallen auch Aspekte wie Zukunftserwartungen und -perspektiven, vor allem hinsichtlich des Verbleibens, Rückkehrens und Pendelns zwischen Migrations- und Herkunftsland).

Im Rahmen des WHO-Projekts „Aktiv ins Alter" (Reinprecht/Donat 2005a) wurden insgesamt 335 Personen in mündlichen vollstandardisierten Interviews befragt, darunter 120 MigrantInnen aus Ex-Jugoslawien und der Türkei. Auch in dieser Erhebung umfasst die migrantische Stichprobe eingebürgerte und bereits pensionierte Personen sowie einen relevanten Frauenanteil (Details der Stichprobe im Anhang). Die Befragung fand zwischen 2004 und 2005 in zwei typischen städtischen Wohnumwelten der älteren migrantischen Bevölkerung statt (Kernbereiche des 12. und 15. Bezirks), die Befragung wurde durch Projektmitarbeiterinnen in den jeweiligen Eigensprachen durchgeführt. Schwerpunkt dieser Untersuchung bildeten Aspekte der objektiven und subjektiven Lebenslage und Lebensqualität, Wohnen und Wohnumgebung, soziale Netzwerke und Lebensereignisse, Freizeit und Gesundheit sowie Aktivitäts- bzw. Aktivierungspotenziale; darüber hinaus wurden auch migrationsspezifische Fragen wie Aufenthaltsdauer und Einbürgerung, Herkunftslandbindung und Zukunftspläne erhoben.

Die Einbettung der Forschungen in mehrjährige gemeinwesen- und interventionsorientierte Projekte bedeutete eine kontinuierliche Rückbindung der theoriegeleiteten Analyse an die unterschiedlichen sozialen Erfahrungswelten und Perspektiven und bildete damit den Rahmen für einen intensiven Lern- und Reflexionsprozess. Der Austausch zwischen „Theorie" und „Praxis", „Wissenschaft" und „Lebenswelten" ist komplex, naturgemäß nicht einseitig und berührt keineswegs die nur vermittlungs-, übersetzungs- oder kommunikationstechnische Ebene. In der sozialwissenschaftlichen Literatur finden sich verschiedene Versuche, dieses Verhältnis zu beschreiben, wobei die Problemsicht stark divergierende Blickrichtungen einnehmen kann. Die Aufmerksamkeit richtet sich etwa auf die unterschiedliche Komplexitätswahrnehmung und Legitimationsfunktion, die ungleiche Verteilung der Definitionsmacht und konfligierende Erkenntnisinteressen, auf sektorale Schließung und inkompatible Sprechpraktiken, das Spannungsverhältnis zwischen Berufsethos und Gefälligkeitsforschung.

Im Kontext der Migrationsforschung gewinnen weitere Aspekte an Relevanz. Dazu zählen Besonderheiten im Feldzugang und in Bezug auf die Entwicklung eines den Lebenssituationen und Umweltbedingungen angemessenen Forschungsdesigns (einschließlich des Einsatzes der Eigensprachen), die Problematik impliziter Vorannahmen und unbewusster Stereotypisierungen, die Erfordernis von interkultureller Empathie und Sensibilität, nicht zuletzt auch die sozialethischen Herausforderungen in einem gesellschaftspolitisch stark emotionalisierten und konfliktbeladenen Bereich. Diese Rahmenbedingungen begünstigen die Herausbildung von Angst und Abwehrmanövern, woraus, wie Georges Devereux (1984) eindringlich beschrieben hat, vielfältige Verzerrungen resultieren können, die die Produktion der Forschungsergebnisse nachhaltig beeinflussen und die soziale Distanz vergrößern. Der Aspekt des Nicht-Wissens, von dem zu Beginn dieses Kapitels die Rede war, erscheint aus dieser Perspektive als besonders kritisch. SozialwissenschaftlerInnen finden zur migrantischen Bevölkerung nicht jenen zwanglosen Zugang, der ihnen in Bezug auf die fraglos vertrauten lebensweltlichen Zusammenhänge der eigengesellschaftlichen sozialen Mittelschicht offen steht. Wenn nun der gesellschaftliche Strukturwandel Fragen von Migration und Integration vermehrt in den Vordergrund rückt, besteht die Befürchtung, dass, solange der soziale Abstand nicht reflexiv durchdrungen und aufgebrochen wird, ein selektives und affirmatives Wissen entsteht, das die sozialen Macht- und Ausschließungsverhältnisse zusätzlich aufrecht erhält. Dieses Buch versteht sich als ein Beitrag zur Überwindung dieser epistemologischen Falle und Barriere.

II. Prekäres Altern in der Einwanderungsgesellschaft

1. Leben in komplexer Unsicherheit

Im verborgenen Altern der ArbeitsmigrantInnen manifestieren sich gesellschaftlich erzeugte Unsicherheit und Unzugehörigkeit. Der französische Soziologe Abdelmalek Sayad (1999) spricht im Zusammenhang mit dem Altern der aus dem Maghreb nach Frankreich eingewanderten Arbeitskräfte von einer „doppelten Abwesenheit": Zur faktischen Abwesenheit im (innerlich häufig verklärten, gleichwohl entfremdeten) Herkunftsland gesellt sich die zerbrechliche und gefährdete Position im (innerlich häufig fremd gebliebenen, gleichwohl eingelebten) Aufnahmeland. Nach Sayad transformieren sich im Migrationsprozess die ursprünglichen Illusionen der Auswanderer in „Leiden der Einwanderer". Dieses Leiden hat einen benennbaren Kern: Das Streben der ImmigrantInnen nach stabilen Arbeitsverhältnissen, ausreichendem Einkommen und sozialer Mobilität kollidiert mit den Strukturen der Aufnahmegesellschaft, die den Zugewanderten weder soziale Anerkennung noch entsprechende Teilhabechancen und Integrationsmöglichkeiten zugesteht, sondern Einwanderung in erster Linie als soziales Problem und nicht als gesellschaftliche Normalität, als Störung und nicht als Zugewinn definiert. Zugleich verspüren viele ArbeitsmigrantInnen eine durch die Erfahrung der Zurückweisung immer wieder von Neuem bekräftigte Distanz zur Aufnahmegesellschaft und halten auch bei Aufenthaltsverfestigung oder Einbürgerung am Gedanken fest, „irgendwann einmal" (und sei es ein letztes Mal um zu sterben) ins Herkunftsland zurückzukehren. In der Inkongruenz von individuellen Intentionslagen und gesellschaftlichen Möglichkeitsräumen verschärfen sich der Leidensdruck sowie das Empfinden von unauflösbarer Ambivalenz und Unsicherheit.

Migration ist stets ein Stück weit durch Unsicherheits- und Ambivalenzerfahrungen gekennzeichnet. Unsicherheit rahmt die Entscheidung zur Auswanderung (nicht alle Folgekosten erweisen sich vorweg als kalkulierbar), sie begleitet den weiteren Wanderungsverlauf (Migrationsbiografien durchlaufen häufig sowohl soziale Abstiege als auch soziale Aufstiege, ohne zwingend in eine eindeutige Position, ein stabiles Anerkennungsverhältnis oder fraglose Zugehörigkeit(en) zu münden) und sie umgrenzt schließlich – in Form von Entscheidungsambivalenzen – den Zukunftshorizont. Je manifester die Erfahrung von Instabilität und Uneindeutigkeit, umso mehr schränkt sich der Handlungsraum auf die unmittelbare Existenzbewältigung ein und erschwert eine längerfristige Lebensplanung (zu dieser Problematik vgl. Bourdieu et al. 1963). Wie einschlägige Studien zeigen, wird diese Erfahrung im Alter, wenn das Projekt der Migration seinen Abschluss findet und sich der Minderheitenstatus mit altersbezogenen Problemkonstellationen verbindet, besonders virulent (vgl. Dowd/Bengtson 1978; Dietzel-Papakyriakou 1993).

Während in der Literatur die Lebenslage von migrantischen Älteren zumeist aus dem Blickwinkel einer Theorie der doppelten oder mehrfachen Gefährdung betrachtet wird, gehe ich von der These aus, dass der Übergang in die nachberufliche Lebensphase einen Kulminationspunkt von *komplexer Unsicherheit* darstellt. Der Ausdruck komplexe Unsicherheit bezieht sich dabei auf das Zusammentreffen und die Verschränkung von verschiedenen Dimensionen von Unsicherheit: Ungesichertheit, Ungewissheit und Ungeschütztheit.[5] *Ungesichertheit* meint die Ebene der rechtlichen, sozialen und materiellen Sicherheit. *Ungewissheit* bezieht sich auf die Antizipierbarkeit von Verhalten und Erwartungen. *Ungeschütztheit* berührt die Ausgesetztheit gegenüber sozialökologischen Gefährdungen wie Rassismus oder Kriminalität.

Die Gleichzeitigkeit von Ungesichertheit, Ungewissheit und Ungeschütztheit umreißt den Erfahrungs- und Handlungsraum von ArbeitsmigrantInnen im Alter. Komplexe Unsicherheit reflektiert einerseits die fragile gesellschaftliche Position, die in der Migrationsforschung als Ergebnis einer ungenügenden rechtlichen, sozialen und kulturellen Integration interpretiert wird (vgl. dazu etwa Sackmann 1997). So hat der rechtliche Status – nur ein Teil der ImmigrantInnen entschließt sich für die Einbürgerung – eine Schlechterstellung im sozialrechtlichen Sicherungssystem zur Folge, die Mehrzahl der ZuwanderInnen geht einer Beschäftigung in der unteren Statushierarchie des Arbeitsmarktes nach, woraus insbesondere im Alter mannigfaltige Belastungen resultieren, und lebt in einer Umwelt, die in vielfältiger Weise Abwehr und Ressentiment mobilisiert. Andererseits bezieht sich komplexe Unsicherheit auf ein Merkmal der späten Moderne, in der die Sicherheitsüberzeugungen der organisierten Moderne (Wagner 1995) unter dem Einfluss des gesellschaftlichen Strukturwandels erodieren (vgl. dazu Castel 2005; Bonß 1995). Die Herstellung und Erfahrung der verschiedenen Dimensionen von Unsicherheit stellt heute ein durchgängiges Bestimmungsmerkmal aller Lebensbereiche dar, von der zunehmend flexibilisierten Arbeitswelt bis zu den immer stärker individualisierten Lebensverläufen. Das Konzept der komplexen Unsicherheit ermöglicht es, das Älterwerden migrantischer Bevölkerungen im Zusammenhang mit einer gesamtgesellschaftlichen Tendenz zu einer Prekarisierung der Lebenswelten in der europäischen Gegenwartsgesellschaft zu begreifen, womit auch der kritische Zusammenhang von Altern und Migration nicht länger als soziales Problem und Abweichung, sondern quasi als gesellschaftliche Normalität erfahrbar wird.

Wie ich im Folgenden ausführen möchte, wird komplexe Unsicherheit im Leben älterer MigrantInnen durch folgende Einflussfaktoren bestimmt: zum einen durch die Positionierung im gesellschaftlichen Ungleichheitsgefüge als Folge der Interrelationen von Arbeitsmarktlage, Minderheitenstatus,

---

[5] Hinsichtlich dieser Bedeutungsdimensionen folge ich einer Überlegung von Zygmunt Bauman (2000).

Alter und auch Geschlecht, wobei der Logik gesellschaftlicher Einschluss- und Ausschlussmechanismen, die sowohl durch wohlfahrtsstaatliche und einwanderungsrechtliche Regelungssysteme als auch durch diskursive Praktiken repräsentiert werden, besondere Bedeutung zukommt; zum anderen durch die angesprochenen strukturellen Veränderungen, die einen grundsätzlichen Wandel der bislang nationalstaatlich eingebetteten Formen von Produktions-, Wanderungs- und Alternsprozessen bewirken.

2. Interrelationen von Arbeitsmarktlage, Minderheitenstatus und Alter

Die im Begriff „ältere ArbeitsmigrantInnen" verknüpften Strukturvariablen Arbeit, Alter und Migration tragen, sich wechselseitig verstärkend und in ihrer jeweils spezifischen Form, zur Erzeugung von fragmentierten Lagen bei (vgl. Bradley 2000): über die Stellung im Produktionsprozess bzw. am Arbeitsmarkt (z. B. als „Reservearmee"), über die Position im gesellschaftlichen Machtgefüge (als migrantische oder ethnische Minderheit in einer Etablierten-Außenseiter-Beziehung, vgl. Elias/Scotson 1993), über die Organisation des Lebenslaufs und die Stellung in der gesellschaftlichen Altersgliederung, über die gesellschaftliche Geschlechterordnung.[6]

In modernen Gesellschaften gelten Zugang zum und Lage am Arbeitsmarkt als der Schlüssel zu struktureller Integration und gesellschaftlicher Teilhabe, und dies gilt in besonderer Weise für migrantische Arbeitskräfte, für die Arbeit – als Erwerb und Wert – hohe Funktionalität besitzt. Erwerbsarbeit eröffnet generell einen ungleichen Zugang zu distributiven und relationalen Ressourcen wie Einkommen und Status und schafft eine wiederum ungleiche Voraussetzung für Anerkennung und Positionierung sowie die Organisierung gemeinsamer Interessen (vgl. Kreckel 2004). Aus der Erwerbsarbeit resultieren Ansprüche im sozialen Sicherungssystem, die der Begrenzung bzw. Abfederung von kollektiven Risiken (etwa aufgrund wirtschaftlicher Krisen, von Arbeitslosigkeit oder körperlichem Verschleiß) dienen. In der industriellen Arbeitsgesellschaft fungiert die Erwerbsarbeit als Angelpunkt der sozialen Frage (Castel 2000). Alle wesentlichen sozialen Konflikte werden auf die Asymmetrie von Arbeit und Kapital und die durch sie strukturierten Arbeitsbeziehungen zurückgeführt, und dies gilt naturgemäß auch für die Problematik enorm unterschiedlicher Lebenslagen und Lebenschancen, die aus der ungleichen Verteilung von Erwerbsarbeit bzw. deren Risiken und Gratifikationen resultieren.

---

[6] Die in den folgenden Kapiteln präsentierten empirischen Analysen fokussieren auf den Zusammenhang von Alter, Migration und Arbeit; der Genderaspekt wird zwar berücksichtigt, bildet aber aufgrund der Datenstruktur (für Detailanalysen zu geringe Fallzahlen) keinen Schwerpunkt.

Diese Beschreibung deutet bereits den Spannungsraum an, in dem sich die Interrelationen von Arbeit und Migration, sodann von Arbeit, Migration und Alter entfalten. Indem nämlich Arbeit als Modus der strukturellen Integration bzw. der Einbindung in die gesellschaftliche Arbeitsteilung betrachtet wird, schließt sich sogleich das, um einen Begriff von Reinhard Kreckel (2004) aufzugreifen, „ungleichheitsbegründende Kräftefeld" auf, in dem in den modernen nationalstaatlich verfassten Gesellschaften Europas der gesellschaftliche Konfliktzusammenhang ausgehandelt wird. Das ungleichheitsbegründende Kräftefeld stellt sich Kreckel als Bild von vier konzentrischen Kreisen vor, wobei er im innersten Kreis (Zentrum) das korporatistische Dreieck von Arbeit, Kapital und Staat, im äußersten Kreis (Peripherie) die sozial strukturierte Bevölkerung und in den mittleren Kreisen bzw. die verschiedenen Kreise überlappend, intermediäre Akteure wie Parteien, Interessensorganisationen oder soziale Bewegungen einträgt. Mit der Symbolik soll verdeutlicht werden, dass die Konfliktfähigkeit von peripheren (z. B. nicht erwerbstätigen) und nicht organisierten Akteuren deutlich geringer einzuschätzen ist als von solchen, die über eine stabilen Arbeitsplatz verfügen und in der Lage sind, sich zur Durchsetzung ihrer Interessen zusammenzuschließen.

Der Prozess der Arbeitsmigration gliedert die MigrantInnen in spezifischer Weise in dieses ungleichheitsbegründende Kräftefeld ein. Definiert als international grenzüberschreitende Wanderung prägt Migration die Stellung des Wandernden in Relation zu den bereits besetzten Positionen in der Aufnahmegesellschaft und bringt als Ausdruck räumlicher Mobilität ein zusätzliches dynamisches Element in den gesellschaftlichen Beziehungszusammenhang. Migration beeinflusst die Sozialstruktur in der Aufnahmegesellschaft zum einen durch die simple Tatsache der Differenzierung der Bevölkerung nach dem Status der Mitgliedschaft im Staatsbürgerverband, zum zweiten durch den Umstand, dass für zugewanderte Personen zumeist nur Positionen an der äußersten Peripherie zugänglich sind, mit Folgen für das gesamte Schichtungsgefüge.

Zum ersten: Die Differenzierung der Bevölkerung nach Staatsbürgerschaft ist deshalb ein wichtiges Kriterium, da Nicht-Mitgliedschaft nachhaltig den Zugang zu kollektiven Gütern, deren Zuteilung in der Regel die Staatsbürgschaft voraussetzt, erschwert bzw. verunmöglicht. Auf die Staatsbürgerschaft aber haben Wandernde, sofern sie sich überhaupt dazu entscheiden, dauerhaft zu bleiben und sich einbürgern zu lassen, erst nach jahrelangem Aufenthalt Anspruch[7]. Somit bleiben MigrantInnen über lange Zeit „anwe-

---

[7] In Österreich (Stand 2006) setzt die Einbürgerung einen mindestens zehnjährigen rechtmäßigen, ununterbrochenen Aufenthalt, ausreichende Unterhaltsmittel sowie einen positiven schriftlichen Test der Deutschkenntnisse und von historischen, demokratiepolitischen und bundeslandbezogenen Grundkenntnissen voraus und führt zu einem Verlust der bisherigen Staatsangehörigkeit. Rechtsanspruch auf Einbürgerung besteht in der Regel erst nach 30-jährigem ununterbrochenen Aufenthalt bzw. nach 15 Jahren, wenn eine nachhaltige berufliche und persönliche Integration nachgewiesen wird (für einen internationalen Vergleich siehe Bauböck / Münz / Waldrauch 2005).

send, aber nicht zugehörig" (Heckmann 1999, 348) – als ein Bevölkerungsteil, der über seine Leistungen zur allgemeinen Wohlstandsvermehrung beiträgt, gleichzeitig aber den nationalstaatlich definierten einwanderungs- und aufenthaltsrechtlichen Regelungen unterworfen ist, welche die Partizipation an den gesellschaftlichen Teilsystemen penibel reglementieren.[8]

Zum zweiten: Im Prinzip kann die Eingliederung von ImmigrantInnen in die Sozial- und Beschäftigungsstruktur des Gastlandes auf dreierlei Weise erfolgen: Zum einen durch eine vollständige Integration in die bestehenden Strukturen. Dies ist vorwiegend bei (privilegierten) Minderheiten (EU-BürgerInnen, internationalen Führungskräften) der Fall. Zum zweiten können bislang ungenutzte Nischen besetzt werden. In diesem Fall kommt es zu einer Art Monopolisierung bestimmter Tätigkeiten oder Dienstleistungen durch die Angehörigen einer Einwanderergruppe bzw. Ethnie. Der für die moderne Arbeitsmigration häufigste Fall ist jedoch die „Unterschichtung" der Sozial- und Beschäftigungsstruktur. Damit ist gemeint, dass Neuzuwandernde nur Statuspositionen am untersten Ende der sozialstrukturellen Hierarchie einnehmen können; dies war auch in der Periode der Arbeitsmigration nach 1945 der Fall. Nach Hoffmann-Nowotny (1973) ist die internationale Arbeitskräftemigration eine spezifische Strategie für sozialen Aufstieg: Arbeitskräf-

---

[8] Österreich liefert dafür ein anschauliches Beispiel: Hier ist der Zugang zum Arbeitsmarkt für ausländische StaatsbürgerInnen im Ausländerbeschäftigungsgesetz durch eine Quote festgelegt. Personen die keiner privilegierten Gruppe wie EU-BürgerInnen angehören, benötigen eine Beschäftigungsbewilligung (diese wird für den Arbeitgeber ausgestellt und ist von einjähriger Gültigkeit; wird der Arbeitsplatz verloren oder gewechselt, ist eine neue Beschäftigungsbewilligung erforderlich), sodann sieht das Gesetz eine Arbeitserlaubnis vor (diese ist von zweijähriger Dauer und erlaubt in einem Bundesland jede beliebige Beschäftigung aufzunehmen und zu wechseln; diese wird erteilt, wenn der/die AusländerIn in den letzten 14 Monaten insgesamt 52 Wochen in Österreich beschäftigt war; eine Verlängerung gibt es, wenn die Person in den letzten 24 Monaten 18 Monate beschäftigt war); nach mindestens acht Jahren Aufenthalt, für den für mindestens fünf Jahre eine sozialversicherungspflichtige Beschäftigung nachgewiesen werden muss, ist es möglich, um einen so genannten Befreiungsschein anzusuchen, der von fünfjähriger Gültigkeit ist und die Person am Arbeitsmarkt den österreichischen StaatsbürgerInnen gleichstellt; dieser Befreiungsschein kann nochmals um fünf Jahre verlängert werden, wenn für diese wiederum nachgewiesen werden kann, dass die Person zweieinhalb Jahre einer sozialversicherungspflichtigen Beschäftigung nachgegangen ist. Bei Verlust des Befreiungsscheins muss erneut um eine Beschäftigungsbewilligung angesucht werden, das Rad beginnt sich also wieder von Neuem zu drehen. Ein gleichberechtigter Zugang zum Arbeitsmarkt ist jenen ausländischen StaatsbürgerInnen vorbehalten, die mit einer/einem Österreicher/in verheiratet, oder deren Eltern die österreichische Staatsbürgerschaft haben. Wie internationalen Vergleichsuntersuchungen zeigen, bewirken die restriktiven Zugangsregelungen zum Arbeitsmarkt und die nur gering entwickelten politischen und Bürgerrechte eine überdurchschnittliche Prekarität sowohl im Aufenthalt wie in der Existenzsicherung (vgl. dazu Bauböck/ Perchinig 2006; Çinar/ Davy/ Waldrauch 1999).

te wandern aus, weil ihnen im Herkunftsland die Möglichkeit zur Aufwärtsmobilität verwehrt ist. Die räumliche Mobilität bildet für den einzelnen ein funktionales Äquivalent zum individuellen sozialen Aufstieg im Herkunftsland, in der Aufnahmegesellschaft hingegen sind die Positionen am unteren Rand des Funktions- und Schichtungsgefüges festgelegt: Den Arbeitskräften werden gering bzw. unqualifizierte und schlecht entlohnte Beschäftigungen in Sektoren mit hohem Belastungs- und Arbeitslosigkeitsrisiko zugewiesen; der Aufstieg in stabilere Zonen des Arbeitsmarktes bleibt versperrt. Der Ausdruck Unterschichtung ist insofern etwas ungenau, als sich ausländische Arbeitskräfte, und dies gilt v. a. für die erste Periode der Arbeitsmigration der 1960er-Jahre, nicht unter die deklassierten Randschichten (der Armen und Langzeitarbeitslosen) schoben, sondern in Niedriglohnbereichen am unteren Ende der sozialstrukturellen Hierarchie Arbeit fanden bzw. für diese angeworben wurden (vgl. dazu Geißler 1992, 161).[9]

Das Spannungsfeld von Arbeit und Migration

Der Zusammenhang von Arbeit und Migration ist vielschichtig und spannungsreich: Greifen wir auf das Bild Kreckels zurück, dann nehmen ArbeitsmigrantInnen am Arbeitsmarkt eine verwundbare Randstellung ein, wobei die Verwundbarkeit sowohl aus der prekären aufenthaltsrechtlichen Position als auch den benachteiligten Arbeitsbedingungen (unqualifizierte Tätigkeiten in krisenanfälligen Branchen) resultiert. Ein weiteres wichtiges Merkmal ihrer prekären Lage ist die „Unzugehörigkeit" zur organisierten Arbeiterschaft: Einerseits verfügen ArbeitsmigrantInnen aufgrund der Tatsache, dass sie über die Erwerbsarbeit in das System der gesellschaftlichen Arbeitsteilung integriert sind, in gewisser Weise über einen anerkannten gesellschaftlichen Ort und sind in jene Teile des sozialen Sicherungssystems inkludiert, die dem Versicherungsprinzip unterliegen und für deren Leistungen Erwerbsarbeit als Zugangsvoraussetzung definiert ist. In diesem Sinn ist auch die Beobachtung zutreffend, dass ArbeitsmigrantInnen durch die allgemeinen Bürger- und Wohlfahrtsrechte (Marshall 1992) gegen Verelendung geschützt sind (Kreckel spricht in diesem Zusammenhang von der Deckungsgarantie wohlfahrtsstaatlicher Bürgerrechte). Andererseits wird ihnen jenseits ihrer prekären aufenthaltsrechtlichen Lage und der re-

---

[9] Das spiegelt sich auch in den bevorzugten Branchen für ausländische Arbeitskräfte wider: Bauindustrie, Textilbranche, Gastgewerbe und Reinigungsbereich. Die Unterschichtung bildet gewissermaßen die andere Seite des „kollektiven Fahrstuhleffekts" (Beck 1986), das heißt der Aufwärtsmobilität der autochthonen Bevölkerung, die ihren sozialen und finanziellen Aufstieg zu großen Teilen dem Umstand verdankt, dass die GastarbeiterInnen die unteren Statuspositionen einnahmen.

strikiven Zugangsbestimmungen zum Arbeitsmarkt die volle Zugehörigkeit in den Interessensvertretungen und Organisationen der Arbeit verwehrt: Ausländische Arbeitskräfte haben in Gewerkschaften aufgrund der Orientierung an den Interessen der nationalen Belegschaften keine verlässlichen Bündnispartner[10]. Dies macht sie in ihrer Lage am sekundären Arbeitsmarkt (Niedriglohnbranchen, instabile Randzonen, Ungeschütztheit, Unterbrechungen im Erwerbsverlauf) noch verletzbarer für Arbeitslosigkeit, Armut, gesundheitliche Einschränkungen, Disziplinierungen, Sanktionen, willkürliche Zugriffe des Arbeitgebers, etc. Andererseits prägt die Zwischenstellung nachhaltig den Lebenslauf: Soziale Mobilität ist kaum möglich. Nur wenigen, die in der Frühphase der Arbeitsmigration nach Österreich kamen, ist es gelungen, in höhere Positionen aufzurücken (vgl. Biffl 2003). Wie Forschungen zeigen, wirken diese Schließungsstrategien auch nach dem Erwerb der Staatsbürgerschaft, also trotz Einbürgerung lange nach. Sofern höhere Statuspositionen erreicht werden können, sind diese stets prekärer als unter Autochthonen. Das weist darauf hin, dass die Lebenslage nicht von der Staatsbürgerschaft determiniert ist und Einbürgerung nicht mit sozialer Integration gleichgesetzt werden darf.

In ihrem Buch, „Fremde sind wir uns selbst", schreibt Julia Kristeva: „Der Fremde ist der, der arbeitet. Während die Einheimischen der zivilisierten Welt, der hochentwickelten Länder, schwere Arbeit vulgär finden und aristokratische Lässigkeit und Launenhaftigkeit zur Schau tragen (wenn sie es können…), erkennt man den Fremden daran, dass er die Arbeit *immer noch* als einen Wert betrachtet. Eine Lebensnotwendigkeit, sicher, das einzige Überlebensmittel, das er nicht zwangsläufig verklärt, sondern einfach als Grundrecht, als Ausgangspunkt der Würde geltend macht" (Kristeva 1990, 27; Hervorhebung durch die Autorin). Die im Zuge der Arbeitsmigration nach Österreich gekommenen Arbeitskräfte repräsentieren überwiegend den Typus der fordistischen Arbeitskraft, die in standardisierten industriellen Produktionsprozessen eingesetzt und als Teil einer industriellen Reservearmee relativ leicht, d. h. je nach Nachfrage und Konjunkturverlauf manövrierbar ist (diesem Gedanken entsprach ja auch das so genannte Rotationsprinzip). Es ist wichtig zu sehen, dass die meisten ArbeitsmigrantInnen diesen Zustand akzeptiert haben. Körperlich anstrengende und gesundheitsbelastende Tätigkeiten mussten vielfach in Kauf genommen werden; zugleich überwog die Orientierung an den traditionellen Tugenden wie Fleiß, Disziplin und Sparsamkeit. Arbeit erweist sich hier also nicht nur als ein wichtiges und den Lebenslauf bestimmendes Organisationsprinzip von Migration, sondern auch als ein Wert an sich. Diese Haltung wird durch die aufenthalts- und sozialrechtlichen Rahmenbedingungen verstärkt, denn

---

[10] So hatten erwerbstätige ausländische Arbeitskräfte bis Anfang 2006 bei Betriebsrats- und Arbeiterkammerwahlen zwar aktives, aber kein passives Wahlrecht, das heißt, sie konnten in keine Positionen gewählt werden.

solange der Status des staatsbürgerlich definierten Fremden aufrecht ist, ist es einzig und allein die Erwerbsarbeit, welche Aufenthalt, Existenz und das Minimum an gesellschaftlicher Anerkennung sichert. „Welche Verbitterung, welche Katastrophe, wenn man ... keine Arbeitserlaubnis erhält", schreibt Kristeva (ebenda, 28). Doch ist hinzuzufügen, dass die Anerkennung, die durch eine Arbeitserlaubnis erworben werden kann, stets nur vorübergehend und prekär ist, was im etymologischen Wortsinn so viel heißt wie: *durch Bitten erlangt*, also ohne dauerhaften Bestand und ohne wirkliche Rechtssicherheit.[11] Die besondere Verletzbarkeit der ArbeitsmigrantInnen, so ist daraus zu schließen, resultiert nicht nur aus ihrer Exponiertheit am Arbeitsmarkt und in sozialrechtlicher Hinsicht, sondern auch aus dem traditionellen Arbeitsethos, das ihr Handeln strukturiert.

Die Beobachtung, dass in der Migration Erwerbsarbeit in einem hohen Maß ein Organisationsprinzip des Lebenslaufs darstellt, leitet zum dritten Strukturierungsmerkmal, dem Alter, über. Die Variable Alter bezieht sich hier zum einen auf den institutionell geregelten Übergang zwischen Erwerbsleben und Ruhestand, zum anderen auf die gesellschaftlichen Altersnormen, die die Chancen auf die Teilhabe am Arbeitsmarkt beeinflussen. Die Übergangsverläufe in den Ruhestand sind so gesehen von gesetzlich definierten Altersgrenzen im Pensionszugang und sozialpolitischen Institutionalisierungen, den Entwicklungen am Arbeitsmarkt und vom strukturellen Wandel der Arbeit, aber eben auch von den vorherrschenden Altersbildern und vom wahrgenommenen „sozialen" Alter abhängig.

Das Alter(n) als Leerstelle im Projekt der Arbeitsmigration

Der Übergang in die nachberufliche Lebensphase lässt sich zumindest in dreierlei Hinsicht als ein kritischer Verlauf bezeichnen (vgl. Behrens/Voges 1996). Zum einen besteht gegen Ende des Erwerbslebens ein erhöhtes Risiko von Statusverlust, insbesondere bei vorzeitigem Ausscheiden aus dem Erwerbsprozess. Zum zweiten hängt der nachberufliche Status erheblich von den Risiken und Gratifikationen des bisherigen Erwerbslebens ab (Ansprüche auf und Höhe von Pensionsleistungen sind von der Erwerbsbiografie abhängig). Zum dritten ist der Übergangsverlauf durch die Übernahme von neuen Rollen und Aufgaben unabhängig von Beruf bzw. Erwerbsarbeit charakterisiert.

---

[11] Begriffshistorisch geht Prekarität auf das römische Recht zurück und bedeutet die Gewährung eines Rechts auf eine Bitte hin, ohne dass dadurch ein Rechtsanspruch begründet wird („prekarium"); in der Feudalordnung des Mittelalters bezeichnet die Rechtsform der „prekarie" eine Schenkung auf Widerruf. Diese frühen Bedeutungen klingen noch in der heutigen Verwendung des Begriffs Prekarität nach, dessen zunehmende Aktualität auch als Hinweis auf Re-Feudalisierungstendenzen in spätmodernen Gesellschaften gedeutet werden kann.

Konzepte wie „Disengagement" (Rollenverlust und damit verbundener sozialer Rückzug, vgl. Cumming/Henry 1961), „Aktivität" (Erweiterung des Handlungsraums durch einen nicht nur an der Erwerbstätigkeit ansetzenden Aktivitätsbegriffs, vgl. Havighurst/Neugarten/Tobin 1968) oder „erfolgreiches Altern" (nach Baltes die Befähigung zu Selektion, Optimierung und Kompensation, vgl. Baltes/Carstensen 1996) setzen hier an und versuchen eine Bewertung der Gestaltung von Lebenschancen im späten Leben, welche je nach Standpunkt naturgemäß unterschiedlich ausfällt.

Für ArbeitsmigrantInnen stellt sich der Übergang in der Altersphase in Hinblick auf alle drei genannten Aspekte als kritische Passage dar, wobei insbesondere die lebenslange Randstellung am Arbeitsmarkt und die erschwerten Lebens- und Arbeitsbedingungen eine Verdichtung von Problemlagen bewirken. Im Prinzip ähnelt der Übergangsverlauf von ArbeitsmigrantInnen in vielerlei Hinsicht jenem der autochthonen Bevölkerung: Ungleichheitsfaktoren wie Einkommen, Wohnen, Konsum, Gesundheit, Aktivität, psychischer Status, Bildung, aber auch Geschlecht verstärken sich gegenseitig, woraus ein erhebliches Risiko von Armut und sozialer Isolation resultiert (vgl. Mathwig/Mollenkopf 1996). Der grundlegende Unterschied zwischen migrantischer und autochthoner Bevölkerung besteht nun nicht in der Problematik einer Verdichtung von Gefährdungen (die im Sinne der Kontinuitätsthese als eine Fortsetzung von niedrig entlohnter und randständiger Erwerbstätigkeit interpretiert werden kann), sondern im Umstand, dass der ohnehin stets prekäre Ort gesellschaftlicher Anerkennung, der den ArbeitsmigrantInnen, solange sie im Erwerbssystem integriert sind, von der Aufnahmegesellschaft in den unteren Segmenten der Statushierarchie zugewiesen wird, im Übergang in die nachberufliche Lebensphase endgültig verloren geht. Das Ende des Erwerbslebens bedeutet stets „in mancherlei Hinsicht eine Entlassung aus der Gesellschaft" (Kohli/Wolf 1987, 106). In der nachberuflichen Lebensphase ist die Statuserzeugung sowohl von der Lebenslage als auch von der Einbindung in die gesellschaftliche Anerkennungsordnung abhängig (vgl. Fraser 2003). Über die Ungleichverteilung der materiellen Ressourcen hinaus, ist es die fehlende gesellschaftliche Anerkennung und Achtung, welche ArbeitsmigrantInnen im Alter am untersten Rand der Statushierachie der Gesellschaft fixiert und sie zu *anwesenden Abwesenden* macht.

Das Alter ist gewissermaßen eine Leerstelle im Projekt der Arbeitsmigration. Diese Leerstelle ist Ausdruck der Koinzidenz von historisch-strukturellen Bedingungen, politisch-institutionellen Regelungen und subjektiven Handlungsorientierungen, wie sie für die „Mentalitätsgeschichte von Gastarbeit und Einwanderung" (Pagenstecher 1996) charakteristisch war. Historisch-strukturell betrachtet, war die Gastarbeit eine spezifische Form internationaler Migration, die einerseits für die ökonomischen Interessen sowohl der Herkunfts- als auch Zielländer zweckmäßig war, überzählige Arbeitskraft zu exportieren bzw. fehlende Arbeitskräfte zu importieren, andererseits aber auch dazu verhalf, manifeste oder latente soziale Spannungen wie Unterbeschäftigung, Arbeitslosigkeit oder Statusinkonsistenzen abzubauen. Die Zuwanderung der ArbeitsmigrantInnen folgte anfangs dem so genannten Rotationsprinzip. Die randständige Positionierung der ausländischen Arbeitskräfte am Arbeitsmarkt (sekundärer Sektor) und in der Gesellschaft (rechtliche, soziale und kulturelle Diskriminierung) war aus dieser Sicht funktional, sie entsprach der Orientierung am wirtschaftlichen Nutzenprinzip sowie auch dem Bedürfnis nach permanenter Kontrolle. Mit dieser Situation konnten sich auch die meisten „Gastarbeiter" arrangieren, da die Migration für sie ein befristetes Projekt darstellte – mit der Rückkehr in die Heimat als fixem Orientierungspunkt. Aber so, wie sich das Rotationsprinzip für Politik und Wirtschaft rasch als Fiktion herausstellte – die Unternehmen profitierten mehr von dauerhaften Beschäftigungsverhältnissen – wurde auch der Wunsch, zurückzukehren, von der Realität des Bleibens eingeholt. Zwar wanderte ein Teil der ArbeitsmigrantInnen nach einiger Zeit in ihre Herkunftsländer zurück; für viele aber wurde Österreich zum Lebensmittelpunkt: Sie gründeten Haushalt und Familie und holten Familienangehörige nach, immer mehr nahmen auch die österreichische Staatsbürgerschaft an. Für diese Entwicklung hat sich in der Literatur die Bezeichnung „Einwanderung ohne Einwanderungsentscheidung" (Boos-Nünning 1990) durchgesetzt.

Im öffentlichen Bewusstsein blieb jedoch die Orientierung am vorübergehenden „Gast"-Status der ArbeitsmigrantInnen trotz Aufenthaltsverfestigung und zunehmenden Einbürgerungsraten fix eingeschrieben. Das Festhalten an diesem überholten Muster definierte jahrzehntelang das politische Handeln, stabilisierte die ethnozentrischen Schließungsmechanismen in Gesellschaft und Arbeitsmarkt (strukturelle Benachteiligung aufgrund des Inländerprimats) und stellte eine wichtige Integrationsbarriere dar, und zwar besonders für die nachfolgenden Generationen (vgl. Herzog-Punzenberger 2003). In der Literatur wird Österreich deshalb auch als ein „Einwanderungsland wider Willen" bezeichnet (Fassmann/Münz 1996). Insofern kann die Geschichte der Gastarbeitermigration als eine Koinzidenz ungewollter und unfreiwilliger Handlungen von kollektiven und individuellen Akteuren gedeutet werden, als eine Geschichte von ungeplanter Einwanderung in ein unwilliges Einwanderungsland. Diese Entwicklung begünstigte auf institutioneller Ebene das Festhalten am herkömmlichen Gastarbeitermodell bis in die 1990er-Jahre und förderte auf individueller Ebene das Aufrechterhalten von Rückkehrillusion. Der fehlende gesellschaftliche Ort der Anerkennung verstärkte den ethnischen Rückbezug. Die Perpetuierung insbesondere der Rückkehrorientierung wird in der Literatur sehr kritisch bewertet, da sie „einer längerfristigen und aktiven Altersplanung im Aufnahmeland entgegenstehen kann" (Olbermann/Dietzel-Papakyriakou 1995, 15). Migration stellt unter diesen Bedingungen einen in hohem Maße gefährdeten Lernprozess dar (Waldhoff 1995, 235).

Nach einer bekannten Formulierung von Hägerstrand (1969) sind Migrationen Bestandteile eines individuellen Pfades, der in Raum und Zeit verläuft. Für die ArbeitsmigrantInnen sind Weggehen, Kommen und Bleiben wichtige Stationen des Lebenslaufs, die jeweils mit existentiellen Erfahrungen und Entscheidungen verbunden sind. Auch das Ausscheiden aus dem Erwerbsleben stellt ein solches „soziales Lebenslaufereignis" (Wagner 1989, 48) dar, durch welches nun nicht nur die Teilhabe an bestimmten Strukturen und Institutionen der Gesellschaft gelockert oder gelöst wird, sondern ein Moment der Bilanzierung mit ins Spiel kommt. Wie immer die Bilanz der vorangegangenen Entscheidungen von Auswanderung und Bleiben sowie die Auseinandersetzung mit den damit jeweils verbundenen Aspirationen im Einzelnen ausfallen mag: Die Gestaltung des nachberuflichen Lebens ist – jenseits der existentiellen Abhängigkeit von materiellen Ressourcen und gesellschaftlicher Anerkennung – in einem hohen Maß vom Lebensentwurf der Migration geprägt, und es ist diese biografische Dimension, die ein wichtiges Merkmal der Differenzierung des Alters (auch in Bezug auf die Unterschiede zwischen ImmigrantInnen und autochthoner Bevölkerung) darstellt und zugleich spezifische Perspektiven für eine Lebensführung unter der Bedingung komplexer Unsicherheit eröffnet.

3. Migration als reflexives Projekt

Aus dem Blickwinkel einer Theorie komplexer Unsicherheit ist der Lebensverlauf von MigrantInnen nicht erst im Prozess des Älterwerdens durch die Verschränkung verschiedener Dimensionen von Unsicherheit gekennzeichnet: Sozialrechtliche und materielle Ungesichertheit, Ungewissheit in psychosozialer Hinsicht (können Erwartungen erfüllt werden) und gesellschaftliche Ungeschütztheit strukturieren den biografischen Handlungsraum von internationalen Arbeitswanderern. Im Alter spitzt sich diese Erfahrung zu: Denn wo im Regelfall des Übergangs von der beruflichen in die nachberufliche Lebensphase die institutionalisierten Mechanismen zur Abminderung altersspezifischer Risiken wirksam werden, exponiert die auf (männliche) Normbiografien abgestellte Sozialpolitik ältere MigrantInnen in besonderer Weise.

Die Migrationsforschung hat die Erfahrung biografischer Unsicherheit bislang vorwiegend aus der Perspektive von Entwurzelung, Fremdheit und Marginalisierung thematisiert (vgl. Treibel 2003). Doch diese Konzepte beziehen sich nur auf einen Teilaspekt von Unsicherheit, nämlich auf die Problematik von ungelöster Gruppenzugehörigkeit. Die klassischen Texte zum Marginal Man (Park 1928; Stonequist 1937) sind aus der Perspektive von Einwanderungsgesellschaften verfasst: Der Prozess der Herauslösung aus dem Herkunftssystem und der Hinwendung zum Aufnahmesystem konfrontiert den Wandernden nicht nur mit Schwierigkeiten im Zugang zu Berufspositionen, Wohnraum und gesellschaftlich relevantem Orientierungswissen, sondern konfrontiert ihn zugleich mit einer Krise ungeklärter Zugehörigkeit (Schütz 1972), die im Zuge der Eingliederung Schritt für Schritt überwunden werden kann. Die lose Verankerung und der ungesicherte Status in der

Aufnahmegesellschaft wie auch im herkömmlichen Bezugssystem bewirken (zumindest vorübergehend) Isolation sowie kulturelle Desorientierung und Verhaltensunsicherheit. „Die Unsicherheit der Migranten, die durch das Verlassen des Herkunftsortes eingetreten ist, wird nun durch die Unsicherheit in der neuen Umwelt zusätzlich verstärkt" (Han 2000, 47). Gelingt über Phasen äußerlicher Anpassung (Akkomodation) die Assimilation an das neue System nicht, ist die Stabilität der Persönlichkeit insgesamt gefährdet; Eisenstadt spricht in diesem Zusammenhang von „existentieller Instabilität" (1987, 225).

Die herkömmliche migrationssoziologische Literatur scheint geradezu besessen vom Gedanken der „existentielle(n) Unsicherheit und Orientierungsstörung als Folgen migrationsbedingter Entwurzelung und Desozialisierung" (Han 2000, 178). So etwa zeichnet Han in seiner „Soziologie der Migration" Migration als eine Erfahrung, die durch das Verlassen „des umfassenden Sinnzusammenhangs" und „der zugehörigen Sprachgemeinschaft", „des identitätsbildenden Interaktionsrahmens" und „der Berufsrolle" gekennzeichnet ist – mit Akkulturationsstress und psychosomatischen Erkrankungen als „logischen Folgen". Nun soll keineswegs die auch durch eigene Forschungen belegte Stressbelastung geleugnet oder verharmlost werden; gleichwohl erscheint die Verengung von biografischer Unsicherheit auf die Akkulturationsproblematik nur aus der Logik einer linearen und kulturalistisch eindimensionalen (letztlich ethnozentrischen) Konzeption von Migrationsverläufen plausibel, aus der heraus Grenzüberschreitungen prinzipiell skandalisiert werden (vgl. Wimmer/Glick Schiller 2002).

Die in der Migrationsforschung verbreitete Fokussierung auf die Problematik der sozio-kulturellen und psychosozialen Marginalisierung (marginal man als Randpersönlichkeit) beruht auf bestimmten Normalitätsannahmen von Migration als uni-direktionale Veränderung des örtlichen Lebensmittelpunkts und eines damit verbundenen Wechsels der Gruppenzugehörigkeit. Die spezifische Unsicherheitserfahrung von Migration rückt jedoch erst ins Blickfeld, wenn Migration als eine grenzüberschreitende Bewegung durch strukturierte gesellschaftliche Räume, d.h. als eine Bewegung durch die zwischen Gesellschaftssystemen aufgespannte Sozialstruktur (vgl. dazu Levy 1996, 75) definiert wird. Dieser Ausdruck ist nicht nur metaphorisch gemeint, sondern schließt an die Überlegungen zur Positionierung von MigrantInnen in der gesellschaftlichen Ungleichheitsordnung an. Demnach impliziert die Wanderung der ArbeitsmigrantInnen ja nicht nur ein Überschreiten von territorialen (nationalstaatlichen) oder Kultur-Grenzen, sondern bildet eine Bewegung in einem verschränkten Raum von Zentrum und Peripherie: Die Wanderungsprozesse der Arbeitsmigration waren ja Bewegungen nicht von einem Außen nach einem Innen, sondern in einem weit aufgespannten „asymmetrischen Innenverhältnis" (Kreckel 2004, 48) der internationalen Arbeitsteilung. Die Asymmetrien dieses transnationalen Innenverhältnisses sind dabei durch Strukturen der „longue durée" (Braudel 1977) gefestigt: Fast alle Wanderungen finden in bereits ausgetretenen Pfaden innerer oder äußerer Kolonialisierung statt, in welche stabile Abhängigkeitsstrukturen eingelassen sind: Dies gilt auch für die Rekrutierung der ArbeitsmigrantInnen aus dem Balkan oder anderen Peripherien der ehemaligen Monarchie.

Die Übergänge zwischen den sozialen Räumen können also nun nicht nur deshalb als kritische Passagen qualifiziert werden, weil sie immer wieder mit der Erfahrung des Fremd-Seins verbunden sind; vielmehr repräsentieren sie „Sequenzen von Statuskonfigurationen" (Levy 1996, 75), wobei räumliche und soziale Mobilität in komplexer Weise zusammenfallen. In Migrationsprozessen tritt biografische Unsicherheit in zugespitzter Form in Erscheinung, da Wanderungen vielfach zu nicht eindeutigen Positionierungen führen. Ein Großteil der Begrifflichkeit und Konzepte der Migrationsforschung suggeriert eine stabile Fixierung von ArbeitsmigrantInnen in der Aufnahmegesellschaft, wie dies etwa am Begriff der „Unterschichtung" der Fall ist. Dies ist aber nur dann zulässig, wenn Gesellschaften – wie die Abgabe- und Aufnahmegesellschaft – als zwar miteinander korrespondierende, in sich jedoch abgeschlossene Gebilde angesehen werden. Die Bewertung verändert sich je nach Perspektive. So folgen Wanderungsverläufe häufig keinen eindeutigen Mobilitätsmustern von Auf- oder Abstieg; so bewirkt Migration mitunter eine Gleichzeitigkeit von Verflüssigung und Verfestigung peripherer Lagen, von Dequalifizierung (die Erwerbstätigkeit im Zielland entspricht nicht der beruflichen Ausgangsqualifikation) und sozialer Aufwertung (gemessen an der Bezugsgruppe), von Traditionsverlust und Erfahrungszugewinn, von sozialer Randständigkeit (soziale Isolation und Deprivation) und der Möglichkeit einer Verankerung in mehreren sozialen Feldern. Entscheidend scheint, dass solche Uneindeutigkeiten und Ambivalenzen in die individuellen Lebens- und Übergangsverläufe von Migrationsbiografien eingeschrieben sind, die deshalb auch nur selten als ein völliges Scheitern erlebt werden, auch wenn entsprechende Empfindungen kontext- und situationsabhängig dominant werden können.

Migration radikalisiert die Erfahrung der „reflexiven Moderne" (Beck/ Giddens/Lash 1996), dass die Lebensentfaltung unter Einschließung biografischer Brüche und Diskontinuitäten erfolgt. Das besondere Spannungsverhältnis resultiert nun daraus, dass die aus den migrationsbedingten Instabilitäten im Lebenslauf resultierenden Verwundbarkeitsrisiken durch die sozialstaatlichen Regelungen und Normen, die dafür sorgen, dass „der Lebenslauf als verlässlicher Zeithorizont" (Kohli 1986) erscheint, nur teilweise aufgefangen werden können. Im Migrationsprozess werden die „institutionalisierten Sinn- und Verweisungszusammenhänge" (ebenda) des Lebenslaufs aufgrund der ungeordneten Folge von Lebenslaufsequenzen häufig aufgebrochen und müssen vom einzelnen in einen Sinnzusammenhang gestellt werden (Breckner 2005). So entstehen vielfach nicht-institutionalisierte, nicht-eindeutige oder durch Sicherheitsfiktionen und normierte Erwartungen definierte Räume und Entscheidungssituationen.

Es ist interessant, dass dieser reflexive Charakter von Migration eher selten thematisiert wird. Die Entwicklungsoffenheit ist jedoch durch die ökonomischen Zwänge massiv eingeschränkt. Gleichwohl eröffnet sich im

Übergang in die nachberufliche Lebensphase, wenn der regulierende Griff der Institutionen und Strukturen zumindest partiell und vorübergehend nachlässt, die Möglichkeit, sich von der Faktizität des Lebens ein Stück weit zu lösen. Diese Distanzierung verändert den Blickwinkel, verschafft Raum: Der Blick schweift zurück (im Sinne der Lebensbilanz), manches, das lange Zeit als schicksalhaft und unabänderlich schien, zeigt sich nun von seiner zufälligen Seite. Dabei werden auch die Gedanken und Vorstellungen an die künftige Lebensführung entlastet und freier. Dass aus dieser Perspektivenverschiebung keineswegs bloß imaginäre, sondern reale Möglichkeitsräume alternativer Lebensführung resultieren, lässt sich aus neueren Forschungen erkennen. Zwar beansprucht die Alltagsbewältigung aufgrund der restriktiven Ressourcenausstattung einen großen Teil der Lebensenergie, die häufig vorhandenen sozialen Beziehungsnetze eröffnen jedoch Möglichkeiten für eine autonome Lebensführung auch unter der Bedingung von komplexer Unsicherheit. Beobachtet werden kann in diesem Zusammenhang eine verstärkte Mobilitätsbereitschaft (Reinprecht/Grasl 2002), insbesondere von transnationaler Pendelmigration (vgl. Krumme 2004; Bundesministerium für Familie, Senioren, Frauen und Jugend 2000). Es liegen jedoch erst sehr wenige Forschungen vor, die eine Quantifizierung dieses Phänomens erlauben und gleichzeitig über die Voraussetzungen und Adäquatheit dieser Formen der Lebensführung im Alter informieren.

4. Prekäres Altern im Kontext des gesellschaftlichen Strukturwandels

Um den komplexen Alternsprozess im Migrationskontext angemessen analysieren zu können, ist es nicht nur erforderlich, die gängige Praxis, Prozesse von Arbeitsmarktintegration, Migration und Alter isoliert zu beschreiben, zu überwinden; notwendig ist vielmehr, das Altern der MigrantInnen vor dem Hintergrund des allgemeinen gesellschaftlichen Wandels in Richtung einer Prekarisierung von Lebenszusammenhängen und Übergangsverläufen neu zu verorten.

Die Analyse und Bewertung von Alternsprozessen im Migrationskontext folgt üblicherweise der etablierten Form, gesellschaftliche Zusammenhänge und Organisationsweisen als *zentriert* darzustellen. Dies gilt für alle drei Strukturmerkmale. Erstens: Die Darstellung von gesellschaftlicher Ordnung und Gliederung erfolgt in der Regel von der gedachten gesellschaftlichen Mitte her. Zweitens: Die Beschreibung von Migrationsprozessen ist im Allgemeinen auf das Zentrum der Aufnahmegesellschaft ausgerichtet. Drittens: Die Beschreibung von Lebensverläufen folgt stets dem Modell der Normbiografie. Diese Praktiken korrespondieren mit dem Idealbild einer mittezentrierten, auf Assimilation und Standardbiografien orientierten Gesellschaft, an dem sich auch das gesellschaftliche Einverständnis von Ordnung und Unordnung, Normalität und Anormalität, Anpassung und Abweichung bemisst. Als soziales Problem erscheint, was am Rand liegt oder sich vom Zentrum entfernt, wenn die Eingliederung in die Mitte nicht oder nur partiell gelingt, oder ein biografischer Verlauf einen Weg abseits der markierten Pfade einschlägt. Wie im folgenden Exkurs skizziert werden soll, steht dieser sozialwissenschaftliche Ordnungsdiskurs in einem deutlichen Spannungsverhältnis zu den strukturellen Veränderungen in der Gegenwartsgesellschaft.

Strukturwandel der Arbeit: neue Zonen der Verwundbarkeit

Das Gesellschaftsverständnis war seit dem Zweiten Weltkrieg zentristisch, d.h. um das korporatistische Dreieck von Arbeit, Kapital und Staat aufgebaut. Dieses Kräftedreieck beschreibt einerseits Modi der gesellschaftlichen Integration und Stabilität, andererseits wird damit, wie Kreckel formuliert, das zentrale „ungleichheitsbegründende Machtverhältnis in fortgeschrittenen kapitalistischen Staatsgesellschaften abgesteckt" (Kreckel 2004, 154). Nach diesem Modell baut sich die Gesellschaft um widerstandsfähige und abgesicherte Stabilitätskerne auf, Krisen und Verwundbarkeiten sind auf die Randzonen verwiesen.

Die Erfolgsbedingungen dieses um die sozialen Mittelschichten herum angeordneten Gesellschaftsmodells, das nicht zuletzt durch die migrantische Unterschichtung lange Zeit aufrecht erhalten werden konnte, sind bekanntlich seit den 1980er-Jahren in eine strukturelle Krise geraten (dafür stehen Schlagworte wie Ende der Vollbeschäftigung, Erosion des Normalarbeitsverhältnisses, Bedeutungsverlust von Gewerkschaften und Sozialpartnerschaft, Entstaatlichung der sozialen Sicherung). Dieses Modell wird seitdem durch unübersichtlichere und zunehmend fragmentierte, von sozialen Polarisierungen und Verwerfungen gekennzeichnete Entwicklungen konterkariert. Krisenphänomene rücken von den gesellschaftlichen Randzonen in die gesellschaftliche Mitte vor und kristallisieren sich in einer zunehmenden sozialen Verwundbarkeit von bislang stabil integrierten Gruppen (die Rede ist von „Prekarität des Wohlstands" oder „Wohlstand auf Widerruf", vgl. Vester et al. 2001, 83; zugleich nehmen soziale Spannungen und Konflikte immer stärker den Charakter von sozialen Spaltungs- und Desintegrationskonflikte an, vgl. z.B. Heitmeyer/Anhut 2000). Ulrich Beck schreibt dazu: „Unter dem Einfluss der politischen Ökonomie der Unsicherheit ändert sich das Erscheinungsbild der Gesellschaft also dramatisch. In schmalen Zonen spitzen sich extreme Eindeutigkeiten zu: im obersten Oben und im untersten Unten, das eigentlich kein Unten mehr ist, sondern ein Außen. Dazwischen entfalten, mischen und verschachteln sich Uneindeutigkeiten. Mehr und mehr Menschen leben zwischen den Kategorien von arm und reich" (Beck 1999, 10).

Zwischenlagen sind Lagen der Verwundbarkeit. Robert Castel (2000) spricht in diesem Zusammenhang von Prekarisierung: Durch ökonomische Transformation und Deregulierung werden Prozesse in Gang gesetzt, die dazu führen, dass die für die industrielle Epoche der Lohnarbeitsgesellschaft so charakteristischen Formen der strukturellen Integration und Teilhabe ausgehöhlt werden. Weite Teile der Bevölkerung, auch der Mittelschichten, werden dadurch in Zonen der Unsicherheit und Instabilität gedrängt. Die Krise wandert in das Zentrum. Dies trifft und positioniert MigrantInnen, die der Verwundbarkeit aufgrund ihrer peripheren Lage immer schon in einem höheren Maße ausgesetzt waren, in spezifischer Weise: Im Verhältnis zur autochthonen Bevölkerung hat sich ihre Lage „normalisiert".

Diversifizierung der Migration und neue Uneindeutigkeiten

Die Analyse und Bewertung von Migrationsprozessen erfolgte stets zur gedachten Mitte der Gesellschaft hin. Aus der Perspektive des Nationalstaates und der seiner „ordnenden Autorität" (Beck 1997, 49) unterworfenen sozialwissenschaftlichen Forschung sieht das Denkschema zwei Möglichkeiten vor: Migration als befristetes Projekt (nach erreichtem Ziel oder aufgrund der wirtschaftlichen bzw. migrations- und arbeitsmarktpolitischen Rahmendingungen erfolgt die Rückkehr in das Herkunftsland) oder als dauerhaftes Projekt im Sinne von Einwanderung und Niederlassung. Einwanderung wird dabei als gleichbedeutend mit Integration und Assimilation angesehen, d.h. mit der Einschmelzung in der Mitte der gedachten gesellschaftlichen Ordnung. Oberflächlich gesehen folgte die Arbeitsmigration auch tatsächlich diesem polaren Muster. So kehrte ein Teil der ArbeitsmigrantInnen ins Herkunftsland zurück, wobei es besonders auch nach der Ölkrise Mitte der 1970er-Jahre zu einer gewissen Rückkehrbewegung kam (Münz/Zuser/Kytir 2003), während jene, die sich dazu entschlossen haben, dauerhaft in Österreich zu bleiben, nur selten in der Mitte der Gesellschaft ankamen, wofür primär die soziale Schließung der Aufnahmegesellschaft verantwortlich war. Gleichzeitig hatten sich aber auch die Migrationsmuster verändert, die auch bei dauerhafter Niederlassung und Einbürgerung immer öfter einem anderen als dem gedachten Modell von Integration und Assimilation folgten.

Das traditionelle Denkschema beruht auf der simplifizierten Vorstellung, Einwanderung sei ein gerichteter, unilinearer, irreversibler, kontinuierlicher Prozess von stufenweiser struktureller Assimilation (Verflechtung der sozialen Beziehungssysteme, Teilhabe an Opportunitätsstrukturen) und Akkulturation (Spracherwerb und Identifikation) mit dem Ziel der Angleichung an der Mittelschicht der Aufnahmegesellschaft. Dieser Vorstellung des Wanderungsverhaltens liegen also drei miteinander verknüpfte Annahmen zugrunde (vgl. Suárez-Orozco 2000). Erstens Migration als eine permanente Wanderung von einem Ort A nach einem anderen Ort B; zweitens Immigration als Orientierung am Lebensstil der sozialen Mittelklasse der Aufnahmegesellschaft; drittens Immigration als ein generationsübergreifender Prozess (vollständige Assimilation wird erst in der 2. oder 3. Generation erreicht). Von diesen Vorstellungen ist nicht nur die Erwartung der Aufnahmegesellschaft geleitet – wer einwandert, so die Erwartung, ist auch bestrebt, sich den Werten und Zielvorstellungen der neuen Gesellschaft unterzuordnen; auch das Interesse der Forschung unterliegt dieser Perspektive.[12] Die faktische Struktur der Migrationsprozesse hat ihre Gestalt jedoch mittlerweile grundlegend verändert (zur migrationstheoretischen Diskussion vgl. u. a. Kraler/Parnreiter 2005; Esser 2003; Alba/Nee 1999; Portes 1999; Massey et al. 1998):

Erstens: Auch dauerhafte Niederlassung ist reversibel und führt nicht zwingend zu einem Bruch mit dem Herkunftsland. Lange Zeit galt implizit die These, dass mit dauerhaftem Aufenthalt die Brücken zur Herkunftsgesellschaft schwächer oder gar abgebrochen werden. Nicht nur die restriktiven und häufig feindlichen Umweltbedingungen in der Aufnahmegesellschaft, die Integration und sozialen Aufstieg erschweren, sondern auch die neuen Kommunikations- und billigeren Verkehrstechnologien tragen dazu bei, dass Bindungen an die Heimat auch über einen längeren Zeitraum und bei größerer räumlicher Distanz bestehen und aktiv gepflegt werden können (vgl. Fassmann 2002; Pries 1997). So bleiben je nach externen Einflüssen (wie die konjunkturelle Lage), aber auch nach Familienkonstellationen oder lebenszyklischen Möglichkeiten Migrationswege auf längere Sicht gestaltbar. Was stets etwas geringschätzig als „Rückkehrillusion" abgetan wurde, stellt aus diesem Blickwinkel eine Option dar, die auch im späteren Leben eine gewisse Handlungsfreiheit schafft und etwa in Form von teilweise temporärer Rückkehr häufiger als angenommen wahrgenommen wird.

Zweitens: Dauerhafte Niederlassung geht nicht zwingend mit einer Ausrichtung an den Normen und Werten der Aufnahmekultur beziehungsweise mit deren Übernahme einher. Die Regel heißt Akkomodation ohne Assimilation, also (äußerliche) Anpassung an die neuen Umweltbedingungen ohne vollständige Angleichung; Marginalität (im Sinne ungeklärter Gruppenzugehörigkeit) erscheint eher als Ausnahme. Nach der klassischen Migrations-

---

[12] In Österreich befassen sich die ab Mitte der 1970er-Jahre einsetzenden empirischen Studien hauptsächlich mit verschiedenen Aspekten der Lebenssituation ausländischer Arbeitskräfte am Wohnungs- und Arbeitsmarkt, wobei deutliche Belege für das Vorliegen von struktureller Diskriminierung und Segregation gefunden werden konnten (u. a. Wimmer 1986; Lichtenberger 1984). Mit der Zeit rückte die Erforschung der Lebenssituation und sozialen Mobilitätschancen der zweiten Generation in den Mittelpunkt des Interesses. Insgesamt aber blieb die empirische Forschung, sowohl was die Quantität als auch die Anschlussfähigkeit an die internationale Diskussion betrifft, erstaunlich bescheiden; erst 2003 erschien ein erster Bericht zur Migration und Integration in Österreich (Fassmann/Stacher 2003). Gleichwohl ist es ein Verdienst der demografischen und soziologischen Literatur, auf die Faktizität der Einwanderung in Österreich sowie auf die massiven strukturellen Barrieren hinzuweisen, die den EinwandererInnen den gesellschaftlich erwünschten Weg der Integration und Assimilation versperren. EinwandererInnen werden dadurch in einer Art strukturellem Double bind gehalten, nämlich den herrschenden Normen zwar unterworfen zu sein, aber ohne jede Möglichkeit, das vorgegebene Ziel erreichen zu können.

forschung durchlaufen Einwanderer einen mehrphasigen Ablösungsprozess von der Herkunfts- sowie einen mehrschichtigen Anpassungsvorgang an die Zielgesellschaft. Die Assimilation an die Strukturen der Aufnahmegesellschaft umfasst die kognitive Dimension des Spracherwerbs und die Eingliederung in den Arbeits- und Wohnungsmarkt (strukturelle Dimension) ebenso wie die Aufnahme von sozialen (interethnischen) Kontakten oder die Herstellung einer identifikatorischen und emotionalen Bindung an die neue Heimat (vgl. Esser 1980). Für eine stabile Platzierung im Aufnahmeland wird die strukturelle Assimilation als Voraussetzung definiert, während vollständige Assimilation die Basis für umfassende Handlungsfähigkeit und Handlungsautonomie bildet (Esser 2003). Angesichts der zunehmenden „Hyperkulturalität" (Han 2005) erscheint das Integrations-Assimilations-Paradigma in zunehmendem Maße brüchig. Vielfach kommt es zu einer bloß instrumentellen und „operativen Aneignung" (Bhatti 2005) der Umweltbedingungen. Dies schließt nicht die Übernahme von Werten und Identifikationen des Ziellandes aus, die jedoch selektiv angenommen und zu einem individuellen Set an Orientierungen und Identifikationen zusammengesetzt werden. Statt Einfachidentität herrschen Mehrfachbindungen, wobei das Gewicht der Einzelteile kontextabhängig variiert; statt homogener Ausrichtung an den Lebensstilen der Mittelschicht herrscht Heterogenität. Der Pluralisierung sind strukturell allerdings Grenzen gesetzt. Ächtung seitens der Mehrheitsgesellschaft, versperrte soziale Aufwärtsmobilität und die Segregation am Wohnungs- und Arbeitsmarkt begünstigen eine Kulturalisierung bzw. Ethnisierung der Lebensstile im Sinne „expressiver" oder auch „instrumenteller Ethnizität" (Ausdruck von Identitätspolitik).

Drittens: Einwanderung ist kein einheitlich evolutiver Prozess von Eingliederung und Anpassung in der Generationenfolge, bereits innerhalb der ersten Generation herrschen verschiedene Muster vor; auch begünstigen zunehmende Arbeitsmarktsegmentierung und diversifizierte Wanderungsmuster die weitere soziale Differenzierung der migrantischen Bevölkerung. So etwa bewirkt neue Zuwanderung eine Verdrängung der „alteingesessenen", häufig eingebürgerten ArbeitsmigrantInnen; da zunehmend auch höher qualifizierte Arbeitskräfte immigrieren, kommt es generell zu einer stärkeren Streuung der Migrationspfade. Auch unterschiedliche Migrationsformen (Pendel-, Shuttle-, Lebenszyklusmigration, Migration innerhalb von transnationalen Netzwerken) verstärken das heterogene Erscheinungsbild des migrantischen Lebens in der späten Moderne. Es ist wichtig zu sehen, dass auch innerhalb der ArbeitsmigrantInnen der Richtungspfeil keineswegs durchgehend auf Marginalisierung und soziale Deklassierung weist. Lebenschancen und auch Lebensqualität sind dabei in hohem Maße von der Verfügbarkeit von soziokulturellen Ressourcen abhängig wie beispielsweise das Eingebundensein in soziale Netzwerke und lokale Nachbarschaften oder auch der Zugang zu Assoziationsstrukturen wie Vereinen und ethnischen Organisationen, deren Funktion nicht bloß kompensatorischer Natur ist, sondern in einer realen Stärkung der sozialen Position und der gesellschaftlichen Konfliktfähigkeit besteht. Der linear gedachte Generationsübergang erscheint aber insgesamt zerbrochen, da den nachfolgenden Generationen keine eindeutigen Pfade vorgegeben werden können (vgl. etwa Portes/Rumbaut 2001).

Grundsätzlich ist festzuhalten, dass der „ordnende Blick" des Nationalstaates und das ihm verpflichtete Integrations-Assimilationsparadigma lange Zeit die Sicht sowohl auf die Vielschichtigkeit, Pluralität und Offenheit der Migrationsprozesse als auch auf die Bedeutung der Mobilitätserfahrung für die Einwanderer selbst verstellt hat. Mit dem gesellschaftlichen Strukturwandel haben aber sowohl die Uneindeutigkeit als auch die Unberechenbarkeit der Migrationsverläufe zugenommen. Lebenswege und soziale Positionen divergieren stärker, wobei der ungleich verteilten Verfügbarkeit sozialer und kultureller Ressourcen wachsendes Gewicht zukommt. Die „Entmächtigung des Nationalstaats" (Habermas 1999) führt zu einer Freilegung von Ambivalenz, die nicht bloß innerlich als Leidensdruck erfahrbar, sondern auch stärker gestaltbar wird, was ImmigrantInnen in ihrem Verhalten weniger berechenbar und in ihren Entscheidungen weniger vorhersagbar macht. Damit tritt, insgesamt betrachtet, auch die Janusköpfigkeit von Integration und Assimilation deutlicher zutage. Politik und Verwaltung, teilweise aber auch die Migrationsforschung zögern, diesen Gestaltwandel der Immigrationsfrage anzunehmen.

Strukturwandel von Altern und Lebenslauf: neue Unwägbarkeiten

Die Analyse von Lebensverläufen war lange Zeit am Modell der erwerbszentrierten Normalbiografie orientiert. Der Ausdruck erwerbszentrierte Normalbiografie bezeichnet die für die moderne Arbeitsgesellschaft typische dreiteilige Gliederung des Lebensablaufs in Vorbereitungs-, Aktivitäts- und Ruhephase, in welcher die Institution der Erwerbsarbeit – als Bedingung für eine vollwertige gesellschaftliche Integration – eine zentrale Stelle einnimmt (Mutz et al. 1995). Die Übergänge in und aus der Erwerbsarbeit sind entsprechend diesem Modell sozialpolitisch verregelt und bilden wichtige Statuspassagen, wobei diese mit institutionalisierten Ausgrenzungsrisiken, aber auch verinnerlichten Normalitätsannahmen (etwa in Bezug auf Altersgrenzen und Übertrittsmuster) verbunden sind. Im Spiegel des gesellschaftlichen Wandels erscheint diese um die Erwerbsarbeit zentrierte Normalbiografie als Fiktion, deren faktische und normative Gültigkeit „als historische Ausnahmeerscheinung auf die Prosperitätsphase der Nachkriegszeit begrenzt bleibt" (Berger 1990, 324). Im Kontext von Deregulierung und Entstaatlichung entstehen zunehmend instabile Gefährdungszonen von sozialer Entwertung und Entbundenheit. Fragmentierte Arbeitsmarktstrukturen zwingen die Individuen vermehrt auch am Ende des Erwerbslebens in eine „situative Lebensform" (Kohli 1990, 29), die durch eine Einschränkung von Zukunftsgewissheit und Kontinuitätserwartungen charakterisiert ist. Die von der sozialgerontologischen Literatur positiv konstatierte Ausweitung und Fragmentierung der Übergangsverläufe (vgl. Tews 1993) steht dazu nicht unbedingt in einem Widerspruch: Der gesellschaftliche Wandel produziert ein Mehr an Unsicherheit und Ungleichheit, eröffnet aber auch Optionen jenseits der gesellschaftlichen Normalitätsmuster.

ImmigrantInnen sind einerseits aufgrund ihrer durchbrochenen und nicht normkonformen Lebens- und Erwerbsverläufe den wachsenden Gefährdungen des Altersphasenübergangs in besonderem Maße ausgesetzt, wie in Kapitel III ausführlich dargelegt wird. Andererseits versinnbildlichen ihre durch biografische Diskontinuitäten geprägten schwierigen Übergangsverläufe den gegenwärtigen Strukturwandel der Alterspassage in paradigmatischer Weise. Erneut verweist Migration auf eine allgemeine Problematik des Lebens in komplexer Unsicherheit. Die Verschränkung von Ungesicherheit bezüglich der materiellen und sozialen Lage, von Ungewissheit hinsichtlich der Zukunft und ihrer Bewältigbarkeit sowie von Ungeschütztheit gegenüber den Gefährdungen der gesellschaftlichen Umwelten prägt in zunehmender Weise das Älterwerden in der späten Moderne. Komplexe Unsicherheit ist keine exklusive Erfahrung von migrantischen Älteren; ihre Biografien sind jedoch besondere Kristallisationspunkte der allgemeinen Tendenz zu gesellschaftlicher Prekarisierung.

Zusammenfassung: An den Rändern und doch im Zentrum der Gesellschaft

Die Argumentation lässt sich knapp zusammenfassen: Anstatt einer mittezentrierten Sozialordnung bestimmen Milieudifferenzierungen und Uneindeutigkeit die Sozialstruktur; statt soziale Sicherheit werden Unsicherheit und Risiko zu den Leitdispositiven. Anstelle der behaupteten Dominanz linearer und dauerhafter Migrationsverläufe ist von einer wachsenden Diversifizierung der Migrationsmuster und zunehmender Instabilität und Revidierbarkeit der Migrationsprozesse auszugehen; Mobilität und Hyperkulturalität ersetzen als Dispositive das Integrations- und Assimilationsparadigma. Die Vorstellung weitgehend genormter und standardisierter Übergangsverläufe weicht dem Bild von ergebnis- und zukunftsoffenen, zugleich aber kritischen und selektiven Statuspassagen; Aktivität und Selbstsorge als Selbsttechnologien dominieren den Diskurs über das Älterwerden.

Der Exkurs zum gesellschaftlichen Strukturwandel sollte dazu beitragen, die vorherrschende Problemdefinition von Altern und Migration gewissermaßen vom Kopf auf die Füße zu stellen: Was gemeinhin als gesellschaftliches Randphänomen stigmatisiert wird, erweist sich aus verändertem Blickwinkel als gesellschaftliche Normalität. Es sind ja stets normative Konzepte, von denen aus geforscht wird, und es zählt zu den wichtigsten Aufgaben einer sich als kritisch verstehenden Sozialwissenschaft, die zumeist nicht explizit erzeugten normativen Grundlagen sichtbar zu machen und zu hinterfragen. Im Lichte des gesellschaftlichen Strukturwandels erscheinen diese Konzepte fragwürdig und ideologisch. Denn während die Mitte als stabiler

Bezugspunkt gesellschaftlicher Integration behauptet wird, ist diese infolge von ökonomischer Globalisierung und Strukturwandel der Arbeit längst einem Erosionsprozess unterworfen; eindimensional konzipierte Migrationsverläufe erweisen sich in der Praxis als reversibel und komplex, auch verfügen sie über eine transnationale Dimension; und die institutionalisierte Lebenslaufnorm wird durch die Auffächerung (De-Standardisierung) der Lebens- und Übergangsverläufe konterkariert. So erscheint denn auch die Verknüpfung von Alterns- und Migrationsprozessen in realen Biografien nicht mehr als eine exzeptionelle Randerscheinung bzw. als Minderheitenphänomen, sondern als Ausdruck einer neuen Qualität gesellschaftlicher Entwicklung. Nicht unähnlich jugendlichen Berufseinsteigern, die mit ihren ungewöhnlichen Lebensverläufen jenseits der Norm die Erosion der tradierten Übergangsregime vorantreiben (vgl. dazu Reinprecht/Spannring 2000), entsprechen auch ältere MigrantInnen dem Bild von „Pionieren wider Willen": Einerseits innerlich noch stark dem herkömmlichen Modell von Arbeit, Migration und Altern verpflichtet, dabei aber schärfer als andere Bevölkerungsgruppen den gesellschaftlichen Wandlungs- und Desintegrationstendenzen exponiert, disponiert sie die Erfahrung mehrfacher Wanderung und der damit verbundenen Unwägbarkeiten für das Leben in Situationen komplexer Unsicherheit. Dass im gesellschaftlichen Bewusstsein die Skandalisierung noch die Oberhand behält, ist Ausdruck realer Herrschaftsverhältnisse: Was zu einem Sonderfall erklärt werden kann, ist nicht nur als Unbekanntes abgrenzbar, sondern auch effizienter kontrollier- und beherrschbar.

III. Migration und Unsicherheitserfahrung

1. Unschlüssigkeit und Befristung des Zeithorizonts

Mehrfacher Ortswechsel und ambivalente Entscheidungssituationen, Grenzüberschreitungen und diskontinuierliche Lebensverläufe, multilokale und zerrissene Erwerbsverläufe bilden einen charakteristischen Bestandteil des Erfahrungshorizonts in Migrationsbiografien. Die aktuelle Befindlichkeit der Zugewanderten, ihre allgemeine Lebenssituation und Haltung gegenüber dem Älterwerden und der Zukunft sind maßgeblich von den Ereignissen und Erlebnissen ihres Lebens beeinflusst: von der ursprünglich geplanten und schließlich effektiven Dauer des Aufenthalts ebenso wie von den Motiven der Migration, von der Ausgangslage im Herkunftsland, dem beruflichen Lebenslauf im Aufnahmeland und den Alltagserfahrungen in der neuen Umwelt – am Arbeitsplatz, bei Behördenkontakten, in der Nachbarschaft. Diese vielschichtigen, häufig ambivalenten und immer wieder auch schmerzhaften, weil mit Fremdheitsgefühlen und sozialer Zurückweisung verbundenen Erfahrungen können vor einer Wanderung kaum abgeschätzt werden, auch wenn mithilfe von Familie und Netzwerken versucht wird, die Gefahren und Kosten zu kontrollieren, um einen möglichst großen Teil der mit dem Migrationsprojekt verbundenen Vorhaben und Lebensträume realisieren zu können.

Die empirischen Untersuchungen geben klare Hinweise auf ein fragiles Sicherheitsempfinden beim Übergang in die Lebensphase des Alters. So antworten (in der WHO-Studie „Aktiv ins Alter") auf die Frage „Wie sicher fühlen Sie sich in Ihrem Leben?" 36 Prozent der befragten ArbeitsmigrantInnen, dass sie sich sicher fühlen, 25 Prozent geben an, sich unsicher zu fühlen. Im Vergleich dazu bekunden 83 Prozent der autochthonen Bevölkerung ein positives und nur 7 Prozent ein negatives Sicherheitsempfinden. Es ist vor allem das Gefühl absoluter Sicherheit, das extrem ungleich verteilt ist: So fühlen sich 52 Prozent der Autochthonen, aber nur 4 Prozent der ArbeitsmigrantInnen „äußerst sicher". Das Unsicherheitsempfinden steigt mit dem Alter deutlich an: von 18 Prozent bei den bis 65-jährigen ArbeitsmigrantInnen, auf 35 Prozent bei den über 65-jährigen. Darüber hinaus ist das Unsicherheitsgefühl unter Frauen etwas stärker ausgeprägt als unter männlichen Arbeitsmigranten. Auf die spezifischen Hintergründe dieses Unsicherheitsempfindens, in dem sich nicht zuletzt ein erhebliches Maß an körperlichem Verschleiß und gesundheitlichen Beeinträchtigungen widerspiegelt, wird später noch näher einzugehen sein; an dieser Stelle soll der Hinweis genügen, dass empfundene Unsicherheit in schwerwiegender Weise das Altersempfinden und die Zukunftssicht beeinflusst: So fühlen sich jene, die Unsicherheit erfahren, zu einem viel höheren Prozentsatz älter, als sie tatsächlich sind. Zugleich verdunkelt das Unsicherheitsempfinden die Zukunftserwartungen: Zwei Drittel jener, die sich unsicher fühlen, blicken pessimistisch in die Zukunft.

Es kann davon ausgegangen werden, dass das prekäre Sicherheitsempfinden älterer ArbeitsmigrantInnen, welches den Übergang in die nachberufliche Lebensphase charakterisiert, auf spezifische Erfahrungen des Migrationsprojekts zurückzuführen ist. Dazu zählen etwa die Unschlüssigkeit und Befristung des Zeithorizonts, eine durch Diskontinuitäten und Instabilitäten gekennzeichnete berufliche Biografie (je restriktiver die Ressourcenausstattung, desto instabiler die Position) oder die Erfahrung der gesellschaftlichen Exponiertheit aufgrund fehlender Anerkennung und ungenügender wohlfahrtsstaatlicher Deckungsgarantien. Das fragile Sicherheitsempfinden reflektiert also gleichsam das unter den Bedingungen von Migration stets deutlich vergrößerte Risiko einer Verstetigung von Prekarität, das sich unter der Bedingung dauerhafter sozialstruktureller Instabilität zu manifesten Benachteiligungslagen verhärtet, bei Verfügbarkeit bestimmter Ressourcen aber auch abgeschwächt bzw. weiter in Latenz gehalten werden kann.

Befristung und Unschlüssigkeit bilden zwei getrennte Dimensionen der Gestaltung des Zeithorizonts: Während Befristung etwas von Anfang an Feststehendes bezeichnet, auf das man sich einlässt und wo man weiß, dass es den Handlungshorizont begrenzt, bezeichnet Unschlüssigkeit etwas noch nicht Festgelegtes. Und doch sind sowohl Befristung als auch Unschlüssigkeit im Zusammenhang mit Ungewissheit als bestimmendes Normalitätsprinzip in Migrationsprozessen zu sehen, markieren diese Haltungen den kollektiven Erfahrungshorizont der Arbeitsmigration sowohl in Bezug auf den Beginn als auch das Ende des Migrationsprojekts. Unschlüssigkeit bezieht sich auf die Kontingenzerwartung, dass alles auch ganz anders kommen könne; Befristung bildet hingegen einen Versuch, gegenüber dem Ungewissen eine Grenze zu ziehen. Diese Grenze ist aber flexibel, wird immer wieder von Neuem verschoben, den veränderten Bedingungen und Opportunitäten angepasst. Hinter der Befristung des Zeithorizonts verbirgt sich häufig eine Rückkehrorientierung, die oftmals trotz faktischer Niederlassung aufrecht gehalten wird. Unschlüssigkeit steht hingegen für eine Haltung von Uneindeutigkeit und Ambivalenz, für die Weigerung oder Unlust, vielleicht aber auch das Unvermögen, sich festzulegen. In der Literatur wird häufig der pathologische Aspekt von ungewissen Haltungen betont. So ist davon die Rede, dass die dauerhafte Konstituierung von befristeten Zeithorizonten und von Unschlüssigkeit die Altersplanung im Aufnahmeland erschwert, während umgekehrt die Herstellung von Eindeutigkeit „das Risiko einer Sinnkrise und Enttäuschung" (Olbermann/Dietzel-Papakyriakou 1995, 15) in sich birgt. Es gilt also stets beide Aspekte, jene, die den Handlungsraum einengen und jene, die ihn öffnen, zu sehen und gegeneinander abzuwägen.

Übereinstimmend mit zahlreichen internationalen Studien ergeben auch unsere Forschungen eine Dominanz von Unschlüssigkeit und restringiertem Zeithorizont. In der Senior-Plus-Studie geben 42 Prozent der befragten ArbeitsmigrantInnen an, keine genaue Vorstellungen davon gehabt zu haben, wie lange sie in Wien bleiben wollten. 25 Prozent der Befragten wollten ursprünglich nur eher für kürzere Zeit in Wien bleiben, 33 Prozent planten einen längeren oder gar dauerhaften Aufenthalt.

Entsprechend dem Rotationsprinzip war insbesondere für die ArbeitsmigrantInnen der ersten Stunde Migration häufig als ein befristetes Projekt angelegt: Ein Drittel der bis Ende 1973 (Ölpreisschock) nach Österreich Zugewanderten wollte ursprünglich nur für kurze Zeit bleiben, hingegen trifft dies nur auf jede(n) siebte(n) der später Immigrierten zu. 34 Prozent der in der „klassischen Phase" der Gastarbeit eingewanderten Personen geben an, unschlüssig gewesen zu sein, 33 Prozent wollten von Anfang an länger oder sogar für immer bleiben. Im Unterschied dazu dominiert in den Jahren nach der Ölkrise von Mitte der 1970er bis Ende der 1980er-Jahre das Gefühl der Unentschlossenheit: So geben 54 Prozent der in den Jahren nach der Ölkrise nach Österreich gekommenen MigrantInnen an, in Bezug auf die Aufenthaltsdauer keine genauen Vorstellungen gehabt zu haben. Unter den Personen, die in den Neunzigerjahren nach Österreich eingewandert sind, nimmt im Zusammenhang mit den kriegerischen Auseinandersetzungen im ehemaligen Jugoslawien erneut der Anteil der Personen zu, die anfänglich davon ausgingen, kürzer in Österreich zu bleiben.

In der Wechselhaftigkeit der geplanten Aufenthaltsdauer manifestiert sich auch ein Wandel der Migrationsmotive. Unter den älteren MigrantInnen können in idealtypischer Weise vier Motivbündel ausgemacht werden: Einerseits ökonomische Motive, wozu die schlechte Arbeitsmarktlage im Herkunftsland (einer der zentralen „Push-Faktoren" für Migration), aber auch Hoffnung auf bessere Verdienstmöglichkeiten und der Wunsch auf mehr Chancen für Kinder (zwei gewichtige Pull-Faktoren) zählen; ein zweites Motiv ist der Familiennachzug, ein drittes Motivbündel bezieht sich auf politische Gründe sowie Flucht aus Kriegs- oder Krisengebieten, zum vierten lassen sich Selbstverwirklichungs-Motive wie das Streben nach Unabhängigkeit, Neugierde oder Abenteuerlust identifizieren.[13] Diese Motive existieren nicht völlig isoliert voneinander, sondern sind teilweise miteinander verbunden. So etwa geht das Streben nach besseren Verdienstmöglichkeiten häufig mit dem Wunsch nach mehr Chancen für die Kinder oder auch mit dem Wunsch nach einem unabhängigeren Leben einher. In Hinblick auf die Erfahrung von Unsicherheit zeigt sich nun, dass das Ausmaß

---

[13] In der Senior-Plus-Erhebung dominieren die ökonomischen Motive: 43 Prozent nennen Arbeitslosigkeit zu Hause und 69 Prozent die besseren Verdienstmöglichkeiten im Zielland als Motiv, 33 Prozent die besseren Chancen für die Kinder, 12 Prozent Familienzusammenführung, 6 Prozent geben als Grund politische Verfolgung, 17 Prozent Flucht aus Kriegs- oder Krisengebieten an, 6 Prozent nennen Neugierde und Abenteuerlust, 4 Prozent das Streben nach Unabhängigkeit. Zusammengefasst entfallen 75 Prozent der Antworten auf ökonomische Gründe, 12 Prozent auf politische Motive, 7 Prozent auf Familienzusammenführung, 6 Prozent auf individualistische Motive.

der Unentschlossenheit im Falle von politischen Motiven und von Flucht besonders groß ist, da man die endgültige Entscheidung von der politischen Entwicklung im Herkunfstland abhängig machen möchte: 46 Prozent unter jenen, die Flucht vor Kriegsereignissen als Motiv angeben, zeigen sich unentschlossen. Doch auch ökonomische Motive generieren ein hohes Maß an Unentschlossenheit, da die Entscheidung über Rückkehr oder dauerhaften Verbleib im Migrationsland in Abhängigkeit vom Erfolg des Migrationsprojektes zu sehen ist. Demnach geben 40 bzw. 42 Prozent jener, die wegen Arbeitslosigkeit oder auf der Suche nach besseren Verdienstmöglichkeiten migrierten, an, zu Beginn ihres Aufenthaltes unschlüssig gewesen zu sein. Längerfristige Perspektiven sind hingegen nur unter jenen anzutreffen, die im Rahmen der Familienzusammenführung nach Österreich gekommen sind (47 Prozent wollten von Anfang an in Österreich bleiben); auch individualistische Motive (Unternehmungslust und Selbstverwirklichung) tendieren zu längerfristiger Perspektive.

Die Frage nach dem Zusammenhang von Wanderungsmotiven und Zeithorizont ist besonders in Hinblick auf das Verhalten im Aufnahmeland (Bleibebabsicht und Integrationsneigung oder ethnische Abschottung und Rückkehrorientierung) relevant: Die Migrationsforschung geht davon aus, dass Personen, die aufgrund ökonomischer und struktureller Zwänge ausgewandert oder ihrem Partner bzw. der Familie „nachgewandert" sind, andere Überlebens- bzw. Bleibestrategien entwickeln als Personen mit überwiegend intrinsischen Wanderungsmotiven (Unabhängigkeitsstreben, Abenteuerlust, etc.); für Flüchtlinge gelten wiederum andere Bedingungen. Die Ergebnisse unserer Untersuchung stützen jedenfalls die Beobachtung, dass ArbeitsmigrantInnen in einem hohen Maße der ökonomischen Rationalität der Arbeitsmigration (ArbeitsmigrantInnen als flexibel einsetzbare industrielle Reservearmee) Folge leisten, in ihrem Handeln also gewissermaßen der Logik des Rotationsmodells folgen, auch wenn sie damit ihren eigenen Handlungshorizont beschneiden. Demgegenüber beruht der Familiennachzug auf einer zumindest impliziten Bleibeentscheidung, wodurch der Handlungshorizont vielfach sogar über die Generationenfolge ausgedehnt wird. Es ist demnach anzunehmen, dass bei einer durch Armut und Arbeitslosigkeit erzwungenen Migration, wie es bei der ersten Generation der Gastarbeit der Fall war, die Bereitschaft zur Integration in die Aufnahmegesellschaft gering ist, wobei der Mangel an (insbesondere auch kulturellen) Ressourcen und Aufstiegschancen die emotionale und geistige Annäherung an die neue Umwelt zusätzlich erschwert.

Helfen soziale Kontaktstrukturen und Arbeitsplatzzusage die Ungewissheit und Erwartungsunsicherheit zu überwinden? In der Senior-Plus-Studie hatten 61 Prozent der Befragten bereits Verwandte und Bekannte in Wien (dies unterstreicht die These der Kettenmigration), ein Viertel verfügte über eine Arbeitsplatzzusage. Nun bestätigt sich zum einen, dass eine bestehende Arbeitsplatzzusage dazu beiträgt, dass der Aufenthalt als befristetes Projekt angesehen wird, wie dies ja auch dem Rotationsprinzip entspricht: So erhöht sich im Falle der Arbeitsplatzzusage der Anteil jener, die nur eher kürzer bleiben möchten, von 20 auf 41 Prozent. Unter jenen, die ein ökonomisches Motiv nennen, und das ist die Mehrheit der Pioniergeneration, sind es sogar 78 Prozent. Demgegenüber verstärken bestehende Netzwerke die Unschlüssigkeit bezüglich der Dauer des geplanten Aufenthalts. Sind bereits Kontakte vor Ort vorhanden, steigt der Anteil der unschlüssigen Personen von 29 auf 50 Prozent. Das ist interessant, weil es zeigt, dass Netzwerke einerseits eine Brücke darstellen, andererseits aber die Orientierung an der Aufnahmegesellschaft im Sinne dauerhafter Eingliederung eher behindern können. Dies verweist auf den komplexen Zusammenhang von Binnenintegration und gesellschaftlicher Einbindung einerseits und bezugsgruppengenerierter Sicherheit und Unsicherheit andererseits.

Im Laufe von Migrationsprozessen unterliegen die Erwartungshaltungen naturgemäß immer wieder Veränderungen: So etwa wird der Befristungshorizont immer wieder ein Stück weit in die Zukunft hinaus geschoben, wandelt sich eine unschlüssige Haltung des Abwartens durch explizite oder auch implizite Weichenstellungen in eine dauerhafte Niederlassung, wird eine langfristige Perspektive durch die nur bedingt kalkulierbaren Unwägbarkeiten (sei es im Zusammenhang mit der Konjunkturentwicklung, aufgrund politischer Ereignisse oder im Familiensystem) abgekappt.

Setzt man die ursprüngliche Haltung mit der aktuellen zur Zeit der Befragung in Relation, so zeigt sich, dass knapp jede(r) zweite Befragte (48 Prozent), der/die ursprünglich dauerhaft bleiben wollte, auch im Alter für immer bleiben möchte; ein Drittel jener (33 Prozent), die ursprünglich befristet bleiben wollten, möchten im Alter tatsächlich zurückkehren, gut ein Viertel (27 Prozent) war und ist unschlüssig. Insgesamt können 16 Prozent der Befragten als konsequent bleibeorientiert, 8 Prozent als konsequent rückkehrorientiert und 11 Prozent als konsequent unschlüssig angesehen werden; einschließlich jener, die im Alter zwischen Herkunfts- und Migrationsland pendeln möchten, gibt es sogar 23 Prozent „nicht Festgelegte". Mit anderen Worten: Beinahe die Hälfte der Befragten wechselt zwischen Ankunft und Alter die Präferenzen, wobei noch im Wechsel das ursprüngliche Motiv durchschimmert. So möchten unter jenen, die von Beginn an dauerhaft orientiert waren, zwar nur wenige zurückkehren, viele überlegen jedoch zu pendeln. Diese Präferenz äußern auch viele, die anfangs befristet bleiben wollten, während jene, die von Anfang an unschlüssig waren, in die verschiedensten Richtungen tendieren.

Wechselnde Präferenzen und Unschlüssigkeiten dominieren also den Lebensverlauf und den Übergang in die Lebensphase des Alters. Es ist somit das Offene, nicht Festgelegte, das dominiert. Mit zunehmender Dauer zeigt sich ein Trend weg von der Befristung. Das bedeutet aber nicht automatisch ein Hin zu einem Mehr an Festlegung, sondern vielfach zu einem Hinausschieben der Entscheidung.

2. Instabilitäten im Lebenslauf fixieren die Ungewissheit: Besonderheiten der Erwerbsbiografie

Ungewissheit stellt nicht nur ein spezifisches „idealtypisches" Handlungsmuster von ArbeitsmigrantInnen dar (Festhalten an der Rückkehrabsicht, etc.), sondern korrespondiert in hohem Maße mit der Erfahrung der Instabilität bzw. wird durch die instabile Position, die den zugewanderten Arbeitskräften im Zielland zugewiesen wird, erzeugt und begünstigt. Der Begriff Instabilität reflektiert dabei nicht nur den brüchigen und häufig diskontinuierlichen Charakter der Erwerbsbiografie bzw. des Status am Arbeitsmarkt überhaupt, sondern in allgemeiner Weise die fragile gesellschaftliche Stellung, wozu der ungesicherte Aufenthaltsstatus ebenso gehört wie die unsicheren Wohnbedingungen oder die selektive Struktur der Sozialkontakte und Anerkennungsverhältnisse.

Die beruflichen Lebensläufe von MigrantInnen sind durch eine insgesamt prekäre Position am Arbeitsmarkt geprägt. Dazu zählt zum einen die rechtliche Unsicherheit, anfänglich in Bezug auf die Erlangung einer Arbeitserlaubnis und einer Beschäftigungsbewilligung, später in Hinblick auf die Erlangung eines Befreiungsscheins, zum zweiten der Umstand, dass ausländische Arbeitskräfte zumeist in niedrigentlohnten und stark konjunkturabhängigen Branchen beschäftigt und an ihrem Arbeitsplatz in überdurchschnittlichem Maße negativen Umwelteinflüssen (Staub, Lärm, Hitze) sowie einer Vielzahl an physischen und psychischen Belastungen ausgesetzt sind (vgl. dazu Biffl et al. 2002; Hammer 1999), und zum dritten der diskontinuierliche Charakter des Lebenslaufs: Dies bezieht sich nicht nur auf das Faktum der Migration selbst, die in den einzelnen Biografien einen wichtigen Einschnitt darstellt, sondern auch auf Ereignisse im Aufnahmeland, wie z. B. den stets mit hohen Risiken verbundenen häufigen Wechsel des Arbeitgebers, längere Phasen von Arbeitslosigkeit, krankheitsbedingte Unterbrechungen der Erwerbstätigkeit oder auch eine durch Rückkehr bedingte Unterbrechung des Aufenthalts.

Die Ergebnisse der empirischen Forschung zeigen, dass ein oftmaliger Wechsel des Arbeitsplatzes, aber auch Arbeitslosigkeit zur Normalität der Arbeitsbiografie von MigrantInnen gehören: So gaben insgesamt 79 Prozent der Befragten an, dass sie seit Beginn ihres Aufenthalts in Österreich zumindest einmal den Arbeitsplatz gewechselt haben, bei mehr als zwei Drittel war das sogar öfter der Fall. Länger als sechs Monate arbeitslos waren 39 Prozent der Befragten zumindest einmal, bei knapp der Hälfte von ihnen kam dies öfter vor. Jede(r) fünfte ArbeitsmigrantIn musste zumindest einmal wegen Krankheit, Arbeitsunfall oder Erwerbsunfähigkeit die Berufstätigkeit für länger als sechs Monate unterbrechen, bei knapp jedem/r vierten von ihnen war dies mehr als einmal der Fall. Für mindestens sechs Monate in die Heimat zurückgekehrt waren 10 Prozent der Befragten zumindest einmal seit Beginn ihres Aufenthalts in Österreich; nur eine Minderheit berichtete über mehrmalige Aufenthaltsunterbrechungen.

Instabilität ist ein charakteristisches Merkmal der klassischen Arbeitsmigration; Diskontinuitäten sind daher naturgemäß stärker ausgeprägt unter jenen, deren Wanderung primär ökonomisch motiviert war und die auch gezwungen waren, die damit verbundenen Risiken in Kauf zu nehmen. Für die Instabilität ausschlaggebend sind dabei insgesamt weniger die Diskontinuitäten aufgrund von Arbeitsplatzwechsel (trifft viele), sondern wegen lang andauernder Arbeitslosigkeit (länger als 6 Monate) sowie krankheitsbedingter Unterbrechung der Erwerbstätigkeit. Wie stark die Kumulation von Diskontinuitäten die Lage strukturell prekarisiert, zeigt sich unter anderem darin, dass unter den noch nicht pensionierten Befragten mit vielen Diskontinuitäten 30 Prozent zum Zeitpunkt der Befragung arbeitslos waren, unter jenen ohne Diskontinuitäten traf dies nur auf eine einzige Person zu. Instabilität und Diskontinuität erhöhen gegen Ende des Erwerbslebens signifikant aber nicht nur das Risiko von Arbeitslosigkeit, sondern führen, wie Tabelle 3.1 dokumentiert, auch zu steigender materieller Ungesichertheit sowie erhöhter Ungewissheit und verstärken die Erfahrung der sozialen Ungeschütztheit (aufgrund von Diskriminierung und/oder geringen Deutschkenntnissen).

Tabelle 3.1 Zusammenhang von Unsicherheits- und Diskontinuitätserfahrungen (Prozentangaben)

	keine Diskontinuitäten (n = 38)	Diskontinuitäten[1] (n = 109)
Ungesichertheit		
persönliches Einkommen unter 600 Euro	18*	27*
sich im Hinblick auf das Alter nicht ausreichend abgesichert fühlen	51	61
Ungewissheit		
unbestimmte Zukunftsperspektive (weder bleibe- noch rückkehrorientiert)	41*	57*
völlig ungewisse Zukunft	15	25
Ungeschütztheit		
Diskriminierungserfahrungen[2]	47*	72*
geringe Deutschkenntnisse[3]	34*	53*

Quelle: Senior-Plus 1999; n = 241

* signifikante Unterschiede zwischen „keine Diskontinuitäten" und „Diskontinuitäten", p < ,05

[1] mindestens zwei Diskontinuitätserfahrungen (mehrmaliger Arbeitsplatzwechsel, länger als 6 Monate arbeitslos, länger als 6 Monate krankheitsbedingte Unterbrechung der Erwerbstätigkeit, vorübergehende Rückkehr ins Herkunftsland)

[2] additiver Index aus: Zurücksetzung bei Behörden und Ämtern; Benachteiligung im beruflichen Alltag; unfreundliche Behandlung in der Nachbarschaft

[3] additiver Index aus: Kompetenzen in Verstehen, Sprechen, Lesen, Schreiben.

3. Bildung und Berufsqualifikation als Bewältigungsressourcen

Mit zunehmender Dauer des Aufenthalts steigt die Wahrscheinlichkeit, die Position am Arbeitsmarkt zu festigen. Diese Veränderung ist jedoch nicht gleichzusetzen mit einem Zuwachs an realer Verhandlungsmacht oder einem Mehr an sozialer Aufwärtsmobilität. Die arbeitsmarktstrategische Lage der meisten MigrantInnen bleibt vielmehr auch bei einem Zugewinn an aufenthaltsrechtlicher Sicherheit infolge beharrlicher Schließungstendenzen am Arbeitsmarkt marginal (geringe Chancen auf Erwerbstätigkeit in weniger konjunkturanfälligen Branchen und statushöheren Berufsgruppen), gleichzeitig festigt sich jedoch die Einbindung in das System der Sozial- und Wohlfahrtsrechte. Niederlassung und Aufenthaltssicherheit reduzieren so gesehen zwar nicht die mit der benachteiligten Arbeitsmarktposition verbundenen Risiken wie Entlassung, (Langzeit)Arbeitslosigkeit, niedrige Entlohnung oder Invalidität, machen diese Gefahren aber – aufgrund der angewachsenen Deckungsgarantie – „kalkulierbarer". Einbürgerung wiederum gewährt Rechtssicherheit und stabilisiert die aus der Erwerbsarbeit und den allgemeinen Wohlfahrtsrechten erworbenen sozialrechtlichen Ansprüche; die Chance auf soziale Mobilität bleibt aber auch nach der Einbürgerung unverändert gering (Biffl 2003a).

Als entscheidende Ressource für eine Verbesserung der instabilen Ausgangslage zeigt sich das kulturelle Kapital, insbesondere Bildungstitel und Berufsqualifikationen, die entweder bereits im Herkunftsland erworben und mitgebracht oder im Zuge von Qualifizierungsprozessen im Aufnahmeland erreicht wurden (einschließlich Erwerb von Deutschkenntnissen). Mit anderen Worten: Nur über das kulturelle Kapital ist ein Aufstieg vom gering strukturierten „Jedermann-Arbeitsmarkt" (Kreckel 2004) in den Arbeitsmarkt für Normalarbeitskräfte möglich. Unsicherheit bzw. Instabilität ist so gesehen nicht nur abhängig von der Erfahrung im Migrationsland, sondern auch von den mitgebrachten sowie im Laufe des Aufenthaltes erworbenen, insbesondere berufsbezogenen Bildungsressourcen. Allerdings besteht die grundsätzliche Problematik darin, dass vor der Wanderung bereits existierende (Aus)Bildungsdefizite im Aufnahmeland meist nicht mehr wettgemacht werden können, sondern im Gegenteil Migration häufig mit einer Entwertung vorhandener Fähigkeiten und Fertigkeiten verbunden ist (für Österreich zeigt dies etwa Zuser 1998). Geringe Bildungsressourcen erhöhen signifikant das Risiko einer Verstetigung von Prekarität. Umgekehrt bildet für einen Zugewinn an Stabilität am Arbeitsmarkt der Aufnahmegesellschaft die Möglichkeit zum Erwerb berufsbezogener Kompetenzen, aber auch von Deutschkenntnissen eine wichtige Voraussetzung. Der Zugang zu beruflicher Weiterbildung ist im Migrationsland jedoch in signifikanter Weise von den Ausgangsressourcen des kulturellen Bildungskapitals abhängig.

Zusammenfassend lässt sich festhalten, dass wenige Ausgangsressourcen häufig nicht erhöht, aber auch hohe Ressourcen oftmals nur bedingt verwertbar sind, da sie einem erheblichen Entwertungsrisiko unterliegen; ohne verfügbares Ausgangskapital bleibt der Zugang zu beruflicher Weiterbildung als Voraussetzung für soziale Mobilität jedoch grundsätzlich versperrt und die Position in der Aufnahmegesellschaft somit chronisch fragil.

Welchen Einfluss die bereits im Herkunftsland erworbene Schulbildung und Berufsausbildung auf die Position am Arbeitsmarkt in der Aufnahmegesellschaft haben, dokumentiert Tabelle 3.2: Bestehende Ausgangsressourcen erhöhen die Chance auf eine Erweiterung des Bildungskapitals und reduzieren gleichzeitig Arbeitsmarkt- und Diskontinuitätsrisiken.

Tabelle 3.2 Zusammenhang von mitgebrachten und erworbenen Bildungsressourcen und beruflicher Position (Korrelationskoeffizienten)

	mitgebrachte Bildungsressourcen	
	Schulbesuch in Jahren[1]	Berufsausbildung[2]
im Zielland erworbene Bildungsressourcen[3]		
keine zusätzliche Ausbildung	-,16	
berufliche Weiterbildung		,19
Deutschkurs	,32	,45
berufliche Position im Zielland[3]		
unqualifizierte(r) ArbeiterIn	-,32	-,43
diskontinuierliche Erwerbsbiografie	-,27	-,18

Quelle: Senior-Plus 1999; n = 241

eta bzw. cramers V, p < ,01; es werden nur signifikante Werte ausgewiesen
[1] „Wie viele Jahre sind Sie insgesamt zur Schule gegangen"; 1 = überhaupt nicht, 4 = 9 Jahre oder länger
[2] „Haben Sie in Ihrer Heimat einen Beruf erlernt?"; 1 = nein, 2 = ja
[3] angegebene Kategorie: 1 = nein, 2 = ja

Bildungsferne und geringe berufliche Qualifikationen sind für viele ArbeitsmigrantInnen der ersten Generation kennzeichnend, wie ausgewählte Daten aus der Senior-Plus-Studie veranschaulichen: Unter den befragten ImmigrantInnen aus der Türkei und Ex-Jugoslawien hatten insgesamt 59 Prozent in ihrem Herkunftsland keine Berufsausbildung erworben, unter jenen Befragten, die in der ersten Zuwanderungsphase, also vor 1973, nach Österreich kamen, betrifft dies sogar 67 Prozent. Am höchsten ist der Anteil der Personen ohne berufliche Qualifikation mit 72 Prozent unter den Frauen. In Bezug auf den Schulbesuch geben in dieser Studie 7 Prozent aller Befragten an, keine Schule besucht zu haben, unter den aus der Türkei stammenden Befragten beträgt der Anteil der nicht eingeschulten Personen 13 Prozent, bei jenen aus Ex-Jugoslawien 4 Prozent. Niedrige Schulbildung kennzeichnet besonders die Lage der Frauen, vor allem der Frauen aus der Türkei: Jede vierte Frau aus der Türkei hat keine Schule besucht, bei den Frauen aus Ex-Jugoslawien trifft dies auf 8 Prozent zu. Gemessen an der Dauer des Schulbesuchs ist der

Bildungsgrad unter den Befragten aus dem ehemaligen Jugoslawien generell höher als unter jenen aus der Türkei: So verfügen 80 Prozent der ArbeitsmigrantInnen aus der Türkei über einen Pflichtschulabschluss als höchsten Bildungstitel, 16 Prozent verfügen über die mittlere Reife und 4 Prozent über die Matura. In der Gruppe der MigrantInnen aus Ex-Jugoslawien nennen 58 Prozent einen Pflichtschulabschluss als höchsten Bildungstitel, 27 Prozent verfügen über die mittlere Reife und 15 Prozent über die Matura. Bei letzteren handelt es sich überwiegend um Personen, die im Zuge der Kriegswirren in den 1990er-Jahren nach Österreich gekommen sind.

Nur für einen kleineren Teil der Arbeitskräftewanderer verband sich mit der Migration nach Österreich die Chance zu einer Erhöhung der beruflichen Qualifikation als Voraussetzung dafür, dass geografische Wanderung in soziale Mobilität mündet. Insgesamt nahmen 27 Prozent der in der Senior-Plus-Studie Befragten seit ihrer Zuwanderung an irgendeiner Form beruflicher Weiterbildung teil (einschließlich innerbetrieblicher Weiterbildungsmaßnahmen und Kursen der Arbeitsmarktverwaltung, die im Falle von Arbeitslosigkeit verpflichtend zu absolvieren sind), wobei für männliche Migranten die Wahrscheinlichkeit größer war (und ist), in den Genuss einer berufsbezogenen Weiterbildung zu kommen. Unter jenen, die die Gelegenheit hatten, das Bildungskapital zu erhöhen, besuchte knapp die Hälfte einen Deutschkurs (47 Prozent), 16 Prozent hatten die Gelegenheit zu einer beruflichen Aus- oder Weiterbildung, 22 Prozent hatten an einer innerbetrieblichen Fortbildung teilgenommen und 15 Prozent einen Kurs des Arbeitsmarktservice besucht. Entsprechend der vorhin diskutierten Selektionsmechanismen zeigt sich, dass die Inanspruchnahme von aufstiegsrelevanten Bildungsangeboten die Existenz von im Herkunftsland erworbener Bildung voraussetzt. Die Chance auf eine Teilnahme an solchen Angeboten steigt signifikant mit den bereits verfügbaren Bildungsressourcen, während an innerbetrieblicher Fortbildung, insbesondere aber an AMS-Kursen, die vielfach vom Arbeitsmarktservice als verpflichtende Überbrückungsmaßnahmen im Falle von Arbeitslosigkeit zugewiesen werden, potentiell stärker auch Personen partizipieren können, die über geringere Ausgangsressourcen verfügen.

In der Senior-Plus-Studie berichten 29 Prozent der befragten ArbeitsmigrantInnen, im Laufe des Aufenthalts an einem Deutschkurs teilgenommen zu haben. Wie an anderer Stelle ausgeführt wird, stellt der Erwerb der deutschen Sprache eine wichtige Voraussetzung für die längerfristige Absicherung des Eingliederungsprozesses dar, wenn darunter eine stabile Platzierung im Statusgefüge samt den damit verbundenen Teilhabe- und Mobilitätschancen verstanden werden soll. Nicht umsonst hat jede(r) dritte Eingebürgerte im Laufe des Aufenthalts solch einen Kurs besucht. Gerade hier ist aber der Einfluss der Vorbildung eklatant. So berichtet nur jede(r) zehnte Befragte mit geringen Bildungsressourcen (höchstens Volksschulabschluss), an einem Deutschkurs teilgenommen zu haben, während dies auf 40 Prozent jener zutrifft, die über das Grundschulalter hinaus eingeschult waren. Die in der ersten Welle nach Österreich zugewanderten ArbeitsmigrantInnen hatten jedoch in jedem Fall und unabhängig vom Bildungsniveau nur sehr selten Gelegenheit, einen Deutschkurs zu besuchen.

Geringes Bildungskapital und die wenigen Gelegenheiten zum Erwerb von Sprachkenntnissen korrespondieren mit der Aneignung von Deutschkenntnissen. In der Beurteilung von Sprachkompetenz ist es zielführend, zwischen „Verstehen", „Sprechen", „Lesen" und „Schreiben" zu unterscheiden. In der Senior-Plus-Untersuchung gibt knapp die Hälfte der älteren ArbeitsmigrantInnen an, die deutsche Sprache gut zu verstehen, während nur jede/r vierte sie auch gut sprechen kann. Jede/r fünfte gibt an, das Lesen gut zu beherrschen, nur jede/r zehnte kann gut schreiben. Groß ist der Anteil jener, die angeben, gar nicht oder nur sehr schlecht das Schreiben und/oder Lesen zu beherrschen. So gibt etwa jede(r) fünfte ältere MigrantIn an, überhaupt nicht deutsch lesen zu können, etwa jede vierte Person kann nicht schreiben, rund ein Drittel beherrscht diese Fertigkeiten nur „eher schlecht". Doch auch das Sprechen fällt mehr als einem Viertel der älteren MigrantInnen schwer; jede sechste Person hat erhebliche Schwierigkeiten, die deutsche Sprache zu verstehen.

Es ist evident, dass diese Fertigkeiten in einem hohen Maße von den erworbenen Bildungsressourcen abhängig sind. Je länger der Schulbesuch und je höher das Bildungsniveau (gemessen am höchsten Bildungsabschluss), desto besser die Deutschkenntnisse. So gibt nur ein Viertel der MigrantInnen mit höchstens fünfjährigem Schulbesuch gute Deutschkenntnisse an, unter jenen, die über das Grundsschulniveau eingeschult waren, beherrschen drei Viertel gut deutsch; und wer seit Beginn seines Aufenthalts in Österreich einen Deutschkurs besucht hat, kann sich auch im Alltag besser verständigen. Hingegen ist die Geschlechtszugehörigkeit nicht unmittelbar (sondern nur indirekt über den Bildungsgrad) von Bedeutung.

Wichtig ist, dass die Dauer des Aufenthalts in Österreich nur hinsichtlich der Alltagssprachkompetenz von Bedeutung ist: Je länger jemand in Österreich lebt, desto besser wird die eigene Sprechfähigkeit beurteilt; die Länge des Aufenthalts hat aber keinen Einfluss auf die maßgeblich von der Schulbildung abhängigen Kompetenzen des Schreibens oder Lesens – gerade diese Fähigkeiten sind es aber, die letztlich integrationsrelevant und als Ressource für soziale Mobilität einsetzbar sind.

4. Austritt aus dem Erwerbsleben: Unsicherheiten und Uneindeutigkeiten im Übergangsverlauf

Im Lebenslauf kumulierte Unsicherheit spitzt sich im Alter mit dem Austritt aus dem Erwerbsleben zu, und dies gilt vor allem dann, wenn die Unsicherheiten und Diskontinuitäten, mit denen MigrantInnen am Arbeitsmarkt in der Einwanderungsgesellschaft konfrontiert sind, nicht bezwungen werden konnten. Verfestigte Unsicherheit bzw. Instabilität kann als ein zentraler Indikator für Prekarität angesehen werden, die sich in einer Knappheit der materiellen Güter manifestiert und *Sorgen und Stress* – und zwar insbesondere in Bezug auf das Älterwerden – auslösen kann. Dies dokumentiert auch die folgende Tabelle: Eine diskontinuierliche Erwerbsbiografie erhöht insgesamt das Belastungsempfinden, wobei sich die Belastungen besonders stark auf die Dimensionen Gesundheit, Älterwerden und materielle Versorgung beziehen.

Tabelle 3.3 Zusammenhang zwischen Diskontinuitätserfahrungen und Belastungsempfinden (Korrelationskoeffizienten)

	Diskontinuitäts-erfahrungen[3]	alternsbezogenes Belastungs-empfinden	ökonomisches Belastungs-empfinden
psychosoziale Belastungen[1]	,31	-	-
alternsbezogenes Belastungsempfinden[2]	,29	-	-
ökonomisches Belastungsempfinden[2]	,24	,53	-
umweltbezogenes Belastungsempfinden[2]	,19	,38	,49

Quelle: Senior-Plus 1999; n = 241

pearson; p < ,01
[1] additiver Index aus insgesamt 16 Items
[2] additive Indizes, siehe Tabelle 3.4
[3] additiver Index, siehe Tabelle 3.1

Das spezifische Belastungsszenario, dem sich MigrantInnen im Übergang in die Pension ausgesetzt sehen, wird im Kontrast zur autochthonen Vergleichsgruppe sichtbar. In Bezug auf das Belastungsempfinden existieren markante Unterschiede: So fühlen sich insgesamt 46 Prozent der über 50-jährigen ArbeitsmigrantInnen psychosozial belastet, im Unterschied zu 26 Prozent der autochthonen Vergleichsgruppe. Bei MigrantInnen mit mehrfachen Diskontinuitäten steigt diese Zahl auf 62 Prozent an, während sie unter jenen ohne Diskontinuitäten auf 32 Prozent sinkt.

Was die unterschiedlichen Belastungsdimensionen betrifft, so äußern in fast allen Bereichen ältere Personen mit Migrationshintergrund ein stärkeres Belastungsempfinden (Tabelle 3.4). Teilweise starke Unterschiede existieren in Bezug auf Gesundheit und Älterwerden, im gesamten ökonomischen Bereich (materielle Versorgung, Wohnen, Wohlergehen der Kinder) sowie im Hinblick auf die Umweltdimension (Freizeit, Behördenkontakt, Familiensituation). Nur in Bezug auf Umweltgefahren (Angst vor Überfällen und Kriminalität) erweisen sich die einheimischen Älteren als ängstlicher. Wie aus der Übersichtstabelle ersichtlich ist, nehmen diese Belastungen zu, wenn Diskontinuitäten auftreten. Dies trifft besonders dramatisch auf den Bereich der gesundheits- und altersbezogenen Sorgen zu, aus nachvollziehbaren Gründen verstärken sich die Belastungen in Bezug auf die materielle Lage, auch die psychosozialen Spannungen in der Familie nehmen stark zu.

Tabelle 3.4 Belastungsempfinden im Gruppenvergleich (Prozentangaben)

	einheimische Ältere (n=231)	zugewanderte Ältere (n=241)	zugewanderte Ältere mit Diskontinuitätserfahrungen (n=109)[1]
alternsbezogenes Belastungsempfinden			
gesundheitliche Probleme	44*	58*	74**
auf andere angewiesen/ von anderen abhängig sein	29	31	37**
Probleme mit dem Älterwerden	21*	28*	34**
Alleinsein, Einsamkeit	23	23	26
ökonomisches Belastungsempfinden			
Geldsorgen, Schulden	17*	41*	47**
Sorgen um das Wohlergehen der Kinder	33*	43*	48
Probleme mit Wohnung	12*	22*	25
umweltbezogenes Belastungsempfinden			
wenig Freizeitmöglichkeiten	11*	17*	18
Ärger und Streit in der Familie	7*	13*	20**
Ärger im Kontakt mit Behörden	11*	20*	25
Angst vor Überfällen/ Kriminalität	32*	18*	20

Quelle: Senior-Plus 1999; n = 472

* signifikante Unterschiede zwischen einheimischen und zugewanderten Älteren, p<,01
** signifikante Unterschiede zwischen MigrantInnen mit und ohne Diskontinuitätserfahrungen, p<,01
[1] additiver Index, siehe Tabelle 3.1

Die Tabelle unterstreicht aber auch gemeinsame Erfahrungsbereiche des Älterwerdens, wie etwa die Belastung im Hinblick auf die Abhängigkeit von anderen (als Folge eingeschränkter Mobilität) oder die Angst vor Einsamkeit (als Folge einer befürchteten Reduktion der Kontaktkreise). Wie Repräsentativerhebungen zeigen, bilden diese Sorgen allgemeine Dominanten des Alterns (vgl. Tesch-Römer/Engstler/Wurm 2006; Rosenmayr/Kolland 2002).

Die weitergehende Analyse unterstreicht diesen Befund einer Zuspitzung der Belastungen und Unsicherheiten im Alter bei verstetigter Instabilität, insbesondere bei diskontinuierlichen Erwerbsverläufen. In der Regressionsanalyse zeigt sich, dass starke subjektiv empfundene Belastungen, Sorgen und Ängste am stärksten durch Diskontinuitäten im Erwerbsleben erklärt werden, weitere wichtige Einflüsse stellen das Haushaltseinkommen sowie das mitgebrachte Bildungsniveau dar. Dieses Ergebnis ist plausibel: Geringe Ausgangsressourcen erschweren es, die mit materiellen Restriktionen einhergehenden Instabilitäten am Arbeitsmarkt, welche sich in der Analyse als wichtigste Prädiktoren für das psychosoziale Belastungssyndrom herausstellen, zu bewältigen. Tabelle 3.5 unterstreicht die Bedeutung der Diskontinuitätserfahrung für alle Dimensionen des Belastungsempfindens, und zwar insbesondere auch für die (mit Gesundheitsfragen assoziierten) altersbezogenen Belastungen. Der starke Einfluss der Bildungsressourcen deutet darauf hin, dass mit ihrer Hilfe Wege jenseits der Prekarität geöffnet werden (dies gilt ganz besonders auch in Bezug auf den Erwerb von Deutschkenntnissen; diese bilden eine wichtige Voraussetzung, um Belastungen zu kompensieren); hingegen erweist sich das Haushaltseinkommen in Bezug auf Umwelt und Mobilität (Freizeit) als zentral.

Freilich ist in der Analyse der aktuelle Erwerbsstatus zu berücksichtigen. So nimmt nach der Pensionierung die materielle Unsicherheitsdimension generell überhand – nur ein hohes Bildungskapital konterkariert dieses Empfinden. Unter jenen, die noch im Erwerbsleben stehen, hat das Gefühl der Ausgesetztheit – von Diskriminierung – die stärkste Erklärungskraft. Oder anders formuliert: Ungesichertheit dominiert das Leben in der Pension, Ungeschütztheit die Phase davor. Angehäufte Diskontinuitäten, so ließe sich zusammenfassend formulieren, bilden die Hintergrundfolie von gesellschaftlicher Stigmatisierung einerseits und materieller Knappheit andererseits.

Tabelle 3.5 Einflüsse auf Belastungsempfinden (Regressionskoeffizienten)

	psychosoziale Belastungen[1]	alternsbezogenes Belastungsempfinden[2]	ökonomisches Belastungsempfinden[2]	umweltbezogenes Belastungsempfinden[2]
Alter (über 60)				
Geschlecht (weiblich)				
sozio-ökonomischer Status (hoch)				
Staatsbürgerschaft (österreichisch)				
Bildungsressourcen (niedrig)	,21	,20	,24	
Diskontinuitäten (viele)	,28	,27	,22	,17
Haushaltseinkommen (niedrig)	,24		,27	,31
Diskriminierungserfahrung (häufig)				,16
r^2	,17	,13	,16	,13

Quelle: Senior-Plus 1999; n = 241

Beta-Werte; p < ,01; es werden nur signifikante Werte ausgewiesen
[1] additiver Index, siehe Tabelle 3.3
[2] additive Indizes, siehe Tabelle 3.4

Der Weg vom Erwerbsleben in die nachberufliche Lebensphase weist alle Anzeichen eines „kritischen Übergangs" auf (Behrens/Voges 1996). Im Kontrast zum normierten und wohlfahrtsstaatlich eingeklammerten Übergangsverlauf sind im Migrationskontext spezielle Muster vorherrschend. Dazu zählt, neben dem Risiko einer materiellen und psychosozialen Problemverdichtung, insbesondere die (latente) Uneindeutigkeit des Status. Auf diese Uneindeutigkeit weist bereits das Gefühl der Ausgesetztheit, hinter dem sich ja die Empfindung von Randständigkeit und Nicht-Anerkennung verbirgt. Als ein wichtiges Merkmal von Status-Uneindeutigkeit kann die meist erzwungene Übergangsarbeitslosigkeit in die Pension angesehen werden, die, wie die Daten aus der Sozialstatistik zeigen, unter Personen mit Migrationshintergrund deutlich häufiger anzutreffen ist als unter der Gruppe der Autochthonen (siehe Kapitel I). Status-Uneindeutigkeit existiert aber auch im Zusammenhang mit frühzeitiger Pensionierung aufgrund von verminderter Arbeitsfähigkeit bzw. Invalidität. In der Senior-Plus-Untersuchung berichteten 38 Prozent der ZuwanderInnen, aber nur 12 Prozent der Autochthonen, eine vorzeitige Alterspension wegen verminderter Arbeitsfähigkeit bzw. Invalidität zu beziehen, hingegen berichteten 72 Prozent der einheimischen, aber nur 46 Prozent der zugewanderten PensionistInnen von einer regulären Alterspension. Die sozialstatistischen Daten weisen darauf hin, dass, seit der Streichung der vorzeitigen Alterspension wegen verminderter Arbeitsfähigkeit und den zunehmend restriktiven Zugangsregelungen zur Invaliditätspension, für immer mehr ältere MigrantInnen Arbeitslosigkeit eine Überbrückungsphase in die Pension darstellt.

Wie stark MigrantInnen sich latent durch das hohe Risiko der Arbeitslosigkeit und vorzeitigen Pensionierung belastet fühlen, zeigt sich etwa daran (die Daten stammen wieder aus der Senior-Plus-Studie), dass sich unter jenen, die zum Zeitpunkt der Befragung noch nicht in Pension waren, 36 Prozent der MigrantInnen und 16 Prozent der Autochthonen durch das Risiko der Arbeitslosigkeit belastet fühlen. Unter jenen, die zum Befragungszeitpunkt arbeitslos waren, steigt die Belastung auf 70 bzw. 62 Prozent. Weiters zeigt sich, dass ein Drittel jener, die vorzeitig (sei es wegen Arbeitslosigkeit oder verminderter Erwerbsfähigkeit) in Pension gehen mussten, viel lieber erst später gegangen wären und über eine deutliche Verschlechterung der Lebenssituation klagen, was naturgemäß vor allem mit den ökonomischen Restriktionen zu tun hat.

Die Problematik dieser Erfahrung ist nicht nur im Zusammenhang mit der Einschränkung der finanziellen Ressourcen zu sehen (die unter der Bedingung von Einbürgerung und aufenthaltsrechtlicher Sicherheit nicht die Frage des Aufenthaltes berührt), sondern vor allem auch vor dem Hintergrund des zentralen Wertes der Erwerbsarbeit im Migrationsprojekt und der damit verknüpften Stellung in der sozialen Umwelt. Der durch gesellschaftliche Transformationsprozesse forcierte Bedeutungsverlust des arbeitsgesellschaftlichen (fordistischen) Modells trifft ArbeitsmigrantInnen nicht nur in ihrem eigenen Selbstverständnis, sondern unterminiert zugleich die Anerkennungsverhältnisse in Gesellschaft, aber auch Familie. Die Forschung beobachtet in diesem Zusammenhang eine Entwertung und Diskreditierung insbesondere der Väter sowie generell der älteren Bezugspersonen (vgl. Costa-Lascoux 1996). Auch dies mag den besonderen psychischen Druck erklären, dem speziell die älteren MigrantInnen angesichts des überdurchschnittlich hohen Arbeitslosigkeitsrisikos ausgesetzt sind. Dazu kommt, dass MigrantInnen, die trotz teilweise anrechenbarer Erwerbstätigkeit im Ausland meist über kürzere Versicherungszeiten verfügen, gezwungen sind, möglichst lange aktiv am Arbeitsmarkt zu bleiben und dabei, angesichts der Unwägbarkeiten des Arbeitsmarktes, massiv unter Druck geraten. Das durchschnittlich höhere Pensionszugangsalter von Arbeitskräften mit Migrationshintergrund ist in der Sozialstatistik gut dokumentiert (siehe erstes Kapitel). Auch in der Senior-Plus-Untersuchung lagen die Versicherungszeiten der pensionierten MigrantInnen um ca. ein Drittel unter jenen der Einheimischen, wobei eine allfällige Erwerbstätigkeit im Ausland bereits eingerechnet ist – nach eigenen Angaben waren die Befragten im Schnitt 20 Prozent ihrer Lebensarbeitszeit außerhalb Österreichs erwerbstätig. Konsequenterweise lagen denn auch die Einkommen unter und das durchschnittliche Pensionszugangsalter über jenem der Österreicher: So hatte jede/r dritte ausländische PensionistIn monatlich netto weniger als 600 Euro zur Verfügung, bei den Österreichern betraf dies jeden zehnten. Und während in unserer Studie die österreichischen PensionistInnen im Schnitt mit 56 Jahren in Pension gingen (Median), betrug das durchschnittliche Pensionszugangsalter bei den Personen mit Migrationshintergrund 60 Jahre.

5. Zeit der Bilanzierung und Neuorientierung

Der Ausdruck „kritischer Übergang" verleiht der Tatsache Ausdruck, dass der durch wohlfahrtsstaatliche Regelungen strukturierte Lebensphasenwechsel, in dessen Rahmen Prozesse der Lebensbilanzierung und Neuausrichtung von sozialen Rollen und Identitäten stattfinden, in migrantischen Lebensverläufen speziellen Bedingungen und Risiken unterliegt. Nach dem idealtypischen Lebenslaufmodell (vgl. etwa Elder 1985) lässt sich der Übergangsprozess als eine Statuspassage zwischen zwei Lebensphasen beschreiben, in denen Erwerbstätigkeit bzw. Pension den sozialen Status klar definieren (zum Begriff der Statuspassage vgl. Gennep 2005). Während lebenslauftheoretische Ansätze davon ausgehen, dass aufgrund von strukturellem Wandel die Dauer, Vielfältigkeit und Gestaltungsoffenheit der Wege in die nachberufliche Lebensphase zunehmen, wobei die dabei auftretenden Uneindeutigkeiten und Unsicherheiten individuell bewältigt werden müssen, sind Migrationsbiografien nicht erst im Übergang einem gravierenden Prekarisierungsdruck ausgesetzt. Statt Eindeutigkeit des Status determinieren uneindeutige, ungewisse und unsichere Positionen bezüglich Arbeitsmarkt, Gesellschaft und Wohlfahrtssystem die Lebensphasen vor wie auch nach der Statuspassage. Die Übergänge selbst sind kürzer (existenzielle Notwendigkeit des Verbleibs in der Erwerbstätigkeit), krisenhafter (hohe Risiken von Arbeitslosigkeit, Armut und Erkrankung), ausgesetzter (eingeschränkte Geltungsgarantie wohlfahrtsstaatlicher Regelungen) und zugleich verpflichteter (stärker an den traditionellen erwerbszentrierten Rollen und Identitäten orientiert). Das Gemenge aus Unsicherheit und Uneindeutigkeit erhöht das Risiko von Gestaltungsverlusten; Bilanzierung und Neuorientierung erfolgen unter restriktiven Bedingungen (Abbildung 3.1).

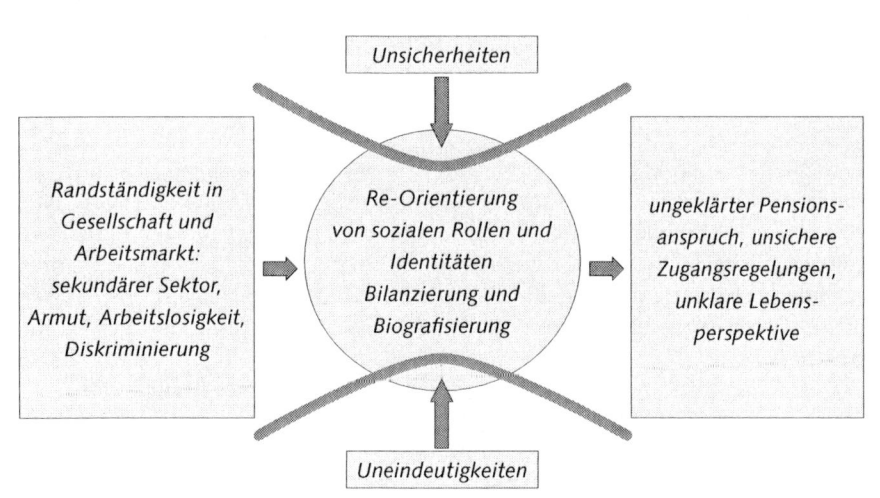

Abbildung 3.1 Statuspassage im Kontext des prekären Alterns

| Randständigkeit in Gesellschaft und Arbeitsmarkt: sekundärer Sektor, Armut, Arbeitslosigkeit, Diskriminierung | → | Re-Orientierung von sozialen Rollen und Identitäten Bilanzierung und Biografisierung (Unsicherheiten / Uneindeutigkeiten) | → | ungeklärter Pensionsanspruch, unsichere Zugangsregelungen, unklare Lebensperspektive |

Die bisherigen Analyseergebnisse untermauern die These, dass verstetigte Instabilität als ein wichtiger Indikator für eingeschränkte Gestaltungs- bzw. Handlungsfähigkeit und Souveränität, im äußersten Fall sogar von Deprivation und Marginalität anzusehen ist. Brüche und Status-Uneindeutigkeiten im Übergangsverlauf bilden dabei einen idealen Nährboden für Unsicherheit in all ihren Schattierungen, insbesondere auch für die auf die Zukunft bezogene Erwartungsunsicherheit. Nicht zuletzt auch aus diesem Grund scheint es zielführend, die These der double jeopardy – materielle Benachteiligungen verbinden sich mit Benachteiligungen aufgrund der Minderheitenposition (vgl. Dowd/Bengtson 1978) – um die Dimension der Prekarität im Sinne von Ungewissheit und Uneindeutigkeitserfahrung auszuweiten (im Sinne einer „triple" jeopardy", bei Berücksichtigung der Gender-Dimension einer „quatriple jeopardy"). Können außer Bildungsressourcen, über die nur wenige Angehörige der ersten Generation in ausreichendem Maße verfügen, noch andere Ressourcen mobilisert werden, um Unsicherheit und Instabilität zu überwinden und deren risikoreiche Auswirkungen einzugrenzen? Bevor diese Frage im nächsten Abschnitt diskutiert werden soll, ist es erforderlich, auf den wahrscheinlich zentralsten Aspekt der Thematik hinzuweisen: Auf den reflexiven Charakter des Übergangsverlaufs von der Erwerbsarbeit in die nachberufliche Lebensphase.

Als kritischer Übergang ist die Alterspassage nicht nur aufgrund des hohen Risikos einer Verdichtung von Problemlagen und Unsicherheiten oder wegen der Erfahrung der Status-Uneindeutigkeit zu bewerten – seinen in umfassender Weise kritischen Charakter erhält der Übergangsverlauf erst aufgrund seiner doppelten Reflexivität.

Zum einen ist mit dem altersbezogenen Ausstieg aus dem Produktionsprozess eine eingehende Bewertung des Lebenslaufs verbunden: Es gilt das biografische Projekt der Migration insgesamt einer kritischen Bewertung zu unterziehen, Wanderungs- und Bleibeentscheidungen, die häufig genug implizit und aus Routinisierungen heraus getroffen wurden, zu überprüfen, die in der Einwanderungsgesellschaft versammelten Erfahrungen, zugeschriebenen und übernommenen Rollen in Hinblick auf die bevorstehende Lebensphase des Alterns zu evaluieren. Es ist dies eine für die Identität des Einzelnen zweifellos kritische Lebensphase, in der insbesondere Rollen und Zugehörigkeiten reflektiert und im Lichte der Erfahrungen neu definiert, gefunden und ausgestaltet werden. In diesem Prozess öffnen sich Potenziale produktiver Veränderung ebenso, wie sich tradierte Muster der Lebensgestaltung, aber auch solche retardierender oder regressiver Lebensführung anbieten. Der Übergang in die Pension firmiert so gesehen in besonderer Weise als eine kritische Phase reflexiver Lebensentscheidung und Identitätskonstruktion.

Zum zweiten konstruieren Ungewissheit und Uneindeutigkeit selbst einen spezifischen Raum von Reflexivität; Ungewissheit und Uneindeutigkeit bilden dabei sowohl eine Gestaltungsressource als auch eine Quelle der Gefährdung. Denn verstetigte und nicht bewältigte Diskontinuitäten fördern nicht nur gesellschaftliche Marginalität und psychosoziale Erschöpfung, sondern auch Gefühle des Scheiterns. Auf der anderen Seite öffnet das Ungewisse und Uneindeutige auch einen prinzipiell gestaltungsfähigen Raum. Migration ist eine Reise ins Ungewisse, die stets etwas Unberechenbares in sich birgt, das mit der Illusion der Abgeschlossenheit bricht. Kann es überhaupt ein „ausgereist" geben, einen Ort, einen Zeitpunkt des endgültigen Ankommens? Es ist jedenfalls nicht immer leicht auszumachen, ob das Offenlassen von Entscheidungen, das Zögern gegenüber endgültigen Festlegungen eher Ausdruck von Widerständigkeit und Freiheitsstreben ist oder sich als Unvermögen, Realitätsverweigerung, vielleicht auch als regressives Verhalten manifestiert. So besteht das Risiko dauerhafter Unschlüssigkeit in Bezug auf die Zukunft nicht nur im Nicht-Einlassen auf die aktuellen Umweltbedingungen, sondern auch in einer (mitunter bewusst gewählten) Nichtgestaltung der Bedingungen des Künftigen. An einem Beispiel mag dies verdeutlicht werden: Entscheidungsunschlüssigkeit wird häufig als ein Ausdruck der Rückkehrillusion gedeutet, welche sich bei älteren MigrantInnen vielfach zu dem impliziten Wunsch wandelt, nach dem Ausscheiden aus dem Erwerbsleben das Leben in beiden „Heimaten" zu verbinden. Doch soll das Pendeln nicht nur „im Kopf" stattfinden, sondern eine autonome Lebensform darstellen, erfordert dies ein längerfristiges Ressourcenmanagament wie auch ein konkretes Vorausplanen und Gestalten der bi-oder sogar plurilokalen Rahmenbedingungen.

Das Risiko verstetigter Unsicherheit und Ungewissheit besteht im Verlust der Kontrolle über die Umweltbedingungen. Wenn die Gestaltungsmöglichkeiten aufgrund reduzierter Wägbarkeiten und Zeithorizonte beschnitten werden, manifestiert sich Prekarität in zugespitzter Form: Im Sinne des Geworfenseins ins Jetzt und Heute, und das bedeutet, wie in der Einleitung ausgeführt wurde, einen Verlust von Gestaltungsraum.

Diese doppelte Krisis, die als Potenzialität in den Übergangsverlauf von der Erwerbsarbeit in die nachberufliche Lebensphase eingeschrieben ist und in spezifischer Weise dessen reflexiven Charakter beschreibt, wird durch einen ostentativen Zweckoptimismus, den viele MigrantInnen ungeachtet ihrer schwierigen Lebenslage als eine Art *migration value* an den Tag legen, aufgemischt. In der Senior-Plus-Studie meinen 38 Prozent der MigrantInnen, die zum Zeitpunkt der Befragung bereits in Pension waren, dass das Leben in Zukunft besser werden wird, im Vergleich zu 12 Prozent der einheimischen SeniorInnen. In eine ähnliche Richtung, wenn auch aufgrund der unterschiedlichen Struktur der Befragten mit etwas abgeschwächten Gruppenunterschieden, weisen auch die Ergebnisse der WHO-Studie „Aktiv ins Alter": Hier äußern sich 27 Prozent der pensionierten MigrantInnen und 13 Prozent der einheimischen PensionistInnen optimistisch. Wie sich zeigt, ist Optimismus eng mit der materiellen Dimension verbunden: Es sind ein niedriges (Haushalts)Einkommen und fehlende finanzielle Absicherung, welche den Optimismus, die Zukunft und ihre Gestaltbarkeit betreffend, signifikant reduzieren. Dies ist, angesichts der zentralen Bedeutung der ökonomischen Migrationsmotive ein plausibles Ergebnis. In diesem Sinne liegt auch die These nahe, dass die Erfüllung der ursprünglichen ökonomischen Migrationsziele (Verbesserung des Lebensstandards, Wohlstandsmehrung, Anschaffung von Eigentum im Herkunftsland, etc.) einen wichtigen Prädiktor für die Befindlichkeit im Alter darstellt. In der Tat korrespondiert die (summative) Bewertung der Erreichung der Migrationsziele sowie des Migrationsprojekts insgesamt positiv und signifikant mit Zukunftsoptimismus. Mit anderen Worten: Das Gefühl, seine Ziele erreicht zu haben, verbindet sich mit einem optimistischen Blick in die Zukunft des nachberuflichen Lebens. Bei Betrachtung der verschiedenen Ziele ergibt sich freilich das überraschende und wichtige Ergebnis, dass nicht primär die Verwirklichung materieller Wünsche, sondern gelungene Selbstverwirklichung die Ursache für Optimismus ist.

Diese Einsicht aus der empirischen Analyse stützt die theoretisch plausible Annahme, dass, ungeachtet der Dominanz ökonomischer Motivlagen, Migration ein hoch komplexes Projekt ist, das nicht auf die Ebene des Nutzenkalküls reduziert werden kann: In der Senior-Plus-Studie können 58 Prozent der Befragten von sich sagen, dass sie aufgrund der Auswanderung in der Lage waren, ein interessantes und unabhängiges Leben zu führen.

Insgesamt bewerten 79 Prozent der befragten MigrantInnen ihre Entscheidung, nach Österreich zu kommen, als richtig. Zugleich manifestiert sich der komplexe und reflexive Charakter der Bilanzierung darin, dass trotz einer überwiegend positiven rückblickenden Bewertung nur etwa ein Viertel der Befragten (27 Prozent) angibt, *die meisten* der ursprünglichen Ziele erreicht zu haben, ein Viertel (26 Prozent) hat *eher wenige bis keine* Ziele erreicht. In Bezug auf die verschiedenen Zieldimensionen dominiert das Gefühl, den Lebensstandard verbessert zu haben (84 Prozent). 71 Prozent fanden eine bessere Arbeit, 72 Prozent unterstützten die Familie im Herkunftsland. 69 Prozent konnten das Ziel verwirklichen, ihren Kindern eine gute Ausbildung zu ermöglichen, für 62 Prozent war es möglich, Geld anzusparen. Werden die erreichten Ziele mit den ursprünglichen Migrationsmotiven verglichen, zeigt sich eine Kongruenz von Erwartetem und Erreichtem. So konnten 91 Prozent jener, die wegen besserer Verdienstmöglichkeiten auswanderten, ihren Lebensstandard tatsächlich erhöhen; konnten 83 Prozent jener, die vor der drückenden Arbeitslosigkeit geflohen waren, eine bessere Arbeit als im Herkunftsland finden; konnten 86 Prozent jener, die ihren Kindern bessere Möglichkeiten bieten wollten, dies in der Regel auch erreichen; vermochten 82 Prozent jener, die nach Unabhängigkeit strebten, diesen Wunsch auch verwirklichen.

Interessant ist nun, den Stellenwert der einzelnen Zieldimensionen in Hinblick auf die verschiedenen Bewertungsebenen zu gewichten. Dabei zeigt sich, dass sowohl die Gesamtbewertung der Zielerreichung als auch die rückblickende Migrationsbewertung am stärksten durch zukunftsbezogene Ziele (Kindern eine qualifizierte Ausbildung ermöglicht, Geld angespart), ökonomische Ziele (Lebensstandard verbessert, bessere Arbeit gefunden) und eben Selbstverwirklichungsziele (ein interessantes und unabhängiges Leben geführt) erklärt wird. Wie aus der Tabelle 3.6 hervorgeht, haben herkunftsbezogene Ziele (Investitionen in der Heimat, Unterstützung der Familie) hingegen keinen signifikanten Einfluss auf die Gesamtbewertung.

Tabelle 3.6 Einfluss der erreichten Ziele auf die Migrationsbilanz (Regressionskoeffizienten)

	Zielerreichung gesamt[1]	rückblickende Bewertung[2]	summative Bewertung[3]
ökonomische Ziele[4]	,21	,18	,28
zukunftsbezogene Ziele[5]	,33	,32	,38
herkunftsbezogene Ziele[6]			
Selbstverwirklichungsziel (interessantes und unabhängiges Leben geführt)	,17	,15	,20
r²	,24	,20	,36

Quelle: Senior-Plus 1999; n = 241

Beta-Werte; p < ,01; es werden nur signifikante Werte ausgewiesen

[1] additiver Index aus Zielerreichung und rückblickender Bewertung
[2] Itemformulierung: „Wenn Sie daran zurückdenken, welche Ziele Sie ursprünglich mit Ihrer Auswanderung verbunden haben: Glauben Sie, haben Sie ... 1 = so gut wie keine Ziele erreicht, 2 = eher wenige Ziele erreicht, 3 = recht viele Ziele erreicht, 4 = die meisten Ziele erreicht"
[3] Itemformulierung: „Rückblickend betrachtet: Denken Sie, dass es alles in allem eine richtige oder eine falsche Entscheidung war, nach Österreich zu kommen?" 1 = alles in allem falsch; 2 = alles in allem richtig;
[4] additiver Index aus „bessere Arbeit gefunden als Zuhause" und „Lebensstandard verbessert"
[5] additiver Index aus „Geld gespart" und „den Kindern eine qualifizierte Berufsausbildung ermöglicht"
[6] additiver Index aus „Haus/Wohnung/Land in der Heimat erworben" und „die Familie in der Heimat unterstützt"

Die erklärten Varianzen je nach Modell von 20, 24 bzw. 36 Prozent (für die summative Bewertung) weisen darauf hin, dass für die Bewertung von Zielerreichung und Migrationsentscheidung noch weitere Faktoren relevant sind, die in der Erhebung nicht abgefragt wurden. Die Gewichtung der einzelnen Zieldimensionen macht jedenfalls deutlich, wie stark Handlungsräume über zukunftsbezogene Investitionen erschlossen werden. Wobei generell anzumerken ist, dass die Bewertung des Migrationserfolgs insgesamt positiver ausfällt, als es die restriktiven Lebensbedingungen, insbesondere die Anhäufung von Instabilitäten, Unsicherheiten und Belastungen erwarten ließen. Wie ist dieser Befund einzuschätzen?

Zum einen ist evident, dass jene, die in größerem Umfang Unsicherheiten und Instabilität angehäuft haben und einem entsprechend stärkerem Belastungsdruck ausgesetzt sind, auch in ihrer Bilanzierung kritischer sind:

So steigt unter jenen, die überdurchschnittlich viele Unsicherheiten benennen, der Anteil jener, die angeben, nur wenige oder gar keine Ziele erreicht zu haben, auf 42 Prozent, während er unter jenen mit wenigen Unsicherheiten auf 12 Prozent sinkt. Dementsprechend bewertet auch fast jede/r zweite mit starken Unsicherheiten das Migrationsprojekt negativ, unter jenen mit wenig Unsicherheit trifft dies nur auf jede/n siebten zu. Zum anderen zeigt sich, dass das Belastungsempfinden auf die verschiedenen Zieldimensionen nicht in gleicher Weise reagiert. Vielmehr kommt hier erneut der zentrale, wenngleich vielfach unterschätzte Stellenwert von Selbstverwirklichung zum Tragen. Die Tatsache, dieses Ziel erreicht zu haben, wirkt, wie Tabelle 3.7 dokumentiert, in allen abgefragten Dimensionen stark negativ auf das Belastungsempfinden. Über einen vergleichbaren Einfluss verfügt die zukunftsbezogene Zieldimension, konkret die Gewissheit, für die Zukunft der eigenen Kinder vorgesorgt zu haben. Es liegt also das interessante Ergebnis vor, dass nicht die Erfüllung der ökonomischen Motive (im engen Sinn) für die Unwägbarkeiten und Risiken des Älterwerdens entlastend wirkt, sondern die Realisierung von Autonomieansprüchen einerseits und von zukunftsbezogenen Investitionen andererseits.

Demgegenüber kommt der Orientierung an der Herkunftsgesellschaft nur wenig Relevanz zu: Den herkunftsbezogenen Zielen – im Heimatland investiert oder seine Familie unterstützt zu haben – trägt weder zum Gefühl einer positiven Evaluation des Migrationsprojektes noch zur Senkung des subjektiven Belastungsempfindens bei. Das ist insofern aufschlussreich, als es die These unterstützt, dass sich mit Fortdauer des Aufenthaltes die Gewichte sukzessive – meist im Zusammenhang mit Familiengründung bzw. Familienzusammenführung – in Richtung Zielland verschieben, während Investitionen im Herkunftsland und Unterstützungsleistungen (die neue ökonomische Migrationsforschung spricht von „remittances") zwar für eine relevante Praxis stehen – in der Senior-Plus-Studie geben 73 Prozent an, die Familie in der Heimat unterstützt zu haben, 46 Prozent haben in Grund und Boden investiert –, aber keinen positiven Effekt auf die Befindlichkeit zeitigen. Dies hat vielleicht auch damit zu tun, dass eine starke Orientierung am Herkunftsland nicht nur die Distanz zur Umwelt des aktuellen Lebensmittelpunkts aufrecht erhält bzw. erhöht, sondern auch zu einer Konfrontation mit den Veränderungen im Herkunftsland zwingt, in dessen Folge ein Entfremdungsgefühl eintreten kann. Jedenfalls zeigt sich, dass eine primäre Ausrichtung am Herkunftsland zu einer pessimistischen Zukunftssicht beiträgt, was auch als Ausdruck von Entfremdung und Distanz dem eigenen Projekt der Migration gegenüber gedeutet werden mag.

Tabelle 3.7 Einfluss der erreichten Ziele auf Belastungsempfinden (Regressionskoeffizienten)

	psycho-soziale Belastungen[1]	alternsbezogenes Belastungsempfinden[2]	ökonomisches Belastungsempfinden[2]	umweltbezogenes Belastungsempfinden[2]
ökonomische Ziele				
zukunftsbezogene Ziele	-,24	-,23	-,19	-,14
herkunftsbezogene Ziele				
Selbstverwirklichungsziel	-,29	-,14	-,32	-,16
r^2	,16	,08	,16	,05

Quelle: Senior-Plus 1999; n = 241

Beta-Werte; $p < ,01$; es werden nur signifikante Werte ausgewiesen
[1] additiver Index, siehe Tabelle 3.3   [2] additive Indizes, siehe Tabelle 3.4

6. Zwischen Erfolg und Scheitern: Versuch einer Typenbildung

Gelingt es, die eigene Migrationsgeschichte positiv zu bewerten und Unsicherheit zu minimieren, kann dies, im Zusammenhang mit einer Typisierung von Migrationsverläufen, als ein Indikator für „Erfolg" angesehen werden. Im Unterschied dazu verweist die Schnittmenge von negativer Migrationsbewertung und hoher Unsicherheit auf ein Scheitern des Migrationsprojekts. Der Zusammenhang von Bewertung und Unsicherheit ist allerdings nicht nur linear zu denken, vielmehr sind auch inkonsistente Typisierungen plausibel, wie die folgende Vierfeldertafel deutlich macht. Von Inkonsistenzen kann gesprochen werden, wenn Migrations- und Unsicherheitserfahrung in Widerspruch zueinander stehen, etwa wenn die Migration trotz starker Unsicherheiten positiv bewertet wird oder die Migrationsbewertung negativ ausfällt, obwohl die Unsicherheit gering ist. Während es sich im ersten Fall offensichtlich um eine Adaptation an schwierige Umweltbedingungen handelt, dominieren im zweiten Fall Unzufriedenheit und Frustration.

Abbildung 3.2 Migrationsbilanz: Versuch einer Typenbildung

	positive Migrationsbewertung	negative Migrationsbewertung
keine Unsicherheit	erfolgreich (37%)	unzufrieden (13%)
starke Unsicherheit	adaptiv (31%)	gescheitert (19%)

Quelle: Senior-Plus 1999; n = 241

Auf Basis der Senior-Plus-Studie lässt sich diese Typisierung quantifizieren: Demnach wären 37 Prozent der befragten MigrantInnen dem erfolgreichen Typus zuzuordnen und 19 Prozent als gescheitert zu bezeichnen. Bei fast der Hälfte der Befragten stehen die beiden Bewertungsebenen in einem inkonsistenten Verhältnis, wobei der wesentlich größere Teil auf den adaptiven Typus entfällt. Insgesamt entsprechen diesem Typus 31 Prozent der Befragten, 13 Prozent können als unzufrieden oder frustriert bezeichnet werden.

Es mag realistischer sein, zwischen der positiven und negativen Migrationsbewertung noch eine Zwischenebene uneindeutiger Bewertung einzuziehen. In diesem Fall wären 72 Prozent inkonsistente Haltungen zu qualifizieren. Dies differenziert insbesondere die „Erfolgreichen" und rückt in nicht unplausibler Weise Mischformen von Anpassung und relativem Erfolg stärker in den Mittelpunkt, während der Anteil des gescheiterten Typus wie auch der Unzufriedenen nahezu stabil bleibt. In dieser Feindifferenzierung schält sich also ein eher stabiler Unzufriedenheits- und Deprivationskern heraus, während sich der erfolgreiche Typus als wesentlich instabiler erweist. Demnach vermindert sich der Kern der Erfolgreichen auf 14 Prozent, bei 24 Prozent der Befragten mischen sich in die Erfolgsbilanz mehr oder weniger starke Elemente von Unzufriedenheit. Und während sich der Anteil des adaptiven Typus auf 13 Prozent reduziert, vermengt sich bei 23 Prozent diese Erfahrung mit einem Gefühl des Scheiterns.

Abbildung 3.3 Migrationsbilanz: Differenzierung der Typenbildung

	positive Bewertung	*gemischte Bewertung*	*negative Bewertung*
keine Unsicherheiten	erfolgreich (14%)	teil-erfolgreich (24%)	unzufrieden (12%)
starke Unsicherheiten	adaptiv (13%)	teil-adaptiv (23%)	gescheitert (15%)

Quelle: Senior-Plus 1999; n = 241

Der hohe Anteil an inkonsistenten und dissonanten Gefühls- bzw. Bewertungslagen kann als Indikator für den ausgeprägt prekären Charakter des Älterwerdens in der Migration interpretiert werden. Demnach ist, abgesehen vom Kern der „Erfolgreichen", der Großteil der älteren MigrantInnen mit inkonsistenten Gefühlslagen konfrontiert, wenn auch in unterschiedlicher Stärke und Gewichtung. In diesem Zusammenhang scheinen zwei Überlegungen relevant. Zum einen kann davon ausgegangen werden, dass die beschriebenen Muster mit den verschiedenen Dimensionen der Zielerreichung korrespondieren. Zum zweiten ist anzunehmen, dass für die einzelnen Typen bestimmte sozialstrukturelle, migrationsbezogene und/oder herkunftsbezogene (ethnische) Merkmale ausschlaggebend sind.

Wird die Vierfeldertypologie (auf die im Folgenden der Übersichtlichkeit halber zurückgegriffen wird) mit den vier Zieldimensionen in Verbindung gebracht, ergibt sich ein vielschichtiges Bild von subjektiven Hintergründen für die Erfahrung von Erfolg, Misserfolg und für die dazwischen liegenden Erfahrungswelten von Adaptation und Dissonanz (vgl. Abbildung 3.4). Die Übersichtsdarstellung unterstreicht dabei die Bedeutung einer kumulierten Zielerreichung für den erfolgreichen Typus, wobei erneut der Stellenwert von zukunftsbezogener Zielerreichung und Selbstverwirklichung zum Ausdruck kommt, während im Zusammenhang mit dem Scheitern die ökonomische, zukunftsbezogene und auf Selbstverwirklichung bezogene Dimension stark negativ besetzt ist. Unzufriedenheit korrespondiert mit dem Gefühl ungenügender bzw. versäumter Investition in Zukunft und/oder im Herkunftsland, während die Gewissheit, etwas in der alten Heimat erworben zu haben, mit einem zentralen Migrationsmotiv korrespondiert und damit die Anpassung an schwierige Lebensumstände erleichtert. Als ein wichtiges Ergebnis erscheint, dass für den „erfolgreichen Typus" nicht nur die Kombination aus ökonomischer Zielerreichung und autonomer Lebensführung, sondern

Abbildung 3.4 Zusammenhang von Zielerreichung und Bilanzierungstypen

Zielerreichung Bilanzierungstypen	ökonomisch	zukunfts- bezogen	herkunfts- bezogen	autonomie- orientiert
erfolgreich	+ Lebensstandard verbessert	++ Kindern eine qualifizierte Berufsausbildung ermöglicht und Geld angespart	+ Familie in der Heimat unterstützt	++ sebstständiges Leben geführt
adaptiv			+ etwas in der Heimat erworben	
unzufrieden		− kein Geld angespart	− Familie in der Heimat nicht unterstützt	
gescheitert	− − keine bessere Arbeit gefunden und Lebensstandard nicht verbessert	− − Kindern keine qualifizierte Berufsausbildung ermöglicht und kein Geld gespart	− nichts in der Heimat erworben	− − kein sebstständiges Leben geführt

Quelle: Senior-Plus 1999; n = 241
− − bzw. ++ negative bzw. positive Korrelation, signifikant < 0,01
− bzw. + negative bzw. positive Korrelation, signifikant < 0,05

die zukunftsoffene, insbesondere generationsübergreifende Perspektive charakteristisch ist. Hingegen zeigt sich im Falle von Misserfolg, aber auch Unzufriedenheit eine tendenzielle Schließung des Zukunftshorizonts und das bedeutet: Einengung von Handlungsspielräumen.

Es ist anzunehmen, dass für die beschriebenen Typen von Erfolg und Scheitern sozial-strukturelle Einflüsse und Ressourcenausstattung maßgebend sind (vgl. Latcheva/Obermann 2006). Deren Berücksichtigung ergibt ein komplexes Bild, das sich vereinfachenden Deutungen widersetzt. So findet sich unter den Angehörigen der ersten Welle der Arbeitsmigration ein relativ höherer Anteil an Anpassungsorientierten und Erfolgreichen, obwohl diese Gruppe in der Regel nur über geringe Bildungsressourcen und einen niedrigen sozio-ökonomischen Status verfügt, zwei Merkmale, die für sich betrachtet die Chancen auf Erfolg sehr stark mindern bzw. das Risiko eines Scheiterns signifikant erhöhen. Wie Tabelle 3.8 zeigt, kommt hinsichtlich des Bildungskapitals nicht nur den im Herkunftsland erworbenen Bildungstiteln, sondern insbesondere den Deutschkenntnissen als Handlungsressource Bedeutung zu. Für die Variable Herkunftsland zeigen sich Unterschiede zwischen ArbeitsmigrantInnen aus der Türkei und Ex-Jugoslawien dahingehend, dass Personen aus der Türkei, für die überdurchschnittlich niedrige schulische und berufliche Qualifikationen kennzeichnend sind, häufiger dem adaptiven, aber auch dem gescheiterten Typus entsprechen, hingegen findet sich nur ein sehr kleiner Anteil an Unzufriedenen. Interessanterweise erweist sich der Einbürgerungsstatus als von eher geringer Relevanz. Einbürgerung korrespondiert mit Chance auf Erfolg, ohne allerdings das subjektive Risiko von Unzufriedenheit und Scheitern zu verringern. Das stützt die These, dass Einbürgerung die Deckungsgarantie (über den vollständigen Einschluss in den wohlfahrtsstaatlichen Solidarverband) erhöht und damit den Status eines erreichten Erfolgs absichert, aber insgesamt keinen signifikanten Effekt auf Erfolg oder das Abwenden von Scheitern zeitigt. Die Ergebnisse können auch als Hinweis auf ein gewisses Unzufriedenheitsdilemma interpretiert werden, ein Phänomen, das in der Lebensqualitätsforschung unter anderem auf eine Änderung der Vergleichsmaßstäbe bei verbesserter Ressourcenausstattung zurückgeführt wird (vgl. Zapf 1984).

Auffallend ist, dass das soziale Kapital nicht bezüglich der Größe der Beziehungsnetzwerke, wohl aber im Hinblick auf die Opportunitätsstrukturen im Wohnbereich (soziale Segregation) von Bedeutung ist. So sind MigrantInnen, die in Gebieten mit einer hohen Konzentration an zugewanderter Bevölkerung leben, eher dem adaptiven und gescheiterten, und seltener dem erfolgreichen Typus zuzurechnen. Dies erscheint plausibel, insofern Adaptation als Effekt von hoher sozialer Dichte und Binnenintegration (in die familiäre und/oder migrantische Bezugsgruppe) interpretiert wird, während Scheitern mit der Erfahrung korrespondiert, nicht aus schlechten Wohngebieten weggekommen zu sein. Sozio-demografische Faktoren wie Geschlecht und Alter fallen hingegen in Bezug auf die Bilanzierung vergleichsweise wenig ins Gewicht. Unter Frauen ist das Potenzial an Unzufriedenheit und Erfolglosigkeit etwas größer, während im höheren Alter der adaptive Typus leicht an Bedeutung zunimmt.

Tabelle 3.8 Sozio-demografische und sozialstrukturelle Einflussvariablen auf Bilanzierungstypen (Prozentangaben)

	erfolgreich	adaptiv	unzufrieden	gescheitert
Geschlecht				
männlich	35	35	10	20
weiblich	39	21	21	18
Alter				
unter 60	37	29	15	19
60 und älter	35	34	9	22
Einwanderungsphase[*]*				
bis 1973	43	31	6	19
1974–1989	34	33	14	19
1990 und später	27	25	27	21
Herkunftsland[*]*				
Türkei	23	44	5	28
Ex-Jugoslawien	44	24	18	15
Staatsbürgerschaftsstatus				
österreichisch (eingebürgert)	44	24	11	22
nicht eingebürgert	35	32	14	19
sozio-ökonomischer Status[*]*				
niedrig	31	31	13	25
hoch	57	26	5	12
Bildungskapital[*]*				
niedrig (höchstens Grundschule)	25	36	14	26
hoch (weiterführende Schule)	44	27	13	15
Deutschkenntnisse[*][1]*				
geringe Kenntnisse	30	28	16	27
gute Kenntnisse	42	32	11	14
soziales Kapital[2]*				
kleines Netzwerk	31	39	16	14
großes Netzwerk	36	28	11	25
Segregation im Wohnumfeld[*][3]*				
hoher Anteil an zugewanderter Bevölkerung	25	32	15	28
geringer Anteil an zugewanderter Bevölkerung	44	29	10	17

Quelle: Senior-Plus 1999; n= 241

[*] signifikanter Unterschied zwischen den Bilanzierungstypen, p<,05
[1] additiver Index siehe Tabelle 3.1; geringe Kenntnisse = 1.+2. Quartil; gute Kenntnisse = 3.+4. Quartil
[2] kleines Netzwerk= höchstens 1 Person; großes Netzwerk = 6 und mehr Personen im Netzwerk
[3] „Wie groß ist der Anteil der Ausländer (Nicht-Österreicher) in Ihrer näheren Wohnumgebung?"; 5-teilige Skala, 1=fast keine Ausländer, 5=fast nur Ausländer; geringer Anteil=1+2; hoher Anteil=4+5

Tabelle 3.9 dokumentiert, welche Einflussvariablen für den adaptiven, unzufriedenen und gescheiterten Bilanzierungstyp im Vergleich zur Gruppe der Erfolgreichen von Relevanz sind. Der zusammenfassende Versuch einer sozialstrukturellen Erklärung der typisierten Migrationskarrieren erlaubt die Schlussfolgerung, dass die Chancen auf einen erfolgreichen Migrationsverlauf von der Verfügbarkeit von Bildungskapital (hier fallen vor allem die Deutschkenntnisse ins Gewicht) und höherem sozio-ökonomischen Status sowie längerer Aufenthaltsdauer und Herkunft abhängen. Der Stellenwert der Aufenthaltsdauer verweist auf die Notwendigkeit, Migration als einen längerfristigen Prozess zu sehen: Je länger der Aufenthalt, desto klarer das Empfinden sowohl der positiven wie auch der negativen Zielerreichung, also von Erfolg und Misserfolg, während ein kürzerer Aufenthalt die Wahrscheinlichkeit einer unzufriedenen Bilanzierung erhöht (immer im Vergleich zur Gruppe der Erfolgreichen). Als mehrschichtig erweist sich der Einfluss der Herkunftsvariable: Die in der Regel geringere Ressourcenausstattung und größere Randständigkeit schränkt die Chancen migrantischer Älterer aus der Türkei auf Erfolg insgesamt erheblich ein; im Verhältnis zu den MigrantInnen aus Ex-Jugoslawien erhöht sich für die MigrantInnen aus der Türkei aber nicht nur das Risiko eines Scheiterns (im Falle einer Kumulation von Risikolagen), sondern auch die Wahrscheinlichkeit einer adaptiven Bilanzierung.

Tabelle 3.9 Einflüsse relevanter Strukturvariablen auf Bilanzierungstypen (Koeffizienten der logistischen Regression; Referenzgruppe: erfolgreicher Typus)

	adaptiver versus erfolgreicher Typus		unzufriedener versus erfolgreicher Typus		gescheiteter versus erfolgreicher Typus	
	beta	odds ratio	beta	odds ratio	beta	odds ratio
sozio-ökonomischer Status					-,46	,63
Aufenthaltsdauer			1,25*	3,50	,78	2,19
Herkunftsland Türkei	1,37*	3,94			2,31*	10,06
Pflichtschulabschluss						
Deutschkenntnisse					-,81	,45

Quelle: Senior-Plus 1999; n = 241

(Nagelkerke) Pseudo R^2 = ,30

* p < ,01; alle anderen Werte p < ,05; es werden nur signifikante Werte ausgewiesen

Das Ergebnis der empirischen Analysen unterstreicht, wie wichtig es ist, Zwischenzonen von Erfolg und Scheitern – zwischen vermeintlichem Gewinnen und Verlieren – herauszuarbeiten. Die mit vielfältigen Belastungen und Unsicherheiten verbundenen Migrationsprozesse sind nicht zwingend auf multiple Gefährdung, Deprivation und Marginalisierung angelegt, sondern erlauben unterschiedliche Strategien von Adaption und reflexiv gesteuerter Bewältigung. Dies gilt gerade auch für die GastarbeiterInnen der ersten Stunde in ihrem Bemühen, ihren zumeist mangelhaft ausgestatteten Ressourcenhaushalt und ihre prekäre gesellschaftliche Position durch außerordentliche Anstrengung und Anpassung, sei es in der Erwerbsarbeit oder im Alltag, zu bewältigen. Es scheint plausibel, dass sich in unserer Analyse, neben dem sozio-ökonomischen Status, die Sprachkenntnisse als entscheidende Voraussetzung für (subjektiv empfundenen) Erfolg herausschälen: Deutschkenntnisse ermöglichen Interaktion und Orientierung im Alltag und sind eine wichtige Ressource für die Bewältigung von kritischen Lebensereignissen (und sie begünstigen die Identifikation; Esser 2004 sieht im Spracherwerb daher eine Bedingung für strukturelle Assimilation). Freilich besteht die Gefahr, dass die, wie gezeigt wurde, nur selten systematisch in Einrichtungen der Erwachsenenbildung erworbenen, sondern zumeist informell am Arbeitsplatz angeeigneten Sprachkenntnisse, mit dem altersbezogenen Ausscheiden aus dem Produktionsprozess entwertet werden und verloren gehen. Ein „erfolgreiches Altern" würde bedeuten, wenn auch in der nachberuflichen Lebensphase die im Migrationsprozess erarbeiteten Adaptationsressourcen erhalten und weiterentwickelt werden können.

Wie mehrfach angedeutet, stehen Bilanzierung und Neubeginn in einem engen Zusammenhang. Welche Optionen den älteren MigrantInnen im Alternsprozess offen stehen, wird an späterer Stelle ausführlich zu diskutieren sein. Als Resümee sei vorerst festgehalten, dass verstetigte Instabilität die Gestaltbarkeit des Gegenwärtigen und Zukünftigen massiv einschränkt. Gestaltungsoffenheit entsteht, wenn – insbesondere über Prozesse struktureller Integration – die Erfahrung von Diskontinuität und Unsicherheit kontrolliert oder zumindest abgemildert werden kann. Je stärker diese Voraussetzungen gegeben sind, desto eher können zukunftsorientierte Investitionen getätigt werden: Sind Autonomiebedürfnisse erfüllbar, stellt sich die Migrationserfahrung nicht nur als „Leidenserfahrung", sondern auch als ein Entwicklungsprozess dar.

IV. Lebensqualität trotz Prekarität?

1. Lebensqualität als Kriterium für die Möglichkeit zu einem „guten Leben"

Das Konzept der Lebensqualität geht von der Einsicht aus, „dass der Mensch ein aktives Wesen ist, das in einer Reihe von verschiedenen Bereichen gut leben und handeln möchte" (Nussbaum 1999, 81). Wichtige Dimensionen von Lebensqualität sind Arbeit und Bildung, materielle Versorgung und Gesundheit, Wohnen und soziale Beziehungen, Freizeit und Kultur. Da, wie Martha C. Nussbaum betont, keine dieser Komponenten auf eine andere reduziert werden kann, „muss jeder gute Maßstab für das Wohlergehen von Menschen ein pluraler Maßstab sein" (ebenda). Für die Beurteilung der Lebensqualität ist entscheidend, ob der einzelne Mensch imstande ist bzw. befähigt wird, die eigenen Lebensbedingungen selbstbestimmt und bewusst zu gestalten (vgl. dazu auch Sen 2000). Lebensqualität ist so gesehen ein Synonym für Handlungs- und Entscheidungsfreiheit: Je höher die Lebensqualität, desto größer der Betätigungs- und Handlungsraum.

Die hier vorgenommene Fokussierung des Lebensqualitätsansatzes auf den Aspekt der Befähigung zu einem guten Leben knüpft an die Analyseergebnisse des vorhergehenden Abschnittes an, in dem nachgewiesen werden konnte, dass für einen erfolgreichen Migrationsverlauf sowohl die Möglichkeit, zukunftsbezogene Investitionen zu tätigen (Geld anlegen, für Kinder vorsorgen), als auch die Chance auf Selbstverwirklichung, das heißt auf eine autonome und selbst bestimmte Lebensführung, kennzeichnend sind. Ein gutes Leben ist demnach nicht nur ein zufriedenes, sondern auch ein tätiges Leben, in dem das verwirklichbar ist, was an individuellen Fähigkeiten und Möglichkeiten vorhanden ist. Das entscheidende Handlungspotenzial besteht nach Nussbaum in der Möglichkeit, das eigene Leben vernünftig und als soziales Wesen, das heißt also mit praktischer Vernunft sowie in Abstimmung mit anderen planen und führen zu können. Je stärker diese Fähigkeit zur Entfaltung gebracht wird, desto mehr reale Wahlmöglichkeiten entstehen. In diesem Sinn betrachtet auch Amartya Sen Wahlfreiheit und Optionenvielfalt als die grundlegenden Kriterien für ein gutes Leben.

Wie am Beispiel der Lebensführung älterer ArbeitsmigrantInnen gezeigt werden kann, ist das Kriterium der Wahlfreiheit keineswegs abstrakt gedacht, sondern von unmittelbarer sozialpolitischer Relevanz: Für viele ältere MigrantInnen stellt sich im Alter die Entscheidung von Verbleib oder Rückkehr. Der Entscheidungsspielraum, sich für die eine oder andere Option zu entscheiden, ist jedoch nicht nur aufgrund von materieller Armut, sondern insbesondere auch aufgrund fehlender Zugänge zu Infrastruktur und Information stark vermindert. Dem Konzept der Lebensqualität würde eine Politik entsprechen, welche das Ideal der Wahlfreiheit anerkennt und – sei es in Hinblick auf die Zugänglichkeit von Institutionen und Wissen oder die sozialrechtlichen Regelungen – Rahmenbedingungen schafft, welche Handlungs- und Entscheidungsfreiheit auch tatsächlich ermöglichen. Das Konzept der Lebensqualität liefert somit auch Kriterien zur Bewertung von sozialer Gerechtigkeit, denn der entscheidende Maßstab für eine Gesellschaft mit hoher Lebensqualität besteht in den Zugangs- und Teilhabemöglichkeiten zu/an den kollektiven Gütern gesellschaftlicher Wohlfahrt und Anerkennung.

Die Einbettung der Frage der Lebensqualität in den gerechtigkeitstheoretischen Diskurs erfolgt in der Absicht, die Analyse von Lebensverhältnissen über den zweifellos bedeutsamen Aspekt der ungleichen Ressourcenausstattung einer benachteiligten Bevölkerungsgruppe hinaus mit der Frage zu verbinden, welche Möglichkeiten die migrantische Bevölkerung im Alter hat, ihre Lebensziele und Bedürfnisse, die ja eine Triebfeder von Wanderungsentscheidungen sind und im Laufe des Wanderungsprozesses immer wieder neu formuliert werden, realisieren zu können. Dass es dazu zu allererst einer Verbesserung der materiellen Lebensbedingungen sowie einer Beseitigung institutioneller Barrieren (etwa im Sozialbereich oder in der Gesundheitsversorgung) bedarf, steht angesichts der prekären existenziellen Lage vieler ArbeitsmigrantInnen außer Diskussion. Gleichwohl ermöglicht die Aussage, dass Menschen aktive Wesen sind, die gut leben und gut handeln möchten, eine Perspektivenerweiterung.

Nach Amartya Sen definiert sich ein gutes Leben über die Dimension materieller Ressourceausstattung hinaus durch das, was Menschen sind und tun. Wichtig scheint die Einbeziehung der Dimensionen von Sein und Tun, weil damit auch Formen nicht-instrumentellen, kommunikativen bzw. verständigungsorientierten Handelns in die Analyse eingehen. Argumentativ lässt sich dabei sowohl auf die „Theorie des kommunikativen Handelns" (1981) von Jürgen Habermas als auch auf Hannah Arendts Schrift „Vita Activa oder Vom tätigen Leben" (1960) Bezug nehmen, die in unterschiedlicher Argumentationsführung gegenüber dem engen und primär zweckrational gefassten Handlungsbegriff der (klassischen) Soziologie eine kritische (in einem Fall existentialphilosophisch, im anderen diskurspragmatisch und kommunikationstheoretisch begründete) Position einnehmen, um die Kraft und den Eigensinn des in lebensweltlichen Zusammenhängen rückgebundenen kommunikativen Alltagshandelns herauszustellen. Bekanntlich waren für die verständigungs- bzw. tätigkeitsorientierte Konzeption des Handlungsbegriffs die ungelösten Problemstellungen einer kritischen Gesellschaftstheorie (bei Habermas) bzw. der praktischen Philosophie (bei Arendt) leitend, wobei es in beiden Fällen ein zentrales Motiv darstellt, die sozialintegrativen Voraussetzungen von gesellschaftlicher Einbindung und Teilhabe, gerade auch im Sinne einer Begründung von demokratischer Partizipation und Öffentlichkeit, freizulegen. Für die Analyse der Lebensqualität sind diese Überlegungen vor allem deshalb relevant, weil sie auf die Bedeutung der personalen und sozial-kommunikativen Dimensionen von Lebensqualität (ergänzend zur materiellen Ressourcenausstattung) abstellen und zugleich die Bewertung von Lebensqualität nicht allein an die quantitative Dimension (Ausmaß an distributiven und relationalen Ressourcen) binden, sondern auch auf deren qualitative Dimension (intersubjektiv hergestellte Wertigkeit der Ressourcen) achten. Damit wird deutlich gemacht, dass Lebensqualität etwas ist, das sowohl systemisch (als Folge einer ungleichen Verteilung von Ressourcen) als auch durch tätiges Handeln (im Alltag bzw. Lebensvollzug) hergestellt und abgesichert wird. Tätiges Handeln beinhaltet dabei auch eine kommunitäre Dimension, insofern es stets sozial eingebettet und über die individuelle Bedürfnisbefriedigung hinaus auf sozialen Austausch bezogen ist.

In der internationalen Diskussion über Lebensqualität besteht Konsens, Lebensqualität als ein mehrdimensionales Konstrukt zu konzeptualisieren und sowohl die objektive Verteilungs- als auch die subjektive Bewertungsdimension zu berücksichtigen (vgl. dazu Nussbaum/Sen 1993; Schulz 2000; Zapf/Glatzer 2002). Insbesondere die Arbeiten von Allardt (1993) lassen sich dabei gut mit den gerechtigkeitstheoretischen Überlegungen von Nussbaum und Sen verknüpfen. Allardt operationalisiert Lebensqualität entlang der drei Dimensionen „Having", „Loving" und „Being", wobei Having den Bereich der existenznotwendigen Ressourcenausstattung umfasst, Loving für soziale Einbindung und Zugehörigkeit steht und Being verschiedene Aspekte des Tätigseins abdeckt. Zu letzterem zählen etwa die Fähigkeiten, die eigenen Lebensbedingungen kontrollieren und am politischen Leben teilhaben zu können, aber auch die Möglichkeit zu einer befriedigenden beruflichen Tätigkeit und sinnvollen Freizeitgestaltung, einschließlich des Umgangs mit Natur und Tieren.

Im Rahmen der diesem Buch zugrunde liegenden Forschungen wurde mit dem Lebensqualitätskonzept der Weltgesundheitsorganisation (WHO) gearbeitet. Dieses Konzept, auf das in Hinblick auf gesundheitsbezogene, aber auch altersrelevante Fragestellungen häufig zurückgegriffen wird, verfolgt ebenfalls einen ganzheitlichen Ansatz, für dessen Ausformulierung die Ottawa-Charta (1986) maßgebend ist. Nach diesem Dokument entsteht Gesundheit „dadurch, dass man sich um sich selbst und für andere sorgt, dass man in die Lage versetzt ist, selber Entscheidungen zu fällen und eine Kontrolle über die eigenen Lebensumstände auszuüben sowie dadurch, dass die Gesellschaft, in der man lebt, Bedingungen herstellt, die all ihren Bürgern Gesundheit ermöglicht." Lebensqualität schließt in dieser Definition sowohl den Aspekt der Sorge für sich und andere als auch die Dimension der Kontrollier- und Beeinflussbarkeit der eigenen Lebensumstände mit ein, ohne die notwendigen gesellschaftlichen Voraussetzungen auszublenden, welche Handlungs- und Entscheidungsfreiheit erst ermöglichen und absichern.

Das von der WHO zur Messung von Lebensqualität entwickelte Skaleninstrument WHOQO-BREF (World Health Organization Quality of Life Kurzfassung), das im Rahmen von „Aktiv ins Alter" eingesetzt wurde, besteht, ausgehend von der eben zitierten Definition, aus den vier Dimensionen der physischen, psychischen, sozialen und umweltbezogenen Lebensqualität sowie aus einer globalen Dimension, die die subjektiv empfundene Lebensqualität umfasst (vgl. Angermayer et al. 2000). Die Skala setzt sich aus insgesamt 26 Items zusammen, die sich entlang der genannten Dimensionen auf die Qualität von internen (physischen und psychologischen Fähigkeiten) und externen (sozialen und ökologischen) Ressourcen beziehen. Für die Wiener Untersuchung konnten diese Dimensionen nicht vollständig reproduziert werden; die Faktorenanalyse (Hauptachsenanalyse) trennte in die drei Subskalen des physischen, des umweltbezogenen sowie des psychisch-sozialen Wohlbefindens[14]; die den jeweiligen Subskalen zugeordneten Items sind in Tabelle 4.1 dokumentiert.

Tabelle 4.1 Lebensqualitätsdimensionen nach WHOQOL-BREF

physisch	psychisch-sozial	umweltbezogen	global
Beeinträchtigung durch Schmerzen	Zufriedenheit mit - persönlichen Beziehungen - Sexualleben - Unterstützung durch Freunde	gesunde Umweltbedingungen	„Wie beurteilen Sie insgesamt Ihre derzeitige Lebensqualität?"
Angewiesensein auf medizinische Behandlung		Geld für Bedürfniserfüllung	
Fähigkeit, sich fortzubewegen		Zugang zu Information	
Arbeitsfähigkeit		Möglichkeit für Freizeitaktivitäten	
	Leben genießen können	Zufriedenheit mit Wohnbedingungen	
	ein sinnvolles Leben führen		
	Zufriedenheit mit sich selbst	Zufriedenheit mit Beförderungsmitteln	

Quelle: Aktiv ins Alter 2005

Um die spezifische Struktur der Lebensqualität für die Gruppe der älteren MigrantInnen besser sichtbar zu machen, erfolgt die Analyse im Vergleich mit den älteren einheimischen Befragten. Die Ergebnisse des Gruppenvergleichs (Abbildung 4.1.) veranschaulichen gravierende Differenzen in der Lebensqualität von zugewanderten und autochthonen Älteren. In allen Be-

---

[14] Die Reduktion auf drei Dimensionen ergibt sich aufgrund hoher Korrelationen zwischen zentralen Items der psychischen und sozialen Dimension (etwa zwischen „das Leben genießen können" bzw. „Leben ist sinnvoll" und „Zufriedenheit mit sozialen Beziehungen"); weiters wurden Items mit einer Faktorenladung unter 0,5 ausgeschieden. Die drei Subskalen erklären insgesamt 60 Prozent der Varianz der Ausgangsvariablen, die Varianzerklärung der Umweltdimension allein beträgt 47 Prozent.

reichen subjektiver Zufriedenheit deuten die Werte für die ArbeitsmigrantInnen auf eine niedrigere Lebensqualität, wobei sich in den psychisch-sozialen und physischen Lebensqualitätsdimensionen etwas geringere Differenzen zeigen, während in der umweltbezogenen Dimension der Unterschied besonders markant ausfällt; als stark diskrepant erweist sich auch die Gesamtbewertung von Lebensqualität (alle Mittelwertdifferenzen sind signifikant $p<,01$). Interessant ist weiters, dass unter den einheimischen Älteren die Umweltdimension im Vergleich zu den nahezu gleichmäßig bewerteten Dimensionen des psychologischen, physischen und sozialen Wohlbefindens besser abschneidet, während unter den Älteren mit migrantischem Hintergrund das psychisch-soziale Wohlbefinden relativ gesehen am höchsten und die umweltbezogene Lebensqualitätsdimension am weitaus schlechtesten bewertet wird.

Abbildung 4.1 Mittelwerte der Subskalen des WHO QOL-BREF – Vergleich nach Herkunft

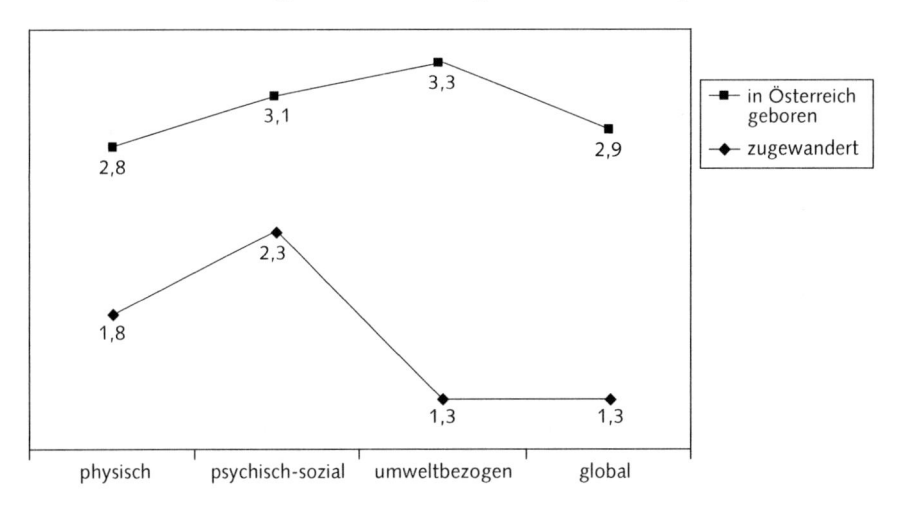

Quelle: Aktiv ins Alter 2005

$n = 335$; 1 = niedrige Lebensqualität,
5 = hohe Lebensqualität

Die durchgehend kritische, in den Bereichen der umweltbezogenen und globalen Lebensqualität auffallend negative Bewertung lässt auf eine insgesamt prekäre Befindlichkeit älterer MigrantInnen schließen, wobei sich insbesondere für die umweltbezogene Dimension eine große Unzufriedenheit in Bezug auf die abgefragten Inhalte (Wohnbedingungen, Freizeitmöglichkeiten, materielles Auskommen, Zugang zu Information und Infrastruktur) feststellen lässt. Während die Beurteilung der Gesundheitsdimension mit der Erfahrung von harter Arbeit und körperlichem Verschleiß korrespondiert, spiegelt sich in den Werten für die psychisch-soziale Dimension die bis zu einem gewissen Grad entlastende, aber nicht friktionsfreie Qualität der sozialen Beziehungsstrukturen wider, auf die im Rahmen dieses Kapitels noch einzugehen sein wird. Zunächst soll die augenfällige Diskrepanz in der Bewertung der umweltbezogenen Lebensqualität hinterfragt werden. Dass die Umweltdimension einen Indikator für die marginalisierte gesellschaftliche Position der ArbeitsmigrantInnen darstellt, scheint aufgrund der Inhalte wie materielle Lage, Wohnsituation oder Möglichkeiten des Umweltzugangs evident; doch welchen Beitrag liefert dieser Bereich überhaupt zur Erklärung von globaler Lebensqualität? In der Analyse der inneren Struktur von Lebensqualität schält sich das interessante Ergebnis heraus, dass für die subjektive Lebensqualität älterer MigrantInnen der Dimension Umweltzufriedenheit die stärkste Erklärungskraft zukommt, während die psychisch-soziale Dimension nur einen kleineren Beitrag zum Modell leistet (vgl. Abbildung 4.2). Im Unterschied dazu trägt in der autochthonen Vergleichsgruppe die Dimension des psychisch-sozialen Wohlbefindens stärker zur Erklärung von subjektiver Lebensqualität bei als die Umweltdimension; für das physische Wohlbefinden lässt sich in beiden Gruppen kein signifikanter Einfluss feststellen.[15]

Abbildung 4.2 Einfluss von Lebensqualitätsdimensionen auf globale Lebensqualität

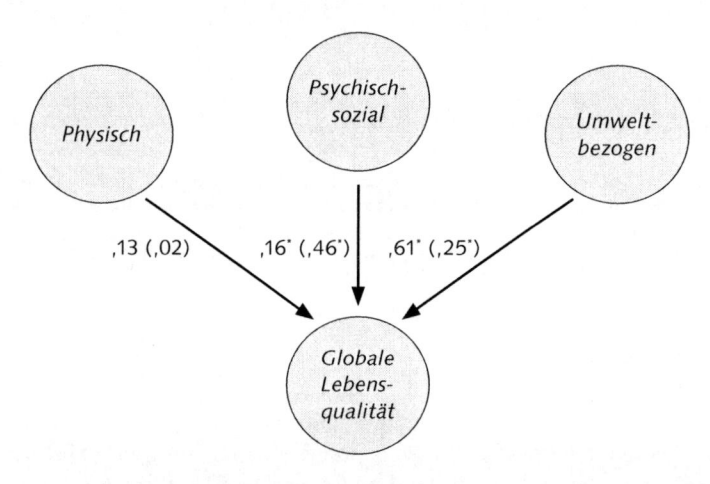

Quelle: Aktiv ins Alter 2005

standardisierte Regressionskoeffizienten; in Klammern Werte für autochthone Gruppe; $p < ,05$, $^* = p < ,01$

---

[15] Die erklärte Varianz beträgt für die migrantische Gruppe 59 Prozent und für die autochthone Gruppe 40 Prozent.

Stärker als für die einheimischen Älteren ist für die migrantische Bevölkerung Lebensqualität also mit dem ausreichenden Vorhandensein von umweltbezogenen und existenzbezogenen Ressourcen der Lebensbewältigung assoziiert, wobei es konkret um die funktionale Verfügbarkeit und Zugänglichkeit von externen Ressourcen wie Einkommen und Wohnen, Infrastruktur im Sozial- und Freizeitbereich oder Wissen geht. Andere Parameter wie Gesundheit, psychisches Wohlbefinden und soziale Einbettung treten angesichts dieser Dominanz der Existenzbedürfnisse in den Hintergrund, was der realistischen Selbsteinschätzung entspricht, dass die Lebensqualität in grundlegender Weise durch Umweltbedingungen, die aufgrund fehlender Ressourcen und Zugangschancen nur wenig beeinflussbar sind, erzeugt wird.

Die Annahme einer Dominanz von existenzbezogenen Bedürfnissen wird auch in Hinblick auf zwei weitere Dimensionen des WHO-Modells von Lebensqualität („spirituality, religion, personal beliefs" sowie „level of independence") gestützt, die nicht in der Kurzskala enthalten sind, jedoch im Rahmen von „Aktiv ins Alter" gesondert erhoben wurden und auf deren Stellenwert ebenfalls hingewiesen werden soll. So zeigt sich im Zusammenhang mit den Wertvorstellungen (gefragt wurde nach der Wichtigkeit ausgewählter Lebensbereiche wie Familie, Partnerschaft, Freizeit, Kultur, Wohnen, Einkommen/Geld und Religion), dass ältere MigrantInnen die existentiellen Bereiche Einkommen/Geld und erfüllte Partnerschaft/Sexualität signifikant häufiger nennen. Religion wird von MigrantInnen ebenfalls eine etwas größere Wertigkeit beigemessen, während freizeitorientierte Kultur- und Luxusbedürfnisse sehr viel seltener genannt werden. Familie, Freunde und Wohnen werden unabhängig von der Herkunft sehr hoch bewertet. Die unterschiedliche Wertestruktur reproduziert sich auch in Bezug auf die subjektive Lebensqualität: Bei älteren MigrantInnen korreliert die materielle Orientierung signifikant positiv mit Lebensqualität, bei einheimischen Älteren hingegen der Konsumismus (Freizeit und Kultur). In Bezug auf den Grad der Unabhängigkeit (gemessen über funktionelle Fähigkeiten wie körperlich anstrengende bzw. mittelschwere Tätigkeiten ausüben, Einkaufstaschen tragen, Treppen steigen, sich bücken, zu Fuß gehen, sich anziehen) zeigt sich wiederum, dass gesundheitsbezogene Alltagsbeeinträchtigungen von MigrantInnen häufiger berichtet werden und etwas stärker mit der subjektiven Lebensqualität korrelieren, als dies in der autochthonen Vergleichsgruppe der Fall ist.

Die empirischen Analysen unterstreichen die an Nussbaum und Sen angelehnte Ausgangsüberlegung, dass über den Mangel an materieller Güterausstattung hinaus die fehlenden Möglichkeiten im *Zugang zu den Umweltressourcen* die (subjektiv gefühlte) Lebensqualität beeinträchtigen und deprivierte Lebenslagen tendenziell verfestigen. Um Handlungsmächtigkeit zu gewinnen, bedürfte es demnach nicht nur einer Verbesserung der materiellen Lebensbedingungen in den Bereichen Einkommen, Wohnen und Freizeit, sondern insbesondere, wie in Kapitel VIII im Detail ausgeführt wird, einer leichteren Verfügbarkeit von Information als Voraussetzung von Mobilität und verbesserter Zugänglichkeit zu sozialräumlichen Umwelten mit ihrer für die Primär- und Gesundheitsversorgung relevanten Infrastruktur.

2. Determinanten der Lebensqualität

Welche Ressourcen sind notwendig für eine gute Lebensqualität von MigrantInnen im Alter? Die breit gestreute internationale Forschungsliteratur benennt eine Vielzahl von objektiven wie auch subjektiven Faktoren, die die Ausprägung der Lebensqualität beeinflussen; spezielle Konzepte und Forschungen zur Lebensqualität älterer MigrantInnen liegen nur wenige vor (vgl. Brockmann 2005). In der allgemeinen Lebensqualitätsliteratur werden als bedeutsam angeführt: Determinanten auf sozialstruktureller Ebene (Alter, Geschlecht, Familienstand, sozioökonomischer Status; vgl. dazu Schulz/Strodl/Lang 2004; Backes/Clemens 2003) funktioneller Status und Gesundheit (vgl. Lehr 1997; Perrig-Chiello 1997), soziale Beziehungen und psychosoziale Unterstützung (vgl. Wagner/Schütze/Lang 1996), die Bedingungen im ökologischen Nahraum von Wohnung und Wohnumfeld (vgl. Mollenkopf et al. 2004) oder Freizeitgestaltung und Partizipation (vgl. Kohli/Kühnemund 2001). Darüber hinaus prägen die subjektive Wahrnehmung der Ressourcen sowie verschiedene Persönlichkeitsvariablen (Selbstwirksamkeit, Kompetenz, Kontrollüberzeugungen, etc.) die Auseinandersetzung mit der Lebenssituation im Alter. Von Bedeutung sind schließlich auch biografische Erfahrungen und Lebensereignisse (z. B. Migration, Pensionierung, Tod des Partners/der Partnerin, Unfall oder Erkrankung).

Die meisten Forschungen diagnostizieren ein Spannungsverhältnis zwischen objektiven Lebenslagen und subjektiven Bewertungen, wobei wiederholt gezeigt werden konnte, dass der Zusammenhang zwischen objektiver und subjektiver Lebensqualität weniger stark ist als angenommen. Viele Untersuchungen bestätigen die Annahme, dass steigender materieller Wohlstand nicht automatisch die Lebenszufriedenheit erhöht, während knappere materielle Ressourcen mit einem angepassten Anspruchsniveau verbunden sind (Campbell et al. 1976). Die empirischen Befunde widersprechen jedoch gleichzeitig einer allzu vorschnellen Generalisierung dieser Beobachtung. Sie gilt am ehesten in Bezug auf globale Indikatoren wie Glück oder allgemeine Lebensqualität, während zwischen den verschiedenen Lebensbereichen, aber auch im Vergleich von Bevölkerungsgruppen und Lebenslagen die Ergebnisse zum Teil stark variieren. So korreliert in unserer Untersuchung die subjektiv wahrgenommene Lebensqualität unter den einheimischen SeniorInnen stark positiv mit der Höhe des verfügbaren Einkommens, während sich für die migrantische Bevölkerung dieser Zusammenhang weniger stark gestaltet. Und während sich für die Bereiche Wohnen und Gesundheit in beiden Befragtengruppen starke Korrelationen zwischen objektivem Status und subjektiver Bewertung feststellen lassen, sind diese Korrelationen etwa in Bezug auf die soziale Kontaktstruktur schwächer ausgeprägt.

Dieser kurze Hinweis auf unsere Forschungsergebnisse lässt vermuten, dass in Hinblick auf die subjektive Lebensqualität den Bereichen von „Having", „Loving" und „Being" für die beiden Gruppen der migrantischen und einheimischen Älteren ein unterschiedliches Gewicht zukommt. Mittels empirischer Analyse kann diese Annahme überprüft werden. Dazu gilt es in Anlehnung an das Modell von Allardt eine Reihe von Indikatoren zu definieren, die verschiedene Aspekte der einzelnen Dimensionen abdecken. Das Modell von Allardt soll allerdings dahingehend modifiziert werden, dass nicht von „Lieben", sondern von „Einbindung" und statt von „Sein" von „Tätigsein" die Rede ist; die Dimension des „Habens" (Existenzressourcen) bleibt unverändert bestehen. Diese Änderung erfolgt aus inhaltlichen Überlegungen: Während die Komponente des Habens all jene Ressourcen beschreibt, die unmittelbar für die materielle und physische Existenzbewältigung maßgebend sind, wozu neben Einkommen, Arbeit und Bildungsressourcen vor allem auch Wohnen und Gesundheit zählen, betont das Vokabel „Einbindung" stärker die Mehrdimensionalität von konkret vorhandenen sozialen Ressourcen, die familiäre und außerfamiliäre Kontaktkreise ebenso umfassen wie das durch Zugehörigkeit zu Organisationen vermittelte Sozialkapital. Mit dem Ausdruck „Tätigsein" soll wiederum die Bedeutung konkreten Tuns in verschiedenen Aktivitätsbereichen von Familie, Freizeit, in Organisationen oder auf die eigene Gesundheit bezogen herausgestellt werden.

Für die Analyse werden ausschließlich Indikatoren der objektiven Lebensqualität berücksichtigt, wobei der Ausdruck objektiv insofern irreführend ist, als es sich dabei um Angaben der Befragten und nicht um Daten der Sozialstatistik handelt. Von Relevanz ist dies etwa in Bezug auf die Angaben zum Einkommen, die, wie Studien zeigen, besonders im Alter ungenau sind (Wagner/Motel 1996), aber auch hinsichtlich Gesundheit oder Kontaktpersonen. Es handelt sich jedoch um neutrale Angaben zur Ressourcenausstattung in bestimmten Lebensbereichen und nicht um subjektive Bewertungsitems. Der Bereich der Existenzressourcen enthält neben dem Haushaltseinkommen (dividiert durch Anzahl der Haushaltsmitglieder) Angaben zur Wohnsituation (additiver Index aus Kategorie und Größe), Wohnumgebung (additiver Index aus Versorgung und Infrastruktur) und Gesundheit (Anzahl der Krankheiten). Im Zusammenhang mit den sozialen Ressourcen werden Haushaltsgröße, Anzahl der Kinder, Größe des Kontaktkreises und Mitgliedschaft in Vereinen in die Analyse aufgenommen. Tätigsein umfasst einerseits familienbezogene und freundesbezogene, andererseits gesundheits- und vereinsbezogene Aktivitäten. Darüber hinaus wurde auch der Einfluss von sozio-demografischen Variablen (Alter, Geschlecht und Familienstand) überprüft; da diese Einflussfaktoren in Übereinstimmung mit anderen Untersuchungen keinen Effekt zeigen, wird auf sie in der Folge nicht weiter eingegangen; sie sind daher auch in der Übersichtsdarstellung (Tabelle 4.2) nicht enthalten.

Wie die Ergebnisse zeigen, wird die subjektiv wahrgenommene Lebensqualität unter den zugewanderten Personen am stärksten durch die Anzahl der Kinder erklärt (Kinder erhöhen die Lebensqualität), darüber hinaus kommt der möglichst geringen Anzahl von Krankheiten sowie gesundheitsbezogenen (Vorsorgeuntersuchung, körperliche Bewegung, gesunde Ernährung etc.) und freundesbezogenen Aktivitäten (geselliges Zusammensein in der Freizeit) starke Bedeutung zu. Unter den einheimischen Älteren dominiert hingegen der Einfluss der Variable Gesundheit (geringe Anzahl an Erkrankungen); daneben haben auch der soziale Status sowie auf die Gesundheit bezogene Aktivitäten einen Erklärungswert. Für alle anderen Variablen – Wohnsituation und Wohnumgebung, Kontaktkreis und Vereinstätigkeit – konnte kein signifikanter Einfluss festgestellt werden. Die erklärte Varianz ist für beide Gruppen annähernd gleich groß.

Die Tabelle enthält darüber hinaus Informationen zu Einflussgrößen auf die umweltbezogene Lebensqualität, der, wie die bisherige Analyse gezeigt hat, besonders für die zugewanderte Bevölkerung im Alter hohe Bedeutsamkeit zukommt. Die Unterschiede zwischen den beiden Gruppen treten hier besonders deutlich zutage: Während unter MigrantInnen sowohl materielle (infrastrukturelle Ausstattung des Wohnumfeldes) als auch soziale (Mitgliedschaft in Vereinen bzw. Organisationen) und (sowohl gesundheits- als auch freundesbezogene) Aktivitätsressourcen zur Erklärung der umweltbezogenen Lebensqualität beitragen, wird die Umweltdimension unter den autochthonen Älteren ausschließlich durch den Gesundheitsstatus erklärt. Die erklärte Varianz ist für die Gruppe der älteren Personen mit Migrationserfahrung markant höher.

Tabelle 4.2 Determinanten globaler und umweltbezogener Lebensqualität (Regressionskoeffizienten)

	globale Lebensqualität		umweltbezogene Lebensqualität	
	zugewanderte Ältere (n = 120)	einheimische Ältere (n = 195)	zugewanderte Ältere (n = 120)	einheimische Ältere (n = 195)
Existenzressourcen (*"Having"*)				
Haushaltseinkommen (hoch)		,26		
Wohnsituation (Größe, Ausstattung)				
Wohnumfeld (positiv bewertet)			,24	
Gesundheit (Anzahl Krankheiten)	-,27	-,42		-,38
Bindungsressourcen (*"Loving"*)				
Mehrpersonenhaushalt (j/n)				
Kinder (Anzahl)	,38			
soziale Kontaktkreise (groß)				
Mitgliedschaft in Vereinen (j/n)			,26	
Aktivitätsressourcen (*"Being"*)				
familienbezogene Freizeitaktivitäten				
freundesbezogene Freizeitaktivitäten	,26		,30	
gesundheitsbezogene Aktivitäten	,32	,24	,28	
vereinsbezogene Aktivitäten				
r^2	,38	,37	,42	,14

Quelle: Aktiv ins Alter 2005

n = 335; p < ,01; es werden nur signifikante Werte ausgewiesen.

Plausibel fügt sich das Analyseergebnis in die bisherigen Beobachtungen ein: So trägt unter MigrantInnen, die insgesamt über einen nur niedrigen sozialen Status verfügen, die objektive materielle Situation nicht zur Erklärung von (subjektiver) Lebensqualität bei; diese steigt jedoch bei sozialer Einbettung in die Familie und sofern es möglich ist, Ressourcen für Selbstsorge und Aktivitäten außerhalb der Familie zu mobilisieren. Hingegen ist die Lebensqualität unter den einheimischen Älteren aus dem Familienkontext herausgelöst und reagiert empfindlicher auf Veränderungen des sozioökonomischen Status. In beiden Gruppen erhöht ein positiver Gesundheitsstatus (Fehlen von Krankheiten) die subjektive Lebensqualität. Auch in Bezug auf die umweltbezogene Lebensqualität bestätigt sich, dass im Unterschied zur Gruppe der einheimischen Älteren, deren Umweltzugang primär über die personenbezogene Ressourcenvariable Gesundheit beeinflusst ist, für ältere Personen mit migrantischem Hintergrund die Mobilisierbarkeit von sozialen und Umweltbeziehungen im Vordergrund steht. Auffallend ist dabei der Einfluss des über Organisationen vermittelten Sozialkapitals. Dies lässt zusammenfassend die Schlussfolgerung zu, dass für die Lebensqualität im Alter die Einbettung in sozial verbindliche, kommunikative Strukturen signifikant die Möglichkeit erhöht, die sozialen und Umweltbedingungen aktiv zu gestalten und positiv zu beeinflussen. Dass dieser Effekt unter eingebürgerten MigrantInnen stärker ausgeprägt ist, lässt auf eine stabilere Verankerung in den Strukturen der Aufnahmegesellschaft sowie (damit verbunden) auf einen besseren Umweltzugang im Falle von Einbürgerung schließen. Andere auf die Migrationserfahrung bezogene Einflussfaktoren wie die Dauer des Aufenthalts oder die nationale Herkunft zeigen weder in Hinblick auf die globale noch die umweltbezogene Lebensqualität einen signifikanten Effekt[16].

Werden subjektive Evaluationsindikatoren in die Gleichung eingefügt, ändert sich das Bild in zweierlei Hinsicht: Zum einen wird deutlich, dass es in beiden Gruppen in Bezug auf das Tätigsein nicht um Quantität, also um die Menge der Aktivitäten, sondern um deren Qualität geht (messbar am Grad der Zufriedenheit). Zum anderen kommt für die migrantischen Befragten die sozioökonomische Dimension stärker zum Tragen, und zwar im Zusammenhang mit der Bewertung der zur Verfügung stehenden Geldmittel: Die subjektiv wahrgenommene Lebensqualität wird weniger unmittelbar durch das tatsächlich zur Verfügung stehende Einkommen beeinflusst, sondern durch die Empfindung, ob dieses für die Befriedigung der Bedürfnisse aus-

---

[16] In der empirischen Begleitforschung von „Aktiv ins Alter" wurden ausgewählte Dimensionen wie Aufenthaltsdauer und -status, emotionale Bindung an Herkunfts- und Migrationsland, Zukunftspläne und Gefühle dem Älterwerden gegenüber erhoben. Migrationsmotive, biografische Erfahrungen und Ressourcen wie Diskriminierung, Deutschkenntnisse oder Migrationsbilanz waren kein Thema der Befragung.

reichend ist. Der Stellenwert der subjektiven Bewertung stützt zum einen die Beobachtung einer hohen Adaptionsfähigkeit migrantischer Gruppen (positives Wohlbefinden trotz restriktiver Lebenslage), lenkt zum anderen aber die Aufmerksamkeit auf das Risikopotenzial subjektiver Deprivation. Wie groß ist dieses Deprivationsrisiko für MigrantInnen im Alter einzuschätzen, und von welchen Faktoren wird es beeinflusst?

3. Armuts- und Deprivationsrisiko

In den Befragungen, die im Rahmen des Projektes „Aktiv ins Alter" durchgeführt wurden, geben insgesamt 30 Prozent der Befragten mit Migrationshintergrund an, dass das vorhandene Geld „überhaupt nicht ausreicht", um die täglichen Bedürfnisse zu befriedigen, 29 Prozent zeigen sich zumindest halbwegs zufrieden. Zugleich geht jede/r zweite Befragte (52 Prozent) davon aus, dass sich die Situation in Zukunft wahrscheinlich verschlechtern werde; 27 Prozent sind deklariert optimistisch. Auch wenn unterstellt werden kann, dass aufgrund des spezifischen Erhebungskontextes (die Befragung wurde im Rahmen einer Intervention zur Gesundheitsförderung in ausgewählten großstädtischen Siedlungsregionen in Wien durchgeführt) das Deprivationsrisiko in dieser Studie möglicherweise etwas überbewertet ist, stimmt die empirisch beobachtbare Verwundbarkeit von ArbeitsmigrantInnen im Alter mit den Erkenntnissen der Armutsforschung überein. So geht etwa eine (auf Basis von EU-SILC 2003 durchgeführte) Berechnung von Einkommensdaten davon aus, dass 52 Prozent der eingebürgerten MigrantInnen in Österreich als arm gelten; das Armutsrisiko ist für nicht-eingebürgerte Personen noch höher einzuschätzen. Die Hälfte davon ist akut armutsgefährdet, d. h. sie verfügt über ein Einkommen von weniger als 60 Prozent des Medians, wobei der überwiegende Teil dem Typus der verfestigten Armut zugerechnet werden muss. Bei der anderen Hälfte ist Armutsgefährdung mit Benachteiligungen kombiniert (zu diesen Benachteiligungen zählen ein Mangel an finanziellen Spielräumen im Alltag sowie an langlebigen Konsumgütern, gesundheitliche Beeinträchtigungen, eine schlechte Wohnsituation und Benachteiligungen in der Wohnumgebung; vgl. Lamei/Till-Tentschert 2005; Till/Lamei/Bauer 2004).

Im vorangegangenen Kapitel wurde darauf hingewiesen, dass für ArbeitsmigrantInnen ein hohes Risiko besteht, dass die dauerhafte Randständigkeit am Arbeitsmarkt und in der Gesellschaft zu einer Kumulation von Problemlagen führt. Mögliche Konsequenzen sind niedrige Einkommen und eine Verdichtung der psychosozialen Belastungen, aber auch eine weitere Einschränkung der gesellschaftlichen Teilhabemöglichkeiten, wobei in der Analyse besonders auf die Bedeutung spezieller Ressourcenprobleme (etwa in Bezug auf die häufig mangelhaften Sprachkenntnisse, gesellschaftliche Missachtung und Diskriminierungserfahrungen) Bezug genommen wurde. Argumentiert wurde, dass unter bestimmten Umständen ein subjektiver Erfolg des Migrationsprojektes trotz Unsicherheit möglich ist; wie verhält es sich im Zusammenhang mit Lebensqualität: Gibt es Lebensqualität trotz Prekarität?

Werden das Ausmaß an verfügbarem Einkommen (Haushaltseinkommen) einerseits und die subjektive Einschätzung über den finanziellen Spielraum (ausreichend Geld vorhanden, um Bedürfnisse zu erfüllen) bzw. das subjektive Wohlbefinden (Glück) andererseits kombiniert (Kreuztabelle), dann ergibt sich ein Potenzial subjektiver Deprivation von 35 bis 45 Prozent und ein Potenzial an Wohlbefinden von 19 bis 28 Prozent. Aufgrund der sehr knappen finanziellen Ressourcen liegt der Anteil jener, die sich an ihre Situation anpassen (Zufriedenheitsparadoxon), nur zwischen 9 und 21 Prozent; zwischen 17 und 27 Prozent sind dem Unzufriedenheitsdilemma zuzurechnen (vgl. Tabelle 4.3). Vergleiche mit anderen Untersuchungen bestätigen diese Ergebnisse (vgl. Kapitel I).

Tabelle 4.3 Zusammenhang zwischen objektiver Lage und subjektiver Einschätzung (Prozentangaben)

objektive Lage Haushaltseinkommen	subjektive Einschätzung	ausreichend Geld zur Verfügung[1]		Lebenszufriedenheit (Glück)[2]	
		hoch	niedrig	hoch	niedrig
hoch		19	27	28	17
niedrig		9	45	21	35

Quelle: Aktiv ins Alter 2005

$n = 120$; $p < ,05$
[1] 5-teilige Skala $1+2$ = Geld reicht nicht aus; $3+4+5$ = Geld reicht aus
[2] 5-teilige Skala $1+2+3$ = glücklich; $4+5$ = unglücklich

In den unterschiedlichsten Kombinationen (Einkommen und subjektives Wohlbefinden, Ausmaß der psychosozialen Belastungen und subjektiv wahrgenommene Lebensqualität, Ausmaß des materiellen Wohlstands und Zukunftsoptimismus) reproduziert sich dieses Bild:

Im Alter sind ein Drittel bis knapp die Hälfte der MigrantInnen akut deprivationsgefährdet, nur ein Fünftel bis gut ein Viertel befindet sich im Status eines einigermaßen stabilen Wohlbefindens, und etwa ein (gutes) Drittel ist den Dissonanzbereichen zuzuordnen. Die Ergebnisse variieren in Abhängigkeit von den verwendeten Variablen, was von methodischem Interesse ist: Wird nach der materiellen Bedürfnisbefriedigung gefragt, wiegt die finanzielle Ressourcenausstattung stärker als bei der Frage nach dem augenblicklichen Wohlbefinden („Glück"). Subjektives Wohlbefinden ist also, wie zu erwarten, von der materiellen Lage etwas entkoppelt; die grundsätzliche Aussage ändert sich dadurch aber nicht: Die überaus knappen Existenzressourcen stellen für einen großen Teil der ehemaligen Gastarbeiter eine massive Beeinträchtigung ihrer Lebensqualität dar.

Das Deprivationsrisiko ist unter den MigrantInnen allerdings ungleich verteilt, wobei Einbürgerung, Geschlecht und Bildungskapital als relevante Einflussvariablen isoliert werden können. Die subjektiv gefühlte Mangellage tritt unter eingebürgerten Personen, Männern sowie MigrantInnen mit höherer Bildung erheblich seltener auf. Die folgenden Angaben beziehen sich wiederum auf den Zusammenhang von Haushaltseinkommen und subjektivem Wohlbefinden (erster Wert) und subjektiver Evaluation des finanziellen Spielraums (zweiter Wert): Demnach sind zwischen 20 bzw. 33 Prozent der Eingebürgerten im Vergleich zu 38 bzw. 48 Prozent der nicht Eingebürgerten, 29 bzw. 41 Prozent der Männer, aber 39 bzw. 48 Prozent der Frauen, 30 bzw. 42 Prozent der Personen mit mindestens einem Pflichtschulabschluss verglichen mit 44 bzw. 52 Prozent jener ohne jeden Bildungsabschluss als subjektiv depriviert einzustufen.

4. Soziale Bindungen als Quelle von Lebensqualität

Der Handlungsraum von MigrantInnen ist im Alter in spezifischer Weise durch vielfältige Risiken (Armut, gesundheitliche Beeinträchtigungen, Isolation), Restriktionen (in materieller, gesellschaftlicher, teilweise auch sozialrechtlicher Hinsicht) und Inkonsistenzen (sowohl was Bedürfnisstruktur und Bedürfnisbefriedigung als auch das Verhältnis von objektiver Lebenslage und subjektiver Bewertung betrifft) charakterisiert. Diese Beobachtung wird in der Literatur zumeist im Zusammenhang mit der These einer doppelten oder sogar multiplen Gefährdung (Dowd/Bengtson 1978) interpretiert, wonach sich alternsbezogene Problemlagen und solche, die aus der gesellschaftlichen Rand- bzw. Minderheitsposition herrühren, gegenseitig verstärken, wobei zahlreiche empirische Evidenzen diese These stützen. Auch in unseren Forschungen lässt sich, wie am Beispiel des hohen objektiven Armuts- und subjektiven Deprivationsrisikos deutlich wurde, die Tendenz zu einer kumulativen Verstärkung von Benachteiligungen im Alter erkennen.

Freilich blendet die Fokussierung auf die Kumulation von Benachteiligungen und Belastungen den Umstand aus, dass im Verlauf von grenzüberschreitenden Wanderungen stets auch neue Erfahrungen hinzugewonnen und Ressourcen generiert werden können, die dafür eingesetzt werden können, belastende Umweltbedingungen zu bewältigen und trotz der schwierigen Begleitumstände die mit der Migration verbundenen Ziele zu erreichen. Gerade die erste Generation zeichnet sich in vielfältiger Weise durch hohe Zielorientierung, Leidensfähigkeit und Anpassungsbereitschaft aus. „Accomodation is the modal adaptation of first-generation adult immigrants" (Rumbaut 1999, 16). Im Verständnis und in der Terminologie der frühen Chicagoer Schule der stadtsoziologisch ausgerichteten Migrationsforschung bezeichnet Akkomodation einen langfristigen strukturellen Anpassungsprozess an die durch ethnische Arbeitsteilung am Arbeitsmarkt, Segregation im Wohnbereich und gesellschaftliche Diskriminierung gekennzeichneten Strukturen der Aufnahmegesellschaft (vgl. Park/Burgess 1921). Nach dieser These werden die oftmals abweisenden und nur bedingt kontrollierbaren Strukturen der Einwanderungsgesellschaft über sekundäre Kontakte (u. a. Nachbarschaft, Bekannte, ArbeitskollegInnen) angeeignet und damit auch akzeptiert.

Eine Vielzahl an Forschungen zeigt, dass für die Bewältigbarkeit der oftmals feindseligen, kalten neuen Umweltbedingungen und institutionellen Barrieren entscheidend ist, ob in ausreichender Weise Hilfs- und Brückenressourcen zur Verfügung stehen. Als wichtigste Potenziale, die in Migrationsprozessen in unterschiedlichem Ausmaß je nach Herkunft, sozialer Schichtzugehörigkeit oder auch Geschlecht generiert bzw. mobilisiert werden können, gelten soziale und kulturelle Ressourcen. So fungieren soziale Netzwerke und Kontaktpunkte als Informationskanäle für die Arbeits- oder Wohnungssuche und erleichtern eine Anbindung an bestehende kommunitäre Strukturen (vgl. traditionell Gordon 1964 u. 1975; aktueller Dietzel-Papakyriakou/Olbermann 1996). Sozial überlieferte Traditionen und kulturelles Wissen wiederum stabilisieren Identität und ermöglichen es, Erfahrungen von Fremdheit und Unzugehörigkeit zu verarbeiten und auszubalancieren. Auch migrationsspezifische Werte und Haltungen (vgl. etwa Suárez-Oroczo 2000), zu denen etwa ein hohes Arbeitsethos, Familienzusammenhalt oder Zukunftsoptimismus zählen, erleichtern das Festhalten an der Zielintention trotz negativer Erfahrungen von beruflicher Dequalifizierung, sozialer Zurückweisung und Marginalisierung. Aus einer ressourcenorientierten Perspektive gilt es darüber hinaus auch die differenzierte Milieu- und Traditionsbildung zu berücksichtigen, die, wie in Kapitel VI gezeigt wird, keineswegs einem einheitlichen Muster folgt (vgl. etwa das Muster des ethnischen Rückzugs im Alter als Ausdruck einer defensiven Reaktionsweise), sondern den Handlungsraum mitunter bedeutsam erweitert. Der Hinweis auf die komplexe Struktur der sozialen und kulturellen Ressourcen unterstreicht, wie wichtig es ist, über die enge Definition von Ressourcen als kompensatorisches Potenzial hinauszugehen und den aktiven, schöpferischen Akt von Umweltaneignung und Milieubildung anzuerkennen. Der Stellenwert der Ressourcen ist freilich nicht statisch, sondern ändert sich je nach Lebensphase oder in Abhängigkeit von gesellschaftlichen Ereignissen und Entwicklungen. Auch gilt es ihre innere Widersprüchlichkeit wahrzunehmen. So können, etwa in Folge von Prozessen sozialer Schließung in der Mehrheitsgesellschaft, soziale Netzwerke und kulturelle Orientierungen als ethnische Ressourcen flüssig gemacht werden, die besonders im Alter eine stabilisierende Funktion erfüllen und einen Rückzug in den geschützten Raum der Ethnizität ermöglichen (vgl. Brockmann/Fisher 2001), aber gleichzeitig eine Abkoppelung von der gesellschaftlichen Entwicklung begünstigen (ethnische Segmentation; Enklavisierung). Auch ein starres Festhalten an anfänglichen Migrationsmotiven (etwa befristeter Aufenthalt und Rückkehrabsicht) kann mit der realen Lebensführung und implizit getroffenen Entscheidungen (Bleibeorientierung aufgrund von Routinisierung und ohne Einwanderungsentscheidung) in Widerspruch geraten und so zu Frustrationen führen (etwa aufgrund von illusionär gewordenen, aber aufrecht gehaltenen Vorstellungen von Rückkehr oder eines idealisierten Bildes des Herkunftslandes). Ungeachtet ihrer teilweise ambivalenten Wirkungsweise scheint die Verfügbarkeit von sozialen, kulturellen oder auch ethnischen Ressourcen jedenfalls eine wichtige Voraussetzung für die Herstellung von subjektiv empfundener Lebensqualität zu sein.

5. Die ambivalente Bedeutung der sozialen Ressourcen

In der Lebensqualitätsforschung gilt (neben gesundheitlichen Beeinträchtigungen und psychosozialen Belastungen) das Fehlen von sozialen und Aktivitätsressourcen als wichtigster Prädiktor für geringe Lebensqualität, weshalb deren Stärkung (insbesondere über sozial-partizipative Maßnahmen) in relevanten Interventionsbereichen wie etwa der Gesundheitsförderung großer Wert beigemessen wird. Auch in unserer Analyse der Determinanten von subjektiv wahrgenommener Lebensqualität einerseits und Umweltzugang andererseits wurde deutlich, dass neben gesundheits- und wohnumfeldbezogenen Existenzressourcen den (auf Familie und ethnische Organisation bezogenen) Sozialressourcen sowie den in Sekundärkontaktstrukturen eingebetteten Aktivitätsressourcen große Vorhersagekraft zukommt. (Die Aufrechterhaltung der Fähigkeit zur Alltagsbewältigung ist abhängig von Gesundheits-, sozialen Netzwerk-, Wohnumfeld- und Aktivitätsressourcen.) Dieses Ergebnis korrespondiert mit der Einsicht sowohl der sozialgerontologischen als auch der migrationssoziologischen Forschung, dass die Einbindung in soziale Beziehungsstrukturen für eine „erfolgreiche" Altersplanung und Lebensführung im Alter (unabhängig von einem Migrationshintergrund) von zentraler Bedeutung ist (z. B. Fiori/Antonucci/ Cortina 2006; Antonucci 1990). Angesichts der zahlreichen Gefährdungen, denen das Älterwerden „in der Fremde" ausgesetzt ist, wird sozialen Ressourcen (familiäre und verwandtschaftliche Netzwerke, nachbarschaftliche Kontaktkreise, ethnische Bezugsgruppen) in Migrationsprozessen eine besondere Brücken-, Stütz- und Schutzfunktion für alltagsbezogene Bewertungs- und Lösungsansätze zugeschrieben. Die Verfügbarkeit über Netzwerke gilt als ein Indikator für soziale Integration, als Ressource für soziale Unterstützung sowie als Fundament subjektiven Wohlbefindens.

Seit den mittlerweile klassischen Arbeiten von Gordon (1975) gelten soziale Ressourcen in Hinblick auf die Eingliederung von MigrantInnen als hoch funktional, wobei unter dem Eindruck des Assimilationsparadigmas lange Zeit angenommen wurde, dass mit zunehmender Verweildauer die Relevanz der primären (familiären und/oder ethnischen) Beziehungen abgeschwächt wird, während jene der Sekundärkontakte, vor allem der interethnischen Beziehungen zunimmt. Aktuellere Studien zeigen jedoch, dass dauerhafte Niederlassung nicht zuletzt aufgrund der zumeist stabilen Mehrheits-Minderheits-Relationen mit einer Konsolidierung oder sogar Stärkung der ethnischen Beziehungsnetzwerke einhergeht (vgl. Anwar 1995 u. 1979). Zudem arbeiten neuere Forschungen den häufig transnationalen Charakter der sozialen Netzwerke heraus (vgl. Portes 1998a; Pries 1997). Viele Forschungen stützen die These, dass MigrantInnen über größere, dichtere und funktional mehrdimensionalere soziale Netze verfügen, welche besonders auch im Alter bei kritischen Lebensereignissen wie Pensionierung, Krankheit, Tod von nahen Verwandten, eingeschränkter Leistungsfähigkeit und Mobilität oder Behinderung durch Pflegebedürftigkeit eine zentrale Ressource zur Problembewältigung darstellen. In diesem Zusammenhang ist mitunter von den Selbstheilkräften ethnischer Gruppen die Rede als ein solidarischer Mechanismus, der in Notsituationen für die Verteilung von emotionaler, aber auch materieller Unterstützung „unter seinesgleichen" sorgt (vgl. Häußermann 1998; Portes/Sensenbrenner 1993; Elwert 1984).

Die Annahme bezüglich der Selbstheilungskraft von Ethnizität steht freilich in einem spannungsreichen Verhältnis zu den Erkenntnissen der empirischen Forschung. So geht das Älterwerden, insbesondere im Zusammenhang mit dem Ausscheiden aus dem Berufsleben, zwar häufig mit einem Rückzug in die primäre Bezugsgruppe einher (Disengagement-Konzept), wodurch sich die sozialen Kontakte, die Nutzung des öffentlichen Raums und die Wünsche nach Anerkennung zunehmend auf die eigene Bezugsgruppe beschränken; wie Forschungen zeigen, ist ein Großteil der als „ethnisch" apostrophierten Sozialbeziehungen jedoch auf Familie und Verwandtschaft zentriert (Nauck 1998; Dietzel-Papakyriakou 1993). Zugleich gibt es Hinweise darauf, dass auch die primärgruppenbezogenen Ressourcen aufgrund der schwierigen Umweltbedingungen hoch belastet bzw. (im Generationenübergang) störungsanfällig sind und die ihnen zugeschriebenen Funktionen von emotionaler und instrumenteller Hilfe und Stützung für manche Gruppen nicht (oder nur ungenügend) erfüllen; dies betrifft insbesondere auch allein lebende MigrantInnen, gilt aber auch bei großer Armut und Deprivation.

Wie sind nun Größe, Dichte, Funktions- und Tragfähigkeit der sozialen Netzwerke für ArbeitsmigrantInnen im Alter einzuschätzen? Die Ergebnisse sowohl der Begleitforschung zu „Aktiv ins Alter" als auch der Senior-Plus-Studie lassen sich in drei wesentlichen Einsichten zusammenfassen. Erstens: Ein Teil der MigrantInnen verfügt im Alter über ein engmaschiges Netz an sozialen Beziehungen, wobei dieses unter den Zugewanderten aus der Türkei etwas stärker ausgeprägt ist als unter jenen aus Ex-Jugoslawien. Zweitens: Das soziale Netz der älteren MigrantInnen ist in allen Dimensionen überwiegend familial ausgerichtet, ethnisch homogen und lokal zentriert. Drittens: Die Netze sind nur bedingt tragfähig und belastbar; besonders im höheren Alter sind sie prekär und nahezu ausschließlich auf die Primärfamilie beschränkt.

Größe der Netzwerke

Zahlreiche Untersuchungen berichten, dass MigrantInnen im Alter in weit gespannte Netzwerke eingebettet sind. So nennt beispielsweise eine in der Bundesrepublik Deutschland (Düsseldorf) durchgeführte Studie für ältere MigrantInnen aus dem ehemaligen Jugoslawien 6 und für jene aus der Türkei 11,8 Personen als durchschnittliche Netzwerkgröße (arithmetisches Mittel) (Olbermann/Dietzel-Papakyriakou 1995, 85ff). Unsere Wiener Erhebungen können diese Größenordnung nicht bestätigen. In der Senior-Plus-Studie liegt die mittlere Netzwerkgröße (Median) für MigrantInnen aus Ex-Jugoslawen bei drei und für jene aus der Türkei bei fünf Personen; ältere einheimische Personen nannten im Durchschnitt zwei Personen. Nach der Begleitforschung von „Aktiv ins Alter" haben einheimische SeniorInnen mit einem Median von fünf Netzwerkmitgliedern sogar einen etwas größeren Kontaktkreis als Personen aus der Türkei und dem ehemaligen Jugoslawien (jeweils 4 Personen).

In diesen stark voneinander abweichenden Ergebnissen manifestieren sich unterschiedliche Untersuchungsdesigns und Fallzahlen. So etwa stützt sich die Düsseldorfer Erhebung auf eine Fallzahl von jeweils lediglich 15 Befragten mit türkischer und ex-jugoslawischer Herkunft; die Interviews wurden in einem internationalen Begegnungszentrum mit angeschlossener Sozialberatungsstelle sowie von SozialarbeiterInnen durchgeführt, es wurde keine deutsche Vergleichsgruppe befragt. Die beiden Wiener Erhebungen zeichnen sich durch größere Fallzahlen und einen differenzierten Feldzugang aus (Senior-Plus-Studie: MigrantInnen aus der Türkei n = 82, Ex-Jugoslawien n = 159; standardisierte Befragung, Quotenstichprobe im Gründerzeitgebiet am äußeren Westgürtel; „Aktiv ins Alter": MigrantInnen aus der Türkei n = 42; Ex-Jugoslawien n = 78; standardisierte Befragung im Rahmen von Hausbesuchen in teilweise deprivierten Wohngebieten). Zwischen den beiden Wiener Studien bestehen wiederum relevante Unterschiede hinsichtlich der sozialstrukturellen Merkmale der Befragten; diese waren bei „Aktiv ins Alter" im Schnitt älter, häufiger bereits in Pension und durch einen insgesamt niedrigeren sozio-ökonomischen Status charakterisiert.

Die auch in methodologischer Hinsicht bedeutsamen Hinweise auf die unterschiedlichen Untersuchungsdesigns erscheinen notwendig, um vor allzu übereilten Generalisierungen, vor allem auch bei geringen Fallzahlen, zu warnen. Für die Beurteilung von Forschungsergebnissen ist es erforderlich, Erkenntnisinteresse, Motive und Ziele der jeweiligen Untersuchungen vor Augen zu haben. So ist zweifellos von Relevanz, ob eine Studie zur Lebenssituation älterer MigrantInnen von einer Kommunalverwaltung, einer MigrantInnenorganisation oder einer unabhängigen Forschungseinrichtung beauftragt bzw. verantwortet wird, und nicht weniger bedeutsam erscheint die Wahl von theoretischem Fokus und Befragungsmethode, Setting und Befragungspersonal (letzteres betrifft nicht nur die Eigensprachlichkeit, sondern insbesondere auch die professionelle Kompetenz der Interviewtätigkeit). So etwa korrespondieren die stadtsoziologisch inspirierten Forschungsdesigns der Wiener Studien mit der Beobachtung, dass das Leben in benachteiligten Stadtregionen für Personen in Armutslagen mit einer Reduktion von Kontaktkreisen verbunden ist (Friedrichs/Blasius 2000), während stärker ethnografisch ausgerichtete Studien sicherlich auch aufgrund selektiver Befragtenauswahl das Argument breiter Netzwerkressourcen empirisch stützen. Die stark divergierenden Forschungsergebnisse deuten schließlich auf eine relative Ungesichertheit des Wissens über das tatsächliche Ausmaß der Netzwerkressourcen von älteren MigrantInnen hin, aber auch auf die Notwendigkeit systematischer und methodisch innovativer Grundlagenforschung in diesem wichtigen Forschungsfeld.

In einer Zusammenschau der relevanten Literatur kann als gesichert gelten, dass Teilgruppen der älteren MigrantInnen über größere soziale Netzwerkressourcen verfügen (dies gilt z.B. stärker für MigrantInnen aus der Türkei als für jene aus dem ehemaligen Jugoslawien), während zugleich der Anteil von MigrantInnen ohne jeglichen Zugriff auf Netzwerkressourcen bzw. mit extrem kleinen Netzen durchwegs niedriger ist als unter der autochtonen Vergleichsgruppe. Während unter den einheimischen Befragten der Senior-Plus-Studie 12 Prozent keine Bezugspersonen nennen können, trifft dies nur auf 6 Prozent der Zugewanderten zu (kein Unterschied nach Herkunftsland). Ähnlich die Ergebnisse der „Aktiv ins Alter"-Studie: Hier reduziert sich bei 11 Prozent der gebürtigen und 5 Prozent der zugewanderten Älteren der Kontaktkreis auf eine einzige Person.

Struktur der Netzwerke

Anders als in Bezug auf die Netzwerkgröße, zeigen die Forschungen in Bezug auf die Struktur der Netzwerke weitgehend übereinstimmende Ergebnisse, und dies gilt vor allem im Hinblick auf den familienzentrierten und ethnisch homogenen Charakter der Kontaktkreise. Nach der „Aktiv ins Alter"-Studie sind bei den Befragten aus der Türkei 73 Prozent der Bezugspersonen Familienmitglieder, im Vergleich zu 39 Prozent bei den Personen aus dem ehemaligen Jugoslawien; ältere MigrantInnen aus Ex-Jugoslawien verfügen hingegen über einen größeren Kreis an Sekundärkontakten (vgl. Abbildung 4.3). Unter den in Wien gebürtigen Älteren zeigt sich eine leichte Dominanz der Sekundärkontakte (53 Prozent), dazu gehören auch relativ viele Bekannte.

Abbildung 4.3 Struktur der Netzwerke nach Herkunft (Prozentangaben)

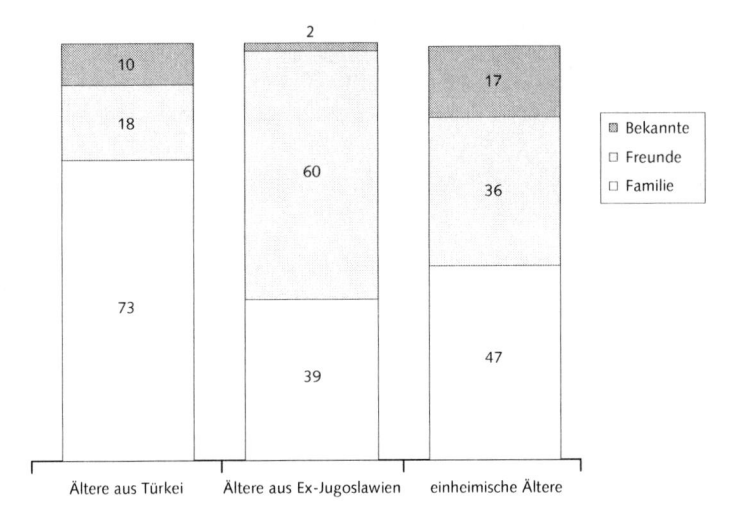

	Ältere aus Türkei	Ältere aus Ex-Jugoslawien	einheimische Ältere
Bekannte	10	2	17
Freunde	18	60	36
Familie	73	39	47

Quelle: Aktiv ins Alter 2005; n=335

Es ist wichtig zu sehen, dass die Sekundärkontakte unter den älteren MigrantInnen überwiegend auf Freunde bezogen sind, während Bekannte, aber auch Arbeitskollegen (letzteres zeigt die Senior-Plus-Studie) nur selten genannt werden. Was die ethnische Zusammensetzung der Netzwerke betrifft, zeigt sich erwartungsgemäß, dass es sich beim überwiegenden Teil der Bezugspersonen um Angehörige der eigenen Nationalität handelt. Zwar nennen in der Senior-Plus-Studie 37 Prozent der MigrantInnen aus der Türkei und 26 Prozent jener aus Ex-Jugoslawien ÖsterreicherInnen als Netzwerkmitglieder; bei der Mehrzahl handelt es sich aber um eingebürgerte MigrantInnen – zumeist Familienmitglieder oder Verwandte. So geben 26 bzw. 13 Prozent der Befragten (aus der Türkei bzw. aus Ex-Jugoslawien) Verwandte mit österreichischer Staatsbürgerschaft an.

Interaktionsdimensionen

In beiden Wiener Studien wurden mithilfe eines Instruments zur Erhebung egozentrierter Netzwerke nicht nur Größe und Zusammensetzung, sondern auch Funktionalität und emotionale Qualität der sozialen Kontakte erhoben. Hinsichtlich der verschiedenen Interaktionsdimensionen und Funktionen sozialer Unterstützung wurde zwischen Vertrauen (emotionale Unterstützung), Freizeit und Geselligkeit sowie funktionalem Austausch (Hilfe erhalten, Hilfe in Notsituationen) differenziert. Die emotionale Unterstützung wurde mit der Frage operationalisiert: „Hin und wieder bespricht man wichtige Angelegenheiten mit anderen Personen. Wenn Sie an die letzten vier Wochen zurückdenken: Mit wem haben Sie Dinge besprochen, die Ihnen wichtig waren?". Die Interaktionsdimensionen Freizeit und funktionaler Austausch wurden mit ähnlich lautenden Fragen erhoben. Tabelle 4.4 dokumentiert Ressourcen und Lücken im Unterstützungsnetzwerk, und zwar in einer Gegenüberstellung der Wiener Studien aus 1999 und 2005.

Tabelle 4.4 Interaktionsdimensionen
(mindestens eine Person genannt; Prozentangaben)

	zugewanderte Ältere (n = 120)	einheimische Ältere (n = 195)
mit jemandem in den letzten vier Wochen wichtige Dinge besprochen	96	86
mit jemandem in den letzten 14 Tagen Freizeitaktivitäten außerhalb der Wohnung unternommen	66	83
von einer Person, die nicht im selben Haushalt wohnt, in den letzten 12 Monaten Hilfe im Haushalt erhalten	43	32
Hilfe in einer Notsituation, etwa bei Krankheitsfall	97	86
emotionales Naheverhältnis	84	86

Quelle: Aktiv ins Alter 2005

Die Zahlen manifestieren zum einen die große Bedeutung des funktionalen Hilfsnetzwerks unter MigrantInnen: In beiden Untersuchungen kann ein Großteil der befragten MigrantInnen eine Person nennen, die im Bedarfsfall Hilfe leisten könnte, auch hinsichtlich der Hilfe im Haushalt werden von MigrantInnen signifikant häufiger Personen genannt als von den einheimischen Älteren. Zugleich zeigt sich, dass hinsichtlich der Unterstützungsdimensionen ImmigrantInnen auf eine größere Zahl an Personen zurückgreifen können, wobei das Netz für Notsituationen besonders dicht geknüpft ist. Zum anderen wird der zentrale, aber durchaus heikle Stellenwert der emotionalen Dimension sichtbar. Nach den Ergebnissen der jüngeren Untersuchung verfügen fast alle Befragte mit Migrationshintergrund über eine Person, mit der sie persönlich wichtige Dinge besprechen können. Zugleich kann aber etwa jede/r sechste Befragte keine Person nennen, die ihm/ihr nahe stünde.

In der Korrelationsanalyse schälen sich Vertrauen (mit jemandem etwas Wichtiges besprechen, emotionale Nähe) und Freizeit als zwei scharf getrennte Dimensionen heraus. Die Dimension funktionaler Hilfe ist, wie die Analyse zeigt, mit Vertrauen verknüpft, was die hohe Funktionalität der Binnenorientierung für die Alltagsbewältigung unterstreicht (Elwert 1982). Zwischen den Herkunftsgruppen bestehen gewisse Unterschiede dahingehend, dass unter MigrantInnen aus der Türkei die unterstützende Kommunikation, d.h. der Austausch von Sorgen und Problemen, die zentrale Netzwerkfunktion darstellt. Auch in Bezug auf das Geselligkeitsnetzwerk können türkischstämmige Ältere auf mehr Ressourcen zurückgreifen. In dieser Beobachtung schlagen sich sicherlich Unterschiede in der Lebensführung nieder: Aus der Türkei kommende SeniorInnen leben häufiger in Mehrpersonenhaushalten und scheinen insgesamt stärker binnen-, d. h. auf Familie und Freunde gleicher ethnischer Herkunft orientiert. Hingegen erweist sich die funktionale Hilfsdimension (Notfall) unter MigrantInnen aus Ex-Jugoslawien im Verhältnis zu den anderen Interaktionsdimensionen als relativ stärker ausgeprägt.

Fragilität der Netzwerke

Wie elementar die primär familienzentrierten sozialen Netzwerkressourcen für die konkrete Alltagsbewältigung im Alter sind, kann anhand einer ebenfalls in Wien im Rahmen einer Begleitforschung durchgeführten Erhebung unter fast tausend über 55-jährigen MigrantInnen aus der Türkei und Ex-Jugoslawien aufgezeigt werden. In dieser Studie nennen 89 Prozent der Befragten Familienmitglieder und 23 Prozent Angehörige der ethnischen Bezugsgruppe als Hilfsressourcen; in Österreich gebürtige Personen werden nicht genannt (Mehrfachnennung, daher über 100 Prozent) (Reinprecht 2005, 66). Insgesamt artikuliert ein Drittel der in dieser Studie Befragten einen akuten Hilfsbedarf, wobei sich dieser insbesondere auf die Unterstützung bei Amtswegen, Besorgungen, Haushaltstätigkeit und medizinische Pflege bezieht. Angesichts dieses akuten Bedarfs vieler älterer MigrantInnen an konkreter Unterstützung in der alltäglichen Lebensführung kommt der Tatsache, dass nur knapp drei Prozent der MigrantInnen niemand nennen können, der im Bedarfsfalle zur Verfügung steht, besondere Bedeutung zu.

Allerdings gilt es auch die Lücken und prekären Zonen in den Unterstützungsnetzwerken zu sehen. Zwei Aspekte fallen besonders ins Gewicht: Zum einen verfügt (nach „Aktiv ins Alter") knapp ein Drittel der Älteren mit Migrationshintergrund über zu wenig Ressourcen für gesellige Aktivitäten und Freizeitgestaltung. Dies mag angesichts der häufig relativ großen Netzwerkdichte erstaunen, weist aber darauf hin, dass die sozialen Beziehungsstrukturen nur zu einem geringeren Maß für Freizeit und Geselligkeit disponibel, sondern der Dominanz der ökonomischen Notwendigkeit unterworfen sind. Zum anderen scheint wichtig, dass in der Studie von 2005 immerhin 16 Prozent der älteren MigrantInnen niemanden nennen können, der ihnen emotional nahe steht (vgl. Tabelle 4.4). Mit anderen Worten: Als fragil erweist sich das Netzwerk nicht nur in Bezug auf die für die Erklärung der Lebensqualität so wichtige Dimension der freundesbezogenen Geselligkeit, vielmehr weist auch seine emotionale Beschaffenheit auf eine prekäre Struktur des Sozialkapitals hin.

In der Analyse von strukturellen Einflussvariablen (Alter, Geschlecht, Familienstand und sozio-ökonomischer Status) können weitere Gefährdungszonen der Netzwerkressourcen herausgearbeitet werden. So ist entsprechend der Disengagement-These im Alter, insbesondere im Zusammenhang mit dem Austritt aus dem Berufsleben, ein sozialer Rückzug (Rollenverlust) feststellbar, wobei nach der Pensionierung und mit steigendem Alter die Netzwerkressourcen nicht nur insgesamt kleiner werden, sondern insbesondere das Potenzial für die Freizeitgestaltung, aber auch für funktionale Hilfe im Alltag wie auch im Notfall sinkt. Stärker als das Alter wiegt freilich der materielle Status, und dieser Effekt bestätigt sich auch in der Regressionsrechnung (berücksichtigt wurden alle relevanten sozial-strukturellen Einflussvariablen). Bei älteren MigrantInnen erklären Alter und Haushaltseinkommen zusammen 22 Prozent der Varianz (Beta-Werte: Haushaltseinkommen = ,35, Alter = -,26). Das heißt: Mit größerem finanziellen Spielraum wachsen Ausmaß und Stabilität des Netzwerks, während mit höherem Alter der Aktionsradius deutlich absinkt. Diese Effekte reproduzieren sich in einer gemeinsamen Analyse von zugewanderten und in Österreich gebürtigen Älteren. Dass für die Herkunftsvariable kein Einfluss nachweisbar ist, unterstreicht die zentrale Bedeutung der ökonomischen Ausstattung. Für die einheimischen Älteren konnte in getrennter Analyse nur für das Alter ein Effekt nachgewiesen werden.

Hinweise auf kleinere, in ihrer Funktionalität eingeschränkte und emotional weniger dichte Netzwerke zeigen sich in den Forschungen auch für kinderlose, insbesondere aber für geschiedene Personen, unter ihnen vor allem Frauen aus dem ehemaligen Jugoslawien. Generell scheinen zugewanderte Frauen im Alter über einen kleineren Aktionsradius zu verfügen: Nach „Aktiv ins Alter" geben 40 Prozent der Frauen fehlende Ressourcen für Freizeitaktivitäten an (migrantische Männer: 25 Prozent; Österreicherinnen: 20 Prozent). Eingeschränkte Netzwerkressourcen kennzeichnen vielfach auch das Leben von migrantischen Frauen aus der Türkei. Nach der Senior-Plus-Studie erfüllt das Netzwerk bei rund einem Viertel der Zuwanderinnen aus der Türkei nicht die emotionale Funktion (Männer: 8 Prozent), etwa jede dritte Frau verfügt über keine Ressourcen für Geselligkeit (Männer: 17 Prozent) und kann keine Person nennen, die im Notfall zur Verfügung stünde (Männer: 11 Prozent). Infolge der kleinen Fallzahlen (insgesamt 18 Frauen) sind diese Ergebnisse freilich nur als Indizien zu werten, auch wenn sie durch Erfahrungen der Migrationsarbeit validiert werden, wie etwa durch die Beobachtung, dass unter jenen, die keine Familienmitglieder im Netzwerk nennen, das Netzwerk insgesamt über weniger Volumen und Dichte verfügt, oder dass extreme Armutsgefährdung den Aktionsradius beengt oder MigrantInnen aus der Türkei in der Regel über ein soziales Netz verfügen, das über den familialen Rahmen hinaus als emotional dichter und belastbarer beschrieben wird, zugleich aber hermetischer erscheint und mehr dem in der Literatur beschriebenen Enklaven-Charakter entspricht. Grundsätzlich sei an dieser Stelle angemerkt, dass aufgrund des selektiven Zuschnitts der meisten Forschungen davon auszugehen ist, dass Netzwerkressourcen hinsichtlich ihrer Größe, Stabilität und Funktionalität vielfach sowohl überschätzt als auch unterschätzt werden. Nur systematische und repräsentativ angelegte Forschungen zur Struktur der Netzwerke erlauben Einsichten in die differenzierte Wirklichkeit jenseits von sozialpolitischer Dramatisierung einerseits und ethnisierender Verklärung andererseits.

Zusammenfassend lässt sich festhalten, dass die Netzwerkverankerung für viele ältere ArbeitsmigrantInnen zweifellos eine elementare Ressource für subjektiv empfundene Lebensqualität darstellt und auch in sozialpolitisch bedeutsamer Weise unterstützt werden könnte und sollte. Allerdings darf der relativ hohe Anteil an (im Sinne der Enklave) Randständigen, d. h. der nicht im Netzwerk verwurzelten Personen ebenso wenig übersehen werden wie die inneren Gefährdungen und Belastungen der informellen Netzwerke selbst: Nach den übereinstimmenden Ergebnissen der beiden Wiener Forschungen leidet ein Drittel der älteren MigrantInnen unter dem Eindruck, von anderen abhängig zu sein; machen sich mehr als die Hälfte Sorgen um die Kinder, fühlt sich ein Fünftel durch die Krankheit und Pflege von Verwandten belastet, plagen ein Sechstel Streitigkeiten in Familie und/oder Partnerschaft. Diese psychosozialen Belastungsfaktoren beeinträchtigen (aufgrund der größeren Abhängigkeit von den Netzwerken) die Lebensqualität von MigrantInnen aus der Türkei in der Regel mehr als jene aus dem ehemaligen Jugoslawien, und sie sind unter MigrantInnen durchwegs stärker ausgeprägt als unter der Vergleichsgruppe der einheimischen Älteren. Die hohe Wirksamkeit von psychosozialen Stressoren im Leben der älteren MigrantInnen unterstreicht, wie gefährdet die emotionale Deckung der Sozialressourcen ist, und dies gilt für familiäre und Freundesbeziehungen ebenso wie für Bekanntschaften, wobei die emotionale Intensität innerhalb der einzelnen Kategorien stark variiert. In Verbindung mit der Annahme, dass die emotionale Qualität der sozialen Beziehungen nicht nur die Befindlichkeit im Alltag, sondern für die Güte der Netzwerkressourcen insgesamt ein entscheidendes Kriterium darstellt, sollen in einem abschließenden Analyseschritt die verschiedenen Typen von Bezugspersonen mit der Stärke der Beziehung (additiver Index aus Vertrauen und emotionaler Nähe) verknüpft werden.

Als interessantes Ergebnis erweist sich, dass die dominierende Familienzentriertheit unter den aus der Türkei zugewanderten Arbeitskräften durch eine Ausgewogenheit von starken und schwächeren Familienbindungen gekennzeichnet ist, was als ein Anzeichen für den Typus der erweiterten Familie (vgl. Nauck 1998) zu interpretieren ist, wo ein emotional positiver Netzwerkskern in breiter gefächerte verwandtschaftliche Strukturen eingebettet ist und durch diese stabilisiert wird. In den stärker peer-orientierten Netzwerken der Älteren aus dem ehemaligen Jugoslawien erscheint die emotionale Dimension auf jeweils kleinere Teile von Familie, aber auch Peers verteilt und erweist sich insgesamt als fragiler und weniger tragfähig: Fast die Hälfte der genannten Kontakte sind weder Familienmitglieder noch nahe stehende Freunde. Eine viel ausgeglichenere, emotional auf den Bereich der Kernfamilie fokussierte Netzwerkstruktur zeigt sich für die in Österreich gebürtigen Älteren. Diese Gruppe verfügt zugleich über den relativ

Abbildung 4.4 Netzwerkstrukturen im Vergleich (Prozentangaben)

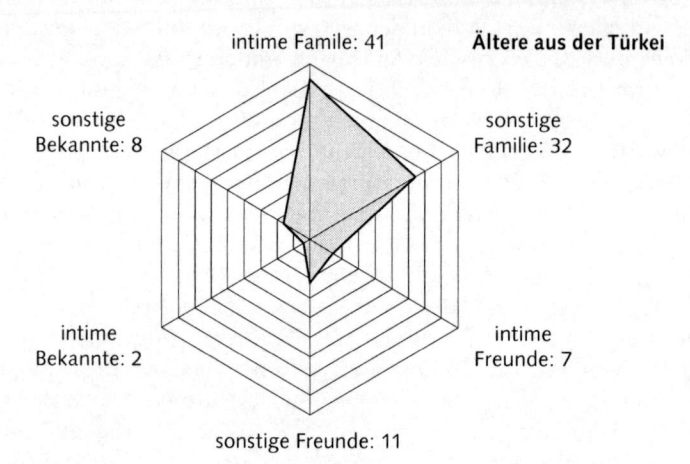

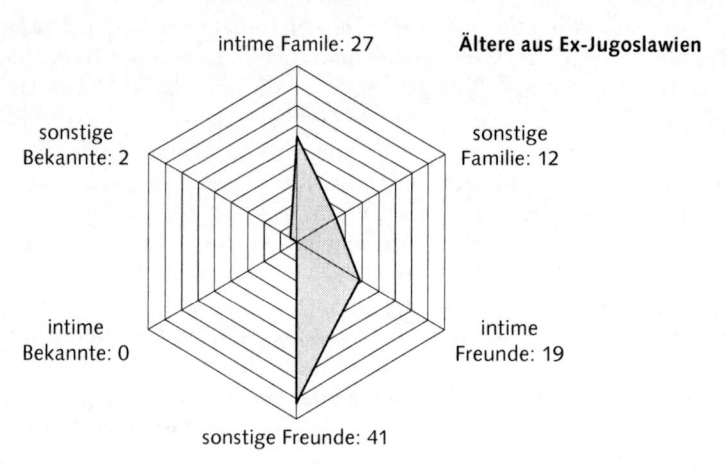

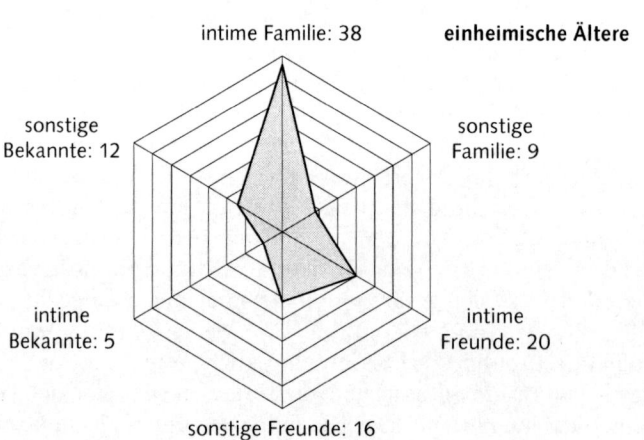

Ältere aus der Türkei
- intime Famile: 41
- sonstige Familie: 32
- intime Freunde: 7
- sonstige Freunde: 11
- intime Bekannte: 2
- sonstige Bekannte: 8

Ältere aus Ex-Jugoslawien
- intime Famile: 27
- sonstige Familie: 12
- intime Freunde: 19
- sonstige Freunde: 41
- intime Bekannte: 0
- sonstige Bekannte: 2

einheimische Ältere
- intime Familie: 38
- sonstige Familie: 9
- intime Freunde: 20
- sonstige Freunde: 16
- intime Bekannte: 5
- sonstige Bekannte: 12

größten Anteil an neutralen Bekanntschaften. In der grafischen Darstellung lassen sich die unterschiedlichen Auffächerungen in den jeweiligen Netzwerkstrukturen gut veranschaulichen (Abbildung 4.4).

Die beschriebene Struktur der sozialen Netzwerke verweist auf eine grundsätzliche Problematik von gesellschaftlicher Integration und Teilhabe. Wie an anderer Stelle argumentiert wurde, erhöhen soziale relationale Ressourcen theoretisch gesehen die individuelle Handlungsmächtigkeit, und dies gilt sowohl in Hinblick auf die Positionierungschancen als auch in Bezug auf die Generierung sozialer Zugehörigkeit (Identität) (vgl. Bourdieu 1983). Nun erfüllen Familie und peers (vor allem wenn sie aus der ethnischen Bezugsgruppe kommen) zweifellos eine wichtige Funktion in der Adaptation der schwierigen Umweltbedingungen und bilden eine Quelle von Solidarität; in einen Statusgewinn sind diese sozialen Ressourcen jedoch kaum konvertierbar. Auf Granovetter (1973 u. 1974) geht die Überlegung zurück, dass für soziale Mobilität und die Zugänglichkeit der stabileren gesellschaftlichen Kernzonen (insbesondere am Arbeitsmarkt) Brückenköpfe in Form von (affektiv nur schwach besetzten) Kontaktstrukturen mit der Mehrheitsgesellschaft erforderlich sind, sei es über lose Bekanntschaften oder die Einbindung in entferntere Netzwerke, Vereine und Verbände. Es sind hauptsächlich solche „weak ties", über die mobilitätsrelevante, nichtredundante Informationen zirkulieren bzw. ausgefiltert und ethnische oder Statusgrenzen durchbrochen werden können, während die emotional stärker aufgeladenen und auf Reziprozität beruhenden starken Bindungen zwar eine wichtige Voraussetzung für stabile Netzwerkbildung, Vertrauen und den Aufbau kollektiver Solidarität darstellen, jedoch viel Energie und Aufmerksamkeit beanspruchen, soziale Abschließung begünstigen, mitunter überstrapaziert werden und überhitzen können sowie frustrierbarer sind (worüber der hohe Grad an psychosozialem Stress Auskunft gibt).

Wie Wollcock (1998) schreibt, sind „strong ties" für das Überleben, „weak ties" für das Weiterkommen notwendig. Im Migrationskontext scheint entscheidend, ob es möglich ist, über die hoch funktionale Binnenintegration hinaus Anknüpfungen zu den institutionellen Strukturen der Mehrheitsgesellschaft zu finden. Als nützlich erweisen sich vor allem Mitgliedschaften in Vereinen, Verbänden (etwa Gewerkschaften) oder soziopolitischen Selbstorganisationen der Minderheit.[17] Unsere empirischen Analysen lassen vermuten, dass Chancen auf funktionale Anknüpfungen für MigrantInnen im Alter, wenn Sekundärkontakte aufgrund des Ausscheidens aus dem Erwerbs-

---

[17] In der Wiener WHO-Studie geben 15 Prozent aller älteren MigrantInnen an, in einer Organisation aktiv zu sein, 10 Prozent verfügen über eine Mitgliedschaft, wobei das organisationsgebundene Sozialkapital unter Personen aus der Türkei stärker ausgeprägt ist: Unter den türkischstämmigen Personen sind 27 Prozent aktiv, im Vergleich zu 8 Prozent der jugoslawienstämmigen und 42 Prozent der autochthonen Älteren (vgl. dazu auch Kapitel VII).

prozess reduziert werden, unabhängig von der emotionalen Qualität ihrer Beziehungen in Familie und ethnischer peer group, nur beschränkt gegeben sind. Nach den bisherigen Einsichten verfügen ältere Personen, die aus der Türkei zugewandert sind, über ein größeres Reservoir an Familienressourcen, aber auch an organisationsgebundenem Sozialkapital. Immerhin zehn Prozent aller genannten Kontakte beziehen sich in dieser Gruppe auf die Kategorie der Bekannten; für die Zugewanderten aus Ex-Jugoslawien beträgt deren Anteil hingegen nur zwei Prozent. Werden Freunde, zu denen keine emotionale Nähe besteht, der Kategorie der affektiv neutralen „Bekannten" zugeordnet, dann ergibt sich für die ex-jugoslawischen MigrantInnen eine Grauzone von 43 Prozent an Sozialkontakten, deren potentielle Filter- oder Brückenkopffunktion zu prüfen wäre.

Granovetter rechnet die Kategorie „Freunde" der Welt der Primärkontakte zu, und zwar in der Annahme, dass diese, als Teil eines intimen Kontaktnetzes oder einer starken nach innen gerichteten Organisationsstruktur, untereinander ebenfalls verbunden sind. Affektiv neutrale Freundeskontakte wären so gesehen (abgesehen von der aus interkultureller Sicht semantisch durchaus problematischen Differenzierung von Freunden und Bekannten) den Sekundärkontakten zuzurechnen, die den Verpflichtungsnormen sozialer oder auch ethnisch definierter Vergemeinschaftung zwar weniger stark ausgesetzt sind, die aber gerade deshalb eine potentielle Funktion als Brückenkopf oder Informationsfilter erfüllen könnten. Auf diese Weise ließe sich für die ältere Bevölkerung aus dem ehemaligen Jugoslawien ein recht großes Reservoir an potentiellen „weak ties" errechnen, welches nicht nur jenes der MigrantInnen aus der Türkei, sondern auch das der autochthonen Bevölkerung übersteigt. Die Analyse der Netzwerkstruktur ergibt jedoch kein eindeutiges Bild und deutet eher auf fragile Sozialressourcen hin. Die vergleichsweise geringe Organisationsdichte der ImmigrantInnen aus dem ehemaligen Jugoslawien (vgl. Bratic 2003) markiert die Uneindeutigkeit der Situation: Sie kann als Zeichen einer stärker säkularen Position, aber auch als Ausdruck von sozialer Desintegration und Atomismus gedeutet werden.

Lokale Verankerung und transnationale Bindungsformen

Es gilt als eine klassische Grundannahme der Netzwerkforschung, dass dichte soziale Kontaktstrukturen nicht nur überdurchschnittlich verwandtschaftlich durchsetzt, sondern auch lokal verankert und durch sozialräumliche Nähe charakterisiert sind (Bott 1957). Auch in den Wiener Studien bestätigt sich, dass die Kontakte der MigrantInnen im Alter eher in der näheren Wohnumgebung und im Wohnbezirk stattfinden, während Nachbarschaftskontakte unter älteren Personen, die in Österreich geboren sind, seltener sind. Nach der Begleitforschung zu „Aktiv ins Alter" sind fast zwei Drittel der Bezugspersonen in den ego-zentrierten Netzwerken von MigrantInnen auf die nähere Wohnumgebung konzentriert, etwa die Hälfte davon sind Kontakte in der unmittelbaren Nachbarschaft des Wohnhauses. Besonders ausgeprägt ist die räumliche Nähe unter den Verwandten: 40 Prozent der Verwandtschaftskontakte finden im selben Wohnhaus statt. Aber auch ein Viertel der Freundeskontakte bezieht sich auf den ökologischen Nahraum des Wohnhauses. Im Vergleich dazu bezieht sich unter den einheimischen Befragten nur ein Drittel der Netzwerkmitglieder auf die nähere Wohnumgebung, die Mehrzahl der Kontakte ist über das gesamte Stadtgebiet von Wien oder sogar darüber hinaus verstreut. Nur ein kleiner Anteil der autochthonen Älteren lebt mit den im Netzwerk genannten Verwandten oder Freunden im selben Wohnhaus.

Die lokale Verankerung migrantischer Lebenszusammenhänge und Netzwerke ist ein in sich widersprüchliches Phänomen, wobei drei bedeutsame Aspekte zu berücksichtigen sind. *Zum einen* ist es wichtig, den Konnex zu Prozessen struktureller Segregation und Armutsproduktion herzustellen. Soziale Segregationsprozesse fixieren marginalisierte Gruppen (wie Immigranten und ethnische Minderheiten) in infrastrukturell benachteiligten Stadtregionen und begünstigen damit ihre sozialräumliche Konzentration; Armut schränkt den räumlichen Aktionsradius sowie die sozialen Verkehrskreise ein. Viele Personen migrantischer Herkunft sehen sich gerade im Alter in solchen durch spezifische Prozesse struktureller Gewalt erzeugten sozialräumlichen Ungleichheitsfigurationen festgesetzt (Bourdieu 1997, 159 f., spricht in diesem Zusammenhang von „Ortseffekten").

Zum zweiten: Die sozialräumliche Festsetzung migrantischer Gruppen geht einher mit einem hohen Risiko von „zugespitzter Marginalisierung" (Wacquant 1996); sie begünstigt aber gleichzeitig Prozesse ethnischer Vergemeinschaftung und Minderheitenbildung. Ethnizität kann dann als eine Handlungsressource sei es für die unmittelbare Existenzsicherung (Funktion als Notgemeinschaft), speziell aber auch für die moralische Integration aktiviert werden (vgl. Esser 1996, 68ff.). Die Funktion ethnischer Vergemeinschaftung erstreckt sich über die Solidaritäts- und Identitätsstiftung bis hin zur Pflege von kulturellem (Sprache, Habitus, Alltagswissen, Relevanzsysteme für typische Problembereiche) und sozialem Kapital (einschließlich der Schaffung von Strukturen formaler und informaler Selbstorganisation; vgl. dazu Heckmann 1992; Valtonen 2002; Logan/Alba/Zhang 2002); die konkreten Potenziale ethnischer Enklavisierung sind dabei maßgeblich von den jeweiligen Mustern struktureller Segregation geprägt; sie können etwa im ökologischen Nahbereich des Wohnhauses zentriert oder auch im weiteren Umfeld des Stadtteils gestreut sein.

Zum dritten: Die Tatsache, dass ältere MigrantInnen im Alter vielfach in großer sozial-räumlicher Nähe und Dichte zu ihrer jeweiligen Bezugsgruppe leben, darf nicht zu dem Fehlschluss führen, die Ortsgebundenheit von sozialen Beziehungen bzw. Interaktionszusammenhängen vorauszusetzen. Denn während die restriktiven Lebensverhältnisse *vor Ort* den Aktionsradius deutlich einschränken, kann dieser durch die Muster der sozialen Beziehungsnetze *translokal und transnational* organisiert bzw. geweitet sein. Damit ist gemeint, dass ältere MigrantInnen häufig in Beziehungsstrukturen eingebettet sind, die über die Grenzen der lokalen und auch nationalstaatlichen Kontexte hinaus zwischen Herkunftsland und Aufnahmegesellschaft, aber auch zwischen mehreren Ländern aufgespannt sind und dabei über größere Distanzen und längere Zeiträume ihre Bedeutung und Funktionalität bewahren können. Auf dieses Faktum gilt umso mehr hinzuweisen, als transnationale Beziehungsstrukturen mit etablierten Erhebungsinstrumenten (wie etwa dem in den eigenen Forschungen eingesetzten ego-zentrierten, stark auf alltagsrelevante Interaktionsdimensionen ausgerichteten Netzwerkgenerator) ausgeblendet oder systematisch unterschätzt werden.

Zur Relevanz transnationaler Beziehungsgeflechte für MigrantInnen im Prozess des Älterwerdens liegt bislang nur vereinzelt Literatur vor (Krumme 2004; Bundesministerium für Familie, Senioren, Frauen und Jugend 2000). Hinweise auf die Bedeutung dieser Strukturen enthalten auch die Wiener Studien. Demnach hat nur eine Minderheit der älteren MigrantInnen die Brücken in das Herkunftsland abgebrochen: 9 Prozent (1999) bzw. 7 Prozent (2005) der Befragten haben keinen Kontakt mit dem Herkunftsland; im Schnitt bereisen die MigrantInnen mindestens ein Mal im Jahr ihre alte Heimat, etwa jede/r sechste tut dies seltener. Wie in den nächsten beiden Kapiteln gezeigt werden soll, kommt diesen gelebten Beziehungen im Prozess des Älterwerdens, nach dem Ausscheiden aus dem Produktionsprozess, insbesondere mit der Praxis von Pendelmigration und ethnischer Insulation, im Zusammenhang mit Fragen von Zugehörigkeit und Ethnizität eine differenzierte Bedeutung zu. Dabei wird es sich als zielführend erweisen, Lokalität nicht als eine „Konstellation von festen Punkten" (de Certeau 1988), sondern als eine fragile und relationale soziale Tatsache, als eine durch Interaktionen entstehende Handlungssphäre anzusehen (Albrow, 1997, spricht in diesem Zusammenhang von „Soziosphären"). Über soziale Aspekte (Rückbezug auf Vertrauenspersonen der eigenen Gemeinschaft) und räumliche Komponenten (Einbettung der Beziehungen in teils transnational organisierte Netzwerkstrukturen) hinaus kann angenommen werden, dass der Ort der Identifikation nur partiell mit dem faktischen Ort des Alterns als vielmehr mit einer imaginierten Welt zusammenfällt, wie im Anschluss an Appadurai (1996) formuliert werden könnte: mit einer Welt der Erinnerung und Nostalgie, erfüllter und unerfüllt gebliebener Lebensziele, eingelebten oder bloß vorgestellten Zugehörigkeiten.

V. Dimensionen von Zugehörigkeit und Identität

1. Identitätskonstruktion unter der Bedingung von Unsicherheit

Aus der Perspektive der traditionellen Migrationsforschung bilden Ambivalenzen und Gefühle von Unzugehörigkeit Zwischenstufen in einem linear und kontinuierlich gedachten Prozess struktureller Assimilation und Akkulturation. Demnach bewirken Wanderungsprozesse eine komplexe und machtvolle, schonungslose, ja geradezu gewaltsame kulturelle und soziale Transformation: Das einzelne Individuum wird aus gewohnter Gruppenzugehörigkeit herausgelöst und von eingeübten Praktiken entfremdet, in neue Interaktionszusammenhänge gestellt und gezwungen, sich an einer zunächst noch unvertrauten Umwelt auszurichten. Diese Krisis des Fremdseins, wie es Alfred Schütz in seinem berühmten Aufsatz „Der Fremde" (1972) formuliert hat, durchwächst den Migrationsverlauf. Der Verlust von Herkunftsbindung und gewohnter Gruppenzugehörigkeit kann jedoch durch die Inkorporierung in das Sozialgefüge der Aufnahmegesellschaft sowie durch kognitive, soziale und identifikatorische Aneignungs- und Anpassungsprozesse sukzessive überwunden werden. Gelingt die Assimilation an die neuen gesellschaftlichen Strukturen nicht, gerinnt die temporäre Position des Dazwischen zu dauerhafter, pathologischer Marginalität.

Drei Schritte sind es – Loslösung, Marginalisierung, Inkorporation –, die Wandernde nach der herkömmlichen, die Linearität der Übergangsverläufe idealisierenden Immigranten-Saga (Suárez-Oroczo 2000) durchleben. Was an Gewohntem verloren geht, so die Annahme, wird mit der Zeit durch einen neuen Lebensstil ersetzt; Erfahrungen von sozio-kultureller Entwurzelung, Desorientierung und Umweltablehnung werden durch „immigrant values" wie Familienorientierung, Arbeitsethos und Zukunftsoptimismus bezwungen; was im Übergangsverlauf unvollständig bleibt, wird im Generationswechsel vervollständigt bzw. irreversibel gemacht. Es ist evident, dass dieser Prozess in einem hohen Maße durch die Zugänglichkeit der kollektiven Güter der Aufnahmegesellschaft (geregelt über Aufenthalts-, Einbürgerungs- und Sozialrecht) und die Wirkungsmächtigkeit ökonomischer, sozialer und kultureller Schließungstendenzen (etwa am Arbeitsmarkt) sowie auch durch die Ressourcenausstattung der MigrantInnen selbst beeinflusst wird. Als erfolgreich abgeschlossen gilt eine Wanderung jedenfalls erst dann, wenn über eine erreichte stabile Position hinaus die identifikatorische Assimilation mit der Aufnahmegesellschaft gelungen ist (Esser 1980 u. 2004).

Unter den Bedingungen der globalisierten späten Moderne verblasst die Attraktivität des normativ stark aufgeladenen Assimilationsmodells, wonach Anpassung nicht nur als notwendig, sondern auch als erwünscht angesehen wird und das sich in der Regel bloß als ein Sonderfall erweist. In der Realität der Einwanderungsgesellschaften, in der unterschiedliche

Migrationsmuster und Integrationspfade möglich sind bzw. koexistieren, dominieren alternative Strategien wie zum Beispiel: Akkomodation ohne Assimilation, also äußerliche Anpassung ohne innere Angleichung an die Aufnahmegesellschaft, oder die Kombination aus verschiedenen Zugehörigkeiten und Identitäten, womit die Fähigkeit verbunden ist, mit verschiedenen kulturellen Codes zu operieren, zwischen kulturellen Räumen wechseln zu können, oder auch die subkulturelle Insulation, das heißt der Rückzug in gesellschaftlich abgeschottete sozialmoralische Milieus. Zugleich kennen viele MigrantInnen Gefühle ungewisser und uneindeutiger, wechselnder oder unsteter Zugehörigkeit, welche mit der Erfahrung von Entbundenheit und Nichtzugehörigkeit korrespondieren.[18]

Migration und Identität stehen, nach herkömmlicher Lesart, in einem beträchtlichem Spannungsverhältnis: Migration bedeutet Grenzüberschreitung, Identität meint Grenzziehung. Migration bewirkt soziale Differenzierung und Strukturwandel, Identität soziale Abschließung und Festsetzung, Migration zerreißt gewohnte Muster und Zugehörigkeitssysteme, Identität impliziert den nie endenden Versuch, eine Synthese von Kontinuität und Zugehörigkeit herzustellen. Der methodologische Nationalismus hat dazu beigetragen, dass grenzüberschreitende Migrationsbewegungen mit der Notwendigkeit eines eindeutigen Wechsels auch der subjektiv empfundenen Bindungen und Zugehörigkeiten assoziiert wurden. Diese Sichtweise ist durch den gesellschaftlichen Wandel jedoch radikal in Frage gestellt. Heute setzt sich die Erkenntnis durch, in grenzüberschreitenden Wanderungen komplexe und multidimensionale, zukunfts- und ergebnisoffene Prozesse zu sehen, die auch über mehrere Generationen hinweg nicht zum Stillstand kommen. Die Fokussierung auf die Unabgeschlossenheit und Ergebnisoffenheit der Migrationsverläufe hat weit reichende Folgen für das Verständnis der Konstruktion von Zugehörigkeiten und Identitäten. So können Ambivalenzen und wechselnde Präferenzen, Mehrfachbindungen und Identitätsmischungen, die aus dem Blickwinkel des Ordnungsparadigmas der Moderne skandalisiert und dramatisiert wurden (Bauman 1992), als Normalitätserfahrungen angesehen werden, die in die individuellen Migrationsbiografien eingeschrieben sind. Je abgeschwächter die mentalitätsprägende Macht des

---

[18] Die Assimilationthese der Chicago-Schule (Stufenfolge von Separation, Marginalisierung, Assimilation; Park und Burgess sprechen von Wettbewerb, Konflikt, Adaptation und Assimilation) steht im Widerspruch zur Praxis der Arbeitsmigration auch in Österreich, wo ArbeitsmigrantInnen nicht als Einwanderer, sondern als „Gäste" angesehen und somit auf Dauer sozialpsychologisch und kulturell im Zwischenstadium der Marginalität und sozialstrukturell am Rand der Gesellschaft festgehalten wurden (in Österreich blieb z. B. aufgrund des streng regulierten Arbeitsmarkts der Zugang zu den Kernzonen der Industrie, die zum öffentlichen Sektor zählten, versperrt). Dies führte dazu, dass auch bei Niederlassung und Einbürgerung die Randstellung erhalten blieb und sich auch in der Generationenfolge als problematisches Erbe fortsetzte.

Nationalstaates und dessen disziplinierender Zugriff auf das Bewusstsein der Einzelnen, umso stärker wird die individuelle Vielfältigkeit und Variabilität möglicher Identitätsbezüge sichtbar, umso stärker tritt aber auch die Intensität der Ambivalenzerfahrung zutage. Zugleich lastet in wachsendem Maße auf den Individuen die Aufgabe, die migrantische Erfahrung als Lebensentwurf autonom und reflexiv zu bewältigen, wobei die Frage von Zugehörigkeit und Identität insbesondere in den lebenszyklischen Übergängen neu aufgemischt wird. Wie in anderen Bereichen weltgesellschaftlicher Modernisierung ist auch hier die Paradoxie unübersehbar: Je fragwürdiger die vermeintliche Stabilität und Eindeutigkeit nationalstaatlich strukturierter Identitäten, umso nachhaltiger werden Unterordnung, kulturelle Anpassung und Loyalität eingefordert.

Mit der abnehmenden normativen Kraft des methodologischen Nationalismus werden in Hinblick auf das Spannungsverhältnis zwischen Migration und Identität auch die für den Relevanzverlust des Assimilationsmodells bedeutsamen sozialen Wirklichkeiten erkennbar. Dazu zählt zum einen die Tatsache, dass im Gegensatz zur herkömmlichen Immigrantensaga es der Mehrheit der MigrantInnen versagt bleibt, auch nach langer Aufenthaltsdauer und vielfach sogar im Generationswechsel endgültig in der Aufnahmegesellschaft anzukommen, d. h. auf Dauer eine stabile, eindeutige und sozial anerkannte Position zu erreichen. Eindeutig bleibt für viele MigrantInnen nur der Status von Unsicherheit und Ungewissheit. Strukturelle Barrieren sorgen dafür, dass die stabilen Kernzonen am Arbeitsmarkt wie auch die Kanäle für soziale Aufwärtsmobilität versperrt bleiben beziehungsweise nur bestimmten MigrantInnengruppen (etwa hochqualifizierten Fach- oder Schlüsselarbeitskräften, nicht aber niedrig qualifizierten ArbeitsmigrantInnen) offen stehen, und es ist nicht zuletzt diese Erfahrung, die für eine Abwendung von der Mehrheitsgesellschaft und Prozesse ethnischer Schließung bzw. Subkulturbildung förderlich ist. Denn zweifellos wird, wer (etwa aufgrund der Segregation des Wohnungs- und Arbeitsmarktes) dauerhaft in den instabilen Randzonen der Aufnahmegesellschaft verbleibt oder diese nur partiell bzw. nur vorübergehend streift, sich schwer tun, stabile Gefühle der Zugehörigkeit zur neuen Heimat zu entwickeln; und ebenso entwickelt, wer zwar ansässig geworden und systemisch eingegliedert (etwa infolge von unbefristeter Arbeitserlaubnis, d. h. Befreiungsschein, oder Einbürgerung), aber aufgrund seiner Herkunft oder Gruppenzugehörigkeit gesellschaftlich ins Abseits gestellt ist, eine Neigung, sich in ethnische und von der Mehrheitsgesellschaft isolierte Milieus zurückzuziehen.

Allerdings ist daran zu erinnern, dass in den meisten Migrationsprozessen nur für eine Minderheit von Anfang an feststeht, sich dauerhaft im Zielland niederzulassen, während sich die Mehrzahl der MigrantInnen auf ein Projekt einlässt, das in seinem Zeithorizont auch deshalb befristet oder unbestimmt gehalten wird, um die Risiken kalkulierbar zu halten. Dass diese Strategie im Falle der Arbeitsmigration in höchst problematischer Weise mit dem lange Zeit vorherrschenden Migrationsregime der Aufnahmeländer

(Rotationsprinzip) korrespondierte, erscheint evident. Entscheidend ist jedoch anzuerkennen, dass grenzüberschreitende Wanderung in vielen Fällen nicht zu einem Bruch mit der Herkunftsgesellschaft führt. Vielmehr werden soziale, materielle und emotionale Beziehungen zum Herkunftskontext auch über längere Zeiträume und Distanzen hinweg aktiv gepflegt und aufrechterhalten, teilweise ohne sich mit den neu hinzukommenden Bindungen im Aufnahmeland zu verschränken (ein Beispiel für „segmentierte Identität"), teilweise indem sie sich mit diesen verbinden („doppelte Identität") oder auch zu Neuem zusammenfügen („hybride Identität").

Die Migrationsforschung hat die Bedeutung dieser „hybriden" Konzeption eines Lebens in zwei Gesellschaften längste Zeit als Ausdruck einer Akkulturationsproblematik abgetan: als ein „Zwischen-den-Stühlen-Sitzen", das ungelöst geradezu zwangsläufig zu Identitätsbruch, Störprozessen und gesellschaftlicher Marginalisierung führt. Indifferente Gefühlslagen, aber auch Identitätsmischungen und Verknüpfungen verschiedener Zugehörigkeitsstränge erscheinen aus dieser Sicht sowohl der Stabilität der sozialen Einbindung wie auch der personalen Identität abträglich. Auch in der ethno-gerontologischen Forschung wird unaufgelöste Ambivalenz kritisch eingeschätzt, und zwar mit dem Argument, dass diese die Orientierung in der fremd gebliebenen Aufnahmegesellschaft insbesondere in Hinblick auf die Zugänglichkeit und Nutzung von Umweltressourcen erschwert (vgl. Brandenburg 1994; kritisch Dietzel-Papakyriakou 1993). Auf die empirische Relevanz dieses Argumentes wird an anderer Stelle einzugehen sein (Kapitel VIII). Insgesamt erscheint es jedoch problematisch, die Frage von Zugehörigkeitsgefühlen und Identität auf die Dimension der nationalstaatlichen Ein- und Ausschließungslogik zu reduzieren, während Repräsentationen von Identität, die in ihrer Innengerichtetheit oder auch in ihrer transnationalen Ausrichtung eine Widerborstigkeit und Kreativität des Handelns manifestieren, die zur nationalstaatlichen Deutungslogik in Widerspruch steht, ausgeblendet bzw. verdeckt bleiben. So wird systematisch unterschätzt, dass Mehrfachbindungen und grenzüberschreitende soziale Beziehungs- und Verpflichtungsgeflechte ein mitunter bedeutsames Handlungspotenzial darstellen, das nicht zuletzt angesichts der strukturellen Immigrationsbarrieren in den Aufnahmeländern ein flexibles Reagieren auf gesellschaftliche Situationen und Entwicklungen erlaubt und sich insbesondere in Hinblick auf die Ausbalancierung und Stabilisierung von Identitäts- und Zugehörigkeitsgefühlen als funktional erweist.

In der Literatur ist eine Tendenz zu beobachten, Identitätskonstruktionen, die sich eindeutigen Zuordnungen entziehen, unter dem Gesichtspunkt der Hybridbildung zu thematisieren. Als hybrid werden synkretistische Lebensformen und Identitätslagen bezeichnet, die dadurch entstehen, dass sich „Sitten und Gebräuche von existierenden Praktiken (ablösen), um sich mit neuen Sitten zu neuen Praktiken zu verbinden" (Rowe/Schelling, zit. nach Pieterse 1998, 94). Aus der Perspektive der postkolonialen Theorie beschreibt das Konzept der Hybridbildung darüber hinaus einen Status des Nicht-Festen und Grenzüberschreitenden, Fließenden und Nicht-Zugehörigen, von

Zentrums- und Ortlosigkeit (vgl. Bhabha 1994). Das Hybride erscheint hier als ein „Quasi-Objekt-Subjekt" (Latour 1994), dessen Identität nur in seinem Verhältnis zum Nicht-Identischen, zum Fremden (als sozial konstruiertes Objekt) zu denken ist. Die Begrifflichkeit öffnet die Diskussion also in zwei unterschiedliche Richtungen: Während in einem Fall das Hybride in einer alles andere als unproblematischen Analogie zu Biologie und Mechanik ein neu zusammengesetztes, mit neuen Eigenschaften versehenes Ganzes bezeichnet, das sich nun wieder von anderen Entitäten unterscheiden lässt, dient es im anderen Fall dazu, in ideologiekritischer Absicht die hegemonialen, durch die Nationalstaatlichkeit strukturierten Ordnungsschemata zu attackieren. Vielleicht erweist sich gerade deshalb diese (normativ ebenfalls stark aufgeladene) Begrifflichkeit als so ungreifbar und porös, wie der Gegenstand, den sie benennen möchte. So taugt der Begriff zwar nicht als analytische Kategorie, wohl aber als Metapher zur Charakterisierung eines Sowohl-als-auch sowie von uneindeutigen Identitätslagen quer bzw. jenseits der Nationalstaatlichkeit.

Es ist wichtig zu sehen, dass die für viele ArbeitsmigrantInnen so bezeichnende Position eines Sowohl-als-auch durch mitunter schmerzliche Ambivalenzerfahrungen gekennzeichnet ist. Ambivalenz beschreibt eine spezifische Form, sich mit der Umwelt in Beziehung zu setzen. Indem einander widersprechende Empfindungen und Orientierungen (im Sinne einer objektgerichteten Ja-Nein-Beziehung) zugelassen werden, kann der Entwicklungsprozess in seinem subjektiv wahrgenommenen Ausgang unbestimmt bzw. ergebnisoffen gehalten werden. Ambivalenz verhilft insofern zu neuen Informationen und Situationen, die vielleicht ein Mehr an Klarheit ermöglichen, und erleichtert das Hinauszögern von Entscheidungen, die widersprüchlich besetzt oder emotional nicht ausgereift sind, wie dies etwa hinsichtlich Niederlassung oder endgültiger Rückkehr oftmals der Fall ist. Gleichzeitig reflektiert Ambivalenz die Erfahrung von Unzugehörigkeit und identitärer Zerrissenheit, wobei die Versuchung besteht, diese Leiderfahrung durch die Verschiebung der Gefühle auf ein Ersatzobjekt zu lindern, auch wenn dadurch in der Folge das durch Nicht-Festlegung ursprünglich offen gehaltene Entwicklungs- bzw. Veränderungspotenzial einzuschrumpfen droht.

Die Bewältigung von multiplen Identitätszuschnitten und buntscheckigen, zerrissenen Lebenswelten bildet eine Grunderfahrung der späten Moderne, der MigrantInnen nicht zuletzt deshalb radikaler ausgesetzt sind, weil sich ihr Wanderungsprojekt häufig zugleich als ein Übergang von traditionelleren in spätmoderne Sozialisationskontexte gestaltet. Migration fordert die nomadisierenden Individuen heraus, mit Diskontinuitäts-, Unsicherheits- und Kontingenzerfahrungen zu leben und diese zu einem konsistenten Selbstbild zu verarbeiten. In idealtypischer Weise wäre Migration – definiert als ein Wechsel des Gesellschaftssystems und nicht nur als eine grenzüberschreitende Wanderungsbewegung (Eisenstadt 1987) – als ein Lern- und Zivilisierungsprojekt zu konzeptualisieren (vgl. Waldhoff 1995). Für die Leb- und Bewältigbarkeit der emotionalen und kognitiven Diskrepanzen, Mehrdeutigkeiten und unklaren Handlungssituationen sowie für die Fähigkeit, zwischen Unverbundenem Zusammenhänge herzustellen und neue Verbindungen zu knüpfen, bildet der prekäre Charakter der meisten Migrationsprojekte freilich eine höchst problematische Voraussetzung. Denn unter den Bedingungen von Unsicherheit und Ungewissheit, in denen der Kampf ums Überleben und die Sicherung der Existenzbedürfnisse im Vordergrund stehen, schwindet die Chance, Ambivalenzerfahrungen als kritische Möglichkeiten wahrzunehmen, das Unwägbare und Kontingente in Geschick (Heller 1989), d.h. in gestaltete und reflexiv durchdrungene Erfahrung und damit auch in ein Stück Selbst-Bewusstsein, in Identität, zu verwandeln. Prekarität stärkt deshalb das Bedürfnis, vertraut erscheinende soziale und kulturspezifische Rollen und Identitätsstützen, die ja im Migrationsprozess mit gewaltigen Erosionskräften konfrontiert sind, zu reaktivieren und diese über idealisierte Kollektivbindungen (Tribalismus) und ethnische Abschließung zu stabilisieren. Vor diesem Hintergrund gilt zu fragen: Welchen Einfluss hat der Kontext des prekären Alterns auf die Konstruktion von Zugehörigkeiten und Identitätsgefühlen? Wie relevant sind Vorhandensein und Intensität, aber auch die Ambivalenz der Zugehörigkeitsgefühle für die gesellschaftliche Eingliederung? Welche Identitätslagen sind für ältere MigrantInnen überhaupt ausschlaggebend?

2. Leben in mehreren Welten. Empirische Hinweise auf die komplexen Identitätslagen älterer ArbeitsmigrantInnen

Ältere Studien beschreiben das Nebeneinander von identifikatorischen Orientierungen, die auf das Herkunfts- und das Zielland gerichtet sind, als Ausdruck eines „Lebens in zwei Gesellschaften" (Lichtenberger 1984).[19] Auch die Ergebnisse der Senior-Plus-Studie scheinen diesen Befund auf den ersten

---

[19] In der Studie von Lichtenberger (1984) über ArbeitsmigrantInnen aus dem ehemaligen Jugoslawien wurden 7 Prozent als „potentielle Wiener" eingestuft, 30 Prozent waren auf die Rückkehr orientiert, der größte Teil (60 Prozent) konnte jedoch weder dem einen noch dem anderen Typus zugeordnet werden. Fassmann schreibt dazu: „Sie hatten teilweise die Familie nachgeholt, aber auch teilweise im ehemaligen Jugoslawien gelassen; sie investierten in ihre Wohnungen in Wien und bauten gleichzeitig Häuser in ihrer Herkunftsregion; sie bewirtschafteten dort ihren bäuerlichen Besitz und begannen gleichzeitig als unselbstständige Beschäftigte in Wien bescheidene Karrieren aufzubauen; sie reisten so oft wie möglich in die Heimat und fühlten sich durch ihre geteilte Existenz belastet. Ihre Lebenskonzeption war ambivalent, unentschlossen, ihre Identität eindeutig bikulturell. Sie lebten in zwei Gesellschaften. Nur eine kleine Minderheit betrachtete sich damals als ‚echte Zuwanderer', und ebenfalls nur eine Minderheit war bereit, die Lebensperspektive ausschließlich auf die Rückkehr auszurichten. Die Mehrheit lebte zwischen diesen Positionen, zwischen Rückkehr und der Perspektive des ‚Dableibens' mit einer hybriden Identität" (Fassmann 2002, 353).

Blick zu stützen. Danach gefragt, ob man sich in Österreich zu Hause fühle, geben 60 Prozent der befragten MigrantInnen eine positive Bindung an, bei rund der Hälfte dieser Personen ist dieses Gefühl sehr stark ausgeprägt. Die Gefühle, die dem Herkunftsland entgegengebracht werden, sind etwas intensiver: 69 Prozent fühlen sich mit ihrem Heimatland emotional verbunden, bei annährend zwei Drittel dieser Personen ist diese Haltung sehr stark. Gleichzeitig empfindet nur ein relativ kleiner Teil der Befragten in Hinblick auf den jeweiligen Kontext Fremdheitsgefühle: Sowohl in Bezug auf Österreich als auch die alte Heimat fühlen sich jeweils 14 Prozent fremd, wobei diese Empfindung jeweils nur bei einer Minderheit sehr stark ausgeprägt ist. Abweichende Ergebnisse zeigen sich hinsichtlich des Gefühls emotionaler Neutralität. 27 Prozent der Befragten sind Österreich gegenüber emotional neutral eingestellt, in Bezug auf das Herkunftsland teilen 7 Prozent eine solche Haltung.

Abbildung 5.1 Emotionale Bindung an Österreich und an das Herkunftsland

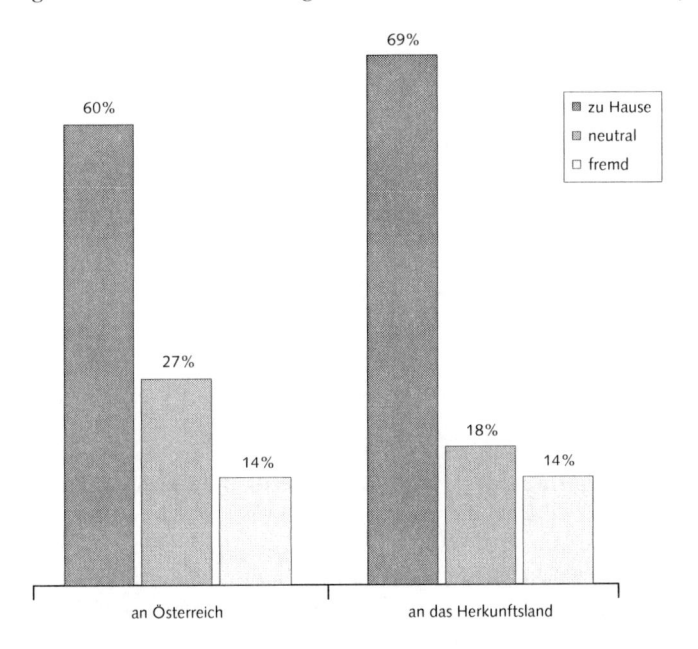

Quelle: Senior-Plus 1999

„Fühlen Sie sich in Österreich [Ihrem Heimatland] eher fremd oder eher zu Hause?"; 1 = fühle mich richtig zu Hause, 5 = fühle mich sehr fremd; „zu Hause = 1 + 2; fremd = 4 + 5

Die Studienergebnisse weisen also gleichzeitig sowohl auf eine positive Österreichbindung als auch auf eine positive Heimatorientierung, wobei sich in die Beziehung zu Österreich eine etwas stärkere Reserviertheit mischt. Eingebürgerte artikulieren häufiger, sich in Österreich heimisch zu fühlen

(77 Prozent, nur 4 Prozent fühlen sich fremd), während Nichteingebürgerte stärkere Distanz verspüren (55 Prozent fühlen sich heimisch und 16 Prozent fremd). Die positiven Gefühle gegenüber Österreich sind unter türkischstämmigen MigrantInnen etwas stärker ausgeprägt (66 Prozent) als unter jenen, die ursprünglich aus Jugoslawien zugewandert sind (57 Prozent). Umgekehrt empfinden die eingebürgerten MigrantInnen überproportional starke Gefühle der Entfremdung vom Herkunftsland (26 Prozent), während bei den nicht-eingebürgerten Personen die Heimatbindung naturgemäß durchgehend überwiegt.[20] Diese Ergebnisse lassen darauf schließen, dass eine nicht geringe Zahl an MigrantInnen über eine emotionale Bindung an zwei Länder verfügt und sowohl die alte als auch die neue Heimat in ihr Lebenskonzept integriert hat. Die affektive Bindung an das Herkunftsland und die emotionale Nähe zu Österreich müssen sich also nicht notwendigerweise ausschließen, sondern bestehen entweder nebeneinander, verbinden sich zu einer Doppelidentität oder bilden ein Spannungsfeld ambivalenter (hybrider) Identität.

In idealtypischer Weise können die Identifikationen mit dem Herkunfts- und Aufnahmeland in verschiedenen Kombinationen auftreten. Auf Berry und Kim (1988) geht ein Modell von vier Akkulturationsstrategien zurück, die Variationen emotionaler Gruppenzugehörigkeit repräsentieren: Integration, Assimilation, Segregation und Marginalisierung. Mit dem Terminus Integration bezeichnen Berry und Kim eine gleichzeitige Orientierung an zwei unterschiedlichen kulturellen Kontexten (etwa des Herkunfts- und Aufnahmelandes). Mit Assimilation wird eine Haltung charakterisiert, bei der die Identifikation mit dem Aufnahmeland in den Vordergrund tritt, Seperation bezeichnet den umgekehrten Fall einer Dominanz der Herkunftsorientierung. Marginalisierung beschreibt einen Zustand der Orientierungslosigkeit, wonach in keine Richtung Bindungen aufgebaut bzw. aufrechterhalten werden können (vgl. dazu auch Berry 1990). Dieses Modell wird auch in der soziologischen Migrationsforschung vielfach verwendet, um mögliche Formen der Sozialintegration von MigrantInnen zu beschreiben (vgl. etwa Esser 2004, Nauck 2004). Streng genommen setzt dies jedoch ein mehrdimensionales Konzept von Sozialintegration voraus, das die Dimensionen von verfügbaren kulturellem, sozialem, ökonomischem und symbolischem (identifikatorischem) Kapital miteinander verbindet (Esser spricht in diesem Zusammenhang von Kulturation, Platzierung, Interaktion und Identifikation). Empirische Forschungen lassen darauf schließen, dass die sozialstruk-

---

[20] Am relativ stärksten ausgeprägt ist die Heimatbindung unter den Nichteingebürgerten aus Bosnien (80 Prozent), Kroatien (74 Prozent) und der Türkei (72 Prozent), am relativ schwächsten bei jenen aus Serbien (67 Prozent). Von letzteren zeigen 24 Prozent eine emotionale Distanz zu ihrer ehemaligen Heimat, 10 Prozent fühlen sich dort (eher) fremd. Auch unter den Zugewanderten aus der Türkei besteht ein nicht unerhebliches Potenzial an Gefühlsneutralität und Fremdheit gegenüber der alten Heimat (jeweils 14 Prozent).

turelle Platzierung die entscheidende Voraussetzung für Sozialintegration darstellt, für die wiederum Identifikation ein starker Indikator ist.

Für die folgende empirische Analyse von möglichen Identitätslagen älterer ArbeitsmigrantInnen erscheint es zielführend, in einem ersten Schritt eine Typologie von Zugehörigkeiten zur Aufnahme- und Herkunftsgesellschaft zu entwickeln, mit deren Hilfe die verschiedenen Kombinationen von Zugehörigkeiten bestimmt werden können. In einem zweiten Schritt soll danach gefragt werden, welche Einflussfaktoren für die jeweiligen Zugehörigkeitstypen bestimmend sind: Welche Wirkung zeitigen sozio-ökonomischer Status und ethnischer Hintergrund, Aufenthaltsdauer und Einbürgerung, die Erfahrung von Prekarität und Diskriminierung sowie die Verfügbarkeit von sozialen und kulturellen Ressourcen?

Typologien sind heuristische Hilfsmittel zur Ordnung von komplexen empirischen Sachverhalten. Auch die in Abbildung 5.2. dokumentierte Typologie impliziert keine Normierung der sozialen empirischen Realität, in der über die charakterisierten Identitätslagen hinaus zweifellos zahlreiche andere Zwischen- und Mischformen von Zugehörigkeitsempfindungen denkbar sind, die sich nicht oder nur partiell in das Vierfelderschema einfügen lassen. Wird die subjektiv empfundene Zugehörigkeit zur Herkunftsgesellschaft mit jener zur Aufnahmegesellschaft verknüpft, können in idealtypischer Weise vier verschiedene Bindungstypen unterschieden werden: Doppelzugehörigkeit bezeichnet die Existenz von Zugehörigkeitsempfindungen an die Migrationskontexte sowohl des Aufnahme- als auch des Herkunftslandes. Der Terminus „assimilatorische Zugehörigkeit" beschreibt eine starke Identifizierung mit dem Aufnahmeland bei gleichzeitig fehlender Bindung an das Herkunftsland. Im Gegensatz dazu weist eine starke Identifizierung mit dem Herkunftsland bei gleichzeitig fehlender Bindung an das Aufnahmeland auf eine Identitätslage hin, die als „herkunftsorientierte Zugehörigkeit" zu bezeichnen wäre. Bindungslosigkeit soll entsprechend unserer Ausgangsüberlegungen nicht als Marginalität, sondern als „Unzugehörigkeit" benannt werden.

Abbildung 5.2 Bindungstypen

		empfundene Zugehörigkeit zur Aufnahmegesellschaft	
		ja	nein
empfundene Zugehörigkeit zur Herkunftsgesellschaft	ja	Doppelzugehörigkeit	herkunftsorientierte Zugehörigkeit
	nein	assimilatorische Zugehörigkeit	Unzugehörigkeit

Nach den Befragungsergebnissen können 39 Prozent der in der Senior-Plus-Studie kontaktierten älteren MigrantInnen dem Typus der Doppelzugehörigkeit zugerechnet werden, bei gut jeder vierten Person (22 Prozent) sind die Gefühle assimilatorisch auf die Aufnahmegesellschaft zentriert, die primär auf das Herkunftsland bezogene Identititätslage herrscht bei knapp einem Drittel (30 Prozent) vor. Bei jeder zehnten Person ist das Empfinden der Unzugehörigkeit dominant.

Tabelle 5.1. Bindungstypen nach Staatsbürgerschaft (Prozentangaben)

	eingebürgert (n=46)	Herkunft Türkei (n=81)	Herkunft Ex-Jugoslawien (n=149)	Σ (n=230)
Doppelzugehörigkeit	37	37	40	39
assimilatorische Zugehörigkeit	39	30	19	22
herkunftsorientierte Zugehörigkeit	17	28	31	30
Unzugehörigkeit	7	5	12	10

Quelle: Senior-Plus 1999

Die Zahlen weisen auch darauf hin, dass Einbürgerung und nationale Herkunft vor allem hinsichtlich Assimilation und Herkunftsorientierung von Bedeutung sind. So können 39 Prozent der eingebürgerten und 30 Prozent der türkischstämmigen, aber nur 19 Prozent der aus Ex-Jugoslawien zugewanderten MigrantInnen dem assimilierten Typus zugeordnet werden. Dementsprechend niedriger ist unter den Eingebürgerten mit 17 Prozent der Anteil der Herkunftsorientierten, welcher unter den Personen aus der Türkei und Ex-Jugoslawien knapp unter bzw. knapp über 30 Prozent liegt. Hingegen sind 12 Prozent der befragten ArbeitsmigrantInnen aus dem ehemaligen Jugoslawien, aber nur 5 Prozent jener aus der Türkei sowie 7 Prozent der Eingebürgerten dem Typus der Unzugehörigkeit zuzuordnen. Die deskriptive Analyse zeigt darüber hinaus, dass mit zunehmender Aufenthaltsdauer Österreichbindung und Doppelidentität zunehmen, während hingegen Herkunftsorientierung wie Marginalität signifikant an Bedeutung verlieren. Interessant ist auch, dass Frauen stärker eine eindeutige Zugehörigkeit benennen als Männer, die häufiger angeben, sich sowohl der Herkunfts- als auch Aufnahmegesellschaft zugehörig zu fühlen.

3. Identitätslagen als Ausdruck unterschiedlicher Akkulturationspfade

Gemäß dem Akkulturationskonzept ist anzunehmen, dass die Verfügbarkeit von individuellen kulturellen und ökonomischen Ressourcen die Orientierung an der Aufnahmegesellschaft stärkt, während soziales Kapital für die Bindung an die Herkunftsgruppe wichtig ist. Zugleich ist zu erwarten, dass für die Zugehörigkeitsgefühle neben der bereits erwähnten Dauer des Aufenthalts vor allem die Migrationsbilanz sowie die Qualität der Umweltbedingungen von Bedeutung sind (Nauck 2004 spricht von Opportunitätsstrukturen). Um die Komplexität der Identitätslagen zu veranschaulichen, werden im Folgenden für jede dieser vier Akkulturationsdimensionen zwei Variablen herangezogen, die unterschiedliche Erfahrungsbereiche repräsentieren. So bezieht sich das kulturelle Kapital einerseits auf die erworbenen Deutschkenntnisse, andererseits auf den Stellenwert von Religion und Kultur für die Kinder. Für soziales Kapital kann zum einen die Größe des Netzwerkes im Aufnahmeland, zum anderen die Häufigkeit der Beziehungen zum Herkunftsland herangezogen werden. Ökonomisches Kapital wird durch die Variablen Status und erfolgreicher Migrationstypus repräsentiert, sozialökologisches Kapital bezieht sich auf die Häufigkeit von Diskriminierungserfahrungen einerseits und das wahrgenommene Ausmaß ethnischer Konzentration im Wohnumfeld andererseits.

In Tabelle 5.2 wird die Richtung des Einflusses der jeweiligen Variable durch Plus- und Minuszeichen angegeben. Wird diese Tabelle mit konkreten Zahlen aus unseren Forschungen aufgefüllt, bestätigen sich die angenom-

Tabelle 5.2 Stellenwert von kulturellen, sozialen, ökonomischen und sozialökologischen Ressourcen für die Identitätskonstruktion im Akkulturationsprozess

	Doppelzugehörigkeit	assimilatorische Zugehörigkeit	herkunftsbezogene Zugehörigkeit	Unzugehörigkeit
kulturelle Ressourcen Deutschkenntnisse/ Traditionsorientierung	+/+	+/-	-/+	-/-
soziale Ressourcen Netzwerk im Zielland/ Kontakte zur Heimat	+/+	-/-	+/+	-/-
ökonomische Ressourcen sicherer Berufsstatus/ positive Migrationsbilanz	+/+	+/+	-/-	-/-
sozialökologische Ressourcen keine Diskriminierung/ ethnische Einbettung	+/+	+/-	-/+	-/-

menen Relationen (Tabelle 5.3): Demnach sind für die Doppelzugehörigkeit jeweils sowohl Deutschkenntnisse als auch das Festhalten an traditionellen Werten, die Einbindung in soziale Netze im Aufnahmeland als auch die Pflege von Kontakten ins Herkunftsland, ein relativ hoher ökonomischer Status und eine positive Migrationsbewertung, eine Zugänglichkeit der Umweltbedingungen aufgrund fehlender Diskriminierung als auch ethnische Dichte im Wohngebiet charakteristisch. Demgegenüber bedeutet Assimilation eine Ablösung von jedem allzu starken Eingebundensein in Herkunftsbindungen bei gleichzeitiger Schwächung der entsprechenden sozialen Netzwerkstrukturen, einschließlich einer Reduzierung der Kontakte ins Herkunftsland, zugleich setzt identifikatorische Assimilation eine positive Migrationsbilanz bei bloß geringer subjektiv wahrgenommener Diskriminierung voraus. Umgekehrt korrespondieren die herkunftsbezogenen „ethnisch segmentierten"

Tabelle 5.3 Ressourcen für die Identitätskonstruktion im Akkulturationsprozess (Prozentangaben)

	Doppelzugehörigkeit	assimilatorische Zugehörigkeit	herkunftsbezogene Zugehörigkeit	Unzugehörigkeit
kulturelle Ressourcen				
gute Deutschkenntnisse (Selbsteinstufung)	61	74	38	65
Weitergabe von Tradition in der Familie (sehr wichtig)	55	36	63	39
soziale Ressourcen				
großer Kontaktkreis (mindestens 6 Personen im Netzwerk)	42	22	34	4
häufige Kontakte ins Herkunftsland (mindestens einmal im Halbjahr)	54	20	54	41
ökonomische Ressourcen				
hoher sozio-ökonomischer Status	40	24	18	20
erfolgreiche Bilanzierung des Migrationsprojekts	51	57	21	25
sozialökologische Ressourcen				
erhebliche Diskriminierungserfahrung	14	6	25	18
ethnische Konzentration im Wohnumfeld	32	33	38	21

Quelle: Senior-Plus 1999; n = 241

Die Unterschiede zwischen den Bindungstypen sind signifikant, $p < ,05$

Zugehörigkeitsgefühle nicht nur mit der Existenz von breit gefächerten sozialen Beziehungsgeflechten im Herkunfts- als auch Aufnahmeland, sondern insbesondere auch mit auffallend geringen ökonomischen und kulturellen Ressourcen sowie erheblichen Diskriminierungserfahrungen, die durch einen Rückzug in vertraute traditionelle kognitive und soziale Bindungsstrukturen und in ökologische Kontexte kompensiert werden. Gefühle der Unzugehörigkeit sind im Vergleich dazu durch einen generellen Ressourcen- und Bindungsmangel gekennzeichnet und deuten auf starke Marginalität.

Zusammengefasst lässt sich festhalten, dass Doppelzugehörigkeit das Ergebnis einer erfolgreichen Ressourcenakkumulation darstellt, ohne dass diese mit einer Ablösung von Herkunftskultur und traditioneller Gruppenbindung einhergeht, wie dies für den assimilativen Zugehörigkeitstypus der Fall ist. Im Unterschied dazu reflektiert ethnische Segmentation eine Unzugänglichkeit der Umweltbedingungen bei ökonomischer Schwäche und einer hohen Zentralität der tradierten Kontakt- und Wertestrukturen. Ein hoher sozioökonomischer Status und eine erfolgreiche Migrationsbilanz begünstigen die Entstehung von emotionalen Bindungen an die Aufnahmegesellschaft, während subjektiv wahrgenommene Diskriminierung auf die Unzugänglichkeit von Opportunitätsstrukturen der Dominanzgesellschaft verweist. In diesem Zusammenhang vermag die ethnische Konzentration im Wohnumfeld auch eine Ressource darstellen. Umgekehrt erleichtert eine Schwächung dieser Strukturen die assimilatorische Option; fehlende ethnische Ressourcen bedingen besonders bei ökonomischem Misserfolg die soziale Marginalität.

Identitätslagen reflektieren in komplexer Weise die Lebenserfahrung im Migrationsprozess, die nicht nur entlang subjektiver Indikatoren (Bewertung des Migrationserfolgs) und anhand objektiver Faktizitäten (Einbürgerung) festzumachen sind. Vielmehr reflektieren sie erfahrungsgesättigte und in soziale Milieus eingebettete Handlungsoptionen. In multivariaten Analyseschritten (logistische Regression) können die relevantesten Einflussfaktoren herausgefiltert werden, womit auch eine Bestimmung der für die einzelnen Identitätslagen signifikanten sozialen Trägermilieus möglich wird. Um ein komplexes Bild zu erlangen, werden neben den erwähnten Variablen auch Strukturvariablen (Geschlecht, Alter, beruflicher Status und institutionalisiertes Bildungskapital) sowie Aspekte des subjektiven Wohlbefindens (allgemeines Wohlbefinden, psychosozialer Stress, Sorgen in Bezug auf eine ungenügende Absicherung im Alter) berücksichtigt.

Die Analyseergebnisse bestätigen zum einen die Bedeutung von Migration als Akkulturationsprozess: Aufenthaltsdauer, Herkunftslandkontakt, der Erwerb von Deutschkenntnissen, Netzwerkbeziehungen, Wertorientierungen und subjektiv wahrgenommene Diskriminierung werden differenziert wirksam, wobei diese Faktoren etwas stärker auf die assimilatorischen und ethnisch segmentierten Zugehörigkeitsgefühle Einfluss ausüben. Zum anderen zeigt sich erneut ein besonderer Stellenwert des institutionalisierten Bildungskapitals, während für Alter, Geschlecht, nationale Herkunft und sozio-ökonomischen Status kein direkter Effekt nachweisbar ist.

Tabelle 5.4 Determinanten von Identitätskonstruktionen
(Koeffizienten der logistischen Regression)

	Doppel-zugehörigkeit		assimilatorische Zugehörigkeit		herkunfts-bezogene Zugehörigkeit		Unzugehörigkeit[1]	
	beta	odds ratio	beta	odds ratio	beta	odds ratio	beta	odds ratio
Strukturelle Variablen								
Geschlecht (männlich)								
Alter (über 60)								
nationale Herkunft (Türkei)								
sozio-öknomischer Status								
Berufsstatus (in Pension)								
Schulbildung (hoch)	1,51	4,51						
Akkulturationsvariablen								
vor 1973 zugewandert	-,83	,44			,97	2,62		
eingebürgert								
Deutschkenntnisse (hoch)			1,10	3,00				
soziales Netzwerk (groß)					,85	2,33		
kein Kontakt zur Heimat			,63	1,88				
Weitergabe der Traditionen in der Erziehung (wichtig)			-1,18*	,31				
Migrationsbewertung (positiv)								
Diskriminierung (stark)					1,33*	3,77		
ethnische Segregation (stark)								
subjektives Wohlbefinden								
Zukunft nicht abgesichert					1,53	4,63		
psychosoziale Belastungen								
Wohlbefinden (negativ)								
Chi2	30,84		50,02		40,05			
(Nagelkerke) Pseudo R²	,33		,52		,44			

Quelle: Senior-Plus 1999; n = 241

* p < ,01; alle anderen Werte p < ,05; es werden nur signifikante Werte ausgewiesen
[1] Omnibus Tests nicht signifikant; für die Gruppe der Unzugehörigen werden daher keine Werte ausgewiesen

Für die einzelnen Identitätslagen ergibt sich folgendes Bild: Doppelzugehörigkeit wird durch lange Aufenthaltsdauer und institutionalisiertes Bildungskapital begünstigt. Dies deutet darauf hin, dass Bildung den Handlungs- und Gestaltungsspielraum erhöht, indem sie befähigt, verschiedene Orientierungen zu kombinieren. Ethnizität erscheint im Falle von Doppelzugehörigkeit als ein Handlungspotenzial (und als ein Gegenentwurf zur staatsbürgerschaftlichen Integration, vgl. dazu Lapeyronnie 1997) und nicht als defensive Reaktion auf unzugängliche Opportunitätsstrukturen in der Dominanzgesellschaft, wie dies etwa bei ethnisch segmentierter Zugehörigkeit der Fall ist: Eine starke Rückbindung an die ethnische Bezugsgruppe, Diskriminierungs- und Unsicherheitserfahrungen (das Gefühl, im Alter nicht ausreichend abgesichert zu sein) und eine noch kurze Aufenthaltsdauer erweisen sich hier als bestimmende Faktoren für diese als prekär zu charakterisierende Identitätslage. Demgegenüber erscheint assimilatorische Zugehörigkeit als eine Option von ArbeitsmigrantInnen mit niedrigem Bildungskapital und eindeutiger Entscheidung für die Aufnahmegesellschaft (Erwerb von Sprachkompetenzen, Abkehr von den Kontakten und Werten des Herkunftskontextes).

Die Ergebnisse der Analyse unterstützen somit nur zu einem Teil die These der klassischen Migrationsforschung (dauerhafte Immigration führt zu Inkorporation und einem Abstreifen der Herkunftsorientierungen), wobei dieser Pfad vor allem von MigrantInnen eingeschlagen wurde, die sich trotz (oder vielleicht auch gerade wegen) schwacher struktureller Ausgangsressourcen zielstrebig an der Aufnahmegesellschaft orientiert haben. (Die emotionale Bindung an Österreich ist deshalb auch als ein Indikator für Eingliederung und dauerhafte Einwanderung zu sehen.) Es ist jedoch daran zu erinnern, dass nur eine Minderheit von 22 Prozent diesem Modell folgt, während für immerhin 39 Prozent Doppelzugehörigkeit die attraktivere Option darstellt. Je höher das institutionalisierte Bildungskapital, desto größer die Neigung (und auch die Befähigung) für ein Leben in mehreren Welten. Hingegen spiegelt sich in der herkunftsorientierten, ethnisch segmentierten Identitätslage die Problematik von gesellschaftlicher Isolation und Unsicherheit, eine Erfahrung, die immerhin fast jede/r dritte ältere ArbeitsmigrantIn teilt. Die Prekarität des Älterwerdens wirkt also für ethnischen Rückzug und subkulturelle Verinselung begünstigend.

4. Ethnizität im Alter: Zwischen Lebensstil, Rückzug und Abgrenzung

Der Übergang ins Alter markiert eine Zeitspanne der Bilanzierung und Biografisierung: Mit dem Austritt aus dem Erwerbsleben erfolgt eine Evaluation des Migrationsprojektes und der damit verwobenen Lebenspläne, zugleich wird auch das Verhältnis zur sozialen Umwelt in Hinblick auf die Anforderungen des Älterwerdens neu bewertet, wobei es dabei in spezifischer und vielfältiger Weise um die Bewältigung der Existenzbedürfnisse geht. Während Berufsrollen an Bedeutung verlieren, werden familienbezogene Rollen teilweise wieder wichtiger, und es werden auch neue Beziehungen zur Umwelt geknüpft, wobei diese Beziehungen infolge der lebenslangen Randständigkeit in der Gesellschaft vielfach an der ethnischen Bezugsgruppe ausgerichtet sind.

Angesichts einer in vielfacher Hinsicht als belastend und stigmatisierend, mitunter auch distanziert und fremd erlebten Umwelt erscheint es aus migrantischer Perspektive funktional, im Alter auf das Set der in der Herkunftskultur verankerten Werte und Traditionen zurückzugreifen und sich in die eigene Bezugsgruppe zurückzuziehen. Ethnischer Rückzug macht es möglich, altersbedingte, etwa durch den Berufsaustritt verursachte Rollenverluste zu kompensieren; „darüber hinaus kann Ethnizität als Teil der Identität aber auch eine wesentliche, persönlichkeitsstabilisierende und kontinuitätssichernde Funktion übernehmen" (Olbermann/Dietzel-Papakyriakou 1995, 16). Die informellen, innerethnischen Netze vermitteln ein Gefühl der „Heimat in der Fremde" (Heckmann 1992), sie erleichtern die Bewältigung des Alltags, geben Orientierung in einer teilweise unerschlossenen Umwelt, ebnen den Zugang zu Hilfe und Stützung, auch zu Institutionen. „Gerade in rassistisch strukturierten Gesellschaften ermöglicht ethnische Identität MigrantInnen ein positives Selbstbild, indem die eigene ethnische Herkunft vom Zeichen der Minderwertigkeit und Unterlegenheit zum identitätsstiftenden Privileg umgewertet wird" (Nghi Ha 2000). Der ethnische Rückzug im Alter erweist sich als eine Strategie zur Bewältigung von instabiler sozialer Positionierung und potentieller identifikatorischer Dilemmata und Krisen. Je ausgeprägter die Erfahrung von Unsicherheit und Umweltablehnung, desto stärker die Ausrichtung an der idealisierten ethnischen Gemeinschaft. So wie Assimilation bildet freilich auch (Selbst)Ethnisierung eine ambivalente Strategie. Sie stiftet Zusammengehörigkeit und Handlungsfähigkeit, gleichzeitig erschwert sie aber, sich auf die Umwelt einzulassen – ethnische Abschließung verstärkt die soziale Distanz zur einheimischen Bevölkerung. Auch ist der Spielraum zur Selbstdefinition von Identität (Identität als ein „Ort politischer Kämpfe um Definitionsmacht und Selbstaneignung") für marginalisierte Gruppen relativ begrenzt. So gesehen resultiert auch Selbstethnisierung nur bedingt aus einer freien Wahl, sondern ist durch die historischen Prozesse der Arbeitsmigration und gesellschaftliche Platzierungsprozesse strukturiert.

Die ambivalente Problematik ethnischer (Re-)Definition tritt auch in unseren empirischen Studien zutage. So zeigt sich tatsächlich auf bivariater Ebene ein Zusammenhang von Pensionierung und Identitätslage. Demnach sinkt mit der Pensionierung der Anteil der Doppelzugehörigen ab (31 im Vergleich zu 43 Prozent vor der Pensionierung), während der Anteil der assimilatorischen Lage (Anstieg von 20 auf 25 Prozent) sowie vor allem jener der herkunftsbezogene Zugehörigkeit (von 25 auf 39 Prozent) signifikant zunimmt. Der Marginalitätstypus der Unzugehörigkeit wiederum sinkt von 13 auf 5 Prozent.

Diese Verschiebungen können dahingehend interpretiert werden, dass mit dem Ausscheiden aus dem Erwerbsleben die Identitätsgefühle deutlich an Klarheit gewinnen, wobei insbesondere der markante Anteilszuwachs für die herkunftsbezogene Orientierung die These von einem ethnischen Rückzug im Alter zu bestärken scheint. Das unterstreicht zugleich den hybriden Charakter der Doppelzugehörigkeit, die nicht nur eine Komposition oder Koexistenz verschiedener Identitätsbestandteile repräsentiert, sondern teilweise auch ein Ausdruck von Nicht-Festlegung ist – nach dem Ausscheiden aus dem Erwerbsleben verliert für manche die primär über die Teilhabe am Arbeitsprozess erzeugte Österreichbindung an Relevanz, wird also gewissermaßen als „geborgte", zeitlich befristete Identität abgelegt. Für die mit mehr Bildungskapital verbundene doppelzugehörige Identitätslage steht Ethnizität in diesem Fall als eine Ressource zur Verfügung, die eine Bewältigung der Übergangsprozesse ermöglicht und erleichtert. Der Umstand, dass in den komplexeren Analyseschritten den alternsbezogenen Statusvariablen kein signifikanter Einfluss zukommt, legt die Interpretation nahe, dass der wachsende Stellenwert von Ethnizität im Alter weniger eine Folge eines prekären Lebensphasenübergangs ist, als vielmehr ein Ausdruck eines durch biografische Erfahrungen gesättigten Lebensstils. Mit anderen Worten: Das Ausscheiden aus dem Erwerbsleben bewirkt also keineswegs reflexartig eine subkulturelle Insulation, sondern lässt vielmehr jene Lebensstil-Dispositionen zutage treten, die sich im Laufe des Migrationsprojektes zu mehr oder weniger manifesten Lebensstilen formiert haben.

Nauck (1991) verdanken wir den wichtigen Hinweis, dass die etablierte Milieu- und Lebensstilforschung die ausländische Bevölkerung nicht miteinbezieht, es sei denn unter dem Gesichtspunkt des Verhältnisses von Traditionalität und Moderne oder häufiger, wie in der sozialstrukturellen Lebensstilforschung (z. B. Vester et al. 2001), als Teil des traditionellen Arbeiter- oder des Armuts- bzw. Unterschichtungsmilieus, dessen Kennzeichen neben Ressourcenschwäche insbesondere die extreme Reduktion des Handlungshorizonts (Notwendigkeit des Situationsmanagement) sowie der (sozio-politische) Rückzug sind. Eine solche Sichtweise wird aber der komplexen Realität älterer ArbeitsmigrantInnen kaum gerecht. Zwar prägen Prekarität und restriktive Ressourcenausstattung das Leben vieler MigrantInnen, dennoch bilden sie in ihren Befindlichkeiten, Denkweisen und Handlungsentwürfen eine nach innen hin stark differenzierte und heterogene Kategorie.

Lebensstile repräsentieren gewissermaßen die expressive Dimension von Identität und manifestieren sich in Wertorientierungen und sozial-moralischen Haltungen. Für die empirische Analyse werden zum einen Ethnizitätsvariablen herangezogen, die sich auf verschiedene Aspekte des kulturellen und religiösen Lebens beziehen; zum anderen werden Einstellungsvariablen zu ausgewählten Inhalten von Assimilation, Segregation und Toleranz verwendet.

Die Ergebnisse zeigen, dass Doppelzugehörigkeit zwar mit der Zurückweisung assimilatorischer Aspirationen, nicht aber mit einem Bedürfnis nach Abschottung verknüpft ist. Die Bewahrung der Tradition und der Kontakt zur Heimat bilden wichtige Ressourcen, die, wie die vorangegangenen Analysen nahe legen, in institutionalisiertes Bildungskapital eingebettet sind; Religiosität wirkt hingegen negativ auf Doppelzugehörigkeit. Die assimilatorische Identitätslage ist durch eine explizite Orientierung an der Aufnahmegesellschaft und eine Distanzierung vom Herkunftsland charakterisiert. Für die ethnisch segmentierte Lage konnten keine signifikanten Effekte festgestellt werden. Unzugehörigkeit wird durch den spannungsreichen Gegensatz von Traditionsbefolgung (hoher Stellenwert von Religion) und Traditionserosion (Vernachlässigung der Eigensprache im Erziehungskontext) begünstigt.

Tabelle 5.5 Einfluss von Ethnizitäts- und Assimilationsorientierung auf Identitätskonstruktionen (Koeffizienten der logistischen Regression)

	Doppel-zugehörigkeit		assimila-torische Zugehörigkeit		herkunfts-bezogene Zugehörigkeit[1]		Unzuge-hörigkeit	
	beta	odds ratio	beta	odds ratio	beta	odds ratio	beta	odds ratio
Religion im Leben (wichtig)	-1,04	,35					2,84	17,12
religiöses Leben (aktiv)								
Weitergabe von Traditionen in der Erziehung (wichtig)	1,13	3,10						
Weitergabe der eigenen Sprache (wichtig)							-1,15*	3,14
Kontakt zur Heimat (selten)	-,43	,65	,55*	1,67				
ethnische Konzentration im Wohnbereich (hoch)								
Kinder sollen deutschsprachig aufwachsen (hohe Zustimmung)			,55*	1,74				
Chi²		19,52		23,77				20,40
(Nagelkerke) R²		,19		,24				,33

Quelle: Senior-Plus 1999; n = 241

*p < 0,1; alle anderen Werte p < ,05; es werden nur signifikante Werte ausgewiesen
[1] Omnibus Tests nicht signifikant; für die Gruppe der Herkunftsbezogenen werden daher keine Werte ausgewiesen

Bleiben diese Einstellungen im Alter stabil, oder verschieben sich die Akzente mit höherem Alter stärker in Richtung ethnischer Insulation? Werden Alter und Statuswechsel von Beruf in die Pension in die Analyse mit einbezogen, zeigen sich für die assimilatorische und die herkunftsbezogene Identitätslage Tendenzen zu einem ethnischen Rückzug einerseits und verschärfter Abschottung andererseits. Mit anderen Worten: Unter den assimilationsorientierten Personen steigt im Alter das Bedürfnis nach einer stärkeren Orientierung an der eigenen Bezugsgruppe, die neue soziale Rollen und

Identitäten zur Verfügung stellen und als Puffer gegenüber altersbezogenen Umweltrisiken wirken mag. Primär herkunftsorientierte Personen schotten sich demgegenüber im Alter und nach dem Ausscheiden aus dem Erwerbsleben noch weiter ab. Für die beiden anderen Identitätslagen ergeben sich keine Veränderungen.

Typen „ethnischer" Milieulagen

In Migrationsstudien wird die Kategorie der Ethnizität häufig zur Beschreibung und Charakterisierung von Phänomenen verwendet, die, nicht näher hinterfragt, in ihrem unmittelbaren Anschein als Ausdruck einer „typischen" migrantischen Lebens-, Identitäts- und Problemlage angesehen wird. In dieser Weise suggeriert auch das Konzept des „ethnischen Rückzugs im Alter" eine typische Reaktionsweise von MigrantInnen auf veränderte Umweltbedingungen: Von der Teilhabe an einem zentralen gesellschaftlichen Subsystem, dem Arbeitsmarkt, nunmehr aus Altersgründen ausgeschlossen, vermag das ethnische Umfeld Sicherheit und Stabilität zu vermitteln. Wie in Kapitel III beschrieben, erscheint der Statuswechsel im Alter als ein Übergangsprozess zwischen strukturierten Zuständen, Ordnungen und Identitätslagen, der von zahlreichen Uneindeutigkeiten und Unsicherheiten begleitet ist, die im Spannungsbogen von Vergangenem und Kommendem generiert sowie unter Zuhilfenahme von kulturell verankerten Symboliken und ethnisch codierten Verhaltensmustern bewältigt werden können; in diesem Kontext können auch die auf die Gemeinschaft bezogenen subjektiven Gefühle „von Kontinuität und Zugehörigkeit" (Romanucci-Ross 1996) eine Aufwertung erfahren.

Es gibt zahlreiche empirische Evidenzen dafür, dass Ethnizität im Übergangsverlauf vor allem auch als eine Ressource zur Lebensbewältigung an Bedeutung gewinnt. In Übereinstimmung mit Studien zum Übergangsverlauf deuten die Ergebnisse unserer Forschungen freilich darauf hin, dass weniger die Ereignisse des Übergangs selbst für Prozesse wie Selbstethnisierung oder ethnischen Rückzug bestimmend sind; im Übergangsverlauf kumulieren vielmehr die lebenslangen Erfahrungen von Randständigkeit in Gesellschaft und am Arbeitsmarkt. Die Erfahrung der Prekarität erfasst MigrantInnen nicht erst mit dem Stichtag der Pensionierung; ihr Status repräsentiert per se eine Anti-Struktur (Turner, 2000), ihre Existenzweise ist durch das Unsicherheitsregime strukturiert. Das heißt, Strategien der Bewältigung bilden sich nicht erst im Pensionsübergang, sondern im Laufe des Vollzugs des Migrationsprojekts heraus.

Der Aufwertung von Ethnizität werden im Alter vielfältige Funktionen zugeschrieben (Pool von Verhaltensregeln und Orientierungen, Quelle von Solidarität und Zugehörigkeitsgefühlen, Stütze des Selbst); ein realistischer Blick auf die migrantischen Identitätslagen ergibt ein differenzierteres Bild. Schon im Zusammenhang mit der Analyse sozialer Netzwerke hat sich gezeigt, dass sich hinter den zumeist als ethnisch bezeichneten Sozialkontakten vielfach Familien- und Verwandtschaftsbeziehungen verbergen, die als Primärkontakte mit dem höheren Alter weiter an Zentralität gewinnen; ethnischer Rückzug steht so gesehen häufig für einen Prozess familiärer Insulation. Und auch in der Analyse von Identitätslagen erwies sich der Stellenwert von Ethnizität als nicht ganz eindeutig, vielmehr oszilliert das Bild zwischen (in sich jeweils wieder durchaus heterogenen) assimilatorischen und abgeschotteten, hybriden und desintegrierten Orientierungen, die, wie die Analyse der Einflussfaktoren nahe legt, sehr unterschiedliche Erfahrungswelten und Dispositionen reflektieren.

Die Ergebnisse einer explorativen Faktorenanalyse der vorhin betrachteten Ethnizitäts- und Assimilationsvariablen unterstützen das Argument einer mehrdimensionalen Struktur ethnischer Orientierungen. Es lassen sich voneinander unabhängige Dimensionen isolieren, die unterschiedliche und plausibel abgegrenzte Inhalte von kultureller Selbstdefinition beschreiben und als „ethnisch-religiöser Traditionalismus", „sprachkultureller Pluralismus" und „ethnische Loslösung" bezeichnet werden können. In der einen Dimension verbindet sich das Bedürfnis nach kultureller Schließung mit ausgeprägter Religiosität (als wichtiger Lebensinhalt, Alltagspraxis sowie Bestandteil des intergenerationellen Transfers; erklärte Varianz beträgt 37 Prozent). Die zweite Dimension umfasst eine positive Bewertung des Multikulturalismus (jeder soll das Recht haben, nach seinen Sitten und Traditionen zu leben; das Zusammenleben von Menschen verschiedener Herkunft und Kulturen bereichert die Gesellschaft) mit einer hohen Wertschätzung des intergenerationellen Sprachtransfers (erklärte Varianz beträgt 10 Prozent). Eine dritte Dimension beschreibt Loslösung und Assimilation. Diese Orientierungen sind den vier Identitätslagen nicht eindeutig zuordenbar; vielmehr finden sich die einzelnen Einstellungssyndrome in allen Identitätsmilieus, mit gewissen (allerdings nicht signifikanten) Gewichtungen. So etwa tritt der ethnisch-religiöse Traditionalismus erwartungsgemäß etwas stärker in den doppelzugehörigen und herkunftsorientierten Identitätslagen auf, während sprachkultureller Pluralismus als Potenzial in allen Identitätslagen zu finden ist.

Ethnische Schließung und Identitätspolitik

Nach herkömmlicher Lesart beruht Identität auf der subjektiven Wahrnehmung von Gleichheit und Kontinuität in der Zeit (Erikson 1968). Aber dieses Gefühl kann nicht allein von innen heraus hergestellt werden. Vielmehr müssen die Ansprüche an das eigene Selbst mit den wahrgenommenen Anforderungen und Zuschreibungen der sozialen Um- und Mitwelt in eine Balance gebracht werden. Gewissermaßen muss also zwischen Innen und Außen eine Beziehung hergestellt werden, die sich in der Beziehung zwischen dem „Selbst als Aktor" und dem „Selbst als Objekt" manifestiert (vgl. Frey/Haußer 1987; Jenkins 1996). Für die Identitätskonstruktion ist der Perspektivenwechsel – die Hereinnahme der Außensicht, der Blick in den sozialen Spiegel – eine notwendige Voraussetzung, weshalb Identität häufig auch als „eine Strategie im Prozess intersubjektiver Verständigung" (Reinprecht 1992, 7), als situations- und kontextabhängige Selbst-Verortung in einem System gesellschaftlicher Ungleichheit definiert wird. Eine solche Sichtweise macht deutlich, dass Identität nichts Feststehendes, sondern etwas Fließendes, nichts Statisches sondern etwas Veränderliches ist, das empfindlich auf Verschiebungen in den Lebenskontexten und auf veränderte gesellschaftliche Rahmenbedingungen reagiert. Die Grenzen selbst-reflexiver Identitätsarbeit sind dabei „durch die Gegenwart oder das Fehlen einengender oder erweiternder Mechanismen des Informationsflusses" (Romanucci-Ross 1987, 392) klar abgesteckt. Soziale Zusammenhänge wie Familie, Peer Group oder ethnisches Milieu, aber auch institutionelle Rahmenbedingungen (seien es Staatsbürgerschaftsregelungen, Zugänge zum Wohlfahrtssystem oder die Situation im Herkunftsland) tragen maßgeblich dazu bei, welche Informationen aus dem Universum der lebensgeschichtlichen und umweltbezogenen Erfahrungen kontextabhängig ausgefiltert werden und für die Identitätsarbeit zur Verfügung stehen.

Die Konstruktion von Ethnizität und Identität ist in gesellschaftliche Anerkennungskonflikte eingebettet und führt deshalb stets zu neuen Grenzziehungen und Abschließungen (Jenkins 2003). So erklärt sich auch das Phänomen des ethnischen Rückzugs im Alter nicht aus Herkunft oder abstammungsbedingter Zugehörigkeit, sondern zu einem guten Teil aus der immer wieder von Neuem genährten Erfahrung von sozialer Zurückweisung und Fremdheit, die im Alternsprozess infolge kumulierter Unsicherheit zusätzliche Nahrung erhält. Ethnizität und Identität stehen für den Prozess relationaler Ungleichheitserzeugung. Im Perspektivenwechsel von älteren Einheimischen und älteren Zuwanderern tritt dieser relationale Charakter von Ethnizität markant zutage. Wie gezeigt wurde, schwächt sich bei MigrantInnen mit höherem Alter die assimilative Orientierung an der Mehrheitsgesellschaft ab, während das Bedürfnis nach Rückzug und Abschließung zunimmt. So vertreten 24 Prozent der über 60-jährigen die Auffassung, dass Angehörige nationaler und ethnischer Gruppen unter sich bleiben sollten, im Unterschied zu 11 Prozent der unter 60-jährigen. Ethnische Schließung ist jedoch keineswegs auf die Gruppe der älteren MigrantInnen beschränkt. Wie die Forschungsergebnisse zeigen, verändern sich mit dem höheren Alter auch die Einstellungen der einheimischen Älteren: mit steigendem Alter sinken Toleranz und Akzeptanz gegenüber migrantischer Kulturen (vgl. Tabelle 5.6).

Diese Ergebnisse deuten darauf hin, dass sich MigrantInnen und Einheimische im Prozess des Älterwerdens trotz vieler altersbezogener Gemeinsamkeiten voneinander noch weiter weg bewegen. Während sich ältere MigrantInnen in ethnischen Nischen ein Zuhause suchen, ziehen sich die älteren Einheimischen in ihre Vorurteile zurück.

Tabelle 5.6 Zustimmung zu Integration, Assimilation und Segregation (Prozentangaben)

	zugewanderte Ältere (n = 241)			einheimische Ältere (n = 231)		
	unter 60 Jahre (n = 172)	über 60 Jahre (n = 69)	Σ	unter 60 Jahre (n = 113)	über 60 Jahre (n = 118)	Σ
Integration *das Zusammenleben von Menschen unterschiedlicher Herkunft und Nationalität bereichert unsere Gesellschaft*	39	29	*36*	37	17	*27*
Assimilation *Einwanderer sollten sich der österreichischen Kultur anpassen*	30	25	*29*	55	59	*57*
Segregation *Angehörige nationaler und ethnischer Gruppen sollten unter sich bleiben können*	11	24	*15*	27	28	*28*

Quelle: Senior-Plus 1999

Antworten auf einer 4-stufigen Skala: 1 = „stimme sehr zu" bis 4 = „stimme gar nicht zu"; Zustimmung = 1 („stimme sehr zu")

VI. Zurückkehren, pendeln, bleiben

1. Entscheidungsdilemma oder Optionenvielfalt?

Migration ist als ein biografischer Prozess zu sehen, von dem das Individuum auch dann noch erfasst wird, wenn die institutionalisierte lebenszyklische Schwelle der Pensionierung überschritten wird. Die Pensionsschwelle markiert einen entscheidenden Wendepunkt gerade auch in Hinblick auf Wanderungsentscheidungen (vgl. dazu Wagner 1989, Cerase 1974). Dies gilt umso mehr für die ehemaligen „GastarbeiterInnen", deren Migrationsprojekte häufig befristet angelegt sowie von wechselnden Präferenzen und Gefühlslagen, aber auch von Remigrationswünschen geprägt waren und nun, mit dem Ausscheiden aus dem Arbeitsprozess, in Hinblick auf Entscheidungen, die künftige Lebensführung betreffend, als ein kohärenter Sinnzusammenhang aufgespannt bzw. re-formuliert werden. Von biografischer Reflexivität kann dabei insofern gesprochen werden, als die aktive Verarbeitung der mitunter schmerzhaften und widersprüchlichen biografischen Erfahrungen in ein subjektives Gefühl von Selbstkonsistenz nicht bloß einem inneren Bedürfnis geschuldet ist, sondern einer gesellschaftlichen Logik folgt: Die zunehmende Erosion der standardisierten Übergänge im Lebenszyklus, die sich auch in den uneindeutigen und inkonsistenten Statuspositionen vieler MigrantInnen manifestiert, erfordert reflexive Strategien der Lebensbewältigung. Die Situation erscheint dabei bis zu einem gewissen Grad paradox: MigrantInnen, die sowohl in Bezug auf den beruflichen Lebenslauf als auch hinsichtlich der Familienmodelle vielfach traditionell sozialisiert sind, können ihr prekäres Altern nur bedingt unter Rückgriffe auf tradierte Modelle einer „Normalform des Alterns" entwerfen und bewältigen. Das prekäre Altern der MigrantInnen entfaltet sich so gesehen in einem Spannungsverhältnis von struktureller und reflexiver Modernisierung einerseits und widerständiger Traditionsbindung der normativen sozialen und ethnischen Bezugsmilieus andererseits (vgl. dazu Nauck 1991; Esser 1988).

Ältere Menschen mit Migrationshintergrund teilen in spezifischer Weise eine Erfahrung der späten Moderne: „Mit der Auflösung eines selbstverständlichen Bezugs auf eine ‚Normalform' des Lebens wächst auch das Bewußtsein der Kontingenz von Lebenswegen und Lebensformen, und im Zuge dessen verallgemeinert sich der Anspruch auf die Selbst-Steuerung der Biografie. Das zunehmende Kontingenzbewusstsein untergräbt die Traditionalität von Handlungen auch dort, wo äußerlich noch traditional gelebt wird" (Wohlrab-Sahr 1992, 222). Es gilt in Bezug auf das Älterwerden der MigrantInnen anzuerkennen, dass auch scheinbar eingeübte traditionelle Lebensentwürfe Ausdruck selbst-reflexiver Steuerungsversuche sind. Das heißt, dass auch Formen von Lebensführung, denen Traditionalität zugeschrieben wird (Ethnizität, Religiosität), nicht als Ausdruck einer fraglos gegebenen Orientierung, sondern als eine reflexive Strategie von Selbststeuerung und Problembewältigung zu bewerten sind. Tatsächlich sind ältere MigrantInnen unter evaluativer Rückbeziehung auf ihre lebensgeschichtlichen Erfahrungen gezwungen, eine Perspektive nachberuflicher Lebensführung zu entwerfen, die sowohl den Ansprüchen des eigenen Selbst als auch des gesellschaftlichen Umfelds genügt. Dies kann als Biografisierung bezeichnet werden. Biografisierung heißt, „biografische Konstrukte zu entwerfen, welche dazu da sind, nach außen wie nach innen Erklärungen, Rechtfertigungen, Inszenierungen, Projektierungen zu transportieren" (Stauber/Walther 2001, 36). Auf unsere Thematik gemünzt: Was im Lebenslauf häufig implizit entschieden (z. B. Einwanderung ohne Einwanderungsentscheidung) oder immer wieder aufgeschoben wurde (z. B. die Rückkehrentscheidung), muss nun, im Kontext einer Re-Formulierung des Lebensentwurfs im lebenszyklischen Übergang, neu geklärt und begründet werden. Die dabei zu Tage tretenden Widersprüche und Ambivalenzen – etwa zwischen Rückkehrwunsch und Bleiberealität, Herkunftsorientierung und Ziellandbindung – sind zumeist nicht auflösbar, sondern müssen in die Erzählung des bisherigen Lebenslaufs und in den Entwurf des weiteren Lebens integriert werden. Erneut erscheinen MigrantInnen als (wenn auch häufig unfreiwillige) PionierInnen spätmoderner Lebensführung. Für die sozialwissenschaftliche Analyse ist es das Ziel, diese Widersprüche auszuloten und als wesentliches Merkmal uneindeutiger, ambivalenter Handlungsorientierungen, die der herkömmlichen Vorstellung von Migration entgegenstehen, zu interpretieren – ohne diese zu mythisieren oder zu idealisieren.

Doch welche Wege, Orte und Formen der nachberuflichen Lebensführung stehen überhaupt zur Wahl? In vielen Abhandlungen zum Thema „Altern und Migration" wird auf die Alternative von Bleiben *oder* Rückkehr als charakteristischem Entscheidungsdilemma in der Spätphase von Migrationsprozessen rekurriert (Dietzel-Papakyriakou 1993). Nach dieser These fühlen sich viele ältere MigrantInnen in ihrer Gefühlswelt „gespalten" und, was die Wahl des Lebensmittelpunkts im Alter betrifft, unschlüssig, hin- und her gerissen zwischen der neuen und der alten Heimat. Allerdings wird die Disjunktion *oder* in der Diskussion vielfach umgangssprachlich im Sinne der Ausschließungslogik als *entweder-oder* verwendet; aus einer solchen Perspektive kann die Lösung des Entscheidungsdilemmas nur durch eine eindeutige Entscheidung für einen Lebensmittelpunkt erfolgen. Auf logischer Ebene ist jedoch auch ein nicht ausschließendes *oder* denkbar – im Sinne eines „Bleiben *oder auch* Rückkehr" (das eine schließt das andere nicht aus, eines muss aber erfüllt sein). Die Wahl zwischen Bleiben und Rückkehr erscheint hier in durchaus realistischer Weise als eine nichtausschließende Verknüpfung möglicher Handlungsoptionen. So ist auch im Falle des Bleibens eine – wenn auch vielleicht nur temporäre – Rückkehr möglich; während umgekehrt eine Rückkehr meist nicht zu einem endgültigen Kontakt- oder Bindungsabbruch führt, sondern durch (wiederum zumeist temporäre) Formen des Bleibens im Migrationsland begleitet sein kann. Das bedeutet, dass trotz prinzipieller Entscheidung für Rückkehr oder Bleiben die Bindung an den jeweils anderen

Bezugsort aktiv gelebt werden kann – und zwar durchaus im Sinne einer vorübergehenden, auch längerfristigen Verschränkung beider Optionen, welche unterschiedliche Formen zirkulärer transnationaler Migration annehmen können (Pendeln nach Rückkehr, Pendeln bei Verbleib).

In der aktuellen Literatur verweist der Ausdruck zirkuläre transnationale Migration auf die Erfahrung einer die unterschiedlichen lokalen Bezugskontexte verbindenden und zwischen diesen oszillierenden Lebensweise, die mit der ausschließenden Logik des Entweder-oder bricht (Krumme 2004). Als wichtigste Form von Transnationalität im Alter gilt das Pendeln, also das periodische Wechseln des Lebensmittelpunkts zwischen Herkunfts- und Migrationsland. In der fortgesetzten Pendelwanderung kristallisieren sich biografische Projekte, die zwischen zwei oder mehreren Orten und multiplen Zugehörigkeiten vernetzt sind, und in denen sich auch die moderne Fremdheitserfahrung einer stets nur partiellen Anwesenheit – im Anschluss an Simmel (1908) kann von einer Art abwesender Anwesenheit gesprochen werden – radikalisiert. Pendeln umschreibt die Fähigkeit, in und zwischen zwei Welten zu leben und aus diesen die positiven Möglichkeiten, die zwei Systeme bieten, zu schöpfen (dazu zählt auch die Fähigkeit, sich in verschiedenen bürokratischen Systemen zu bewegen). Empirische Studien zeichnen ein differenziertes Bild: Die overte Praxis zirkulärer transnationaler Migration repräsentiert nicht nur innovative Strategien eines Sowohl-als-auch – als Ausdruck einer post-traditionalen Lebensführung –, sondern auch einen nüchtern-pragmatischen Umgang mit Opportunitäten („latente Funktion"): Durch das Pendeln kann der Zugang zu wichtigen Ressourcen, insbesondere zu bestehenden Kontaktstrukturen gesichert bleiben, aber auch eine eindeutige Festlegung vermieden oder eine endgültige Entscheidung vertagt werden (Helen Krumme spricht in diesem Zusammenhang von Pendeln als „fortwährende Rückkehr").

Jenseits der beschriebenen disjunkten und transnationalen Strategien ist auch die Handlungslogik des *Weder noch* von erheblicher Relevanz. Diese Orientierung kann sich auf die konkrete Wahl eines dritten Ortes beziehen (weder Rückkehr noch Bleiben, sondern Auswanderung bzw. Fortzug in ein anderes Land zu Verwandten oder Bekannten); sie repräsentiert mitunter eine bewusst gewählte Uneindeutigkeit – im Sinne eines *Dazwischen* als dritter (hybrider) Raum; sie kann aber auch manifeste Marginalität im Sinne von sozialer Entbundenheit (Castel 1996) und Desintegration, von Anomie und Haltlosigkeit zum Ausdruck bringen. Im *Weder noch* kristallisiert sich also eine mögliche Perspektive post-traditionaler Lebensführung im realen oder gedachten Dazwischen; das *Weder noch* verweist jedoch gleichzeitig auf die existentielle Erfahrung einer doppelten Abwesenheit in den lokalen Kontexten sowohl der Aufnahme- als auch der Herkunftsgesellschaft (vgl. Sayad 1999). Wie lässt sich in einer Umwelt weiter leben, die systematisch Position und Anerkennung verwehrt? Und wie lässt sich in den Kontext der Herkunftsgesellschaft zurückkehren, deren Koordinaten sich in den Jahren des Fortseins grundlegend verschoben haben? So gesehen, stellt sich aus der

Perspektive des *Weder noch* im Übergangsverlauf nicht das Entscheidungsdilemma als problematische Erfahrung dar (Bleiben und Rückkehr bilden ja bloß Scheinoptionen) als vielmehr die Tatsache der sozialen Entbundenheit. Diese existentielle Erfahrung bildet einen entscheidenden Grund, warum der Lebensphasenübergang im Alter im Kontext der Migration sich immer wieder als ein *kritisches Lebensereignis* darstellt; es ist anzunehmen, dass diese Erfahrung auch die Zukunftsplanung nachhaltig prägt.

Die Skizze möglicher Wege, Orte und Formen der nachberuflichen Lebensführung macht deutlich, dass – jenseits des Entscheidungsdilemmas und der ihm zugrunde liegenden Dichotomie von Bleiben oder Rückkehr – Misch- und Zwischenlösungen eine häufig unterschätzte Rolle zukommt. Die theoretische und empirische Auseinandersetzung mit dieser Thematik ist bislang höchst unbefriedigend, es dominieren Tendenzen zu einer Dramatisierung wie auch einer Idealisierung. Ersteres bezieht sich auf die nationalstaatliche Logik, „Migrationsfragen abschließend zu behandeln" (Bundesministerium für Familien, Senioren, Frauen und Jugend 2001, 124). Aus der Perspektive der Aufnahmeländer und ihrer sozialpolitischen Institutionen markiert der Übergang in die nachberufliche Lebensphase ja auch eine institutionalisierte Weichenstellung für das dauerhafte Bleiben oder die endgültige Rückkehr; dazu quer liegende Lebensweisen wie etwa das Pendeln erzeugen Abwehr und werden als soziales Problem dramatisiert. Zweiteres bezieht sich auf die Neigung soziologischer Gegenwartsdiagnosen, neuen Erscheinungsformen des Sozialen, die sich im Zuge gesellschaftlicher Wandlungsprozesse herausbilden, Bedeutung und Tragweite zuzuschreiben, ohne dass auf empirisch gesichertes Wissen zurückgegriffen werden kann. Während lange Zeit in Übereinstimmung mit dem Integrations- und Assimilationsparadigma Prozesse zirkulärer Migration (auch von Remigration) in der Forschung vernachlässigt wurden, werden diese nun normativ aufgeladen und überstrapaziert.

Die wenigen empirischen Arbeiten, die biografische Mobilität und zirkuläre Wanderungsformen an der Schnittstelle von Altern und Migration abzubilden und zu erklären versuchen, deuten darauf hin, dass Mobilität nicht nur imaginiert, sondern auch in häufig undokumentierter und damit gewissermaßen unsichtbarer Form stattfindet. Dies betrifft insbesondere Formen von Pendelmigration, aber auch von schrittweiser, temporärer oder dauerhafter Remigration. Trotz der Tatsache, dass Einwanderung immer auch von Rückwanderungen begleitet ist und in der Regel ein prozentuell größerer Anteil der MigrantInnen sich dazu entschließt, zurückzukehren, als sich dauerhaft niederzulassen – nach Sassen kehrten rund 60 Prozent der um die Jahrhundertwende in die USA ausgewanderten Italiener nach Italien zurück (Sassen 2000, 159; ähnliche Hinweise liefert der sechste deutsche Familienbericht, Bundesministerium für Familien, Senioren, Frauen und Jugend 2001, 123) – gilt diese Thematik empirisch als wenig bis unzureichend erforscht. „Die Aufmerksamkeit konzentriert sich fast ausschließlich auf die Gruppe derjenigen Migranten, die sich endgültig in den Aufnahmeländern niederlassen" (Dietzel-Papakyriakou 2002, 8). Dies trifft auch auf Österreich zu, wo, wie in anderen europäischen Ländern, auf Basis der amtlichen Wanderungsstatistik keine zuverlässigen Aussagen über Mobilität im Lebensverlauf möglich sind. Besonders zur Frage, wie viele MigrantInnen im Alter, nach dem Ausscheiden aus dem Erwerbsleben in ihre Herkunftsländer zurückwandern, liegen keinen verlässlichen Informationen vor, obwohl nach lebenslauf- wie auch migrationstheoretischen Überlegungen das altersbedingte Ausscheiden aus dem Produktionsprozess ein potentielles Motiv für eine Wanderung im Lebensverlauf darstellt.

2. Konkurrierende Zukunftspräferenzen

Welche Zukunftspläne verfolgen ältere ArbeitsmigrantInnen hinsichtlich der Wahl des Lebensmittelpunkts nach der Pensionierung? Welche Erfahrungen prägen die Bleibe- oder Mobilitätsabsicht? Können die verschiedenen Präferenzen typischen Lebenslagen bzw. migrantischen Milieus zugeordnet werden? Die Analyse der Zukunftspräferenzen älterer ArbeitsmigrantInnen bietet den Rahmen für eine Diskussion der Möglichkeiten und Grenzen einer mobilen Lebensführung im Alter.[21]

Die Ergebnisse der Senior-Plus-Studie zeigen sehr ausgewogene Präferenzen: Während jeweils ein knappes Drittel in Österreich bleiben bzw. zwischen dem Herkunftsland und Österreich pendeln möchte, möchte ein Fünftel zurückkehren; ein weiteres Fünftel der Befragten zeigt sich noch unentschieden. Wie aus Tabelle 6.1 ersichtlich ist, sind die Zukunftspläne eng mit den vier in Kapitel V analysierten Identitätslagen verbunden: So tendieren jene, die der assimiliertem Identitätslage zuzuordnen sind, signifikant häufiger dazu, in Österreich zu bleiben, während Rückkehr und Pendeln weniger attraktiv erscheinen; stärker ausgeprägt ist in dieser Gruppe auch das Gefühl der Ungewissheit. Unter jenen, die dem herkunftsorientierten, ethnisch segmentierten Typus zugerechnet werden können, steigt hingegen die Neigung zur Rückkehr signifikant an, am Bleiben sind deutlich weniger orientiert. Doppelte Zugehörigkeitsgefühle wiederum verstärken signifikant die Tendenz zum Pendeln. Aufgrund der kleinen Fallzahl zeigen sich für die Gruppe der Marginalität keine signifikanten Zusammenhänge zwischen den Identitätslagen.

---

[21] In den Forschungen zur Lebenssituation älterer MigrantInnen in Wien wurde nach den „Plänen nach der weiteren Zukunft" gefragt. Die Antwortmöglichkeiten lauteten „ich möchte für immer in Österreich bleiben", „ich möchte in meine Heimat zurückkehren", „ich möchte zwischen Österreich und meinem Heimatland pendeln, d.h. halb hier und halb in der Heimat leben" sowie „weiß nicht bzw. ich habe mir noch keine Gedanken gemacht". Für die weitere Analyse wird aus Gründen der Stichprobengröße auf die Senior-Plus-Studie zurückgegriffen.

Tabelle 6.1. Zukunftspräferenzen nach Bindungstypen (Prozentangaben)

	Doppelte Zugehörigkeit (n = 89)	assimilatorische Zugehörigkeit (n = 50)	herkunftsbezogene Zugehörigkeit (n = 69)	Unzugehörigkeit (n = 22)	Σ (n = 230)
in Österreich bleiben	29	48	12	32	30
ins Herkunftsland zurückkehren	18	6	39	14	21
pendeln	37	20	30	27	30
weiß nicht	16	26	19	27	20

Quelle: Senior-Plus 1999

Die Überlegung, im Alter in Österreich zu bleiben oder in das Herkunftsland zurückzukehren oder zwischen diesen beiden „Heimaten" zu pendeln, differiert nach soziodemografischen Merkmalen: So kommt etwa dem Alter sowie dem beruflichem Status insofern Bedeutung zu, als mit steigendem Alter (über 60-Jährige) sowie mit dem Ausscheiden aus dem Erwerbsprozess der Anteil der Unentschlossenen signifikant sinkt; unter den über 60-jährigen steigt zudem deutlich der Anteil jener, die in Österreich bleiben möchten. Als einflussreich erweist sich auch die Staatsbürgerschaft: So möchten 56 Prozent der eingebürgerten verglichen mit 23 Prozent der nicht eingebürgerten ArbeitsmigrantInnen dauerhaft in Österreich bleiben, hingegen planen nur 6 Prozent der Eingebürgerten, aber 25 Prozent der nicht Eingebürgerten eine Rückkehr ins Herkunftsland. Darüber hinaus zeigen sich nicht eingebürgerte MigrantInnen unschlüssiger, was die weitere Zukunft betrifft: 22 Prozent sind unentschlossen im Vergleich zu 10 Prozent der Eingebürgerten. Unterschiedliche Präferenzen zeigen sich weiters nach dem Geschlecht: Frauen erweisen sich signifikant stärker am Migrationsland orientiert – 41 Prozent der Frauen im Vergleich zu 24 Prozent der Männer möchten ihr Alter in Österreich verbringen – und neigen deutlich seltener zum Pendeln; 20 Prozent der Migrantinnen, aber 34 Prozent der Migranten präferieren diese Lebensform. Gewisse Unterschiede zeigen sich schließlich in Bezug auf den nationalen bzw. ethnischen Hintergrund. So sehen Personen aus der Türkei im Bleiben wie auch im Pendeln attraktivere Optionen als MigrantInnen aus Ex-Jugoslawien (31 zu 27 bzw. 37 zu 26 Prozent).

Ähnlich wie in vergleichbaren nationalen und internationalen Forschungen (vgl. etwa Attias-Donfut 2005, Goldberg/Feld/Aydin 1999, Kauth-Kokshoorn 1998, Olbermann/Dietzel-Papakyriakou 1995) manifestieren sich also auch in unserer Untersuchung eine leichte Dominanz der Bleibepräferenz, eine Attraktivität des Pendelns sowie ein relativ hoher Anteil an Unentschlossenheit. Letzteres deutet auf die Unabgeschlossenheit und potentielle Reversibilität der Migrationsbiografien hin, wobei, wie gezeigt wurde, die Unschlüssigkeit im höheren Alter und nach der Pensionierung deutlich zurückgeht. Übereinstimmung mit anderen Forschungen besteht auch hinsichtlich Staatsbürgerschaft und Geschlecht. Einbürgerung gilt als ein „harter" Indikator für eine Einwanderungsentscheidung[22]. Dass Männer eher pendeln und die Möglichkeiten der transnationalen Netze ausschöpfen möchten, Frauen hingegen eher dazu tendieren, sich dauerhaft niederzulassen, wird in der Literatur unter anderem auf die familiäre Aufgabenverteilung (etwa Betreuung von Enkelkindern) und Rollenverpflichtungen zurückgeführt (vgl. Pessar 1999). Der Bleibewunsch ist aber auch bei allein stehenden Frauen stark sowie naturgemäß generell bei MigrantInnen, die den Bezug zum Herkunftsland verloren haben.

Im Zusammenhang mit der Analyse von Zukunftsplänen und Präferenzen ist zu bedenken, dass diese in der Regel starken Schwankungen unterliegen. Das Oszillieren zwischen den verschiedenen Optionen charakterisiert migrantische Lebensläufe nicht erst in der nachberuflichen Lebensphase. Lebenspläne und Bedürfnislagen variieren in Abhängigkeit davon, wie sich Alltag und Lebensverhältnisse im Aufnahmeland bzw. im Herkunftsland gestalten bzw. potentiell entwickeln. Den ökonomischen, politischen und sozialrechtlichen Verhältnissen kommt dabei ebenso große Bedeutung zu wie der eigenen gesundheitlichen und psychosozialen Befindlichkeit, der familiären Situation, aber auch den natürlichen Umweltbedingungen (Wetter, Klima), wobei die Klage über letztere oft als „Statthalter" für tiefer liegende Konflikte fungieren; so etwa werden Erfahrungen von sozialer Zurückweisung und Herabsetzung auf nicht beeinflussbare Umweltbedingungen projiziert.

Gemäß den Annahmen der Migrationsforschung ist davon auszugehen, dass für Migrationsüberlegungen auch im Alter sowohl strukturelle Makro-, relationale Meso- und individuelle Mikrofaktoren ausschlaggebend sind (vgl. dazu Faist 1997). Die *strukturellen Faktoren* beziehen sich auf die rechtlichen Rahmenbedingungen und sozialrechtlichen Regelungen (Aufenthaltsrecht und Einbürgerungsgesetz, Fragen des Eigentumserwerb im Herkunftsland, Pensionsrecht und Zugang zu Leistungen aus dem Sozial- und Gesundheitssystem); darüber hinaus prägen die politische Situation (Regimetyp, ethnische, religiöse und militärische Konflikte, zwischenstaatliche Beziehungen) sowie ökonomische Aspekte wie Kaufkraftunterschiede, Wohlstandsgefälle oder Rückkehrhilfen die Opportunitätsstruktur. *Mesofaktoren* beziehen sich auf die intermediäre Ebene der sozialen Beziehungen, konkret auf die Verfügbarkeit von sozialen (familiären, verwandtschaftlichen, ethnischen) Netzwerken und das Eingebundensein in sozio-politische Organisationen. Die *Mikrofaktoren* umfassen den Bereich der individuellen Präferenzen (Werte, Einstellungen, Erwartungen) und Ressourcen (materielle Lage, Gesundheit, kulturelle Ressourcen). Für die Analyse der Zu-

---

[22] Einbürgerung erhöht nicht nur die Rechtssicherheit, sondern zugleich den Mobilitätsradius und damit auch den individuellen Handlungsspielraum.

kunftsoptionen und Präferenzen kommen auf individueller Ebene neben der materiellen, kulturellen und sozialen Ressourcenausstattung zweifellos Einflussfaktoren wie der Bewertung des Migrationserfolgs (in Abhängigkeit von Motiven, Erfolg und Misserfolg) sowie den Akkulturationsvariablen Aufenthaltsdauer und Einbürgerung, Erfahrung von Diskriminierung und Ausgrenzung, Ausmaß der emotionalen Bindung an das Herkunfts- und Aufnahmeland Bedeutung zu.

Die Ergebnisse der bivariaten Korrelationsanalyse von Zukunftsvorstellungen und verschiedenen Dimensionen der Ressourcenausstattung unterstreichen nachdrücklich den Stellenwert des Integrationserfolgs für die Bleibeorientierung: Ablösung vom Herkunftsland und Herkunftskultur einerseits, gute Deutschkenntnisse, Einbürgerungsstatus, emotionale Bindung an die neue Heimat und Assimilationsorientierung andererseits bilden die zentralen Pfeiler der Bleibeorientierung. Von ebenfalls signifikanter, wenn auch etwas weniger starker Bedeutung sind das Fehlen von Diskriminierung und eine positive Migrationsbilanz. Die Präferenz für den Verbleib in Österreich erhöht sich zudem mit längerer Aufenthaltsdauer, besseren Umweltbedingungen (niedriger wahrgenommener Segregationsgrad) und einem etwas höheren Berufsstatus (Facharbeiter). Als nahezu spiegelverkehrt zur Bleibeabsicht zeigt sich das Bild hinsichtlich der Rückkehrorientierung. Hier sind es die sozio-emotionale Bindung an das Herkunftsland (emotionale Nähe, Kontakthäufigkeit) und die Ausrichtung an der ethnischen Bezugsgruppe, das Fehlen von Sprachkenntnissen des Aufnahmelandes sowie die Orientierung an den traditionellen Werten des Herkunftskontextes, welche signifikant mit dem Wunsch nach Rückkehr einhergehen; auch das ökonomische Unsicherheitsgefühl und ein ausbleibender Migrationserfolg begünstigen den Rückkehrwunsch.[23] Für die Pendeloption heben die Ergebnisse die Bedeutung von multilokaler sozio-emotionaler Einbindung hervor: Netzwerkgröße im Aufnahmeland und Kontakthäufigkeit zur alten Heimat korrelieren ebenso signifikant mit dem Pendelwunsch wie die Bindung an traditionelle Werte der Herkunftsgesellschaft.

---

[23] Dieses Ergebnis stützt die These, dass die Rückkehrorientierung ein wichtiges Motiv für den ethnischen Rückzug im Alter darstellt (Dietzel-Papakyriakou 1993).

Tabelle 6.2 Zusammenhang von Zukunftsplänen und Handlungsressourcen (Korrelationskoeffizienten)

	in Österreich bleiben	ins Herkunftsland zurückkehren	zwischen Österreich und Herkunftsland pendeln
ökonomische Ressourcen			
sozio-ökonomischer (Berufs) Status	,17		
ausreichende Absicherung im Alter		-,16	
Dauer des Aufenthaltes	,15	-,16	
Einbürgerungsstatus	,29*	-,18*	
Migrationsbilanz	,15	-,18*	
kulturelle und symbolische Ressourcen			
Bindung an Österreich	,23*	-,20*	
Bindung an Herkunftsland	-,24*	,29*	
Bindung an traditionelle Werte	-,34*	,25*	,14
Assimilationsorientierung	,29*	-,21*	
Deutschkenntnisse	,32*	-,26*	
soziale und sozialökologische Ressourcen			
soziales Netzwerk im Zielland		,12*	,16*
Kontakt mit Herkunftsland	-,39*	,23*	,14
Wohnverhältnisse		,18*	
Diskriminierung	-,18*		
ethnische Segregation/Einbettung	-,14	,16	

Quelle: Senior-Plus 1999; n = 231

eta; * p < 0,1; alle anderen Werte p < ,05; es werden nur signifikante Werte ausgewiesen

Welchen Einflussvariablen kommt nun im Einzelnen eine Erklärungskraft zu? Um diese Frage beantworten zu können, wurde für jede Handlungsoption eine binäre logistische Regressionsanalyse durchgeführt, wobei in das Modell neben den eben genannten Akkulturationsvariablen noch sozio-demografische Einflussfaktoren sowie einige wichtige subjektive Variablen, die man als „personale Ressourcen" bezeichnen könnte, wie Wohlbefinden, Belastungsempfinden und Unsicherheitsempfinden, mit aufgenommen wurden.

Die Ergebnisse der multivariaten Analyse bestätigen den Stellenwert von Akkulturation und (struktureller) Assimilation für die Bleibeorientierung, von Traditionsbindung und Adaptationsproblemen für das Rückkehrmotiv, von sozialer Netzwerkeinbettung für die Pendelmobilität. Die Bleibepräferenz ist in dieser Studie eindeutig integrationsorientierten Milieus zuordenbar. Als Determinanten der Bleibeabsicht wirken längere Aufenthaltsdauer („cumulative inertia Axiom"), eine positive Migrationsbilanz sowie soziale und kulturelle Distanz von der Herkunftsgesellschaft (Indikatoren der strukturellen und kulturellen Assimilation nach Esser 1980); signifikante Effekte lassen sich auch für das Fehlen von Diskriminierung und sozialökologischer Isolation (Segregation) nachweisen. Hingegen erscheint das Rückkehrmotiv in ethnisch segregierten Milieus (hohe Bedeutung traditioneller Werte) verankert, über Erklärungskraft verfügen aber auch Akkulturationsstress und Ressourcenmängel (schlechte Wohnsituation). Die Rückkehrpräferenz ist so gesehen auch ein Spiegel struktureller Instabilität und assimilatorischer Abwehr. In Bezug auf den Pendelwunsch kann die Existenz von sozialen Ressourcen im Aufnahmeland sowie von Kontaktstrukturen im Herkunftsland als Prädiktoren identifiziert werden; die Pendelwahrscheinlichkeit steigt also mit der Größe der sozialen Netzwerke und der Bindung ans Herkunftsland. Im Unterschied zur Bleibe- und Rückkehrorientierung ist die Präferenz für das Pendeln keinen eindeutigen sozial-strukturellen und kulturellen Lagen zuordenbar.

Tabelle 6.3 Einflüsse auf Zukunftspläne
(Koeffizienten der logistischen Regression)

	in Österreich bleiben		ins Herkunftsland zurückkehren		zwischen Österreich und Herkunftsland pendeln	
	beta	odds ratio	beta	odds ratio	beta	odds ratio
sozial-strukturelle Variablen						
Geschlecht (männlich)						
Alter (älter als 60)						
nationale Herkunft (Türkei)						
sozio-öknomischer Status (hoch)						
Berufsstatus (in Pension)						
Wohnsituation (gut)			-,91	2,49		
Akkulturationsvariablen						
lange Aufenthaltsdauer (vor 1973)	1,11	,33				
eingebürgert						
Deutschkenntnisse (gut)						
Assimilationsorientierung						
Bindung an Österreich						
Bindung an Herkunftsland						
soziales Netzwerk (groß)					,41	1,51
viel Kontakt mit alter Heimat	-1,42*	4,13			,46	,63
traditionelle Werte (hoch)	-,77*	,46	,97	2,63		
Migrationsbewertung (positiv)	1,62*	,20				
Diskriminierung (hoch)	-1,47	,23				
ethnische Segregation (hoch)	-1,07	,34				
subjektives Wohlbefinden						
ausreichende Absicherung im Alter						
psychosoziale Belastungen (hoch)			,12*	,88		
Wohlbefinden (hoch)						
Chi²	39,05		13,48		7,12	
(Nagelkerke) Pseudo R²	,52		,30		,12	

Quelle: Senior-Plus 1999

* $p < 0,1$; alle anderen Werte $p < ,05$; es werden nur signifikante Werte ausgewiesen

In vertiefenden Analyseschritten lässt sich feststellen, dass die Wahrscheinlichkeit der Bleibeorientierung gegenüber der Rückkehrorientierung signifikant mit der Möglichkeit, die Position in der Gesellschaft zu festigen, ansteigt. Hingegen steigt die Wahrscheinlichkeit der Pendelorientierung gegenüber der Bleibeorientierung mit der Verfügbarkeit an sozialem Kapital im Aufnahme- und Herkunftsland. Der zentrale Unterschied zwischen Pendel- und Rückkehrorientierten wiederum besteht in einer stabileren sozialstrukturellen Positionierung der am Pendeln orientierten MigrantInnen.

Angaben zu den Zukunftsplänen, die in Querschnittserhebungen nur zu einem Zeitpunkt erhoben werden können, sagen naturgemäß nichts über die Wahrscheinlichkeit aus, mit der Absichten in Handlungen umgesetzt werden; auch bleibt unklar, welche Faktoren, Bedingungen und Ressourcen für die Entscheidung bezüglich der nachberuflichen Lebensplanung letztlich wirklich erklärend sind. Spezielle Vergleichsstudien zu den Übergangsverläufen in die Altersphase unterschiedlicher Gruppen von Bleibeorientierten, Rückkehrern, Pendlern oder Weiterwanderern liegen bislang auch international nicht vor. Für Deutschland zeigt eine Analyse von Stichprobenausfällen im sozioökonomischen Panel, dass in dieser Längsschnittstudie rund ein Drittel der Ausfälle bei MigrantInnen auf Fortzüge zurückzuführen war (Seifert 1995). Auch wurde die Remigrationswahrscheinlichkeit für bestimmte Gruppen berechnet. Demnach beträgt die Remigrationswahrscheinlichkeit für die gesamte Stichprobe der in Deutschland lebenden ImmigrantInnen 12 Prozent, es bestehen jedoch ausgeprägte Unterschiede zwischen den verschiedenen Gruppen: Die Chance auf eine Remigration ist unter MigrantInnen aus EU-Ländern (Italien, Spanien, Portugal, Griechenland) deutlich höher als unter jenen aus der Türkei und Ex-Jugoslawien. Als wichtigste Determinanten für die Rückkehr konnten der Berufsstatus (keine Vollerwerbstätigkeit bzw. Pensionierung) und die Netzwerkkomposition (Remigration von Familien- bzw. Haushaltsmitgliedern) isoliert werden (vgl. Haug 2001). Letzteres unterstreicht die Beobachtung, dass auch Remigrationsentscheidungen zumeist in Abstimmung mit Haushaltsmitgliedern getroffen werden. Signifikanten Einfluss zeigen folgerichtig das Vorhandensein von Familie und Kindern im Aufnahmeland (fürs Bleiben) und im Herkunftsland (für die Rückkehr). Schließlich erweist sich auch die Rückkehrabsicht als eine Determinante der Remigration, wobei jedoch eine deutliche Diskrepanz zwischen Intention und Wirklichkeit zu beobachten ist. Laut Analyse des sozio-ökonomischen Panels sind 76 Prozent jener Personen, die bei der ersten Befragung ankündigten, im darauf folgenden Jahr zurückkehren zu wollen, nicht ausgewandert, während 11 Prozent jener, die angaben, für immer in Deutschland bleiben zu wollen, ins Heimatland zurückgekehrt sind.

3. Möglichkeiten und Grenzen transnationaler Mobilität

Im Gegensatz zum gesellschaftlichen Stereotyp, das Alter mit Immobilität gleichzusetzen, nimmt, wie an der wachsenden Zahl grenzüberschreitender Wohnsitzwechsel nach der Pensionierung festzumachen ist, die Migrationsbereitschaft auch im Alter generell zu (vgl. Dietzel-Papakyriakou 1999). Die Tatsache, dass ältere ArbeitsmigrantInnen schon einmal in ihrem bisherigen Lebensverlauf in ein anderes Land emigriert sind, weist sie im Speziellen als eine Gruppe mit hoher Bereitschaft zur Mobilität aus. Verbesserte Informations- und Kommunikationstechnologien und Transportmöglichkeiten sowie rahmenrechtliche Änderungen (Freizügigkeit innerhalb der EU für ehemalige ArbeitsmigrantInnen aus den alten und neuen EU-Ländern, durchlässigere Grenzen für Personen aus Ländern mit Beitrittsstatus bzw. in Beitrittsverhandlungen oder mit existierenden Assoziationsabkommen) erleichtern die Realisierung von Mobilitätsplänen beträchtlich. Neben Pendelmigration und Remigration, den beiden häufigsten Mobilitätsformen im Alter, bestehen noch andere Praktiken wie das Weiterwandern in ein Drittland, welches häufig auf das ursprünglich angepeilte Migrationsland oder auf ein Land mit familiären Ankerplätzen gerichtet ist, die zirkuläre Migration oder so genannte Rück-Rückwanderung, zu der es bei schwieriger oder misslungener Remigration kommen kann, aber auch innerstaatliche Mobilität – der Umzug erfolgt dann zumeist von peripheren Gebieten in Ballungszentren und in die Nähe familiärer und ethnischer Kontaktkreise (vgl. Reinprecht/Grasl 2002). In vielen Fällen manifestieren sich in diesen Mobilitätsformen individuelle Strategien, um die eigene Lebenssituation zu verbessern und aktiv auf gesellschaftliche Veränderungen oder Benachteiligungen zu reagieren. Diese Versuche einer Erweiterung der individuellen Handlungsfähigkeit stehen jedoch bis zu einem gewissen Grad im Widerspruch sowohl zu den restriktiven Lebensbedingungen als auch zu den etablierten Praktiken der europäischen Einwanderungsregimes, in denen MigrantInnen auf erhebliche institutionelle Barrieren und Widerstände treffen (dies betrifft vor allem die Transferierbarkeit von erworbenen Ansprüchen aus den Sozialsystemen sowie die Mobilität der Drittstaatsangehörigen).

In Bezug auf die räumliche Mobilität älterer MigrantInnen fallen drei Motive besonders ins Gewicht[24]: Angehörige der ersten Generation sind mobil, weil dies dem bisherigen Verlauf ihres Lebens am meisten entspricht und sie über soziale Beziehungen im Herkunfts- und im Aufnahmeland verfügen. Zum anderen sind ältere MigrantInnen mobil, weil ihr Leben im Aufnahmeland von rahmenrechtlicher Unsicherheit, prekärer Versorgung und Ungewissheit begleitet war; sie wurden nicht so aufgenommen, dass sie ihren

---

[24] Die folgenden Absätze beziehen sich unter anderem auf die Ergebnisse eines europäischen Projektes zum Thema „Mobilität als Handlungsfähigkeit gegen Diskriminierung" (BAGIV 2002).

Aufenthalt im Zielland „verfestigen" hätten können oder wollen. Schließlich können soziale Missachtung und Diskriminierung ebenfalls ein Anlass für Mobilität im Alter sein. Während das erste Motiv eine freiwillige Mobilität beschreibt, implizieren die beiden anderen Aspekte eine „unfreiwillige" Mobilität, die eingesetzt wird, um Integrationsprobleme und rechtliche Unsicherheit zu reduzieren und Diskriminierung zu vermeiden.[25] Auch die empirischen Analysen unterstreichen diese Beobachtungen: Soziale Beziehungen im Herkunfts- und im Aufnahmeland erhöhen die Mobilitätsneigung; je geringer Diskriminierung und Segregation, desto stärker die Bleibeorientierung, je ungenügender soziale Absicherung und materielle Ressourcenausstattung, desto ausgeprägter der Rückkehrwunsch. Oftmals bleibt die Rückkehr allerdings eine lebenslang gehegte Illusion; sie transformiert sich dann in eine Mobilität nach innen, d.h. sie nimmt die Form einer inneren Emigration in das Binnenmilieu an: Auf die abweisende Haltung der Mehrheitsgesellschaft wird mit ethnisch-religiösem Isolationismus reagiert.

Jenseits der eindeutigen Zusammenhänge, die in den multivariaten quantitativen Analysen herausgearbeitet werden konnten, ist es wichtig, die mehrschichtige und in sich durchaus ambivalente Bedeutung der Zukunftspräferenzen, besonders des Rückkehrwunsches, aber auch der Mobilitätsbedürfnisse zu sehen. Qualitative Studien beschreiben den Rückkehrwunsch als ein komplexes Phänomen, das fix in Migrationsprojekte eingebaut ist und eine wichtige soziale, psychologische und identitäts-stabilisierende Funktion erfüllt (vgl. Pagenstecher 1996). Die Orientierung an der Rückkehr fungiert als Abwehrstrategie gegen Ausgrenzung und Unsicherheit, dient als Metapher für Loyalitätsbekundungen sowohl zur Herkunftsgesellschaft als auch zur Minderheit im Aufnahmeland, sorgt für Identitätsstabilisierung und Sinnstiftung und stärkt den Familienzusammenhalt. Die Rückkehrorientierung ist so gesehen Teil einer Überlebensstrategie, die Gewissheit vermittelt, den Verhältnissen komplexer Unsicherheit nicht hilf- und machtlos ausgesetzt zu sein; sie strukturiert deshalb den Familiendiskurs gerade auch im Kontext dauerhafter Niederlassung (Korte 1990). Darüber hinaus erfüllen Remigra-

---

[25] Inwieweit Benachteiligung und Diskriminierung ein Motiv für Mobilität darstellen, ist differenziert zu beurteilen. Gesellschaftliche Diskriminierung evoziert nicht notgedrungen erhöhte Mobilität. So wurde in Österreich bei MigrantInnen aus der Türkei beobachtet, dass sie auf steigende Fremdenfeindlichkeit mit dem Erwerb der österreichischen Staatsbürgerschaft reagieren, um ein Mehr an Rechtssicherheit, aber auch an Bewegungsfreiheit (im buchstäblichen Wortsinn) zu erreichen. Für Deutschland wurde beobachtet, dass MigrantInnen aus Italien und Griechenland wegen xenophober Strömungen eher zur Rückkehr tendieren, während sich MigrantInnen aus der Türkei eher in die ethnische Gemeinschaft zurückziehen, was Traditionalismus und Religiosität fördert. Es kann davon ausgegangen werden, dass Diskriminierung nicht allein, sondern eher in Zusammenhang mit anderen Motiven, z.B. familiärer Art, dazu veranlasst, mobil zu werden (vgl. Reinprecht/Grasl 2002).

tionsoption und Rückkehrdiskurs eine wichtige Funktion für die ethnische Minderheitenbildung. Dies bezieht sich keineswegs nur auf Prozesse von Selbst- und Fremdethnisierung auf individueller oder familiärer Ebene; das Motiv der Rückkehr ist vielmehr hoch funktional für die Herausbildung von ethnischen Minderheiten und kollektiven Identitäten in der Einwanderungsgesellschaft. Wie für größere Immigrationspopulationen in Großbritannien und den USA beobachtet wurde, bildet die Rückkehr ein zentrales Motiv kollektiver Selbstverständigung, die sich mit der Zeit zu einer die Minderheit fundierenden mythischen Erzählweise transformiert (vgl. etwa Anwar 1979) Wie bei jeder Mythisierung geht es darum, über ritualisierte Kommunikation ein gemeinschaftliches Bewusstsein und Solidaritätsgefühle zu erzeugen, die sich von der konkreten lebensweltlichen Erfahrung abgelöst haben und unhinterfragbar erscheinen. Mitunter scheint es sogar, als gewänne der Rückkehrmythos umso mehr an Zentralität, je weniger Rückkehr real stattfindet (vgl. dazu Bovenkerk 1974, der vor dem US-amerikanischen Hintergrund davon spricht, dass nirgendwo mehr über Rückkehr gesprochen werde als unter Einwanderern, die nie zurückkehren werden).

Auch in der empirischen Analyse tritt die Funktion der Rückkehrorientierung für Prozesse der ethnischen Schließung deutlich zutage. Wie Forschungen zeigen, kann dieser Rückzug dazu genützt werden, die altersbedingte Loslösung von sozialen Rollen (Beruf, Familie, etc.) durch eine Übernahme von Rollen innerhalb der ethnischen Bezugsgruppe zu kompensieren. Zugleich ist es möglich, Gefühle von Heimweh und Nostalgie, die gerade im Kontext des Alterns in der Migration auch im Sinne einer Nostalgie des Raumes (als kognitives und symbolisches Referenzsystem) große Bedeutung erlangen, nicht nur passiv zu erdulden, sondern über die Einbettung in ethnische Beziehungssysteme aktiv zu bewältigen (Dietzel-Papakyriakou 2004). Gleichwohl erscheint der ethnische Rückzug in Hinblick auf die Lebensperspektive des Älterwerdens als eine in sich widersprüchliche und sozialpolitisch problematische Strategie. So beinhaltet „das Aufgeben der Rückkehrorientierung das Risiko einer Sinnkrise und Enttäuschung" (Olbermann/Dietzel-Papakyriakou 1995, 15); gleichzeitig hemmt das Festhalten am Rückkehrwunsch das Engagement in der Umgebung des Aufnahmelandes, „dessen soziale Struktur und Kultur den meisten Migranten", wie Brandenburg schreibt, unter den Bedingungen von Unterschichtung und sozialer Ausgrenzung „fremd geblieben sind" (Brandenburg 1994, 419f.). Folgerichtig korrespondiert die Rückkehrillusion häufig mit einem (subjektiv so empfundenen) mäßigen Migrationserfolg. Insofern mag die Ethnisierung insbesondere für sozial marginalisierte MigrantInnen „eine sinnvolle Form der Selbstbehauptung sein", trägt aber „zugleich zur Legitimation und Verfestigung ihrer gesellschaftlichen Ausgrenzung" bei (Bommes/Scherr 1991, 307).

Wie unsere empirischen Analysen zeigen, sind Rückkehrorientierung und ethnischer Rückzug nicht aus sich heraus, sondern erst im Zusammenhang mit sozial-struktureller Instabilität und Ressourcenarmut als problematisch anzusehen. Chronische Instabilität und Ressourcenarmut können nur bis zu einem gewissen Grad über die Mobilisierung sozialer und kultureller Ressourcen kompensiert werden und sind mit einem hohen Risiko von dauerhafter Abdrängung in einen Status „ausschließender Armut" (Paugam 2004) behaftet. Je weniger drängend die objektiven und subjektiv wahrgenommenen Gefährdungen der Prekarität, desto eher können die vorhandenen sozialen und/oder kulturellen Ressourcen für ein autonomes Arrangement der nachberuflichen Lebensphase und des dorthin führenden Übergangsverlaufs eingesetzt werden. Je stärker hingegen die Unsicherheit, desto verminderter das gesellschaftliche Engagement wie auch die Möglichkeit, alternative Optionen, welche über das vermeintliche Entscheidungsdilemma von Rückkehr oder Bleiben hinausweisen, wahrzunehmen.

Wie jede andere Form der Migration, ist auch zirkuläre oder pendelförmige Mobilität selektiv (vgl. Dietzel-Papakyriakou 1999). Um eine mobile Lebensführung im Alter verwirklichen zu können, müssen drei Bedingungen erfüllt sein: politische und (sozial)rechtliche Rahmenbedingungen, welche eine mobile Lebensführung überhaupt erst möglich machen (so etwa beeinflussen die Zugangsbestimmungen zu Pensions- und Sozialrechten die Mobilitätsbemühungen); das Vorhandensein von (im besten Fall transnationalen) Kontaktstrukturen und kulturellen Orientierungen, d.h. die Möglichkeit, soziale Kontakte und kulturelle Orientierungen umstandslos sowohl im Aufnahme- wie im Herkunftsland aktivieren, wechseln oder auch miteinander verbinden zu können; schließlich einigermaßen stabile individuelle Ressourcen, insbesondere ein gesichertes Pensionseinkommen, finanzielle Ersparnisse, aber auch gesundheitliche Ressourcen, um den physischen Anforderungen und Mobilitätskosten etwa für Reisen und Haushalte bzw. Wohnmöglichkeiten gewachsen zu sein. PendelmigrantInnen gelten daher in der Regel als eher jünger und werden den gesellschaftlich eher stabiler positionierten und ressourcenstärkeren Gruppen zugerechnet, wie auch unsere Analysen bestätigt haben.

Pendelmigration und andere Formen transnationaler Mobilität gelten vielfach als neuartige Mobilitätskonzepte. In einem mittlerweile klassischen Text der neueren internationalen Migrationsliteratur aus den frühen 1990er-Jahren heißt es: „Now, a new kind of migrating population is emerging, composed of those whose networks, activities and pattern of life encompass both their host and home societies. Their lives cut across national boundaries and bring two societies into a single field (…) Within their complex web of social relations, transmigrants draw upon and create fluid and multiple identities grounded both in their society of origin and in the host societies" (Glick Schiller/Basch/Blanc-Szanton 1992, 1ff.). Aus einer längeren historischen Perspektive wird aber erkennbar, dass transnationale Formen der Migration keineswegs gänzlich neuartige Phänomene darstellen (vgl. Foner 1997). Auch die spezifische Organisationsform der Arbeitsmigration der Nachkriegsjahrzehnte (Rotationsprinzip, Orientierung an befristetem Aufenthalt) begünstigte offene und nicht-endgültige, reversible und unvollständige, zirkuläre und pendelförmige Migration, während sie die Entscheidung für dauerhafte Niederlassung und Einwanderung erschwerte. Das Gastarbeitermodell bildete bekanntlich eine stabile Basis für soziale Ausschließung; nur ein Teil der MigrantInnen konnte bzw. wollte diese Integrationsbarriere überwinden, während Formen der Lebensführung in und zwischen zwei Gesellschaften zumindest subjektiv an Bedeutung gewannen. In welchem Ausmaß dieses „Leben zwischen zwei Welten" (Lichtenberger 1984) nicht nur imaginiert, sondern auch tatsächlich in Form zirkulärer Mobilität eingelebt wurde, ist für die erste Generation der ArbeitsmigrantInnen im Detail nicht erforscht. Geografische Nähe begünstigte für MigrantInnen aus dem ehemaligen Jugoslawien eine Rückkehr oder Pendelmigration, wobei es besonders nach 1973 (so genannter Ölpreisschock) zu einer erheblichen Rückwanderung in das damalige Jugoslawien kam. Bestehende Kontaktstrukturen bildeten fortan eine wichtige Basis für wirtschaftliche Kooperationen, aber auch für weitere Migrationsprozesse, und ermöglichten vielen ehemaligen MigrantInnen während des Krieges in den 1990er-Jahren eine Rückwanderung ins ehemalige Aufnahmeland. In der Senior-Plus-Studie waren 10 Prozent der Befragten zwischenzeitlich einmal länger als 6 Monate in ihr Herkunftsland zurückgekehrt. Wie zu erwarten, korreliert diese Erfahrung positiv mit der Rückkehrorientierung.

Freilich fand die Mobilität der ArbeitsmigrantInnen noch unter den Bedingungen der Nachkriegsordnung (Konkurrenz der Gesellschaftssysteme) und etablierter Nationalstaatlichkeit statt, während die These von der wachsenden Bedeutung der transnationalen Mobilitäts- und Lebensformen im Kontext der post-nationalen Konstellation (Habermas 1998) formuliert wird. Diese Perspektivenverschiebung differenziert auch den Blick auf das prekäre Altern der ersten Generation. Dabei geht es nicht darum, räumliche Mobilität – sozusagen als Gegenentwurf zum Assimilationsmodell – zu einem neuen normativen Leitbild hochzustilisieren, sondern um ein vielschichtigeres Bild der möglichen Optionen nachberuflicher Lebensführung und der dafür jeweils erforderlichen Rahmenbedingungen und Ressourcen. Wichtig ist zu sehen, dass auch Mobilitätsbedürfnisse und Pendelpraktiken stark kontextabhängig sind und sehr Unterschiedliches bedeuten können. Um dieser Mehrdeutigkeit gerecht zu werden, sollen im Folgenden in idealtypischer Weise drei Praktiken der Pendelmigration kurz skizziert werden: Pendeln als transnationale Praxis; Pendeln als Vorstellung; Pendeln als mobiler Lebensstil.

Pendeln als transnationale Praxis: Dieses Mobilitätskonzept wird in der Literatur als paradigmatisch für den Wandel der Migrationsformen angesehen. Das Pendeln vollzieht sich in den Strukturen von übernational ausgespannten sozialen Netzwerken, die in mehreren räumlichen Kontexten verankert sein können und einen spezifischen transnationalen Raum für soziale Interaktionen und Transfers schaffen (Pries 1998; zur Funktion sozialer Netzwerke als zentrale Ressource für eine mobile transnationale Lebensführung siehe Haug 2000; Portes 1998b; Portes/Sensenbrenner 1993). Transnationale Netzwerke bilden den Rahmen für eine an zwei oder mehreren Orten ausgerichtete Lebensführung; sie gewährleisten soziale Binnenintegration, sorgen für einen permanenten Güter-, Informations- und Erfahrungsaustausch und erlauben somit ein rasches Reagieren auf veränderte wirtschaftliche, aber auch politische Lagen sowohl im Aufnahme- als auch Herkunftsland. Ihre Funktion besteht nicht zuletzt darin, die Kosten und Risiken der Migration zu senken und Handlungsräume zu erweitern. Zugleich halten sie das Individuum fest und üben eine erhebliche soziale Kontrolle aus; der Verpflichtungscharakter der über die Netzwerke kommunizierten Rollenvorschriften und traditionellen Werte ist beträchtlich. Dies scheint mit einer der Gründe zu sein, warum gerade Frauen, die häufig einem besonders starken normativen Zugriff traditioneller Rollenerwartungen ausgesetzt sind, sich einer mobilen Lebensführung im Alter gegenüber eher reserviert zeigen.

Pendeln als Vorstellung: Wenn Netzwerke Mobilität ermöglichen und zugleich bremsen, dann erweisen sich auch Pendeln und ethnische Insulation nicht notwendigerweise als Widerspruch. Wie bereits an anderer Stelle ausgeführt wurde, bilden soziale Bezugssysteme – im Anschluss an Appardurai (1996) und Albrow (1997) kann von „Soziosphären" gesprochen werden – eine fragile soziale Tatsache, die relational und kontextuell und weniger räumlich zu sehen ist. Wenn also die soziale Dimension und die räumliche Dimension partiell auseinander fallen (man fühlt sich nicht jenem sozialen Umfeld zugehörig, in dem man räumlich lebt), transformiert sich der reale Ort des Älterwerdens in einen imaginierten Raum. Ähnlich wie im Falle des Rückkehrmotivs, werden vielfach auch Mobilitätswünsche im Laufe des Älterwerdens zu einer Art „Illusion"; dieses vorgestellte Pendeln findet insbesondere unter restriktiven Bedingungen statt.

Pendeln als mobiler Lebensstil: Die Erfahrung älterer MigrantInnen ist durch zwei Besonderheiten charakterisiert: Zum einen bildet das Alter eine Leerstelle insofern, als das Älterwerden im Kontext der Einwanderungsgesellschaft zumeist nicht vorgesehen war; zum zweiten verschärft sich nach der Pensionierung die soziale Distanz zur Aufnahmegesellschaft. Nur selten können im Zuge der mit dem Übergang in die Altersphase verbundenen Veränderung des sozialen Koordinatensystems bestehende Kontaktstrukturen in der Dominanzgesellschaft aufrecht und autonom gehalten werden. Soziale Beziehungen und Bezüge, die im Erwerbsleben Bestand hatten und passiv wie aktiv gelebt wurden, verlieren an Bedeutung oder werden geschlossen (dies betrifft auch eigenethnische Kontaktkreise), bestehende Bezugssysteme aus Familie, Verwandtschaft, Freundesbeziehungen und Nachbarschaftskontakten gewinnen hingegen an Zentralität. In diesem Zusammenhang ist zumeist von ethnischem Rückzug die Rede, was eine passive und gleichförmige Reaktionsweise unterstellt. In den Soziosphären älterer MigrantInnen sind die Binnendifferenzierungen allerdings ähnlich stark ausgeprägt wie unter der älteren autochthonen Bevölkerung: es finden sich Deprivationsmilieus und Gruppen mit hohem Wohlbefinden, sozial isolierte als auch aktive Milieus. Biografische Erfahrungen und eine häufig restriktive und prekäre Lebenslage verstärken allerdings ganz grundsätzlich eine binnenorientierte

Lebensführung. In der Literatur wird diese Binnenausrichtung älterer MigrantInnen auch deshalb als ethnische Insulation bezeichnet, da Brücken und Bezüge zu den Strukturen der Mehrheitsgesellschaft gänzlich fehlen oder nicht ausreichend vorhanden sind.

Pendeln als mobiler Lebensstil bezieht sich auf die Beobachtung, dass die Bindung an verschiedene Orte tatsächlich gelebt wird, wobei die Bezugssysteme an den jeweiligen Orten lokal verinselt sind. Es existieren jeweils ortsgebundene soziale Kontaktkreise mit jeweils nicht oder nur eher schwach ausgeprägten Schnittpunkten zur jeweiligen Mehrheitsgesellschaft. Es handelt sich also jeweils um Formen der Binnenintegration, d.h. die Personen leben aktiv in zwei Binnensystemen mit jeweils unterschiedlichen sozialen Gefügen (unterschiedlicher Mix aus Verwandtschaft, Bekannten, etc.) und gewissen überlokalen Bezügen (Soziosphären), welche jedoch nicht den Verpflichtungscharakter transnationaler Netze haben. Diese verbreitete Form des Pendelns zwischen lokalen Verinselungen unterscheidet sich vom Pendeln in transnationalen Netzwerken vor allem durch den niedrigen Grad der transnationalen Netzwerkeinbindung. Es handelt sich um einen Versuch, bestehende Bezugssysteme im Alter nicht nur aufrechtzuerhalten, sondern aktiv einzuleben; dies ermöglicht Rollenvielfalt und Rollenwechsel, vor allem auch neue Sphären des Engagements, Alter bedeutet hier also nicht nur Rückzug und Disengagement.

Aus migrationssoziologischer Sicht scheinen zwei Aspekte wichtig: Zum einen stellt diese Lebensführung eine Form „verkappter" Individualisierung dar. In beiden ortsgebundenen Lebenswelten ist es das Ich, das autonom entscheiden möchte und Autonomie einlebt; ein Ich, das zwar im jeweiligen lokalen Kontext verortet ist, die Zugriffsversuche der kollektiven Identität jedoch auf Distanz hält. Ein zweiter Aspekt berührt eine generelle Problematik der auf Binnenintegration orientierten Lebensweise von MigrantInnen im Alter: Für diese Lebensweise ist die Aktivierbarkeit von Sozialkapital essentiell. Es bestehen starke soziale Bindungen, die auf Vertrauen, Solidarität, auch Tradition (Familienloyalität) beruhen; soziale Bindungen, die Anknüpfungen an den jeweiligen gesellschaftlichen Kontext und damit auch an institutionelle Ressourcen ermöglichen, sind in beiden Orten jedoch nur wenig ausgeprägt. Pendeln als mobiler Lebensstil erhöht daher bei kritischen Lebensereignissen das Risiko der Abhängigkeit von institutionellen Umwelten.

Zusammenfassend bleibt festzuhalten, dass Mobilität im migrantischen Alter ein komplexes Phänomen darstellt, das im Schatten der gesellschaftlichen Aufmerksamkeit (unter anderem der amtlichen Statistik) praktiziert, aber auch von der Migrationforschung nach wie vor unterschätzt wird. Migrantische Mobilität im Alter bedeutet für das Individuum die Chance, Lebenskontexte zu verbinden, unangemessene Lebensverhältnisse zu verändern und erfahrene Benachteiligungen zu bewältigen. Sie birgt aber auch Nachteile und Risiken, etwa eines Verlusts von Leistungen aus dem sozialen Sicherungssystem oder im Zugang zu institutionellen Hilfsressourcen. Die personenbezogenen Gründe für Pendelmobilität werden von zahlreichen strukturellen Mobilitätshemmnissen umrahmt. Dazu zählen insbesondere die nationalstaatlich verankerten Sozialsysteme, die den Transfer von Leistungen und Ansprüchen behindern. Die Diskussion über mobilitätsbegünstigende Rahmenbedingungen bezieht sich zum einen auf die Schaffung von bi- oder transnationalen Staatsbürgerschaften (Bauböck 1994), zum anderen auf die Ausgestaltung eines europäischen Sozialmodells, in dem der Transfer von Sozialrechten einheitlich geregelt und abgesichert ist.

VII. Alterseinstellungen und Aktivitätsressourcen

1. Gesellschaftliche Altersbilder und individuelle Alterseinstellungen

Die Thematik Altern und Migration wird zumeist aus der Perspektive doppelter oder auch mehrfacher Benachteiligung thematisiert: Eine ungleiche Teilhabe an Gütern und Lebenschancen verbindet sich mit einer marginalen gesellschaftlichen Position, die durch poröse rahmenrechtliche Deckungsgarantien sowie im Alltag verankerte gesellschaftliche Schließungstendenzen fixiert wird. Interventionen für eine Besserstellung migrantischer Bevölkerungsgruppen zielen daher konsequenterweise auf eine Verbesserung der gesellschaftlichen Teilhabemöglichkeiten in den unterschiedlichsten Lebensbereichen ab.

In ihrer ganzen Komplexität lässt sich die prekäre Lage der ehemaligen GastarbeiterInnen im Alter freilich nur im Kontext der gesellschaftlichen Altersbilder und Altersdiskurse erfassen. Altersbilder sind Bestandteile der sozialen Alternsdimension. Sie repräsentieren gesellschaftlich erzeugte, typisierende Vorstellungen über das Älterwerden (etwa hinsichtlich der Sequenzierung des Alters und der damit verbundenen Definition von Altersgrenzen und Lebensphasen), erleichtern die Beurteilung von sozialem Wandel und erfüllen zugleich eine Leitbildfunktion für das individuelle Verhalten. So etwa ist im Zusammenhang mit der Veränderung der demografischen Altersstruktur immer wieder von „ergrauter Gesellschaft" und einem „krankenden Lebensbaum" die Rede, bildet der „Ruhestand" den Gegenpol zur „aktiven Erwerbstätigkeit", werden körperlicher Abbau und geistige Erstarrung „des Alters" zur Vitalität und Gestaltungskraft „der Jugend" in Gegensatz gebracht. Altersbilder variieren zwischen Kulturen und mit dem Zeitenwandel. In den auf Fortschritt und Innovation ausgerichteten westlichen Industriegesellschaften sind negative Altersstereotype vorherrschend: Es dominieren Vorstellungen von Rollen- und Funktionsverlust, Abhängigkeit und Hinfälligkeit, Alterslast und Einsamkeit, sowie von alten Menschen als Objekten eines fürsorgenden Staates (vgl. Levy 2003, Amann 2004).

Im sozialwissenschaftlichen Altersdiskurs werden die in der industriegesellschaftlichen Moderne kulturell verankerten negativen Altersbilder als Stereotype benannt und durch alternative interventionsgerontologische Konzepte des „produktiven", „aktiven" und „erfolgreichen" Alterns ersetzt. Erfolg steht dabei für die geglückte Balance zwischen äußeren Gegebenheiten bzw. Umweltanforderungen und inneren Einstellungen bzw. Bedürfnissen (vgl. ursprünglich Havighurst/Neugarten/Tobin 1968), wobei sowohl dem Ressourcenhaushalt als auch der Fähigkeit zur Adaptation an die mit dem Altern verbundenen biologischen, psychologischen und sozialen Entwicklungen und Veränderungen besondere Aufmerksamkeit geschenkt wird (vgl. Baltes/Carstensen 1996). Aktives Altern beruht auf der Überlegung, dass

Zufriedenheit, Glück und gesundheitliches Wohlbefinden vor allem durch die Aufrechterhaltung von sozialer Teilhabe und die Mobilisierung von individueller Eigeninitiative erzeugt werden können. Produktivität schließlich betont die Wir-Dimension von Aktivität, also deren gesellschaftlichen Wert: Anstelle einer übermäßigen Betonung ich-zentrierter Aktivitäten zur Steigerung des subjektiven Wohlbefindens (Freizeitaktivitäten) zielt das Konzept des „produktiven Alters" auf eine Förderung eines „Werte erzeugendes Verhalten(s), das sozial nützlich ist" (Tews 1996, 164).

Wie psychologische Forschungen zeigen, beeinflussen die (zumeist dichotom, d. h. in Form von Gegensatzpaaren konstruierten) gesellschaftlichen Altersbilder als verinnerlichte Altersnormen auch die individuellen Erwartungen und sind somit als handlungsleitend anzusehen (vgl. Levy 2003). Je nachdem, ob das Altern positiv – als Zugewinn von neuen Freiheiten und Kompetenzen – oder eher negativ – als Verlust von Möglichkeiten und Fähigkeiten – assoziiert wird, können die Altersbilder eine ermutigende Funktion erfüllen oder auch verhindern, dass potentielle Handlungsspielräume als solche erkannt werden. Aus der Perspektive einer subjektiven Theorie des Alterns wird den Altersbildern eine zentrale Rolle für die Bewältigung der Aufgaben und Anforderungen im späteren Lebenslauf zugeschrieben; je stärker deren normativer Gehalt, umso eher werden sie als naturgegeben hingenommen; kulturelle Traditionen – etwa die Generationsordnung, Geschlechtsrollen oder familiäre Aufgabenteilung betreffend – spielen dabei eine wichtige Rolle. Auch im Migrationskontext, in dem sich, wie die bisherigen Analysen zeigen, das subjektive Wohlbefinden nicht allein aus den objektiven Lebensverhältnissen, sondern auch aus den subjektiven Bewertungen im Horizont der jeweiligen Motiv- und Bedürfnislagen erklärt, entfalten Altersbilder ihre Handlungsrelevanz. Doch mit welchem Altersbild identifizieren sich ältere MigrantInnen? Welche Vorstellungen und Erwartungen dominieren in Bezug auf das Älterwerden? Wie sehr entsprechen diese Haltungen den gängigen Normen einer aktiven Lebensführung?

Im aktuellen Glossar der Altersnormen beanspruchen drei Begriffe Zentralität: Autonomie, Aktivität und soziale Teilhabe. Gemeinsam ist diesen Begriffen nicht nur ihr dichotomer Charakter, sondern auch das durch sie vermittelte Individualisierungsprinzip.

Nach der Begriffspaarlogik stehen Autonomie, Aktivität und soziale Teilhabe in einem komplementären Verhältnis zu Abhängigkeit, Inaktivität und sozialem Ausschluss bzw. Isolation. Diese Konstruktion unterstreicht den normativen, ja geradezu appellativen Gestus der Konzepte: Eine autonome, aktive und sozial integrierte Lebensführung fungiert nicht nur als Ziel und Maßstab „erfolgreichen Alterns", sondern ist in Form einer Negation immer auch mit den unerwünschten Zuständen von Abhängigkeit, Inaktivität und Isolation verknüpft. In der dichotomen Logik gibt es das eine nicht ohne das andere, ist der eine Begriff stets als eine Potenzialität im anderen Begriff enthalten. Die positiv bewertete Autonomie benötigt also gewissermaßen die negativ bewertete Unselbstständigkeit, Aktivität legitimiert ihren zentralen Status als Zielvorstellung über das Vorhandensein von Untätigkeit, soziale Teilhabe ist komplementär zur Erfahrung von Einsamkeit und Isolation. Nach dem Individualisierungsprinzip bemisst sich erfolgreiches Altern daran, wie gut es dem/der einzelne(n) *für sich selbst* gelingt, die Prozesse in Richtung Selbstständigkeit, Tätigsein und Partizipation in Gang zu setzen.

Die Leitbilder des „erfolgreichen" und „aktiven" Alterns zielen auf die Stärkung von individueller Handlungsmächtigkeit und Selbstsorge. So geht das Konzept des „aktiven Alterns" von der These aus, dass Gesundheit und Wohlbefinden im Alter in hohem Ausmaß von einer aktiven und selbstbestimmten Lebensführung abhängig sind (Schmidt 1994). Aktivität und Selbstbestimmung bilden dabei normativ stark aufgeladene Begriffe. Autonomie erscheint gleichbedeutend mit individueller Selbstentfaltung, Aktivität als ein Synonym für Selbsthilfe, Partizipation als identisch mit der Teilhabe an ich-zentrierten Kontaktkreisen. Als Maßstab für Autonomie gilt das Ausmaß an Selbstverantwortlichkeit, als Gradmesser für Aktivität fungieren ich-bezogene Tätigkeiten, soziale Integration wird an Eigenleistungen in sozialen Interaktionen festgemacht. Nach Bröckling manifestiert sich in derartigen Konzeptualisierungen die fortschreitende Tendenz einer Ökonomisierung des Sozialen, die den einzelnen Individuen immer stärker zumutet, die wachsenden Unsicherheiten und Lebensrisiken selbstverantwortlich zu managen, „sich selbst ökonomisch zu regieren" (Bröckling 2004, 214). In letzter Konsequenz erscheint deshalb auch die soziale Verwundbarkeit als „ein Ergebnis unzureichender Sorge um sich" (ebenda 215).

Die in der Aufnahmegesellschaft vorherrschenden, stark aktivitätsorientierten und individualisierend ausgerichteten Altersbilder entfalten auch im Kontext von Altern und Migration ihre Wirkung, sie stehen häufig jedoch in Widerstreit mit den Alternsnormen und Bedürfnissen der migrantischen Bezugsgruppen, in denen sich Autonomie, Aktivität und soziale Teilhabe – jenseits des Individualisierungsprinzips – nicht so sehr aus Eigenleistungen, sondern aus Wir-Gruppen bezogenen Prozessen der Sozialintegration generieren.

Prekäres Altern umreißt so gesehen nicht nur eine fragile sozio-ökonomische Position, sondern zugleich ein Spannungsfeld aus konkurrierenden, teils widersprüchlichen Alterserwartungen, in dem sich ältere Menschen mit migrantischem Hintergrund bisweilen wiederfinden (vgl. Goldberg/Feld/ Aydin 1999). Im Spiegel der Herkunftskultur können die über Altersdiskurse im Umlauf gehaltenen und legitimierten Normen der Aufnahmegesellschaft fremd anmuten, während es zugleich schwierig ist, die in den verinselten migrantischen Milieus konservierten Altersvorstellungen in die Alltagspraxis umzusetzen, ohne mit den Normen der Dominanzgesellschaft in Konflikt zu geraten, wie auch das folgende Beispiel demonstrieren soll. So etwa folgen MigrantInnen, die aus ländlichen Regionen Südosteuropas stammen, in ihrem Bedürfnis, sich nach einem anstrengenden Erwerbsleben (im buchstäblichen Sinn) zur Ruhe zu setzen, vielfach auch einem tradierten Rollenkonzept von Seniorität, welches mit dem dominierenden, auf die

Befriedigung von Freizeitbedürfnissen abzielenden Altersbild nicht kompatibel ist. Während der „Ruherückzug" durch entsprechende Altersnormen der Herkunftsgruppe (Primat des Ehrprinzips vor dem Aktivitätsprinzip) wie auch durch die familiäre Arbeitsteilung und Autoritätsordnung legitimiert ist, konstruiert die Mehrheitsgesellschaft daraus (unter Umständen) ein soziales Problem; die Exponiertheit der älterern MigrantInnen wird dann einem abweichenden Verhalten angelastet, eben dem aus der Sicht der Betroffenen hoch funktionalen Ruherückzug, der für das Nichterkennen von Handlungsressourcen verantwortlich gemacht wird.

Gelänge es, die Frage nach den Bedingungen für eine aktive, autonome und sozial integrierte Lebensführung aus der dichotomen Logik herauszulösen, dann wäre es auch möglich, sie als eine Frage nach Handlungswiderständigkeit zu entwerfen. Autonomie, Aktivität und soziale Teilhabe könnten als – wenn auch vielfach vorgestellte – Versuche bewertet werden, die Unmittelbarkeit der prekären Lebensverhältnisse zu überschreiten und Mischräume von Denk- und Lebenswirklichkeiten aufzubauen bzw. zuzulassen, die der Realität der häufig in „übereinandergeschichteten Orten" (de Certeau 1988) entfalteten Lebensverläufe entsprechen: So manchem als abweichend diagnostizierten Merkmal migrantischer Lebensentwürfe (Rückkehrillusion, imaginierte Pendelmigration) haftet dann ein Moment von Eigensinn und Widerständigkeit gegen die Gewalt gesellschaftlicher Assimilation an.

2. Dominante Erwartungen: Entlastung von Erwerbsarbeit, Angst vor sozialer Entbundenheit und Abhängigkeit

Verinnerlichte Altersbilder können als eine Ressource für die Wahrnehmung von möglichen, sich öffnenden oder auch schließenden Handlungshorizonten angesehen werden; in ihnen kristallisieren sich vermutete Gefährdungen, aber auch angenommene Chancen der nachberuflichen Lebensführung. Grundsätzlich ist davon auszugehen, dass die lebensgeschichtlichen Erfahrungen (im Falle der Arbeitsmigration berührt dies Erfahrungen wie die Erweiterung der potentiellen Verkehrs- und Kontaktkreise durch die grenzüberschreitende Wanderung, gesellschaftliche Exponierung im Aufnahmeland, freiwillige oder erzwungene Enklavisierung) die Altersvorstellungen und -erwartungen, die die nachberufliche Lebensphase als einen Möglichkeitsraum beschreiben, nachhaltig beeinflussen. Von einem Möglichkeitsraum kann insofern gesprochen werden, als in der Statuspassage des Alters die meist erst schemenhaft vorhandenen Perspektiven der nachberuflichen Lebensführung in biografischer Reflexion entworfen werden müssen. Im Migrationskontext bestimmen, wie in Kapitel III ausgeführt wurde, Unsicherheiten und Uneindeutigkeiten diesen Prozess.

Anhand der Ergebnisse der Wiener Studien kann gezeigt werden (vgl. Abbildung 7.1), dass ältere Personen migrantischer Herkunft das Älterwerden am relativ stärksten mit dem Ende der Erwerbsarbeit, seltener mit Aktivität und am wenigsten mit sozialem Integriertsein assoziieren. Die Erwartungshaltungen sind also einerseits durch ein Entlastungsempfinden in Hinblick auf das Ausscheiden aus dem Erwerbsleben, andererseits durch eine zurückhaltende Aktivitätsneigung sowie durch Ängste vor Einsamkeit und Abhängigkeit gekennzeichnet. Die Indizes Aktivität, soziales Eingebundensein und Ende der Erwerbsarbeit wurden aus insgesamt zehn Einstellungsitems gebildet (5-stufige Bewertungsskala). Aktivität umfasst dabei Aussagen wie „Dinge machen, die mir Spaß bereiten", „etwas Neues ausprobieren", „mit anderen mehr unternehmen", „für andere mehr Zeit haben"; der Grad des sozialen Eingebundenseins wird durch Items wie „einsam sein", „mit weniger Menschen zusammenkommen", keine Anerkennung finden", „anderen zur Last fallen" erfasst; Ende der Erwerbsarbeit betrifft Einstellungen wie „frei von Verpflichtungen sein", „über meine Zeit frei verfügen können".[26]

Abbildung 7.1 Alterserwartungen im Gruppenvergleich (Skalenmittelwerte)

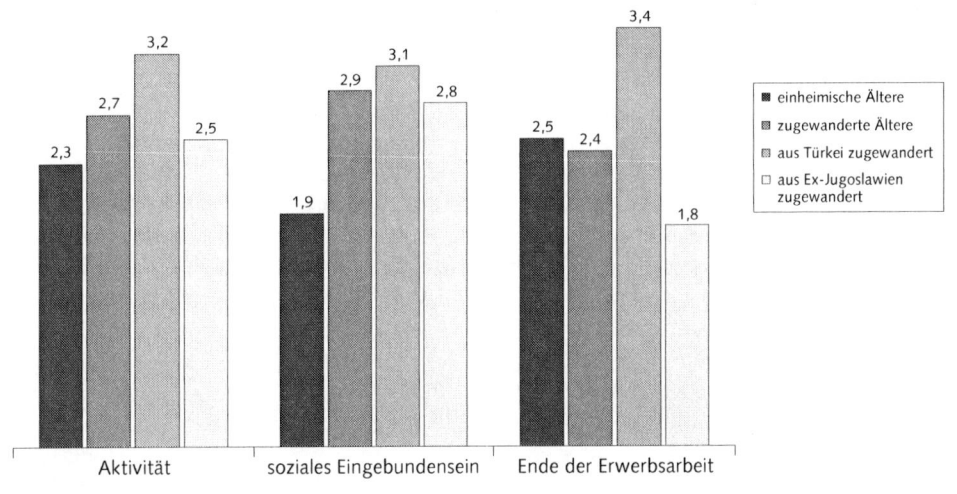

Quelle: Aktiv ins Alter 2005
n = 120; p < ,01

1 = trifft genau zu; 5 = trifft gar nicht zu

In Bezug auf das Ende der Erwerbsarbeit bestehen zwischen autochthonen und migrantischen Befragten keine signifikanten Differenzen: Der Ausstieg aus dem Produktionsprozess wird von Angehörigen beider Gruppen als entlastend empfunden und ist unter migrantischen Älteren sogar etwas positiver besetzt. Stärkere Mittelwertunterschiede zeigen sich für das aktivitäts-

---

[26] In der Faktorenanalyse konnten die Items den drei Subdimensionen zugeordnet werden (die erklärte Varianz beträgt für diese drei Faktoren 61 Prozent).

orientierte, insbesondere aber für das sozialintegrativ ausgerichtete Altersbild. Ältere Personen mit migrantischem Hintergrund identifizieren das Älterwerden weniger stark mit einem Zugewinn an Aktivität, aber auffällig stärker mit dem Verlust an sozialer Integration. Mit anderen Worten: Der auf die Altersphase projizierte Handlungshorizont öffnet sich zwar mit der Pensionierung, füllt sich danach jedoch weniger mit Aktivität als vielmehr mit Ängsten vor Einsamkeit, Abhängigkeit und Anerkennungsverlust.

Die dominanten Alterserwartungen – Freisetzung aus Verpflichtungszusammenhängen, Zurückhaltung in Außenaktivitäten, Einbussen der Sozialintegration – variieren erheblich nach Herkunftsland. So findet die Vorstellung einer Entlastung durch den Wegfall von Verpflichtungen unter den Personen aus dem ehemaligen Jugoslawien überdurchschnittlich große Resonanz; auch die Aktivitätsorientierung erweist sich unter den Älteren aus dem ehemaligen Jugoslawien als deutlicher ausgeprägt als unter den MigrantInnen, die aus der Türkei zugewandert sind; in Bezug auf die soziale Isolation (Angst vor Einsamkeit, Anerkennungsverlust und sozialer Abhängigkeit) variieren die Altersbilder relativ unabhängig vom nationalen Herkunftskontext. Unterschiede nach Geschlecht oder Alter fallen in dieser Untersuchung nicht ins Gewicht.[27]

Bei detaillierter Betrachtung auf Ebene der Einzelitems finden sich Anzeichen für die weiter oben aufgeworfene Konzeptualisierungsproblematik von Aktivität. Aktivität scheint vor allem dann weniger in das Altersbild älterer MigrantInnen integriert, wenn es um außerhäusliche Vergnügungen und ich-zentrierte Unternehmungen geht: Unter zugewanderten Älteren teilen 20 bzw. 48 Prozent die Erwartung, im Alter etwas Neues auszuprobieren bzw. Dinge zu machen, die Spaß bereiten – im Vergleich zu 55 bzw. 79 Prozent der autochthonen Vergleichsgruppe. Auf soziale Geselligkeit bezogene Items erzeugen hingegen weniger stark ausgeprägte Wertedifferenzen; „für andere mehr Zeit haben" findet bei 61 Prozent der MigrantInnen und 67 Prozent der Einheimischen Zustimmung (in der Senior-Plus-Studie lag der Wert für dieses Item bei den älteren MigrantInnen sogar über jenem der autochthonen Gruppe). Dies stützt die These, dass Aktivität für autochthone und migrantische Gruppen nicht nur einen unterschiedlichen Stellenwert, sondern auch einen differenten Bedeutungsgehalt hat. Ältere Personen mit migrantischem Hintergrund setzen – wohl auch aufgrund ihrer objektiven Lebenslage – Aktivität stärker in Bezug auf Lebensbewältigung und sozial eingebettetes Tun, hingegen seltener in Bezug zu Freizeit und Kulturkonsum. Die Altersbilder reflektieren so gesehen auch unterschiedliche Bedürfnislagen und Wertepräferenzen; wie an anderer Stelle ausgeführt,

---

[27] Auf die offene Frage „Und gibt es sonst noch etwas, das Sie persönlich mit dem Älterwerden verbinden?" wurden folgende Alterserwartungen genannt: Verschlechterung des Gesundheitszustands und der finanziellen Möglichkeiten, verstärkte Diskrepanz zwischen „können" und „wollen", Zugewinn an Erfahrung und Flexibilität.

orientieren sich ältere Personen mit autochthoner Herkunft stärker an hedonistischen Werten (Freizeit, Kultur), während Personen mit migrantischer Herkunft häufiger die für die Existenzsicherung relevanten Wertebereiche (Einkommen, Partnerschaft) als wichtig einstufen. Allerdings gilt es vorschnelle Generalisierungen zu vermeiden: So findet zwar der hedonistische Aktivismus unter ImmigrantInnen aus der Türkei wenig Anklang, Personen, die aus dem ehemaligen Jugoslawien zugewandert sind, zeigen diesbezüglich weniger Vorbehalte.

Tabelle 7.1: Dominante Alterserwartungen (Rangreihung der Mittelwerte)

einheimische Ältere (n = 195)	aus Türkei zugewanderte Ältere (n = 42)	aus Ex-Jugoslawien zugewanderte Ältere (n = 78)
1 Spaß haben (1,8)	1 weniger Menschen treffen (2,6)	1 frei von Verpflichtungen (1,8) über Zeit frei verfügen (1,8)
2 über Zeit frei verfügen (2)	2 anderen zur Last fallen (2,7)	2 mehr Zeit für andere (1,9)
3 mehr Zeit für andere (2,3)	3 einsam sein (2,9) über Zeit frei verfügen (2,9)	3 Spaß haben (2,1)
4 Neues probieren (2,5)	4 mehr Zeit für andere (3)	4 mit anderen mehr tun (2,4)
5 mit anderen mehr tun (2,7)	5 Spaß haben (3,1)	5 weniger Menschen treffen (2,8)
6 frei von Verpflichtungen (2,9)	6 mit anderen mehr tun (3,2) keine Anerkennung (3,2)	6 einsam sein (3)
7 weniger Menschen treffen (3,3)	7 Neues probieren (3,6)	7 zur Last fallen (3,2)
8 einsam sein (3,9)	8 frei von Verpflichtungen (4)	8 Neues probieren (3,4)
9 keine Anerkennung (4,1)		9 keine Anerkennung (3,5)
10 anderen zur Last fallen (4,2)		

Quelle: Aktiv ins Alter 2004

1 = trifft genau zu; 5 = trifft gar nicht zu

Wie unterschiedlich die Alterserwartungen im jeweiligen Herkunftskontext gewichtet werden, lässt sich mittels einer Rangreihung der Einzelitems eruieren (Tabelle 7.1).[28] Die Gegenüberstellung der drei jeweils am höchsten bewerteten Statements hebt den dominierenden Stellenwert von verlustorientierten Erwartungshaltungen unter den älteren Personen aus der Türkei

---

[28] Die Spannweite der Mittelwerte, Standardabweichung und Varianz sind unter den befragten MigrantInnen – und hier vor allem unter jenen aus der Türkei – deutlich niedriger als unter den in Österreich gebürtigen Befragten. Die Tendenz zu mittleren Werten und einer geringeren Streuung kann dabei teilweise auch darauf zurückgeführt werden, dass vor allem bildungsfernere Personengruppen exponierte Meinungsäußerungen eher vermeiden.

hervor: Wegfall von Geselligkeit, verstärkte Abhängigkeit und Einsamkeit erweisen sich als bestimmend. Diese Alterserwartungen stehen in einem krassen Gegensatz zur hedonistischen Freizeitgesinnung der einheimischen Älteren, aber auch zum Altersbild der Älteren aus dem ehemaligen Jugoslawien, die den Zugewinn an frei verfügbarer Zeit auch aufgrund wegfallender Verpflichtungen als Dominante nennen. Unter den Älteren aus der Türkei rangiert die Vorstellung einer Freisetzung aus Verpflichtungszusammenhängen hingegen am letzten Rang. Zusammenfassend kann festgehalten werden, dass das Nachsinnen über den Alternsprozess in der jugoslawienstämmigen Gruppe in größerem Ausmaß Aktivitäts- und Entpflichtungserwartungen freisetzt, während in der türkischstämmigen Gruppe die Frage des Älterwerdens vermehrt Verlust- und Abhängigkeitsängste auslöst. Dies kann als Ausdruck der in dieser Gruppe stärker ausgeprägten Binnenintegration, aber auch ihrer insgesamt fragileren und gesellschaftlich isolierteren Position angesehen werden; in ihren Altersvorstellungen antizipieren sie die besondere Verwundbarkeit ihrer nachberuflichen Lebensphase.

3. Alterserwartungen, Zukunftssicht und Lebensqualität

Aktivitätsdefensive und verlustorientierte Alterserwartungen werden durch objektive Restriktionen (niedriges Einkommen, bildungsferner Status), ethnische Herkunft und eingeschränkte psychosoziale Ressourcen (Selbstwirksamkeit) verstärkt. Während die sozialintegrativen Altersvorstellungen durch materielle und psychosoziale Ressourcen beeinflusst werden (Armut und geringes Selbstvertrauen begünstigen die Sorgen und Ängste vor Einsamkeit und Abhängigkeit), ist der Aktivitätsraum vom Bildungsstatus abhängig. Das heißt, die aktivitätsdefensive Einstellung ist auch eine Folge des häufig sehr niedrigen institutionellen Bildungskapitals. Die Bedeutung des nationalen bzw. ethnischen Hintergrunds lässt sich für beide Altersbilder feststellen; für Geschlecht und Familienstand zeigen sich hingegen keine Effekte.

Es scheint evident, dass zwischen den Altersbildern und der Zukunftssicht sowie allgemein der subjektiven Lebensqualität ein enger Zusammenhang besteht. So korrespondieren verlustorientierte Haltungen mit Zukunftspessimismus (pearson = ,38; in der WHO-Studie erwarten 52 Prozent der befragten MigrantInnen eine Verschlechterung ihrer Lebenssituation nach der Pensionierung), demgemäß korreliert Aktivitätsorientierung mit Optimismus (pearson = ,43; insgesamt teilen 27 Prozent eine optimistische Grundhaltung). Dass der Optimismus unter den älteren Personen aus der Türkei weniger ausgeprägt ist als unter den MigrantInnen aus Ex-Jugoslawien, verweist auf die zahlreichen Einschränkungen und Benachteiligungen in dieser Gruppe. Nach der WHO-Studie sind 69 Prozent der türkischstämmigen Befragten in psychosozialer Hinsicht „hoch belastet", im Vergleich zu 54 Prozent der ImmigrantInnen aus Ex-Jugoslawien und nur 14 Prozent der einheimischen Älteren.[29] Es ist wichtig zu sehen, dass den alternsbezogenen Belastungen in diesem Zusammenhang ein prominenter Platz zukommt: 44 Prozent der älteren Personen aus der Türkei geben an, unter dem Älterwerden zu leiden, im Vergleich zu 31 Prozent der ex-jugoslawischen und 11 Prozent der autochthonen Personen.

Die komplexe Befindlichkeit von ArbeitsmigrantInnen in Hinblick auf den bevorstehenden Alternsprozess zeigt sich im Zusammenhang mit der Frage, welche Gefühle sie dem Älterwerden in Österreich entgegenbringen. Nach unseren Studien stehen 21 Prozent dem Älterwerden in Österreich positiv gegenüber, nur neun Prozent teilen ausgesprochen negative Gefühle. ZuwanderInnen aus der Türkei erweisen sich häufiger als positiv eingestellt (39 Prozent, nur 2 Prozent äußern negative Gefühle), unter MigrantInnen aus dem ehemaligen Jugoslawien äußern 11 Prozent positive und 12 Prozent negative Gefühle. Wie aus einer qualitativen Studie zur Diversität der älteren Bevölkerung in Wien hervorgeht, ist das Altern dann positiv konnotiert, wenn familiäre Ressourcen verfügbar und die Systeme der sozialen und zivilen Sicherheit sowie der Gesundheitsversorgung zugänglich sind. Negativ besetzt ist hingegen das Älterwerden durch Erfahrung von Armut, Einsamkeit und Pflegebedürftigkeit bei ungenügend vorhandenen familiären oder institutionellen Hilfsressourcen; auch die Unklarheit über den Ort der künftigen Grabstätte beeinträchtigt die positive Einstellung (Reinprecht/Donat 2005b).

Als dominierende Gefühlslagen bezüglich des Älterwerdens in Österreich können jedoch Ambivalenz und Unbestimmtheit identifiziert werden. 21 Prozent sehen dem Älterwerden mit „gemischten Gefühlen" gegenüber, 50 Prozent ziehen sich auf ein „weiß nicht" zurück, unter den aus dem ehemaligen Jugoslawien Zugewanderten trifft dies sogar auf 66 Prozent zu (MigrantInnen aus der Türkei 22 Prozent). Diese ambivalenten und unbestimmten Gefühlslagen korrelieren hoch mit Verlustängsten und zurückhaltender Aktivität. Sie grenzen den fragilen Möglichkeitsraum des Alters mit seinen potentiellen Wahlmöglichkeiten ein und fungieren als eine Art Demarkationslinie zwischen den Erfahrungswelten älterer Bevölkerungsgruppen mit und ohne Migrationshintergrund.

Die subjektiven Alterserwartungen wirken in einer signifikanten und inhaltlich plausiblen Weise auch auf die subjektive Lebensqualität. Bei Betrachtung der einzelnen Inhalte, die auf die Lebensqualität Einfluss ausüben, lässt sich der Stellenwert der Altersbilder nochmals zusammenfassen (vgl. Tabelle 7.2). Es zeigt sich, dass die Erwartung, das Alter bedeute ein Ende von Verpflichtungen, die Lebensqualität erhöht; umgekehrt wirkt die Vor-

---

[29] Die Kategorie „hoch belastet" umfasst Personen mit vier oder mehr Nennungen aus einer Liste von insgesamt 13 Belastungen (vgl. dazu Reinprecht/Donat 2005a, 41). Übereinstimmende Befunde liefern auch andere Studien (vgl. etwa Reinprecht/Unterwurzacher 2006).

stellung, keine Anerkennung mehr zu finden oder anderen zur Last zu fallen, negativ auf das Wohlbefinden. Für die einheimischen Älteren zeigt sich für diese zuletzt genannten Variablen ebenfalls ein wenn auch etwas schwächer ausgeprägter gleichförmiger Effekt; negativ wirkt weiters die Erwartung von Einsamkeit, positiv hingegen die Erwartung von sozial eingebundenen Aktivitäten. Für MigrantInnen steht der Aspekt der Verpflichtung im Mittelpunkt: in positiver Weise als Entlastung von der Erwerbsarbeit, in negativer Weise als Angst vor Rollenverlust und Abhängigkeit.

Tabelle 7.2 Einfluss von Alterserwartungen auf subjektive Lebensqualität (Regressionskoeffizienten)

	zugewanderte Ältere (n = 120)	einheimische Ältere (n = 195)
... aktiv sein		
Dinge machen, die mir Spaß bereiten		
etwas Neues ausprobieren		
mit anderen mehr unternehmen		,35
für andere mehr Zeit haben		
... soziales Eingebundensein		
einsam sein		-,19
mit weniger Menschen zusammen sein		
keine Anerkennung finden	-,35	-,18
anderen zur Last fallen	-,30	-,17
... Ende der Erwerbsarbeit		
frei von Verpflichtungen sein	,27	
über meine Zeit frei verfügen können		
r^2	,33	,25

Quelle: Aktiv ins Alter 2005

beta-Werte; $p < ,01$; es werden nur signifikante Werte ausgewiesen

4. Analyse von Aktivitätsressourcen

Aktivitätsressourcen sind im Migrationskontext als ein Teil eines sozio-kulturellen Systems zu sehen, das sowohl Sicherheit und Stabilität als auch Abhängigkeit erzeugt. Allgemein können Aktivitäten stärker nach außen (Teilnahme an Sport- und Kulturveranstaltungen, Treffen mit Freunden und Bekannten) oder nach innen gerichtet sein (Beschäftigung mit sich selbst, Zusammensein mit Familie im eigenen Haushalt), nach dem Formalisierungsgrad unterschieden werden (Aktivität innerhalb von Organisationen und Vereinen vs. Aktivitäten im privaten Rahmen) und mit unterschiedlichen Bedürfnissen korrespondieren (Geselligkeit oder Entspannung, kulturelle Teilhabe oder körperliche Betätigung, kreative oder ehrenamtliche Tätigkeit, auch Nebenbeschäftigung). Die Studienergebnisse zeigen, dass für Ältere mit und ohne Migrationshintergrund dem Zusammensein mit Familie und Freunden vorrangige Bedeutung im Freizeitverhalten zukommt, wobei unter den einheimischen Älteren etwas häufiger peer-group- und nach außen gerichtete Aktivitäten, unter den Zugewanderten etwas mehr familienbezogene und nach innen gerichtete Aktivitäten (zu Hause sein, sich selbst beschäftigen) genannt werden. Nur ein kleinerer Teil der MigrantInnen entfaltet Aktivitäten in einem organisierten Umfeld: 15 Prozent geben an, in einem Verein aktiv zu sein, 9 Prozent nennen eine Mitgliedschaft (unter den einheimischen Älteren verfügen zwei Drittel über eine Vereinsmitgliedschaft, 42 Prozent sind aktiv).[30] Auch gesundheitsfördernde körperliche Aktivitäten sind in der Gruppe der MigrantInnen seltener anzutreffen (36 Prozent; autochthone Ältere 68 Prozent). Tätigkeiten im Bereich der Freiwilligenarbeit (8 Prozent; Autochthone 14 Prozent) oder mit dem Ziel des Nebenverdiensts (9 Prozent; Autochthone 7 Prozent) spielen eine Nebenrolle.

Die Aktivitäten konzentrieren sich in wenigen Bereichen: Die fünf häufigsten Nennungen beziehen sich auf die Hälfte der insgesamt 12 Aktivitäten, die im Fragebogen vorgegeben waren. Ältere MigrantInnen und in Österreich gebürtige ältere Personen unterscheiden sich auf den ersten Blick nur wenig in ihren Präferenzen: Allein sein und soziale Geselligkeit bilden in beiden Gruppen das dominierende Freizeitverhalten. MigrantInnen nennen gesellige Aktivitäten häufiger, alle anderen Aktivitätsbereiche wie Sport, Teilnahme an Kulturveranstaltungen oder Gaststättenbesuche sind

---

[30] Vereinsaktivitäten kommt in neueren Studien zur ethnischen und migrantischen Selbstorganisation vermehrt Aufmerksamkeit zu, da sie eine Möglichkeit darstellen, das sozio-kulturelle Leben im Kontext der Aufnahmegesellschaft (auch als Ausdruck einer Selbstrepräsentanz) zu gestalten. Die Vereinsstruktur unterscheidet sich nach Herkunft; so existiert unter türkischstämmigen MigrantInnen eine höhere Vereinsdichte als für jugoslawienstämmige (vgl. Waldrauch/Sohler 2004). In der Senior-Plus-Studie gab jede/r zweite MigrantIn aus der Türkei an, im Rahmen einer religiösen Organisation aktiv zu sein, MigrantInnen aus dem ehemaligen Jugoslawien waren etwas häufiger in Sportvereinen tätig.

eher nachrangig. Unter den in Österreich gebürtigen Befragten streuen die Aktivitäten etwas stärker. Geselligkeit und körperliche Betätigungen werden gleich häufig genannt, gefolgt von Kultur und handwerklichen Aktivitäten.

Ein stärker divergentes Bild ergeben die Antworten in Bezug auf die Frage, in welchen Bereichen sich die Befragten mehr Aktivität wünschen. Während für gebürtige ÖsterreicherInnen der Wunsch nach mehr Sport und Kultur im Vordergrund steht, dominiert unter MigrantInnen das Bedürfnis nach mehr sozialer Geselligkeit; auch sportliche Betätigung will intensiviert werden. Auffallend ist zudem der hohe Anteil an MigrantInnen, die sich wünschen, mehr Nebenverdienstmöglichkeiten nachgehen zu können (was auf die Armutslage verweist) oder mehr allein zu sein (was auf die hohe soziale Dichte und die beengten Wohnverhältnisse hindeutet). Obwohl Geselligkeit und Alleinsein häufig als praktizierte Aktivitäten genannt werden, existiert also zugleich ein starker Wunsch nach mehr sozialem Beisammensein, im Vergleich zur autochthonen Gruppe aber auch ein gewisses Bedürfnis nach sozialem Rückzug. Kreative Tätigkeiten und Beschäftigung mit modernen Medien (Internet), die von autochthonen Älteren vielfach als Wünsche genannt werden, sind unter MigrantInnen nur wenig ausgeprägt.

Tabelle 7.3 Freizeitaktivitäten und Wünsche nach mehr Aktivität: Die jeweils fünf wichtigsten Nennungen (Prozentangaben)

Items	zugewanderte Ältere (n=120)		einheimische Ältere (n=195)	
	praktizierte Aktivitäten[1]	gewünschte Aktivitäten[2]	praktizierte Aktivitäten[1]	gewünschte Aktivitäten[2]
allein sein	60	19	59	
soziale Geselligkeit	58	76	43	42
Sport	10	44	43	51
Kulturveranstaltungen	5	18	24	52
Besuch von Gaststätten	10			
Handwerken			23	
künstlerisch tätig sein				23
Internet				29
Nebenverdienst		25		

Quelle: Aktiv ins Alter 2005

[1] „Wie häufig üben Sie in Ihrer Freizeit die folgenden Aktivitäten aus?", 1 = häufig, 2 = gelegentlich, 3 = so gut wie nie; praktizierte Aktivitäten = 1 + 2
[2] „Wenn Sie einmal mehr Zeit haben, was davon möchten Sie dann gerne (mehr) betreiben?"

Die genannten Aktivitätswünsche geben wichtige Hinweise auf den potentiellen Handlungsraum älterer MigrantInnen. Dieser ist einerseits abgesteckt durch die Notwendigkeit einer Befriedigung elementarer Existenzbedürfnisse, im Speziellen nach sozialer Zughörigkeit und ausreichendem Einkommen, aber auch nach Ruhe und erholendem Alleinsein; der extrem hohe Wert für soziale Geselligkeit unterstreicht erneut die Zentralität der sozialen Einbindung vor allem im Familienverband; auch finden sich Hinweise auf ein nicht unerhebliches Potenzial für körperliche Betätigung und kulturelle Teilhabe.

Eine wichtige Frage in Hinblick auf die Aktivitätsressourcen betrifft die Motive der Aktivitätswünsche. Aus der Analyse von Motivlagen geht hervor, dass Aktivität in migrantischen Milieus in ein komplexes, soziokulturell geformtes Verpflichtungssystem eingebettet ist. So finden unter älteren Personen mit Migrationshintergrund ich-bezogene und auf Selbstverwirklichung abzielende Motive („neue Erfahrungen machen", „mich weiterbilden", „Interesse an der Sache") signifikant weniger Resonanz als Überlegungen, die den Verpflichtungs- und Leistungscharakter der Aktivitäten in den Mittelpunkt rücken (vgl. Tabelle 7.4). Besonders markante Differenzen bestehen zum einen in Bezug auf erfahrungs- und interessegeleitete Motive sowie zum anderen in Hinblick auf die Aspekte von Leistung und Rollenverpflichtung. Während mehr als die Hälfte der einheimischen Älteren als Handlungsgrund angibt, neue Erfahrungen machen zu wollen, trifft dies nur auf 13 Prozent der MigrantInnen zu. Und während 60 Prozent der MigrantInnen den Leistungsaspekt hervorheben, ist dies nur bei 38 Prozent der Älteren ohne Migrationshintergrund der Fall. Teilweise existiert aber auch eine Übereinstimmung in den Motivlagen: Dies betrifft etwa den Bereich der gesundheitsfördernden Aktivitäten sowie das Gemeinschaftserleben.

Ältere mit und ohne Migrationshintergrund suchen in ihren Aktivitäten primär Zerstreuung und soziale Geselligkeit. Während „Spaß haben" das vorherrschende Aktivitätsmotiv für ältere Einheimische darstellt, bildet für ältere MigrantInnen das Gemeinschaftserleben die Dominante. Die Faktorenanalyse verweist auf Unterschiede in der Motivstruktur: So ladet „Spaß haben" bei den einheimischen Älteren zusammen mit Selbsterfahrungs-, Gesundheits- und Geselligkeitsmotiven auf einen Faktor; ein zweiter Faktor umfasst Leistungsaspekte (einschließlich Weitergabe von Erfahrungen und Anerkennung). Bei den MigrantInnen ist das Bild etwas heterogener. Insgesamt können drei Faktoren identifiziert werden: Selbstverwirklichung (Interesse, neue Erfahrungen machen, sich weiterbilden), Rollenhandeln (sich verpflichtet fühlen, Anerkennung bekommen) und Leistung, wobei letzterer auch gesundheitsbezogene Motive inkludiert. Etwas für die eigene Gesundheit tun, ist hier also mehr mit der Vorstellung, etwas leisten zu müssen, und weniger mit Selbstverwirklichung verknüpft. Die auch in dieser Gruppe meistgenannten Gründe Zerstreuung und soziale Geselligkeit laden hingegen auf keinen Faktor, sie sind also von der Motivstruktur abgekoppelt.

Tabelle 7.4 Motive für Aktivität (Prozentangaben)

Items	zugewanderte Ältere (n = 120)	einheimische Ältere (n = 195)
weil es mir Spaß macht	72	82
um mit anderen zusammen zu sein	88	74
weil ich neue Erfahrungen machen möchte	13	56
um Erfahrungen weiter zu geben	22	41
weil ich mich weiterbilden möchte	26	41
aus Interesse an der Sache	42	65
weil ich mich verpflichtet fühle	22	7
um Anerkennung zu bekommen	29	21
um etwas zu leisten	60	39
um etwas für die Gesundheit zu tun	63	64

Quelle: Aktiv ins Alter 2005

Feindifferenzierungen zeigen sich schließlich nach dem Herkunftsland: MigrantInnen aus dem ehemaligen Jugoslawien betonen Leistungsnormen stärker, MigrantInnen aus der Türkei empfinden in einem höheren Ausmaß den Verpflichtungscharakter ihrer Aktivitäten, wobei sich dies auch auf die Weitergabe von Erfahrungen und die soziale Anerkennung bezieht.

In zusammenfassender Interpretation lässt sich zum einen festhalten, dass der Handlungsraum von ArbeitsmigrantInnen im Alter in einem überaus großen Maß durch die Erfüllung von Existenzbedürfnissen geprägt ist. Der Spielraum für freie Zeit und selbst gestaltete Aktivitäten ist durch materielle Knappheit und gesellschaftliche Randposition stark eingeschränkt, was naturgemäß die Zufriedenheit senkt: In der WHO-Studie zeigen sich nur 11 Prozent der älteren MigrantInnen, aber 71 Prozent der autochthonen Älteren mit ihrer Freizeit zufrieden (unzufrieden sind 47 Prozent, verglichen mit 10 Prozent der einheimischen Älteren).

Zum anderen unterstreicht die Analyse die Plausibilität der These, dass Aktivität Teil eines sozio-kulturellen Systems ist, das sowohl Sicherheit und Stabilität als auch Abhängigkeit erzeugt. Vor allem für MigrantInnen aus der Türkei entfalten sich Aktivitäten im Rahmen eines familiären Verpflichtungssystems, in dem Rollennormen klar definiert und Aufgabenteilungen festgelegt sind; die Ausübung von Aktivitäten ist daher auch eine wichtige Quelle sozialer Anerkennung. Dass dieses System auch Druck und Abhängigkeit erzeugt, ist evident und macht das Bedürfnis nach mehr Ruhe und Rückzugsmöglichkeit umso verständlicher. MigrantInnen aus dem ehemaligen Jugoslawien sind dem Zugriff des familiären Verpflichtungssystems insgesamt weniger ausgesetzt, sie binden ihre Aktivitäten jedoch vielfach an die für das Gelingen des Migrationsprojektes notwendigen verinnerlichten

Leistungsnormen. Nicht zuletzt aufgrund ihrer insgesamt instabileren sozialen Einbettung erscheint die Lebensqualität der Angehörigen dieser Gruppe deshalb auch als besonders verwundbar, wie an der extremen Freizeit-Unzufriedenheit sichtbar wird: Während 18 Prozent der aus der Türkei zugewanderten Älteren mit ihrer Freizeitsituation unzufrieden sind, trifft dies auf 59 Prozent der Älteren aus Ex-Jugoslawien zu; zugleich sind in dieser Gruppe nur 8 Prozent zufrieden, verglichen mit 17 Prozent der MigrantInnen aus der Türkei.

Im Zusammenhang mit einer Analyse der Aktivitätspotenziale gilt es freilich auch zu berücksichtigen, dass ältere MigrantInnen ihre Aktivitäten zumeist in einem engen sozialräumlichen Radius mit geringen Handlungsopportunitäten entfalten. Wie zahlreiche Forschungen aus dem Bereich der Stadtforschung belegen, beeinflussen die ökologischen Gegebenheiten des Wohnumfeldes maßgeblich den Handlungsraum. Ältere MigrantInnen leben zumeist in benachteiligten und infrastrukturell (Freizeiteinrichtungen, Grünflächen, Erholungsmöglichkeiten) schlecht ausgestatten Wohngebieten, auf deren Nutzung sie infolge von Ressourcenmängeln vielfach angewiesen sind. Ältere MigrantInnen sind also vielfach gezwungen, ihr Freizeitverhalten auf den ökologischen Nahraum des Wohngebiets auszurichten (vgl. dazu Friedrichs/Blasius 2000; Dangschat et al. 1982; mit den Auswirkungen der sozialräumlichen Benachteiligung für die Lebensführung im Alter befasst sich Kapitel VIII).

5. Produktives Altern: Soziale Partizipation – eine Möglichkeit zur Förderung von Integration?

Nach Auffassung von Tews bezieht sich Produktivität auf das Vermögen, aktiv zur Aufrechterhaltung einer selbstständigen Lebensführung beizutragen (individuelle Produktivität); weiters auf die Fähigkeit, inner- und außerfamiliäre Austauschbeziehungen zwischen Älteren und Jüngeren (intergenerative Produktivität) sowie innerhalb der Älteren zu gestalten (intragenerative Produktivität); sodann auf die Bereitschaft, sich ehrenamtlich für das Gemeinwesen einzusetzen (Umwelt-Produktivität); schließlich auf den Willen, sich politisch zu organisieren (gesellschaftliche Produktivität im weitesten Sinne). Der Grundgedanke von Tews lautet, dass Betroffene zu Mitproduzenten und Mitgestaltern ihrer eigenen Lebenskultur werden „statt zu Konsumenten vorgegebener Dienstleistungen. Praktisch bedeutet dies, sich verstärkt dem Alltag und den Fragen des Sozialraums zuzuwenden, darin gemeinschaftliche Handlungsfelder mit Älteren zu erschließen, und Kooperationsprozesse in Gang zu setzen. Eigenständigkeit, Verbindlichkeit der Tätigkeit und neue Tauschformen zeichnen diese Form des Engagements Älterer aus" (Tews 1996, 165). Unterstützt wird diese These durch die Beobachtung, dass gemeinwesenbezogene Aktivität und Engagement nicht nur subjektiven Sinn und Befriedigung stifte, sondern auch das Gefühl „von Zugehörigkeit und

Mitgliedschaft in Gemeinschaft und Gesellschaft" (Evers 1998, 191) stärke; gerade in der nachberuflichen Lebensphase könne über freigesetzte Ressourcen für soziale Initiative und Teilhabe ein wichtiger Teil der persönlichen Identität gewonnen, aber auch die Handlungsfähigkeit speziell in Bezug auf die Gestaltung des Wohn- und Lebensumfelds gestärkt und verbessert werden (zur Konzeptdiskussion siehe Hummel 1995, Alisch/Dangschat 1998, Leichsenring/Strümpel 1999; Halba 2003; kritisch Fach 2004).

Diese Überlegungen erscheinen auch im Kontext des prekären Alterns der ArbeitsmigrantInnen bedeutsam. Wie die Diskussion in diesem Kapitel gezeigt hat, sind die Aktivitätsressourcen älterer MigrantInnen in ein komplexes Spannungsverhältnis von strukturellen Benachteiligungen und Aktivitätsbarrieren, kollektiven Verpflichtungsnormen der familialen und ethnischen Bezugssysteme sowie individuellen Bedürfnissen nach Anerkennung, sozialer Zugehörigkeit, aber auch selbstbezogener Tätigkeit eingebettet. Bedeutet „Integration" den Umstand, über einen gesellschaftlich anerkannten Ort zu verfügen, dann bestehen auf jeder dieser Ebenen Anknüpfungspunkte für eine Stärkung der Handlungsfähigkeit und Aktivitätspotenziale. Wie an anderer Stelle ausgeführt wurde, wird der gesellschaftlich anerkannte Ort nicht nur durch die Marktteilnahme und die wohlfahrtsstaatlich abgesicherten sozialen Rechte gewährleistet (die strukturelle „Platzierung" erfolgt über die Inklusion in das System der Erwerbstätigkeit und definiert insbesondere auch Pensionsleistungen und andere Ansprüche aus der Sozialversicherung); von essentieller Bedeutung sind darüber hinaus die Dimensionen der kommunikativ-interaktiven und kulturell-expressiven Sozialintegration (vgl. Heitmeyer/Anhut 2000). Während sich ersteres auf die Einbeziehung in gesellschaftliche Verständigungs- und politische Entscheidungsprozesse bezieht, geht es in Bezug auf die kulturell-expressive Ebene um Prozesse der Sinnstiftung und Selbstverwirklichung als Voraussetzung für die Tradierung kultureller Praktiken bzw. Wissensbestände und die Übernahme individueller bzw. Gruppenidentität(en). Soziale Partizipation und Engagement in der nachberuflichen Lebensführung erscheinen so gesehen für ältere MigrantInnen doppelt produktiv: Sie stiften subjektiven Sinn und Zugehörigkeit und schaffen einen anerkannten sozialen Ort sowohl auf der Ebene der Binnenintegration als auch in Hinblick auf die Stellung in der Dominanzgesellschaft (Reinprecht 2006).

Aus der Perspektive der These doppelter oder mehrfacher Benachteiligung liegt die Annahme nahe, dass MigrantInnen im Alter eher auf Rückzug als auf aktive Partizipation orientiert sind: Angesichts der restriktiven Lebenslage erscheint das Aktivitätspotenzial nahezu vollständig an die Erfüllung der primären Existenzbedürfnisse gebunden; subjektive Deprivation und mangelnde Selbstwirksamkeit verstärken dieses Bild erzwungener Inaktivität im Alternsprozess.

Freilich liegen zu dieser Thematik kaum gesicherte empirische Kenntnisse vor, die über Einzelfallstudien und Explorationen hinausgehen (vgl. Grilz-Wolf/Strümpel 2003). Sofern breiter angelegte Studien auf quantitativer Ebene durchgeführt wurden, sind zwei methodische Probleme kritisch anzusprechen. Zum einen existiert durchwegs ein semantisches Problem in der Benennung von „ehrenamtlichen Tätigkeiten" bzw. Freiwilligenengagement (Bezeichnungen, die in der Zielgruppe häufig nicht bekannt sind). Dieses Problem verschärft sich im Falle von Übersetzungen (Problematik der Konzeptäquivalenz) sowie bei telefonischen Befragungen. Die Folge ist ein hoher Anteil an Enthaltungen. Im Rahmen der beiden Wiener Studien haben sich 19 Prozent (1999) bzw. 18 Prozent (2005) der befragten MigrantInnen bei der Globalfrage nach der Wichtigkeit von Ehrenamtlichkeit der Antwort enthalten.

Ein zweiter kritischer Aspekt bezieht sich auf die inhaltliche Dimensionierung der Fragestellung. Als eine Mindestdefinition von Ehrenamtlichkeit gilt jede nicht-entlohnte Tätigkeit außerhalb der Familie (die Anerkennung hat überwiegend immateriellen Charakter, von materiellen Vergütungen etwa für Auslagen abgesehen), die ohne formale berufliche Qualifikation erreichbar ist, sozial- und arbeitsrechtlich nicht abgesichert erfolgt und ohne vertragliche Bindung geleistet wird (vgl. Badelt 1997); etwas engere Konzepte definieren Ehrenamtlichkeit zusätzlich über eine Anbindung an Organisationsstrukturen (Vereine etc.). Nun besteht die Problematik darin, dass ein Großteil der außerfamiliären sozialen Partizipation auf informeller Ebene (etwa in Form von erweiterter Nachbarschaftshilfe) und in MigrantInnenorganisationen (Waldrauch/Sohler 2004) stattfindet bzw. sich vielfach zivilgesellschaftlicher Strukturen bedient, die für Angehörige der Mehrheitsgesellschaft häufig nicht unmittelbar sichtbar oder zugänglich sind, da sie nicht die Form von Organisationen und Vereinen annehmen, sondern z. B. im Rahmen von religiösen Einrichtungen und ethnisch-kulturellen Aktivitäten entfaltet werden. Empirische Forschungen zur Praxis der sozialen Partizipation, die dieser differenzierten Feinstruktur gerecht werden, existieren bislang nicht.

Im Kontext dieser vorangestellten Überlegungen sind auch die Ergebnisse der Wiener Studien zu lesen. Die Ergebnisse zeigen, dass ehrenamtliches Engagement von einem überwiegenden Teil der Befragten mit migrantischem Hintergrund wertgeschätzt wird: In der Senior-Plus-Studie sind es 64 Prozent, in der WHO-Studie sogar 82 Prozent (autochthone Ältere: 70 bzw. 92 Prozent). Wie in allen anderen Untersuchungen ist im Unterschied zur allgemeinen und letztlich unverbindlichen Wertschätzung ehrenamtlicher Aktivitäten das Ausmaß an persönlicher Bereitschaft, eine solche Tätigkeit zu übernehmen, deutlich weniger stark ausgeprägt. Die Engagementbereitschaft – d. h. der Anteil jener Personen, die eventuell bereit wären, eine solche Tätigkeit zu übernehmen – liegt bei älteren MigrantInnen bei 46 bzw. 47 Prozent (Senior-Plus- bzw. WHO-Studie); bei älteren Einheimischen bei 58 bzw. 53 Prozent. Allerdings liegt, wie bereits erwähnt, unter dem MigrantInnen der Anteil der Antwortenthaltungen mit 25 bzw. 39 Prozent deutlich über dem Wert für die in Österreich gebürtigen Befragten (16 bzw. 3 Prozent).

Weder die Wertschätzung von ehrenamtlichen Tätigkeiten noch die Bereitschaft, eine solche auszuüben, sagen freilich etwas über die tatsächliche partizipative Praxis aus. Diesbezüglich wurde in der Senior-Plus-Studie unter anderem nach dem Stellenwert von ehrenamtlichen Aktivitäten in der Freizeit gefragt. Die Ergebnisse zeigen, dass das soziale Engagement generell nur selten über die informelle Nachbarschaftshilfe hinausgeht, wobei besonders bei MigrantInnen der Bereich der Nachbarschaftshilfe klar dominiert: Immerhin ein knappes Drittel der MigrantInnen gibt an, zumindest gelegentlich in der Nachbarschaft aktiv zu werden. Karitative und ehrenamtliche Tätigkeiten fallen hingegen weniger ins Gewicht.

Tabelle 7.5 Bereiche und Art freiwilligen sozialen Engagements (Prozentangaben)

Bereiche sozialen Engagements[*)]	zugewanderte Ältere (n=228)	einheimische Ältere (n=220)
Nachbarschaftshilfe	32	28
sozial karitative Tätigkeiten	10	16
ehrenamtliche Tätigkeiten	7	11

Quelle: Senior-Plus 1999

[*)] häufig *und* gelegentlich ausgeübt

Die Senior-Plus-Studie enthält auch Hinweise auf die inhaltlichen Schwerpunkte des Engagements. Die Tätigkeiten, nach denen gefragt wurde, umfassen informelle Nachbarschaftshilfe (Blumen gießen, Haustiere zur Betreuung übernehmen), Hilfe und Pflege alter, kranker und/oder gebrechlicher Personen, fachliche Unterstützung (Nachhilfe, Weitergabe beruflichen Wissens), Mitarbeit in karitativen Organisationen sowie Beteiligung an der Umweltgestaltung (Verschönerung des Stadtteils, des Wohnhauses). Gefragt wurde danach, ob die genannte Aktivität bereits einmal stattgefunden hat oder, wenn dies nicht der Fall war, ob man sich vorstellen könne, in diesem Bereich aktiv zu werden. Die Ergebnisse weisen die informelle, nicht-organisierte Nachbarschaftshilfe als die am häufigsten genannte Form freiwilliger Tätigkeit aus. Dazu zählt die Hilfe und Unterstützung für die Nachbarn im Krankheitsfall oder die Beaufsichtigung der Wohnung während des Urlaubs. Je nach Aktivität, hat sich die Hälfte bis ein Fünftel der MigrantInnen engagiert; es besteht hier kaum ein Unterschied zu den einheimischen Älteren. In den anderen Bereichen finden nur wenige Aktivitäten statt; die Werte für MigrantInnen liegen durchwegs unter jenen der einheimischen Befragten.

In Bezug auf das Aktivitätspotenzial verändert sich das Bild: In fast allen Aktivitätsfeldern übersteigen die Werte für MigrantInnen jene der Einheimischen. Besonders starke Potenziale finden sich im Bereich der unmittelbaren Nachbarschaftshilfe, aber auch in Bezug auf Betreuungstätigkeiten von Kindern und pflegebedürftigen Älteren. Immerhin ein Fünftel der befragten

MigrantInnen könnte sich auch vorstellen, bei einer gemeinwesenbezogenen Aktion etwa zur Verschönerung des Stadtteils mitzuwirken.

Nach dieser Studie sind es eher die Frauen, die aktiv sind; Angaben zur sozialen Partizipation werden auch vermehrt von Personen aus dem ehemaligen Jugoslawien getätigt. In Übereinstimmung mit den Ergebnissen der Forschungsliteratur geht unter MigrantInnen die praktizierte Partizipation im höheren Alter ebenso zurück wie mit Bildungsferne: Je höher das Bildungsniveau, desto stärker das Engagement; Bildung hat vor allem einen Einfluss darauf, ob jemand über die informelle Nachbarschaftshilfe hinaus aktiv wird. Auch weltanschaulich geprägte Einstellungen wie etwa Religionsbindung sind von Bedeutung. Wichtig scheint, dass zwischen der positiven Bewertung des Ehrenamts sowie der Bereitschaft, eine solche Tätigkeit auszuüben, und dem tatsächlichen sozialen Engagement statistisch ein signifikanter Zusammenhang besteht. Auf eine knappe Formel gebracht: Je stärker die Wertschätzung und Aktivitätsbereitschaft, desto größer das Ausmaß an sozialer Aktivität. Zugleich wird die Sonderstellung der informellen Nachbarschaftshilfe deutlich. Denn diese ist zwar stark mit einer allgemeinen positiven Einstellung zu freiwilliger Tätigkeit außerhalb der Familie (der Korrelationskoeffizient beträgt ,19 für die Gruppe der MigrantInnen), nicht aber mit der geäußerten Bereitschaft, eine solche auszuüben, verbunden – ein durchaus einsichtiges Ergebnis, da die informelle Nachbarschaftshilfe wohl stärker ein Ausdruck des Alltagshandelns ist und weniger mit prinzipiellen Werthaltungen zu tun hat. Das sozial-karitative und ehrenamtliche Handeln hingegen korreliert stark mit einer bekundeten Aktivitätsbereitschaft (die Korrelationskoeffizienten betragen ,19 bzw. ,30 für die Gruppe der MigrantInnen).

Insgesamt gesehen ist der Anteil jener, die überhaupt keiner freiwilligen Tätigkeit nachgehen, mit 20 Prozent etwa so groß wie jener der „sehr aktiven", die sich in vier oder mehr Tätigkeitsfelder einbringen (23 Prozent). Wird die Einstellungsebene, also die Engagementbereitschaft in die Analyse miteinbezogen, so schrumpft der „harte Kern" der Passiven auf 6 Prozent (nicht aktiv und auch zu keinem Engagement bereit), während der harte Kern der Aktiven, also jener, die aktiv sind und auch eine eindeutige Handlungsbereitschaft artikulieren, 20 Prozent der Befragten umfasst. Dieses Ergebnis ist ein doch recht eindeutiger Hinweis auf ein starkes Engagementpotenzial.

Motivationen für Engagement

Es gibt viele Gründe, sich sozial zu engagieren: In der Literatur werden einerseits altruistische, andererseits persönliche, ich-bezogene Motive, die stärker auf die Befriedigung eigener Bedürfnisse gerichtet sind, genannt. Auch wird darauf hingewiesen, dass freiwilliges Engagement für ältere Menschen ganz verschiedene Funktionen erfüllen kann, wie etwa die Herstellung von sozialem Zugehörigkeitsgefühl über Kontakte und Kommunikation mit anderen, die Stabilisierung der eigenen Identität oder die Aufrechterhaltung des

Selbstwertgefühls über die Pflege oder auch Erweiterung erworbener Fachkompetenz. Eine Motivation für Engagement ist auch im Zusammenhang mit dem Bedürfnis nach neuen sozialen Rollen und Identitäten nach dem Ausscheiden aus dem Erwerbsleben zu sehen. Auf andere gerichtete Aktivitäten stärken zudem Selbstvertrauen und Lebenszufriedenheit und sind auch, wie Studien zeigen, für die psychophysische Gesundheit förderlich (vgl. Bukov 2000).

Nach den Ergebnissen der Senior-Plus-Studie ist das soziale Motiv, d.h. der Wunsch, mit anderen Menschen in Kontakt zu kommen, sowie das Solidarmotiv (Mitgefühl mit Schwachen und Bedürftigen) unter älteren MigrantInnen dominierend (54 bzw. 56 Prozent Zustimmung). 33 Prozent verbinden Engagement mit Sinnstiftung. Gegenüber den vorherrschenden Geselligkeitsmotiven und altruistischen Beweggründen sind andere Motive nachrangig.

Über diese Motivationen hinaus, können im Migrationskontext noch andere wichtige Gründe für das Engagement Relevanz beanspruchen: Dazu zählt etwa das Bedürfnis nach sozialer und gesellschaftlicher Anerkennung, das sich sowohl an die eigene Bezugsgruppe als auch an die Mehrheitsgesellschaft richtet (Gaitanides 2003). Partizipative Tätigkeitsformen können auch zu einem Zugewinn an kulturellen und sozialen Ressourcen und Kompetenzen beitragen. Unter bestimmten Bedingungen befördert die Minderheitsposition die Gemeinschaftsbindung und die Ausbildung von solidarischen Handlungsformen. Auf der anderen Seite kann Engagement eine Möglichkeit bilden, den Zugang zur Mehrheitsgesellschaft zu verbessern (vgl. Olbermann 2003b). Wie internationale Erfahrungen in Ländern mit Tradition zivilgesellschaftlichen Engagements zeigen, kann bei entsprechend gestalteten Rahmenbedingungen (u.a. öffentliche Anerkennung von Selbstorganisationen), Ehrenamtlichkeit ein Beitrag zu einer stabileren gesellschaftlichen Position sein.

Zusammenfassend kann festgehalten werden, dass unter migrantischen Gruppen Ehrenamtlichkeit hauptsächlich auf informeller Ebene sowie im Rahmen ethnischer Selbstorganisation stattfindet. Die eigene Forschung deutet auf ein großes Handlungspotenzial. Im Unterschied zu den einheimischen Älteren, deren subjektives Wohlbefinden durch Ehrenamtlichkeit erhöht wird, ist für ältere MigrantInnen ein solcher Effekt nicht feststellbar; Engagement reduziert jedoch das Unsicherheitsempfinden und das Gefühl der Schutzlosigkeit; ehrenamtliche Aktivitäten sind dabei häufig ein Bestandteil von Strategien der Existenzbewältigung und mit Normverpflichtungen verbunden.

VIII. Gesundheitliche Ungleichheit als Determinante des prekären Alterns

1. Gesundheit und Unsicherheitsempfinden

Die Schnittfläche von Altern und Migration bildet einen Kristallisationspunkt von gesundheitlicher Ungleichheit. Alle einschlägigen empirischen Studien stimmen darin überein, dass das Älterwerden im Migrationsprozess mit der Erfahrung gesundheitlicher Benachteiligung verbunden ist. Empirisch belegt ist der sich gegenseitig verstärkende Zusammenhang von materiellem Ressourcenmangel und eingeschränktem Gesundheitsempfinden, harten Arbeitsbedingungen und erhöhter Morbidität, körperlichem Verschleiß und verkürzter Lebenserwartung; viele MigrantInnen fühlen sich für den Fall von Krankheit und Pflegebedürftigkeit nicht ausreichend abgesichert. Auch für die Folgewirkung von dauerhafter gesellschaftlicher Benachteiligung finden sich gesicherte Erkenntnisse: Soziale Stigmatisierung und Marginalität schwächen nicht nur die objektiven Gesundheitsressourcen, sondern schmälern insbesondere die subjektiv wahrgenommenen Lebenschancen und Handlungsmöglichkeiten im Alter.[31] Umso wichtiger erscheint daher die Frage, wie dieser Erfahrung gesundheitlicher Ungleichheit entgegengewirkt werden kann: Wie wären die Rahmenbedingungen zu gestalten und welche (externen wie internen) Ressourcen zu stärken, um gesundheitliches Wohlbefinden herzustellen und ein Altern in Würde und Selbstständigkeit zu ermöglichen? Welche speziellen Bedürfnisse gilt es für ältere MigrantInnen zu berücksichtigen?

Nach der mittlerweile klassischen Definition der Weltgesundheitsorganisation bezeichnet Gesundheit nicht allein das Fehlen von Krankheit und Gebrechen, sondern einen „Zustand vollkommenen körperlichen, geistigen und sozialen Wohlbefindens". Diese Definition unterstreicht die subjektive Dimension von Gesundheit. Ein positives Gesundheitsgefühl ist gegeben, wenn es einer Person gelingt, zwischen der eigenen (körperlichen, seelischen, sozialen) Entwicklung und den äußeren Lebensbedingungen eine Balance herzustellen. Diese Balance gilt es im Lebensverlauf immer wieder von Neuem zu erzeugen, so auch im Prozess des Älterwerdens. In der Literatur

---

[31] Fragen gesundheitlicher Ungleichheit nehmen in der sozialgerontologischen Forschung einen zunehmend wichtigen Stellenwert ein. Wie zahlreiche Untersuchungen zeigen, ist das Risiko von Erkrankung und funktioneller Beeinträchtigung im Alter nach Schichtlage, Herkunft, aber auch Geschlechtszugehörigkeit ungleich verteilt; während das Alter nicht in genereller Weise mit Krankheit und Rückzug gleichgesetzt wird, führt die Kumulation von sozioökonomischen und lebenszyklischen Ungleichheiten in manchen Bevölkerungsgruppen zu einer Verschärfung der Benachteiligungslage (vgl. Böhnke/Lampert 2003; Lampert 2000).

wird darauf hingewiesen, dass dieser Prozess nicht nur durch biologische Veränderungen, sondern auch durch psychische, soziale und materielle Faktoren sowie durch ökologische Gegebenheiten von Wohnung und Wohnumfeld, aber auch durch lebensgeschichtliche Ereignisse, wie sie etwa auch die Migrationserfahrung darstellt, geprägt ist. Ungleiche Lebensbedingungen kulminieren im Alter in einer nachhaltigen Einschränkung von Gesundheit und Lebenschancen, und sie beeinflussen besonders auch die Möglichkeiten und Fähigkeiten, adäquat mit den alternsbezogenen Belastungen und Einschränkungen umzugehen. Dass gesundheitliche Ungleichheit eine zentrale Determinante des prekären Alterns im Migrationskontext darstellt, dokumentieren auch unsere eigenen Forschungen.

In den Wiener Studien berichten MigrantInnen im Vergleich zu den in Österreich geborenen Befragten über ein durchwegs eingeschränkteres Gesundheitsempfinden und mehr körperliche Beschwerden, wobei dies auch auf das allgemeine Unsicherheitsempfinden durchschlägt. Wie bereits in früheren Kapiteln ausgeführt wurde, sind insgesamt 48 Prozent der ArbeitsmigrantInnen mit ihrer gesundheitlichen Situation unzufrieden, 23 Prozent geben an, durch körperliche Beschwerden stark beeinträchtigt zu sein, 25 Prozent empfinden ihren Lebensalltag als unsicher.[32] Die Vergleichswerte für die in Österreich geborenen Befragten liegen mit 20, 13 und 7 Prozent deutlich darunter, vor allem das Unsicherheitsempfinden ist wesentlich geringer. In der Analyse von verschiedenen wichtigen Einflussfaktoren auf das subjektive Unsicherheitsempfinden erweist sich der funktionelle Status (gemessen am Ausmaß der Gebrechlichkeit) als wichtigster Prädiktor. Je größer das Handicap bei der Ausübung von Alltagsaktivitäten (z. B. Tragen von Einkaufstaschen, Stiegensteigen, Bücken, sich Anziehen), desto ausgeprägter das Unsicherheitsgefühl; die erklärte Varianz beträgt 33 Prozent (gebürtige Österreicher 19 Prozent). Neben dem funktionellen Status, der einen wichtigen Maßstab für die gesundheitliche Situation und den Grad der Selbstständigkeit darstellt, können in der Analyse die Einkommenssituation sowie das subjektive Gesundheitsempfinden als weitere Einflussgrößen von Unsicherheit herausgeschält werden.

Dass die Wahrnehmung des eigenen Gesundheitszustandes – und zwar sowohl des subjektiven Gesundheitsgefühls als auch des funktionellen Status – maßgeblichen Einfluss auf Lebensqualität und Alterserwartungen hat, ist durch sozialgerontologische Forschungen eingehend bestätigt (vgl. Perrig-Chello et al. 1996, Lehr 1997; Rudinger et al. 2003). Unsere Untersuchungen deuten dabei auf einen folgenreichen Wirkungszusammenhang: Gesundheitliche Ungleichheit prekarisiert den Prozess des Älterwerdens, die

---

[32] Unter Frauen und Höheraltrigen ist das Unsicherheitsgefühl noch stärker: So empfinden 30 Prozent der weiblichen verglichen mit 19 Prozent der männlichen ArbeitsmigrantInnen Unsicherheit; im höheren Alter steigt der Anteil der Unicheren von 18 Prozent bei den unter 65 jährigen auf 35 Prozent bei den über 65-jährigen.

Erfahrung der Prekarität beschleunigt das subjektive Gefühl des Alter(n)s. Altern vollzieht sich also in zwei Geschwindigkeiten: Während autochthone Ältere den subjektiven Alternsprozess hinausschieben können, tritt das Älterwerden den MigrantInnen unmittelbarer entgegen. In dieser Erfahrung kristallisiert sich die generell instabile und ausgesetzte gesellschaftliche Position von migrantischen Arbeitskräften, für die das Ende des Erwerbslebens auch einen markanten biografischen Bruch – Abschluss des Migrationsprojekts – bedeutet. Ausgehend vom Faktum der gesundheitlichen Ungleichheit eröffnet sich so gesehen ein circulus virtiosus: Die Unsicherheit generierende Lebenssituation korrespondiert mit den auf sozialen Rückzug orientierten Alterseinstellungen und Bewältigungsstrategien, entwertet das Migrationskapital Zukunftsoptimismus und fördert ein Absinken des Aktivitätsniveaus; Unsicherheit, sozialer Rückzug und Inaktivität bilden aber die entscheidenden Risikofaktoren für Gebrechlichkeit und funktionelle Einschränkungen im Alter.

Tabelle 8.1 Zusammenhang zwischen Unsicherheitsempfinden, physischen und psychosozialen Befindlichkeiten (Korrelationskoeffizienten)

	subj. Unsicherheit	pos. Gesundheitsgefühl	funktionelle Beeinträchtigung	subj. höheres Alter	Optimismus	aktivitätsorientiert	rückzugorientiert
subj. Unsicherheit	1						
pos. Gesundheitsgefühl	-,51*	1					
funktionelle Beeinträchtigung	,58*	-,61*	1				
subjektiv höheres Alter	,38*	-,34*	,32*	1			
Optimismus	-,22	,36*	-,21	-,36*	1		
aktivitätsorientiert	-,21	,36*	-,25*	-,34*	-,23	1	
rückzugorientiert	,35*	-,33*	,35*	,41*	-,38*	-,19	1

Quelle: Aktiv ins Alter 2005

pearson; * p<,01; alle anderen Werte p<,05

2. Migration und Gesundheit – ein komplexer Zusammenhang

Die überaus starken gesundheitlichen Beeinträchtigungen, denen viele MigrantInnen im Alter ausgesetzt sind, erscheinen umso gravierender, als davon ausgegangen werden kann, dass der überwiegende Teil der MigrantInnen zu Beginn des Migrationsprojektes mit überdurchschnittlichen Gesundheitsressourcen ausgestattet war. Physische und psychische Gesundheit bilden eine essentielle Voraussetzung für die erfolgreiche Umsetzung eines Wanderungsvorhabens, und dies gilt sowohl in Hinblick auf den individuellen Entscheidungsprozess als auch für die Fremdselektion etwa im Zuge von Rekrutierungsverfahren. Wie in Kapitel I ausgeführt wurde, spielten in der Anwerbephase der Arbeitsmigration Kriterien wie Alter, Geschlecht und Gesundheit eine entscheidende Rolle für die Arbeitskräfteauswahl (Arbeitskräfte mussten sich einer strengen Gesundheitsprüfung unterziehen und wurden auch später kontrolliert). In diesem Zusammenhang ist in der Literatur von einem „Healthy-migrant-Effekt" die Rede.

Dieser Healthy-migrant-Effekt ist durch sozialstatistische Erhebungen auch für Österreich belegt. Nach Sonderauswertungen des Mikrozensus beurteilen nicht-österreichische StaatsbürgerInnen generell ihren Gesundheitszustand durchwegs positiver als die Gesamtheit der Einheimischen (82 zu 69 Prozent); sie berichten auch signifikant seltener über Krankheiten im letzten Jahr, über insgesamt weniger Chronifizierungen sowie kürzere Krankheitsverläufe (Csitkovits/Eder/Matuschek 1997). Freilich ist anzumerken, dass hier nicht nach dem Alter differenziert wurde (auch nationale Herkunft, Migrationshintergrund und Einbürgerungsstatus wurden nicht berücksichtigt). Darüber hinaus ist bei amtlichen Erhebungen der Einfluss des Minderheitenstatus zu berücksichtigen. So ist anzunehmen, dass soziale Kontrolle (der quasi-amtliche Charakter der Interviewsituation erhöht die Angst vor Sanktionen) und Effekte sozialer Erwünschtheit (es wird entsprechend der angenommenen Erwartungen geantwortet), aber auch das adaptive „Zufriedenheitsdilemma" (eine objektiv belastende Situation wird subjektiv positiv bewertet) unter Angehörigen migrantischer bzw. ethnischer Gruppen stärker ausgeprägt sind.[33]

Was die Wirkung des Healthy-migrant-Effekts im Zeitverlauf betrifft, zeichnen internationale Forschungen ein widersprüchliches Bild. Einerseits zeigen Untersuchungen, dass der Gesundheitsvorsprung migrantischer Gruppen gegenüber autochthonen Vergleichsgruppen über einen längeren Zeitraum von etwa 20 Jahren verschwindet (Parakulam/Krishnan/Odynak 1992). Im Gegensatz dazu konnten US-amerikanische Studien belegen, dass die Gesundheitsressourcen, die in der Jugend zu Beginn des Migrationsprojektes bestanden hatten, auch den Gesundheitsstatus im Alter positiv beeinflussen (Swallen 1997). Zu einer übereinstimmenden Diagnose kommen die Studien dahingehend, dass Unterschiede im Gesundheitsstatus vor allem auf sozio-ökonomische Benachteiligungen zurückzuführen sind und durch segregative Lebensverhältnisse, wozu besonders die ethnische Konzentration in isolierten und vernachlässigten Wohngebieten zählt, aufrechterhalten und

---

[33] Nach Dietzel-Papakyriakou/Olbermann (2001) erklärt sich die relativ geringere Morbidität von ArbeitsmigrantInnen aber auch damit, dass viele im Alter in ihre Heimat zurückkehren, ohne sich abzumelden, um nicht den Anspruch auf Leistungen aus der Pensionsversicherung zu verlieren.

verschärft werden (Williams/Collins 2001). Darüber hinaus erweisen sich gesundheitsbezogene Verhaltensmerkmale als bedeutsame Einflussfaktoren auf den Gesundheitsstatus, wobei Aspekte wie Ernährungsgewohnheiten, Tabak- und Alkoholkonsum oder körperliche Aktivität naturgemäß sowohl mit der Schichtzugehörigkeit als auch mit traditionellen Gewohnheiten und kulturellen Lebensstilen korrespondieren. Auch wenn besonders im Alter (wie in vorhergehenden Abschnitten gezeigt wurde) herkunftsbedingte und ethnisch-kulturelle Einflussfaktoren für die Lebensführung relevant sind, tragen sie nach den Ergebnissen der zitierten empirischen Studien nur wenig zur Erklärung von gesundheitlicher Ungleichheit bei. Vielmehr verhält es sich so, dass je mehr erklärende Variablen in die Analyse einbezogen werden, ethnisch-kulturelle Einflüsse zugunsten von lebenslagen- und umweltbezogenen Variablen (Ausmaß der Segregation, Zugang zu umweltbezogenen Ressourcen) in den Hintergrund treten; dies reproduziert sich auch in unseren Analysen.

Gleichwohl stellen die durch die unterschiedlichen Sozialisations- und kulturellen Kontexte geprägten Bilder von Gesundheit und Krankheit, Älterwerden, Sterben und Tod wichtige Anknüpfungspunkte für die Altenarbeit, insbesondere im Bereich der Gesundheitsförderung dar; sie sind im Alltag verankerte und insofern in hohem Maße verhaltensrelevante Ressourcen für die Erzeugung von Gesundheit und funktioneller Selbstständigkeit. In diesem Zusammenhang darf jedoch nicht übersehen werden, dass MigrantInnen im Laufe ihres Migrationsprojektes einen fortwährenden Sozialisationsprozess durchlaufen, der sie von ihrem kulturellen Herkunftskontext entfernt oder sogar entfremdet und in dem neue Erfahrungen in vielfältiger Weise Geltung erlangen. Die im Alterns- und Gesundheitsprozess wirksam werdenden Bilder, Einstellungen und Verhaltensweisen können deshalb nicht als authentische Spiegelungen ursprünglicher Prägungen und damit auch nicht als Ausdruck eines „ethnischen Alterns" angesehen werden; vielmehr reflektieren sie die stets unterschiedlichen, spezifischen und wechselhaften Bedingungen, unter denen migrantische Lebensverläufe in den „Einwanderungsgesellschaften wider Willen" entworfen und entfaltet werden. Dieses Argument gilt es auch in Bezug auf das für Maßnahmen der Gesundheitsförderung wichtige Konzept der Selbstwirksamkeit zu beachten.

Selbstwirksamkeit beruht auf der Überzeugung, selbst gesetzte Ziele durch eigenes Handeln erreichen zu können, während aus einer Haltung der Selbstunwirksamkeit schwierige Lebensumstände als schicksalhaft hingenommen werden und das Leben durch eigenes Verhalten und persönliche Entscheidungen nicht veränderbar scheint (vgl. Bandura 1997). Welche Einflussfaktoren für Selbstunwirksamkeit ursächlich sind – Sozialisation, ethnische Herkunft, Schichtzugehörigkeit –, ist nicht unumstritten. Forschungen diagnostizieren unter migrantischen Gruppen eine höhere Relevanz von externen im Vergleich zu internen Selbstwirksamkeitserwartungen, d. h. ein geringeres Vertrauen in die eigene Handlungsmächtigkeit sowie ein Mehr an (erlernter) Hilflosigkeit; zugleich zeigen sich aber auch gewisse Bildungseffekte: Je mehr Bildungskapital zur Verfügung steht, desto stärker das Selbstvertrauen in die Beeinflussbarkeit des Schicksals (vgl. dazu Kruse et al. 2004).[34] Grundsätzlich ist anzumerken, dass das Konzept der Selbstwirksamkeit an einem kulturell geformten Persönlichkeitsbegriff ansetzt, der sich kollektivistisch ausgerichteten Sozialisations- und Lebensformen gegenüber verschließt. Die Externalisierung von Verantwortung (Idee der Schicksalsfügung) erschiene aus einer solchen Perspektive als Merkmal eines wirkungsmächtigen kulturellen Musters, das im Alltagshandeln der Indivduen reproduziert wird (Beispiele wären der Fatalismus als kultureller Habitus oder die Dominanz einer gruppenbezogenen Identität); die teilweise extrem restriktiven Lebensverhältnisse lassen eine solche Haltung freilich auch als eine auf einer realistischen Bewertung beruhende adaptive Form der Situationsbewältigung erscheinen.

Dass in Fragen der gesundheitlichen Ungleichheit Schichteffekte (im Speziellen Einkommen und formale Bildung) den Einfluss von Ethnizität zurückdrängen, ist das Ergebnis zahlreicher internationaler Forschungen (vgl. etwa Carmel 2001; Clark 1995). Sozioökonomische Benachteiligungen erhöhen das Morbiditäts- und Mortalitätsrisiko, reduzieren die Selbstsorge und senken ganz allgemein das (gesundheitliche) Wohlbefinden. Dies gilt auch und ganz besonders unter den für die europäischen Arbeitsmigrationsregimes charakteristischen Bedingungen von dauerhafter Unsicherheitslage und Ungewissheit, ökonomischen Restriktionen und sozialräumlicher Segregation sowie einer körperlich verschleißenden Erwerbstätigkeit in wenig geschützten Sektoren des Produktionsprozesses. Spezialuntersuchungen zur gesundheitlichen Lage von ArbeitsmigrantInnen im Alter zeigen denn auch im Gegensatz zur amtlichen Sozialstatistik, dass migrantische Arbeitskräfte frühzeitiger als einheimische Vergleichsgruppen mit altersbezogenen Gesundheitsrisiken und im Alter stärker mit Hilfs- und Pflegebedürftigkeit konfrontiert sind als der Durchschnitt der Bevölkerung.[35]

---

[34] Zum Einfluss kultureller Faktoren auf das Konzept der Selbstwirksamkeit vgl. Sokolovsky 1997.
[35] Inwiefern es sich hier um Selektionseffekte handelt (und zwar in dem Sinn, dass eher erfolgreiche und gesundheitlich weniger beeinträchtigte Personen im Alter in Österreich bleiben), lässt sich aufgrund der Forschungslage nicht eindeutig bestimmen. Nach Cerase (1974) kehren sowohl erfolgreiche als auch weniger erfolgreiche MigrantInnen frühzeitig zurück (zur Remigration ehemaliger GastarbeiterInnen vgl. auch Constant/Massey 2002). Auftretende Gesundheitsprobleme sind eher ein Grund für einen vorzeitigen Abbruch des Migrationsprojekts, da sie die Zielerreichung erschweren. Nach dem Ende des Erwerbslebens ändert sich die Situation, aufgrund verschärfter Gesundheitsprobleme rückt die Frage der Versorgung in den Mittelpunkt. Die bessere Versorgungslage im Migrationsland (in Bezug auf das formale Gesundheits- wie das soziale Unterstützungssystem) kann ein Motiv für eine Bleibeentscheidung sein; gesundheitliche Beeinträchtigungen erschweren auch die Realisierung von Mobilitätsbedürfnissen.

Der durchwegs schlechte Gesundheitszustand älterer MigrantInnen kann als Ergebnis der im gesamten Verlauf der Biografie angesammelten belastenden Einwirkungen der typischen Lebens- und Arbeitsbedingungen angesehen werden. Als vorwiegend angelernte Arbeitskräfte waren und sind ArbeitsmigrantInnen zum Großteil in Berufszweigen tätig, in denen schwere körperliche und gesundheitsschädigende Arbeit mit hoher Stressbelastung durch Akkord-, Schicht- und Nachtarbeit geleistet wird und überdies ein erhöhtes Unfallrisiko besteht.[36] Häufige Krankheitsbilder von älteren MigrantInnen betreffen daher oft den Stütz- und Bewegungsapparat; auch Arbeitsunfälle werden vermehrt berichtet; nach einer Studie von Olbermann/Dietzel-Papakyriakou (1995, 73) geben 29 Prozent der Befragten an, dass sie seit Beginn ihrer Erwerbstätigkeit in der Bundesrepublik einen Arbeitsunfall erlitten haben, 40 Prozent davon mit langfristigen Schäden.[37]

Belastungen resultieren aber nicht nur aus der Arbeitssituation, sondern auch aus der Erfahrung von Migration als einem *kritischen Lebensereignis*: beengte Wohnverhältnisse in feuchten, dunklen und schlecht durchlüfteten Wohnungen, Diskriminierung und soziale Isolation, die Trennung von der Familie, Einsamkeit und die Entfremdung von der Heimat wirken als zusätzliche psychosoziale Stressoren, welche das gesundheitliche Wohlbefinden beeinträchtigen. Diese Faktoren werden besonders für Krankheitsbilder wie Kopfschmerzen und Migräne, aber auch Magenbeschwerden als ursächlich angesehen. Empirische Studien deuten zudem auf eine höhere Prävalenz von Erschöpfung, Depression und anderen psychischen Beschwerden; festgestellt wird auch ein überdurchschnittlicher Medikamentenkonsum, insbesondere von Psychopharmaka. Letzteres ist auch eine Folge von Verzerrungen in der Arzt-Patient-Interaktion. Sprach- und Verständigungsbarrieren, die Unkenntnis der spezifischen Lebenssituation und Gesundheitsbedürfnisse, aber auch kulturelle Vorurteile begünstigen voreilige Diagnosen sowie eine „Medikalisierung psychosozialer Probleme" (Schmacke 2002), ins-

---

[36] Laut Mikrozensus sind ausländische Arbeitskräfte in einem überdurchschnittlichem Ausmaß belastenden Umwelteinflüssen wie Staub, Lärm, Schmutz, Hitze etc. ausgesetzt. Staubbelastung: Arbeitskräfte aus Ex-Jugoslawien 40 Prozent, aus der Türkei 47 Prozent, aus Österreich 25 Prozent; Lärmbelastung: Arbeitskräfte aus Ex-Jugoslawien 40 Prozent, aus der Türkei 51 Prozent, aus Österreich 38 Prozent; Hitzebelastung: Arbeitskräfte aus Ex-Jugoslawien 24 Prozent, aus der Türkei 25 Prozent, aus Österreich 16 Prozent (vgl. Eichwalder 1991, Hammer 1994). Ausländische Arbeitskräfte klagen auch vermehrt über körperlich anstrengende Arbeit: Laut Mikrozensus trifft dies in Wien auf 41 Prozent der MigrantInnen aus der Türkei und auf 39 Prozent jener aus dem ehemaligen Jugoslawien zu (österreichische Arbeitskräfte 13 Prozent; vgl. Csitkovits/Eder/Matuschek 1997; vgl. auch Amesberger/Halbmayr/Liegl 2003).

[37] Dass Arbeitsunfälle bei MigrantInnen häufiger sind, zeigen Csitkovits/Eder/Matuschek 1997. Nach der Statistik liegt der Ausländeranteil an den Arbeitsunfällen häufig über dem jeweiligen Ausländeranteil in der jeweiligen Wirtschaftsklasse (vgl. dazu auch Schmid et al. 1992).

besondere Psychopharmaka bieten sich als „einfache" Lösungen und das Unterlassen von ausreichenden Erklärungen und Instruktionen kann ebenfalls eine unsachgemäße Medikamentenanwendung zur Folge haben. Auch seitens der MigrantInnen strukturieren sozialisations- und kulturabhängige Wahrnehmungen und Erwartungen den Umgang mit ärztlichen Diagnosen, Interventionen und Therapien.

Resümierend kann festgehalten werden, dass der Gesundheitsprozess im Migrationskontext den Einflüssen von sozialer Lage, Akkulturationsprozessen sowie herkunftsbezogenen bzw. ethnisch-kulturellen Aspekten unterliegt (vgl. Faltermaier 2001; Weiss 2003). Diese Einflussstränge prägen die unterschiedlichen Dimensionen von physischer, psychischer und sozialer Gesundheit; doch es sind vor allem die prekären Lebensumstände (niedriges Einkommen, niedriger Sozialstatus, schlechte Wohnversorgung) sowie die mit der exponierten Lage verbundenen Unsicherheiten und psychosozialen Belastungen (finanzielle und gesundheitliche Sorgen, Angst vor Abhängigkeit und Älterwerden), welche den Gesundheitsstatus und das Gesundheitsempfinden beeinträchtigen, also krank machen.[38] Während ethnisch-kulturelle Faktoren in Bezug auf Aspekte der Lebensführung und Identitätsbildung eine differenzierte Wirkung entfalten, sind die gesundheitlichen Benachteiligungen der MigrantInnen in einem unmittelbaren Zusammenhang mit dem jeweiligen Migrationsregime zu sehen. Einwanderungs- und integrationspolitische Regelungen verantworten nicht nur die Selektivität der Migration, d. h. die Auswahl der Personengruppen, die immigrieren und sich niederlassen können, sondern stecken auch die Möglichkeit zu sozialer Mobilität und Teilhabe genau ab. Indem Migrationsregimes diesen Möglichkeitsraum definieren, strukturieren sie unmittelbar den Gesundheitsprozess. Dass die Abgesperrung von Teilhabe- und Mobilitätschancen die soziale und ethnische Insulation im Alter begünstigt und damit die Möglichkeit für gesundheitliches Wohlbefinden und selbstständige Lebensführung einschränkt, ist in der Literatur hinlänglich beschrieben (vgl. Dietzel-Papakyriakou/Olbermann 2001).

Es sind vor allem Prozesse der gesellschaftlichen Isolierung und Segregierung dafür maßgeblich, dass sich die durch Arbeitsmarktlage und ökonomische Restriktionen erzeugte gesundheitliche Ungleichheit verfestigt und auf individueller Ebene nicht korrigierbar ist. Wenn für MigrantInnen im Alter ein überdurchschnittlicher Versorgungsbedarf festgestellt wird, ist dies also in einem direkten Zusammenhang mit den Eigenheiten eines Migrationsregimes zu sehen, das, wie bereits mehrfach ausgeführt wurde, auf dem Prin-

---

[38] Eine niederländische Studie formuliert denn auch drastisch: „Die Immigranten sind ein Beweis dafür, dass die Lebenserwartung vom Beruf und vom sozialen Umfeld abhängt. Wenn sie das Rentenalter überhaupt erreichen, leben sie im Allgemeinen nur wenig darüber hinaus, da bei ihnen schon früh Abnützungserscheinungen auftreten" (Nelissen 1995).

zip der Nicht-Integration aufbaut, die Betroffenen auf Dauer in komplexer Unsicherheit hält und Statusmobilität verwehrt. Dieses Prinzip der sozialen Exklusion entfaltet seine Wirkung auch bei dauerhafter Niederlassung und Einbürgerung, mit der sich zwar, wie gezeigt wurde, die rechtliche Position der ImmigrantInnen verbessert, während der soziale und ökonomische Status nahezu unverändert prekär bleibt.

Neuere Studien sehen in der sozial-räumlichen Segregation den entscheidenden Faktor für die Konservierung gesundheitlicher Ungleichheiten im Zeitverlauf (vgl. Kruse et al. 2004). Entgegen den normativen Annahmen der klassischen (US-amerikanischen) Migrationstheorie, wonach ImmigrantInnen mit der Zeit die ethnisch segregierten Arbeitsmärkte und Wohngebiete verlassen und sukzessive in stabilere Märkte und bessere Wohnviertel dringen, stützte das System der Arbeitsmigration die soziale und ethnische Abschottung der migrantischen Arbeitskräfte in ökonomisch ärmeren und infrastrukturell unterversorgten Wohnvierteln mit schlechter Bausubstanz.

Der Einfluss von Gebietseffekten auf Lebensqualität und Lebenschancen ist sowohl für die Altersphase als auch den Bereich des gesundheitlichen Wohlbefindens dokumentiert (vgl. Williams/Collins 2001; Herlyn 1990; Kronauer/Vogel 2004). Auch die eigenen Forschungen untermauern den Befund, dass Segregation eine Verengung von Handlungsräumen bewirkt und Lebensqualität reduziert. Restriktive Umweltbedingungen (dazu zählen insbesondere schlecht ausgestattete Wohn- und Wohnumfeldverhältnisse, aber auch knappe soziale Ressourcen und Opportunitätsstrukturen) schränken generell die Chancen zu sozialem Aufstieg und gesellschaftlicher Teilhabe, Aktivität und Umweltkontakt ein und erschweren im Speziellen die Mobilisierung von Gesundheitsressourcen.[39] Wie dramatisch ImmigrantInnen die sozial-räumliche Schließung erleben, zeigte sich bereits im Zusammenhang mit der Analyse der verschiedenen Dimensionen von Lebensqualität: Wie erinnerlich, ist in keinem anderen Bereich die Unzufriedenheit so ausgeprägt wie in jenem der umweltbezogenen Lebensqualität, nirgends sind die Wertedifferenzen zwischen zugewanderten und einheimischen Älteren größer. Die Überprüfung relevanter Einflussvariablen zeigte, dass das Ausmaß der Zufriedenheit mit der sozialräumlichen Umwelt von drei Faktoren abhängig ist: Qualität der Wohnsituation (Dimension des „Having"), Existenz verbindlicher sozialer Einbettungsstrukturen (Dimension des „Belonging") und Gelegenheiten für gesellige bzw. Freizeitaktivitäten (Dimension des „Doing"). Ältere mit migrantischem Hintergrund, die auf diese Ressourcen zurückgreifen können, so das Analyseergebnis, bewerten ihre Lebenssitu-

---

[39] Unter der Bedingung von Armut und Segregation schrumpft der räumliche und soziale Aktionsradius (vgl. dazu Friedrichs/Blasius 2000), bei migrantischen und ethnischen Minderheiten wird die Situation außerdem durch formelle wie auch informelle Zugangsbarrieren in Einrichtungen des Alten-, Gesundheits- und Pflegebereichs verschärft.

ation, insbesondere auch ihren gesundheitlichen und funktionellen Status deutlich positiver; für einen nicht geringen Teil der ehemaligen GastarbeiterInnen bleiben diese in den sozialräumlichen Umwelten eingebetteten Ressourcen aber unzugänglich. Wie im folgenden Abschnitt auszuführen sein wird, bilden die Freilegung und Aktivierung dieser Ressourcen eine zentrale Voraussssetzung für die Herstellung eines positiven Gesundheitsempfindens sowie einer selbstständigen Lebensführung im Migrationskontext.

3. Soziale und ökologische Determinanten von Gesundheit im Migrationskontext (Andeutung einer aneignungstheoretischen Perspektive)

In der Altenarbeit, besonders im Bereich von Gesundheit und Pflege, gilt es die Fehler der Migrationsarbeit zu vermeiden, die lange Zeit ein stark defizitorientiertes, reduktionistisches und vereinheitlichendes Bild der migrantischen Bevölkerung reproduzierte und auf diesem Weg – wenn auch (wahrscheinlich meist) unbeabsichtigt – zu ihrer gesellschaftlichen Stigmatisierung mit beigetragen hat. Der zentrale Kritikpunkt lautet, dass die Überbetonung von MigrantInnen als Problemgruppe mit einem überdurchschnittlichen Versorgungs- und Unterstützungsbedarf dem gesellschaftlichen Ressentiment, ZuwanderInnen belasteten die Aufnahmegesellschaft und nützten deren soziale Sicherungssysteme aus, in die Hände spiele. Oder zugespitzt formuliert: durch die wohlmeinende Ausländerarbeit werde die Kategorie der „älteren MigrantInnen" überhaupt erst als Sozialklientel konstruiert und der gesellschaftlichen Stigmatisierung zugeführt (vgl. Rondström 2002).

Neuere Ansätze betrachten das Wechselverhältnis von Altern, Migration und Gesundheit aus einer veränderten und komplexeren Perspektive (vgl. Dietzel-Papakyriakou/Olbermann 2001; Krumme/Hoff 2004; WHO 2006). Sie knüpfen an die empirische Einsicht an, dass ältere Personen mit Migrationshintergrund keine homogene Bevölkerungskategorie mit einheitlichen Bedürfnissen, Problemkonstellationen und Lebensformen darstellen; Migrations- und Akkulturationserfahrungen strukturieren zwar das Älterwerden in spezifischer Weise, die verschiedenen Herkunfts- und Erfahrungskontexte eröffnen jedoch unterschiedliche Möglichkeiten von Situationsbewältigung und Lebensführung. MigrantInnen werden nicht länger primär als Problemträger und Objekte integrationspolitischer Intervention betrachtet, sondern als Träger von Rechten und Subjekte ihrer Lebensgestaltung, die über spezifische erfahrungsgeleitete Fertigkeiten und Fähigkeiten verfügen, mit deren Hilfe die restriktiven Lebens- und Umweltbedingungen der Arbeitsmigration nicht nur passiv erduldet, sondern im Kontext konkreter, im Alltag verankerter Lebenspraktiken aktiv verarbeitet und angeeignet werden.

Die Beobachtung, dass Gesundheit in Interaktion und aktiver Aneignung von Umweltbedingungen erzeugt wird, knüpft an zwei Diskussionsstränge der aktuellen Literatur an: Zum einen an die ökogerontologische Forschung, welche das komplexe Wechselspiel zwischen dem alternden Individuum und seinen räumlich-sozialen Umwelten in den Mittelpunkt rückt (vgl. Mollenkopf et al. 2004); zum anderen an das gesundheitspsychologische Konzept der Salutogenese, wonach Gesundheit durch Sorgfalt und Achtsamkeit den eigenen Lebenskräften gegenüber entwickelt wird (vgl. Antonovsky 1997). Zwischen beiden Aspekten besteht ein enger Zusammenhang: Achtsamkeit für die eigene Gesundheit entfaltet sich stets innerhalb konkreter – begünstigender oder erschwerender – Umweltbedingungen, während deren Nutzung auch von den verfügbaren Gesundheitsressourcen, insbesondere vom Ausmaß funktioneller Mobilität abhängig ist. Dass in der Literatur in Bezug auf den Migrationskontext der ökogerontologischen Perspektive besondere Aufmerksamkeit zukommt, erscheint aufgrund der Prekarität des räumlich-sozialen Umweltbezugs wenig erstaunlich: Ungünstige Wohnbedingungen und sozialräumliche Segregation, Zugangsbarrieren zu Versorgungseinrichtungen und Konzentration der Sozialkontakte auf familiäre, verwandtschaftliche und ethnische Bezugsgruppen sind nur einige der Merkmale, die die Produktion von Gesundheit beeinträchtigen. Das Konzept der Salutogenese, das exakt übersetzt Gesund-Werdung durch Heil-Werdung meint, also am Gedanken der aktiven Sorge um das eigene Wohlergehen ansetzt, findet sich in der Literatur zu Altern und Migration hingegen nur selten, was darauf hindeutet, dass in diesem Bereich noch der herkömmliche defizitorientierte Blick auf die Arbeitsmigration vorzuherrschen scheint.

Nun besteht kein Zweifel, dass der migrantische Handlungsraum im Alter in einem hohen Ausmaß von rahmenrechtlichen und materiellen Sicherheiten abgesteckt wird. Ein stabiler Aufenthaltstitel (im Idealfall Einbürgerung oder Doppelstaatsbürgerschaft), ein Rechtsanspruch auf Leistungen aus dem sozialen Sicherungssystem sowie ein gesichertes finanzielles Einkommen sind unabdingbare Voraussetzungen für eine selbstständige Lebensführung im Alter. Wie die empirischen Analysen zu Beginn dieses Kapitels gezeigt haben, wird das Unsicherheitsempfinden im Alter jedoch primär nicht durch materielle, sondern durch einen gesundheitsbezogenen Faktor erklärt: Es ist das Gefühl von eingeschränkter Autonomie, die Empfindung, der Bewältigung von Alltagsaufgaben aufgrund körperlicher Gebrechlichkeit nicht gewachsen zu sein, welches das Unsicherheitsempfinden determiniert. Im Spiegel unserer Forschungsergebnisse verbirgt sich hinter gesundheitlichen Alltagsbeeinträchtigungen ein ganzes Bündel an erfahrungsgesättigten Sorgen und Ängsten. So begründet die Realität der Arbeitsmigration, die beherrscht ist von kräfteraubenden und nicht selten ausbeuterischen Arbeitsverhältnissen, einer Überstrapazierung der körperlichen und seelischen Lebenskräfte sowie einer Unterordnung der Sorge um das eigene Wohlergehen unter gemeinschaftliche und längerfristige Ziele, erheblich das Risiko von gesundheitlicher Beeinträchtigung und Gebrechlichkeit im Alter; gleichzeitig fühlen sich viele MigrantInnen für den Fall von Krankheit und Pflege nicht ausreichend abgesichert und verspüren begründete existentielle Angst vor drohender Abhängigkeit und Hilflosigkeit bei fortschreitenden Kompetenzeinbußen; Verunsicherung bereitet insbesondere auch die Vorstellung, auf institutionelle Versorgungsangebote angewiesen zu sein; die Bewältigung von Unsicherheit ist also unmittelbar verknüpft mit der Herstellung und Sicherung von Gesundheit.

Für eine Verknüpfung von ökogerontologischen und gesundheitspsychologischen Ansätzen erscheinen drei Grundannahmen maßgebend. *Erstens*: Um (wie mitunter etwas nonchalant formuliert wird) Gesundheit im Alltag zu erzeugen, sind bestimmte Kompetenzen und darauf aufbauende Handlungsweisen erforderlich, die nicht nur zu mehr Achtsamkeit der eigenen Gesundheit gegenüber führen, sondern die auch, nicht zuletzt bei risikoreichen und gesundheitsschädigenden Verhaltensweisen, eine Möglichkeit eröffnen, dass die in intersubjektiv geteilten Lebenszusammenhängen eingeübten Praktiken nicht nur isoliert auf individueller Ebene, sondern kommunikativ aufgebrochen und verändert werden. Die Erzeugung von Gesundheit setzt also die Entfaltung entsprechender Aktivitäten voraus, wobei das Konzept der Aktivität, wie im letzten Kapitel ausgeführt wurde, sowohl Aspekte von Selbstbezug und Innengeleitetheit als auch von sozialer Teilhabe und Engagement der sozialen Mitwelt gegenüber berührt. Aus einem Gedanken von Hannah Arendt (1959, 15f.), dass jedem Handeln eine Initiativkraft, d. h. ein Potenzial von Neubeginn und Wirklichkeitsüberschreitung innewohnt, wäre zu folgern, dass nur über ein aktives, d. h. *tätiges* Leben Handlungsräume erkannt und offen gehalten werden können. Ziel und Erfolgsmaßstab einer aktiven Lebensführung bestehen demnach weniger in einem Zuwachs an Lebenszufriedenheit (wie von der sozialpsychologischen Aktivitätstheorie postuliert wird) als in der Schaffung von Möglichkeitsräumen für alternative Perspektiven, Wahloptionen und sozial integriertes Tun. Gesundheit wird durch Aktivität also nicht nur dahingehend erzeugt, dass trotz einsetzender funktioneller Beeinträchtigungen eine Erhöhung von subjektivem Wohlbefinden eintritt; entscheidend ist vielmehr der Zugewinn an Veränderungs- und Gestaltungspotenzial, das durch Aktivitäten, die an konkrete lebensweltliche Kommunikationszusammenhänge rückgebunden sind, mobilisiert wird.

Zweitens: Um im Alltag trotz eingeschränkter körperlicher und psychischer Unversehrtheit eine möglichst selbstständige und aktive Lebensführung herstellen und sichern zu können, müssen soziale und ökologische Ressourcen ausreichend verfügbar, zugänglich und aneigenbar sein. Mit anderen Worten: Aktivität kann nicht allein aus dem Selbst heraus (vgl. das Konzept der Selbstwirksamkeit), sondern erst in Interaktion und Austauschbeziehung mit den jeweiligen sozialen und räumlichen Umwelten entwickelt und strukturiert werden. Wie Forschungen zeigen, werden Lebensqualität wie auch Handlungsspielräume im Alter in einem hohen Maße von der Qualität, Zugänglichkeit und Aneigenbarkeit der zentralen Umweltbereiche bestimmt. Diese umfassen neben dem ökologischen Zentrum der eigenen Wohnung (objektive Wohnbedingungen, Wohnverhalten und Wohnerleben) und institutionellen Umwelten (Altenwohnungen oder stationäre Pflegeeinrichtungen) vor allem auch das außerhäusliche Wohnumfeld, dem ein bedeutsamer Einfluss auf ein zufriedenes und erfolgreiches Altern zugeschrieben wird (vgl. Mollenkopf et al.), sowie auch die transnational aufgespannten räumlichen Lebenskontexte von migrantischen Älteren. Diese verschiedenen Umwelten fungieren als Quelle von sozialer Integration und Identität, als Opportunitätsstruktur für Gesundheits- und Bildungsprozesse, Information und Mobilität, nicht zuletzt aber auch als Kristallisationspunkt für soziale Kontakt- und psychosoziale Stützungsstrukturen (an die sich spezielle normative Erwartungen etwa hinsichtlich Hilfe und Unterstützung im Pflege- und Krankheitsfall richten und in deren Rahmen sich wir-orientierte, sozial integrierte Aktivitäten entfalten). Die Möglichkeiten, die Umweltressourcen als „Entwicklungsgelegenheiten" (ebenda) für Gesundheitsprozesse und Autonomiegewinne zu nutzen, sind allerdings sozial ungleich verteilt: Die vor allem in Großstädten zunehmende Verräumlichung sozialer Ungleichheit (vgl. Bourdieu 1991; Alisch/Dangschat 1998; Häußermann/Kronauer/Siebel 2004), die sich in verstärkten sozialen Segregationstendenzen manifestiert, schlägt gerade auch im Alter auf die Gesundheitsprozesse durch: Schlechte Wohnausstattung und Bausubstanz, Umweltbelastungen und Infrastrukturmängel bewirken, dass besonders einkommensschwächere Schichten, wie es in der WHO-Charta heißt, ihren Anspruch auf eine Umwelt, die ein Höchstmaß an Gesundheit und Wohlbefinden ermöglicht, nicht einlösen können.

Drittens: Die mit unterschiedlichen Risiko- und Chancenpotenzialen ausgestatteten räumlich-sozialen Umwelten strukturieren die individuellen Handlungsspielräume, bilden aber gleichzeitig ein Objekt von Nutzung und Aneignung, wobei besonders der Aspekt der Aneignung in Hinblick auf die Entfaltung einer aktiven und selbstständigen Lebensführung wichtig scheint. Während Nutzung die materiell-instrumentelle Seite des Zugangs zu den ungleich verteilten Umweltressourcen beschreibt, wird mit dem Konzept der Aneignung die erschließende und sozial-interaktive Dimension in den Vordergrund gerückt. Aneignungsprozesse zielen auf die kreative Erschließung und Kontrolle der vorgefundenen Umweltbedingungen, sie bilden eine Voraussetzung für Zurechtfinden und Identifikation (Herlyn 1990; Walden 1995). Das Konzept der Aneignung setzt voraus, soziale Räume nicht als eine eigene, territorial eingrenzbare dingliche Realität aufzufassen (vgl. Löw 2001), sondern als ein soziales Feld, in dem zwar Strukturen dem Handelnden als objektive Gegebenheiten (etwa in Form von Siedlungs- und Verkehrsstrukturen) entgegentreten und Benachteiligungen (durch Marktprozesse und staatliche Regulation) hergestellt werden, das seine spezifische Bedeutung und Ausformung jedoch erst durch die konkreten sozialen Praktiken erhält, die Individuen im Kontext ihrer jeweiligen Lebenszusammenhänge entfalten. Ein Raum, so Michel de Certeau (1988), ist „ein Ort, mit dem man etwas macht". Über die Aspekte von Zugang, Nutzung und Inbesitznahme hinaus richtet das Aneignungskonzept den Blick auf jene Prozesse sozialer Interaktion, durch die ein gegenständlicher Ort als ein sozialer Raum geschaffen wird. So werden BewohnerInnen in vernachlässigten Stadtvierteln zumeist weniger gut von Angeboten der Altenarbeit erreicht und finden seltener Erholungsmöglichkeiten oder emotionale Aufmunterung. Durch soziale und kulturell geformte Praktiken entstehen jedoch mitunter soziale Beziehungsgeflechte von hoher Tragfähigkeit und Dichte, die quasi unterhalb der Struktur institutioneller Umwelten ansetzen und für diese teilweise auch unsichtbar bleiben, aber eine elementare Quelle für Unterstützung, Einbindung und Identifizierung, aber auch für individuelle und kollektive Bildungs- und Entwicklungsprozesse darstellen (etwa indem sie zur Herausbildung von ethnischen Minderheiten bzw. eines Minderheitenbewusstseins beitragen). Gemäß ihrer spezifischen Lebenssituation sind die von MigrantInnen initiierten Prozesse sozialräumlicher Aneignung vielfach nicht nur auf die zumeist isolierten städtischen Lebensräume in der Aufnahmegesellschaft, sondern auch auf transnationale Kontexte ausgerichtet, wobei die multi-lokale Realität auf sehr unterschiedliche Weise in die konkreten Lebenszusammenhänge integriert wird.

Es ist faszinierend zu sehen, wie die theoretischen Annahmen über den Stellenwert von Aktivität und ökologischen Ressourcen in der empirischen Analyse des gesundheitlichen Wohlbefindens von älteren Migrantinnen reproduziert werden können. Gesundheitliches Wohlbefinden wurde über die beiden Indikatoren „subjektives Gesundheitsempfinden" und „wahrgenommene Alltagsbeeinträchtigungen" gemessen, für die Einflussvariablen wurden die folgenden Ressourcenbereiche herangezogen: Sozio-demografische und materielle Ressourcen (Alter, Geschlecht, Familienstand sowie die Einkommenssituation des Haushalts), ökologische und soziale Ressourcen (Wohnsituation und wahrgenommene Segregation im Wohnumfeld, Größe und Qualität des sozialen Beziehungsnetzwerkes) sowie gesundheitliche und psychosoziale Ressourcen (Anzahl der berichteten Krankheiten und Alltagsbeeinträchtigungen, gesundheitsfördernde Aktivitäten sowie Selbstwirksamkeit).

Insgesamt können drei Einflussgrößen in signifikanter Weise die Herstellung und Aufrechterhaltung des gesundheitlichen Wohlbefindens im Alter erklären (vgl. Tabelle 8.2): Selbstberichteter Gesundheitsstatus, gesundheitsbezogene Aktivitätsressourcen und soziale Segregation im Wohnumfeld. Diesen Faktoren kommt für die beiden analysierten Indikatoren Gesundheitsempfinden und Alltagsbeeinträchtigungen allerdings unterschiedliches Gewicht zu. So wird das subjektive Gesundheitsempfinden am stärksten durch den Grad der funktionellen Selbstständigkeit im Alltagsleben erklärt, darüber hinaus erweisen sich auch akute Erkrankungen sowie das Gesundheitsverhalten als wirksam. Das subjektive Gesundheitsempfinden reagiert also sensibel auf Veränderungen des Gesundheitsstatus, insbesondere auf Einschränkungen der funktionellen Kapazität, und lässt sich durch eine aktive, der eigenen Gesundheit gegenüber achtsame Lebensführung positiv beeinflussen: Gesundheitsaktivitäten sind signifikant dafür verantwortlich, ob sich jemand wohl und gesund fühlt; für die übrigen Variablen (materielle, soziale, ökologische und psychosoziale Ressourcen), zeigen sich in der empirischen Analyse keine Effekte. Für die Alltagsbeeinträchtigungen erweisen sich hingegen neben Alter und akuter Krankheitsbelastung die Variablen Aktivitätsressourcen und Segregation im Wohnumfeld als signifikant wirksam. Das Risiko von Gebrechlichkeit nimmt also evidenterweise im höheren Alter sowie bei einer größeren Anzahl an Krankheiten zu, während die Aufrechterhaltung von funktioneller Selbstständigkeit nicht zuletzt auch von der Quantität der gesundheitsbezogenen Aktivitäten und der dadurch zum Ausdruck gebrachten Sorge um die eigene Gesundheit abhängig ist. Als

Tabelle 8.2 *Determinanten von Gesundheitsempfinden und Alltagsbeeinträchtigungen (Regressionskoeffizienten)*

	Gesundheits-empfinden	Alltags-beeinträchtigungen
Sozio-demografische Variablen und materielle Ressourcen		
Alter		,30*
Geschlecht		
Familienstand (Bezugsgruppe verwitwet)		
Ökonomische Situation (Haushaltseinkommen)		
Ökologische und soziale Ressourcen		
Wohnsituation (Größe und Ausstattung)		
Wahrgenommene Segregation des Wohngebiets		,21
Soziales Kapital (Größe des Kontaktkreises)		
Zufriedenheit mit persönlichen Beziehungen		
Gesundheits- und psychosoziale Ressourcen		
Anzahl der selbstberichteten Krankheiten	-,43	,31*
Gesundheitsfördernde Aktivitäten	,30	-,22
Selbstwirksamkeit (interne Kontrollüberzeugung)		
r^2	,10	,21

Quelle: Aktiv ins Alter 2005

Beta-Werte; * $p<,01$; alle anderen Werte $p<,05$; es werden nur signifikante Werte ausgewiesen bedeutsamer Risikofaktor kann schließlich die Qualität des Wohnumfelds identifiziert werden: sozialräumliche Segregation, so bestätigt die Analyse, erschwert die Beseitigung von Alltagsbeeinträchtigungen und gefährdet somit die selbstständige Lebensführung im Alter.

Die Analyse unterstreicht zwei wichtige Einsichten der internationalen Forschung, die vor allem in Hinblick auf die zielgruppenorientierte Maßnahmenentwicklung im Bereich von Altenarbeit und Gesundheitsförderung von außerordentlicher Relevanz sind: *Aktivität* stärkt sowohl das subjektive Gesundheitsempfinden wie auch die funktionelle Kapazität, die eine wichtige Voraussetzung für Selbstständigkeit im Alter darstellt. *Sozialräumliche Segregation* reduziert hingegen die Chancen auf Selbstständigkeit im Alltag, weil die für eine aktive Lebensführung erforderlichen Umweltressourcen weniger gut zugänglich sind bzw. nicht dem Bedarf entsprechend akquiriert werden können. Die Förderung von Aktivität und die Bekämpfung der sozialräumlichen Segregation, so lässt sich zusammenfassend festhalten, bilden aus dem Blickwinkel unserer Forschungen die zentralen Interventionsziele für die Gesundheits- und Autonomieförderung von MigrantInnen im Alter.

4. Förderung von Aktivität und Bekämpfung der sozialräumlichen Segregation als zentrale Ziele der Gesundheits- und Autonomieförderung

In der Analyse von Gesundheitszufriedenheit wird die Bedeutung des Gesundheitsverhaltens, genauer von gesundheitsfördernden Aktivitäten, ersichtlich: Doch um welche Aktivitäten handelt es sich überhaupt? In welchem Verhältnis stehen diese Gesundheitsaktivitäten zu den im letzten Kapitel untersuchten Aktivitätsnormen und -ressourcen? Sind sie eine Antwort auf akute Krankheitsbelastung oder das Resultat von individuellen Präferenzen? In welchen sozio-kulturellen Milieus kann die Aufmerksamkeit und Sorge um die eigene Gesundheit Fuß fassen; welche Rolle spielen dabei Herkunft, sozialer Status und soziale Einbettung?

In der WHO-Studie „Aktiv ins Alter" wurde nach verschiedenen gesundheitsbezogenen Aktivitäten gefragt, die nach Zeit- und Kostenaufwand stark differieren und unterschiedliche Bereiche betreffen. Zu den unaufwendig eingestuften Aktivitäten zählen Kontakte mit der Familie, ausreichender Schlaf oder Spazieren gehen, gesunde Ernährung und Vermeidung von Stress. Aktivitäten, die mit einem hohen Aufwand verbunden sind, umfassen sportliche Aktivitäten, der Besuch von einschlägigen Informationsveranstaltungen sowie Kuraufenthalte. In die mittlere Kategorie fallen Aktivitäten wie körperliche Bewegung, Tabak- und Alkoholverzicht, Idealgewicht halten, Blutdruck messen und die Inanspruchnahme von Vorsorgeuntersuchungen.

Wie Tabelle 8.3 dokumentiert, können weniger aufwendige Aktivitäten durchwegs als niederschwellig bezeichnet werden; sie werden viel häufiger genannt als Aktivitäten, die mit mehr Aufwand oder höheren Kosten verbunden sind. Die Daten weisen zugleich auf markante Unterschiede für die Vergleichsgruppen der Älteren mit und ohne Migrationshintergrund.

Tabelle 8.3 Gesundheitsfördernde Aktivitäten (Prozentangaben)

	zugewanderte Ältere (n = 118)	einheimische Ältere (n = 193)
wenig Aufwand		
Kontakt zu Familie	78	86
ausreichend schlafen	56	82
spazieren gehen	58	79
gesund ernähren	53	72
Stress vermeiden	48	69
mittlerer Aufwand		
nicht rauchen	51	64
körperlich aktiv sein	36	68
Vorsorgeuntersuchung	56	57
kein Alkohol	70	47
Idealgewicht halten	26	61
Blutdruck messen	37	56
hoher Aufwand		
Sport betreiben	2	38
Informationsveranstaltungen besuchen	9	34
Kuraufenthalt	13	28

Quelle: Aktiv ins Alter 2005
„Was tun Sie regelmäßig, um gesund zu bleiben oder Ihre Gesundheit zu verbessern?"

Auffallend geringe Angaben nennen MigrantInnen in Bezug auf körperliche und sportliche Aktivitäten, aber auch hinsichtlich Fragen des Ernährungs- und Lebensstils (Idealgewicht, Stressvermeidung, Schlafgewohnheit), während das eher formelle und institutionalisierte Angebot der Vorsorgeuntersuchung relativ stärker angenommen wird; unübersehbar ist die Zentralität der Familienkontakte für beide Gruppen. Divergenzen im Stellenwert der einzelnen Aktivitäten können auf unterschiedliche Lebensrealitäten, aber auch auf differentielle Bewertungsmaßstäbe und Lebensstilmuster deuten. So zeigen sich markante Gruppendifferenzen nicht nur bei jenen Aktivitäten, die einen hohen Aufwand voraussetzen (z. B. Sport betreiben), sondern auch bei Tätigkeiten, die im Alltag eingebettet sind, wie ausreichend schlafen und körperliches Aktivsein, gesunde Ernährung oder Idealgewicht halten, wobei es sich hierbei offensichtlich auch um Gesundheitsverhaltensnormen handelt, die im öffentlichen Bewusstsein positiv bewertet und durch Gesundheitsförderprogramme diskursiv aufbereitet werden. Wie wichtig die Berücksichtigung unterschiedlicher Lebenskontexte im Gruppenvergleich von Personen mit und ohne Migrationshintergrund ist, zeigt sich auch an folgendem Beispiel: So fällt augenscheinlich der Verzicht auf Alkohol vielen MigrantInnen – zweifellos auch aus religiösen und traditionellen Gründen – leichter als etwa die Vermeidung von Stress, dem sich MigrantInnen aufgrund der prekären Lage besonders im Übergang in die nachberufliche Lebensphase in besonderem Maße ausgesetzt fühlen.

Die Überprüfung der Frage, welche Aktivitäten das gesundheitliche Wohlbefinden besonders positiv beeinflussen, zeigt für die Gruppe der älteren MigrantInnen, dass alltagsintegrierte Aktivitäten mit geringem Aufwand am stärksten das Wohlbefinden erhöhen; konkret stehen mit Familienkontakt und Spazierengehen eine soziale und eine freizeitbezogene (gesellige) Gesundheitsressource im Vordergrund. Für die funktionelle Selbstständigkeit erweisen sich hingegen stärker gesundheitszentrierte Aktivitäten von Bedeutung. Einen positiven Einfluss zeitigen in erster Linie körperliche Bewegung und Entspannung (Spazierengehen), weiters die Inanspruchnahme von medizinischen Angeboten (Kuraufenthalt), eine gesundheitsfördernde Funktion kommt aber erneut dem Kontakt mit der Familie zu.

Gesundheitsfördernde Aktivitäten sind, wie sich empirisch zeigen lässt, nur bedingt eine Reaktion auf akute Krankheitsbelastung, sondern korrespondieren stärker mit bestimmten Aspekten der allgemeinen Lebenslage, individuellen Präferenzen und Formen der Lebensführung. So ist ein proaktives Gesundheitsverhalten eng in tätigkeitsorientierte Altersnormen eingebettet: Je positiver die Einstellung zu Aktivität und sozialer Integration, desto ausgeprägter die Bereitschaft, in aktives Gesundheitsverhalten zu investieren. Auf der anderen Seite lähmen psychosozialer Stress, vor allem die Belastung durch Pflege von Angehörigen und umweltbezogene Unsicherheit (Angst vor Kriminalität im Wohnumfeld), sowie eine geringe Selbstwirksamkeit den Aktivitätsgrad: Selbstvertrauen in die eigene Handlungsfähigkeit bestätigt sich hier als eine Schlüsselvariable für die Gesundheitsförderung. Als weiterer Kernfaktor kristallisiert sich der Lebenslagenindikator der Wohnsituation heraus; eine nach Größe und Ausstattung, sowohl nach objektiven als auch subjektiven Maßstäben befriedigende Wohnsituation befördert nachhaltig die gesundheitsorientierte Aktivierung. Andere Aspekte der materiellen Lebenslage wie insbesondere die Einkommenssituation, aber auch soziale Ressourcen zeigen hingegen keinen Einfluss; gleiches gilt für migrationsbezogene Variablen (Aufenthaltsdauer, Einbürgerung, Assimilationsorientierung) sowie sozio-demografische Einflussgrößen (nationale Herkunft, Geschlecht, Haushaltsgröße, Familienstand) – mit Ausnahme des Alters: Wie zu erwarten, stoßen gesundheitsfördernde Aktivitäten eher unter jüngeren MigrantInnen auf Resonanz.

Zusammengefasst erweisen sich also psychosoziale Kompetenzen (Selbstwirksamkeit), individuelle Präferenzen (Aktivitäts- und Altersnormen) sowie die auf das ökologische Zentrum bezogenen Wohnbedürfnisse als die zentralen Anknüpfungspunkte für die Förderung eines im Alltagsleben verankerten aktiven Gesundheitsverhaltens.

Der empirisch beobachtbare zentrale Stellenwert des Wohnens für gesundheitsfördernde Aktivitäten entspricht der durch unsere bisherigen Analyseergebnisse gestützten Einsicht der öko-gerontologischen Forschung, wonach die Aufrechterhaltung der Fähigkeit zur Alltagsbewältigung nicht nur von den vorhandenen Gesundheits- und psychosozialen Stützungsressourcen abhängig ist, sondern zu einem guten Teil von der Qualität der ökologischen Umweltbedingungen beeinflusst wird, wozu besonders die eigene Wohnung und das unmittelbare Wohnumfeld zählen. Im Zusammenhang mit dem Älterwerden kommt dieser These insofern besondere Beachtung zu, als aufgrund der alternsbedingten Einschränkung von räumlicher Mobilität und sozialen Kontaktkreisen generell von einer „Schrumpfung der Chancen zur Umwelterschließung" (Herlyn 1990, 23) ausgegangen wird, wobei dieser Prozess den sozialen Raum in seiner Doppelfunktion als Handlungs- und Orientierungsraum tangiert. Im Alter, verstärkt unter den Bedingungen von Armut, verlagert sich der soziale Raum als Möglichkeit für soziale Kontakte und Kommunikation, Orientierung und Identifikation zunehmend in das ökologische Zentrum von Wohnung und Nachbarschaft (vgl. Marbach 2002), während die aus dem unmittelbaren Wohn- und Alltagskontext herausgehobenen und primär über funktionsspezifische Beziehungen definierten ökologischen Ausschnitte sich noch mehr fragmentieren (die alte Person als PensionsbezieherIn, KlientIn einer Tagesstätte, BewohnerIn eines Altenwohnheims, etc.).

Die These der sich im Alter verringernden Chancen auf Umwelterschließung hat für die ältere Bevölkerung mit Migrationshintergrund nicht zuletzt aufgrund ihrer prekären Lebens-, Wohn- und Wohnumfeldbedingungen spezifische Relevanz. Zum einen kann beobachtet werden, dass ältere Menschen, da sie stärker auf ihren ökologisch-lebensweltlichen Nahraum bezogen sind, gegenüber den Umweltanforderungen generell verletzlicher werden. Vor dem Hintergrund der Tatsache, dass die Qualität der sozialräumlichen Struktur – ob in Bezug auf die Ausstattung der eigenen Wohnung, des Wohnhauses oder Wohnviertels – in unmittelbarer Weise Einfluss auf die Lebensqualität ausübt, wird in zugespitzter Formulierung eine „Totalisierung der Wohnerfahrung" (Matthes 1978, 165) konstatiert. Auch wenn diese These durch die wachsenden Mobilitäts- und Kommunikationsmöglichkeiten konterkariert wird, ändert dies wenig an der Tatsache, dass durch das Zusammentreffen von Armut, Alter und Minderheitenposition erhebliche Restriktionen entstehen.

Auf der anderen Seite ist es wichtig zu sehen, dass die sozialräumliche Schrumpfung des Aktionsraums gerade im Migrationsprozess aus der Perspektive der Betroffenen nicht zwangsläufig als belastend oder nachteilig, sondern auch als Entlastung erfahren werden kann, da nunmehr jene Räume gemieden werden können, in denen man sich in früheren Lebensphasen

„nicht durchsetzen bzw. entfalten konnte" (Herlyn 1993, 23) oder die in Widerspruch zu den altersspezifischen Erwartungen und Bedürfnissen stehen. Der in der öffentlichen Debatte häufig skandalisierte ethnische Rückzug (Stichwort „Parallelgesellschaft") stellt aus einer solchen Sichtweise nur einen Spezialfall einer mit dem Alter insgesamt verbundenen stärkeren Fokussierung der lebensweltlichen Beziehungskontexte auf das Wohnumfeld dar. Gleichzeitig ist zu berücksichtigen, dass, wie an anderer Stelle bereits ausgeführt wurde, dieser Rückzug vielfach mit einer wenn auch oft imaginären transnationalen Ausrichtung einhergeht. Mit anderen Worten: Gleichzeitig zum Schrumpfen des lokalen Aktionsraums gewinnen räumliche und soziale Bezugssysteme an Gewicht, die zwar nur teilweise aktiv eingelebt werden können (etwa in Form der Pendelmigration), jedoch als Raum sozialer Kontakte und Austauschbeziehungen (über geografisch verstreute Familienangehörige, Verwandte oder andere Netzwerkpersonen), materieller Referenzen (Sommerhäuschen, Olivengarten, Geburtshaus im Herkunftsland) oder auch als Erinnerungslandschaften hohe Relevanz besitzen.

Dass in der empirischen Analyse von Gesundheitsressourcen die Qualität von Wohnumfeld (in Bezug auf Erhaltung von Selbstständigkeit) und Wohnsituation (in Bezug auf Aktivierung) als wichtige Determinanten identifiziert werden konnten, unterstreicht die Zentralität des Wohnens als räumlich-sozialen Lebenszusammenhang im Alternsprozess. In der Forschung hat sich ein ganzheitliches, sozialökologisches Konzept des Wohnens durchgesetzt. Wohnen umfasst nicht nur den sprichwörtlichen Bereich der eigenen vier Wände und mit im besten Fall altersgerechter Ausstattung sowie den erweiterten Wohnkontext des Wohnhauses, das günstigstenfalls über ausreichend Licht, einen Lift und andere altersrelevante Einrichtungen verfügt. Wohnen schließt zugleich eine innere Dimension der emotionalen Bindung ein, und ist in Relation zur sozialen und kommunalen Umwelt, zu den Beziehungs- und Opportunitätsstrukturen, die Stadtteile für die Bewohner und Bewohnerinnen bereitstellen, zu sehen. Im Anschluss an Lawton (1989) werden in der gerontologischen Literatur drei zentrale Umweltfunktionen unterschieden: Erstens leisten Umwelten eine unterstützende Funktion („support"), etwa indem sie die Minderung oder den Wegfall einer Fähigkeit kompensieren (ein Beispiel wäre barrierefreies oder altersgerechtes Bauen); zweitens erfüllen sie eine stimulierende Funktion („stimulation"), indem sie einen Möglichkeitsraum für Aktivitäten oder Kontakte darstellen; drittens erfüllen sie eine bewahrende Funktion („maintenance"), indem sie einen Rahmen für biografische Kontinuität, emotionale Bindungen, Erinnerungen und Identifikationen bilden (vgl. auch Bundesministerium für Familie, Senioren, Frauen und Jugend 2001).

Soziale Segregation geht meist mit Einbußen der Umweltfunktionen einher, wodurch sich der Möglichkeitsraum lokaler Lebenszusammenhänge zu einem Restriktionsraum verengt, wie sich auch anhand einer Datenanalyse der Begleitforschung des Interventionsprojektes „Aktiv ins Alter" zeigen lässt. Die Daten reproduzieren dabei die für Wien charakteristischen Segregationstendenzen, wo hohe Konzentrationsraten von MigrantInnen eher kleinräumiger auf Wohnhaus- und Blockebene zu beobachten sind, während auf Stadtteil- oder Bezirksebene eine stärkere Durchmischung der Bevölkerung stattfindet (Giffinger/Wimmer 2003; Kohlbacher/Reeger 2003; Dangschat 2000). So leben unter den befragten Personen mit Migrationshintergrund fast vier Fünftel (74 Prozent) in einem Wohnhaus mit vorwiegend migrantischer Bewohnerschaft, 71 Prozent geben auch für das unmittelbare Wohngebiet eine hohe Konzentration von ZuwanderInnen an (unter den einheimischen Älteren leben 8 Prozent in einem überwiegend von MigrantInnen bewohnten Wohnhaus; 45 Prozent nennen einen hohen MigrantInnenanteil in der Wohnumgebung).

Wie zu zeigen sein wird, hat die wahrgenommene Segregation erheblichen Einfluss auf die Bewertung der Wohnumfeldqualität. Insgesamt wird in dieser Untersuchung die Infrastruktur der Wohnumgebung von den befragten älteren MigrantInnen durchwegs positiv beurteilt: Jeweils über 90 Prozent sind mit den Einkaufs- und Verkehrsmöglichkeiten, 88 Prozent mit der ärztlichen Versorgung zufrieden. Deutlich schlechter fällt hingegen die Bewertung von Umweltästhetik und Sicherheit aus: Nur 16 Prozent äußern Gefallen an Architektur und Straßenbild, nur 22 Prozent bewerten ihren Stadtteil als sicher. Auch die Bewertung der eigenen Wohnsituation fällt mit 27 Prozent positiven Antworten recht kritisch aus, wofür die schwierigen objektiven Wohnbedingungen verantwortlich sind: So leben unter den in dieser Studie befragten älteren MigrantInnen 57 Prozent in einer Kategorie D-Wohnung, 24 Prozent in einer Kategorie A-Wohnung, 81 Prozent haben nur ein einziges Zimmer zur Verfügung (die Vergleichswerte für die in Österreich gebürtigen Befragten betragen 3 und 86 Prozent; der Anteil jener, die ein einziges Zimmer zur Verfügung haben, beträgt 12 Prozent).[40] Dass sich 62 Prozent der älteren MigrantInnen trotz aller Schwierigkeiten emotional mit ihrer Wohngegend verbunden fühlen, kann als ein Indikator für die Relevanz von adaptativen Prozessen der Umweltaneignung interpretiert werden.

Wahrgenommene Segregation geht mit einer negativen Beurteilung der Infrastruktur sowie mit emotionaler Distanz zum Wohngebiet einher. Mit dem Ausmaß der Segregation, so die Analyse, steigt die Bewertung des Wohnumfelds als Restriktionsraum, und dies bezieht sich sowohl auf die Infrastruktur wie auf das emotionale Bindungsgefühl. Mit langer Wohndauer – die negativ mit Segregation korreliert (was auf strukturelle Integration hinweist), aber auch mit Adaptationsprozessen verbunden ist[41]

---

[40] Kategorie D: kein Wasser oder kein WC; Kategorie C: Wasser und WC, aber ohne Bad und Zentralheizung; Kategorie B: keine Zentralheizung; Kategorie A: Gesamtausstattung.

[41] Kognitive Adaptation ist nur eine Dimension des mit zunehmendem Alter immer wichtiger werdenden Wohnerlebens (vgl. dazu auch Saup 1993; Saup/Reichert 1999). Wohnerleben bezieht sich darüber hinaus auch auf emotionale (Identifizierung, Geborgenheit), soziale (Austausch, Hilfe) und materielle Aspekte (Lage, Erreichbarkeit, Ausstattung der Wohnung und des Wohnhauses).

(vgl. Oswald 1996) – kann das ökologische Umfeld stärker als ein Möglichkeitsraum wahrgenommen werden; es steigt die Zufriedenheit mit der Infrastruktur, auch die emotionale Identifikation nimmt stark zu. MigrantInnen aus der Türkei, die im allgemeinen Segregationsprozessen stärker ausgesetzt sind, bewerten die Infrastruktur kritischer als MigrantInnen aus Ex-Jugoslawien, hinsichtlich der emotionalen Wohngebietsbindung zeigen sich keine Unterschiede. Österreichbindung korrespondiert, ebenso wie eine gute materielle Lebenslage, mit einem lokalen Heimatgefühl im Wohngebiet. Für die soziodemografischen Variablen Alter, Geschlecht, Familienstand und Bildung können keine signifikanten Ergebnisse erzielt werden.

Tabelle 8.4 Bewertung von Infrastruktur und emotionaler Qualität der Wohnumgebung nach strukturellen Indikatoren (Mittelwertdifferenzen)

	Infrastruktur[1]	emotionale Bindung[2]
Gruppenvariablen[3]		
wahrgenommene Segregation	sign.	sign.
Wohndauer	sign.	sign.
nationale Herkunft	sign.	n.s.
Assimilationsorientierung	n.s.	sign.
materielle Lebenslage	n.s.	sign.

Quelle: Aktiv ins Alter 2005; n = 120

[1] Infrastruktur: additiver Index aus „es sind genug Einkaufsmöglichkeiten vorhanden", „meine Wohngegend ist gut an den öffentlichen Nahverkehr angeschlossen", „in dieser Gegend gibt es genug Ärzte und Apotheken"
[2] emotionale Bindung: additiver Index aus „ich fühle mich in meiner Wohngegend zu Hause", „mit der Wohngegend, in der ich lebe, verbinden mich viele Erinnerungen"
[3] wahrgenommene Segregation: hoch/gering; Wohndauer: 20 Jahre plus/höchstens 5 Jahre; nationale Herkunft: Türkei/Ex-Jugoslawien; Assimilationsorientierung: Österreichbindung/Herkunftslandbindung; materielle Lebenslage: hohes/niedriges Haushaltseinkommen
sign. = p < 0,5; n.s. = nicht signifikant

Segregation unterstützt die gesellschaftliche Marginalisierung und setzt MigrantInnen im Alternsprozess, in dem der Zugriff auf Infrastrukturen, soziale Dienste und psychosoziale Stützungsressourcen an Bedeutung gewinnt, einer dramatisch erhöhten Verletzbarkeit aus. Strukturell benachteiligte Wohnumfelder sind häufig zugleich sozial stigmatisierte („ethnisierte") Umwelten; sie bilden eine wesentliche Barriere für ein erfolgreiches Altern, in dem die Chance auf Gesundheit, Selbstständigkeit und Lebensqualität trotz Prekarität gewahrt bleibt. Gelingt es im Laufe der Zeit nicht, die Wohnsituation zu verbessern und in ein sozio-kulturell bzw. ethnisch stärker durchmischtes Wohngebiet vorzudringen, wird die gesellschaftliche Randstellung wie auch die Abhängigkeit der älteren MigrantInnen von ihren (kompensatorischen) informellen Ressourcen von Familie, Verwandtschaft oder ethnisch-migrantischer Bezugsgruppe zementiert.

Es ist aufgrund der bisherigen Ausführungen schlüssig, dass die wohnumfeldbezogene Lebensqualität in segregierten Gebieten signifikant abnimmt und stark negativ mit funktioneller Selbstständigkeit korreliert: Das Leben in strukturell benachteiligten Nachbarschaften und in körperlicher Gebrechlichkeit prekarisiert die Beziehung von Älteren mit und ohne migrantischem Hintergrund mit ihrer sozialräumlichen Umwelt, und dies trifft in besonderer Weise den sensiblen Bereich des Umweltzugangs. Nahezu alle Komponenten, die in der Subskala des umweltbezogenen Wohlbefindens Eingang finden (vgl. Kapitel IV), korrelieren stark positiv mit Selbstständigkeit. Dies gilt für den Zugang zu Beförderungsmitteln und die Möglichkeiten für Freizeitaktivitäten, den finanziellen Spielraum für die Erfüllung der eigenen Bedürfnisse, insbesondere aber für den Zugang zu Informationen, die man für das tägliche Leben braucht. Tabelle 8.5. weist unter den genannten Komponenten für den Zugang zur Information den höchsten Korrelationskoeffizienten aus; der Blick auf die Zusammenhangsmaße unterstreicht den Stellenwert von Information als Schlüsselvariable, die den Zugang zu außerhäuslichen Aktivitäten erleichtert (hohe Korrelation mit Freizeit- und Beförderungsmöglichkeiten).

Tabelle 8.5 Zusammenhang zwischen Umweltressourcen (Korrelationskoeffizienten)

	funktioneller Status	Information	Geld	Freizeit	Beförderungsmittel
Information	,26*	1			
Geld	,23	,50*	1		
Freizeit	,21	,52*	,38*	1	
Beförderung	,22	,34*	,35*	,52*	1
Subskala umweltbezogenes Wohlbefinden	,33*	-	-	-	-

Quelle: Aktiv ins Alter 2005

pearson; *p < ,01; alle anderen Werte p < ,05

Nach einer These der ökogerontologischen Forschung bleibt Mobilität auch dann ein zentraler Anspruch, wenn der Aktionsradius im Alter immer stärker auf die Wohnung beschränkt bleibt. Zusammen mit den anderen Komponenten des Umweltzugangs bildet Information eine entscheidende Ressource für die Möglichkeit, auch unter erschwerten Bedingungen sich aktiv mit den Umweltbedingungen auseinanderzusetzen. Information eröffnet Zugänge zu den sozialräumlich verankerten, oftmals jedoch verborgenen Aktivitätspotenzialen, zu sozialen Netzen und „Entwicklungsgelegenheiten"; sie ist das zentrale Kriterium für eine unabhängige Lebensführung, ein elementarer Bestandteil für eine altersgerechte Umwelt. Ohne ausreichendes und zuverlässiges Wissen – sei es über Infrastrukturen und ihre Erreichbarkeit, Beförderungsmittel und deren Zugänglichkeit, soziale Dienste und die entsprechenden Anspruchsvoraussetzungen oder über Aktivitäten und die Möglichkeiten einer Teilnahme – schwindet die Chance auf ein Leben nach eigenen Vorstellungen, auf Eigeninitiative und gesellschaftliche Teilhabe.

Die empirisch gestützte Einsicht über den Stellenwert des Umweltzugangs, insbesondere der Informationsressource, für die Schaffung von Lebensqualität im Alter hat für Maßnahmen der Gesundheitsförderung im Migrationskontext hohe Relevanz. Ältere MigrantInnen sind in ihrem Alltag überdurchschnittlich stark mit Barrieren und Hindernissen konfrontiert, die einer Verwirklichung von Lebenschancen im Wege stehen. Jenseits der Erschwernisse auf individueller Ebene – eingeschränkte materielle Mittel, gesundheitliche Beeinträchtigungen, soziale Isolation oder fehlende kulturelle Ressourcen (z.B. Sprachschwierigkeiten) – blockieren vor allem systemische Barrieren, als Folge von Unübersichtlichkeiten im Sozialsystem, institutioneller Schließung und gesellschaftlicher Diskriminierung oder eben von Informationsdefiziten, die Gestaltungs- und Entwicklungschancen. Diese Barrieren können auf individueller Ebene nicht überwunden werden; vielmehr bedarf es strukturverändernder Maßnahmen, insbesondere eines Abbaus von rechtlichen und sozialen Benachteiligungen mit dem Ziel eines gleichberechtigten Zugangs zu bürgerschaftlichen und wohlfahrtsstaatlichen Rechten. Höchste Priorität hat, wie unsere Forschungen nahe legen, aber auch die Verbesserung des Informationsflusses seitens der Institutionen (und öffentlichen Einrichtungen); es gilt, entsprechende Informationen über alterns- und gesundheitsrelevante Angebote und Dienste zu diversifizieren, in die oft entlegenen migrantischen Lebenswelten zu tragen und in verschiedenen Sprachen zugänglich zu machen. Die Expertise experimentell ausgerichteter Interventionsprojekte unterstreicht in diesem Zusammenhang den Bedarf an innovativen Formen von zugehender Informationsarbeit und aufsuchender Aktivierung (WHO 2006).

5. Präferenzen bei Krankheit und Pflegebedürftigkeit

Nach den Ergebnissen der Wiener Studien zur Lebens- und gesundheitlichen Situation von älteren MigrantInnen verfügen die Betroffenen über klare Vorstellungen, unter welchen Bedingungen sie leben möchten, sollten sie einmal stärker auf Hilfe angewiesen sein oder Pflege benötigen: in der eigenen Wohnung mit familiärer oder auch ambulanter Stützung; stationären Einrichtungen kommt in den Zukunftsszenarien nur eine nachrangige Bedeutung zu.

Wie Tabelle 8.6 dokumentiert, bestehen hinsichtlich der Wohnvorstellungen gewisse Unterschiede nach Einbürgerung und nationaler Herkunft. Eingebürgerte MigrantInnen können sich signifikant häufiger vorstellen, stationäre und ambulante Einrichtungen der Altenarbeit in Anspruch zu nehmen, die Akzeptanz von stationären Versorgungsangeboten ist aber auch unter Personen aus dem ehemaligen Jugoslawien, vor allem aus Serbien, signifikant höher. Insgesamt dominiert der Wunsch, in der eigenen Wohnung vom Ehepartner betreut zu werden (65 Prozent); etwas weniger als die Hälfte kann sich vorstellen, zuhause von den eigenen Kindern gepflegt zu werden. Gut ein Fünftel der befragten MigrantInnen steht der Idee, in der eigenen Wohnung von ambulanten Diensten versorgt zu werden, aufgeschlossen gegenüber. Wohnungswechsel zu einem Kind und das Zusammenleben in einer Wohn- bzw. Hausgemeinschaft werden seltener genannt.

Tabelle 8.6 Bedürfnisse im Falle von Krankheit und Pflegebedürftigkeit nach Staatsangehörigkeit (Mehrfachantworten; Prozentangaben)

„Wo könnten Sie sich vorstellen zu leben, falls Sie einmal stärker auf Hilfe angewiesen sind?"

	Σ (n=241)	eingebürgert (n=48)	Türkei (n=64)	Ex-Jugoslawien (n=128)	Serbien (n=53)	Kroatien (n=35)	Bosnien (n=39)
in meiner Wohnung und mein Ehepartner kümmert sich um mich	65	58	70	65	55	69	74
in meiner Wohnung und meine Kinder kümmern sich um mich	42	29	47	45	43	57	36
in meiner Wohnung und ich nehme soziale Dienste in Anspruch	21	27	22	19	23	20	13
bei meinem Kind	13	6	9	17	9	26	20
mit Freunden/Wohn- und Hausgemeinschaft	8	8	5	9	13	-	13
in einem Pensionistenwohnhaus oder Pflegeheim	12	25	3	12	17	9	8

Quelle: Senior-Plus 1999

Die Erhebungsergebnisse stimmen mit anderen Studien überein, wonach MigrantInnen auch in schwierigen Lebensphasen und Situationen von Krankheit und Pflege in ihrem ökologischen Zentrum weiter leben möchten (vgl. etwa Dietzel-Papakyriakou/Olbermann 1998; Kremla 2005). In unserer Untersuchung entfallen 79 Prozent aller Zustimmungen auf Antworten, die eine Präferenz der eigenen Wohnung zum Ausdruck bringen. Diese Fokussierung auf die eigene Wohnung unterstreicht die Bedeutung sozialer und ökologischer Ressourcen für eine selbstständige Lebensführung im Alter, wie sie auch in diesem Kapitel herausgearbeitet wurde. Zugleich fordern die Ergebnisse zu einer differenzierten Betrachtung vor allem hinsichtlich der sozialen Dienste auf. Je nach Bürgerschaftsstatus beziehen sich zwischen 16 Prozent (türkische StaatsbürgerInnen) und 35 Prozent (eingebürgerte ÖsterreicherInnen) aller Zustimmungen auf Antworten, die eine Akzeptanz von institutionellen Versorgungsangeboten erklären, wobei sich dies primär auf den ambulanten Bereich bezieht. Wie Detailanalysen zeigen, ändern sich die Präferenzen im höheren Alter, der Einfluss von Geschlechtsrollen ist ebenfalls unverkennbar. So nimmt im höheren Alter die Fixierung auf die eigene Wohnung ab, während stärker außerhäusliche Optionen attraktiver werden; für familienbezogene und informelle Lebensformen optieren eher MigrantInnen aus der Türkei, ein Wechsel in stationäre Einrichtungen erscheint für eingebürgerte und Personen aus dem ehemaligen Jugoslawien eher vorstellbar. In Hinblick auf das Geschlecht zeigt sich, dass Männer sehr viel häufiger erwarten, von ihrer Partnerin betreut und gepflegt zu werden, während sich Frauen stärker auf ihre Kinder verlassen (dies gilt besonders für Frauen aus der Türkei) oder sich auf soziale Dienste einstellen, wobei dies erwartungsgemäß auf eingebürgerte Frauen am meisten zutrifft.

Die Präferenzen älterer MigrantInnen rücken drei Ressourcenbereiche in den Vordergrund, die in Hinblick auf die Erzeugung und Förderung von Selbstständigkeit und gesundheitlichem Wohlbefinden zugleich zentrale existentielle Bedürfnisse markieren. Erstens: die eigene Wohnung als Lebenszentrum und Ressource. Zweitens: Partnerschaft und intergenerationelle Familienbeziehungen. Drittens: Zugang zu sozialen Diensten und medizinischer Versorgung. Wie diese Ressourcenbereiche im Einzelnen einzuschätzen sind, soll nun auf empirischer Basis diskutiert werden.

5.1 Wohnen als Lebenszentrum und Ressource

Im Prozess der Arbeitsmigration stellt die Wohnung eine komplexe Komponente dar: Sie bildet eine (durch gesetzliche Regelungen und Marktkräfte determinierte) existentielle Notwendigkeit und ist Ausdruck einer Lebensform, sie erfüllt eine instrumentelle, aber auch eine soziale und emotionale Funktion. Wohnung ist sowohl Unterkunft als auch Bezugspunkt von sozialer Einbettung und Zugehörigkeit. Wie Studien zeigen, unterliegen Wohnbedürfnisse und Wohnerleben im Verlauf des Migrationsprozesses starken Veränderungen; während zu Beginn der Zuwanderung instrumentelle Motive überwiegen, wodurch auch sehr schwierige Umweltbedingungen und Zurückweisungen am Wohnungsmarkt in Kauf genommen werden können, rücken mit der Zeit kognitive, soziale und emotionale Anforderungen in den Vordergrund. Die eigene Wohnung wird zum Lebensmittelpunkt, ein Ort häufig familiären Rückhalts und der Entlastung von schwierigen Umweltbedingungen. Es hat mit den in dieser Arbeit bereits mehrfach erwähnten Besonderheiten der Arbeitsmigration zu tun, dass viele Angehörige der ersten „Gastarbeitergeneration" auch bei Niederlassung, Familiengründung oder Familiennachzug einen Wohnungswechsel in einen höheren Ausstattungsstandard und ein besseres Stadtviertel unterlassen oder hinausgezögert haben. Dieses Wohnverhalten kann nicht allein mit den augenscheinlich restriktiven und selektiven Bedingungen am Wohnungsmarkt erklärt werden, sondern reflektiert zum einen auch das Bedürfnis nach sozialräumlicher Nähe zur Bezugsgruppe. Zum anderen begünstigte die für viele MigrantInnen charakteristische Rückkehrorientierung die Anpassung oder auch Gewöhnung an die zum Teil extrem benachteiligten und beengten Wohnverhältnisse, behinderte zugleich aber die Schaffung von altersgerechten Wohnbedingungen: Im Rahmen der Begleitforschung zum WHO-Interventionsprojekt „Aktiv ins Alter" wurden drei Viertel der Wohnungen der MigrantInnen von den InterviewerInnen als nicht altersgerecht eingestuft. Im Alter, vor allem nach dem Ausscheiden aus dem Erwerbsprozess, nimmt die Wahrscheinlichkeit der Wohnmobilität aufgrund begrenzter finanzieller und gesundheitlicher Ressourcen weiter ab.[42]

Allerdings wäre es falsch, aus dem spezifischen Wohnerleben auf eine insgesamt geringere Wertigkeit des Wohnens im Kontext der Arbeitsmigration zu schließen, stellt das Wohnen doch ein elementares Existenzbedürfnis dar. Dies bestätigen auch die Ergebnisse des WHO-Projekts. Im Zusammenhang mit der Frage nach der Wichtigkeit verschiedener Lebensbereiche nennen 49 Prozent der befragten MigrantInnen die Wohnung als einen sehr wichtigen Bereich, in der Rangreihung der stärksten Bewertungen ist das Wohnen nach der Familie (als höchstbewertetem Lebensbereich) an zweiter Stelle platziert. In der autochthonen Vergleichsgruppe wird das Wohnen zwar von einem etwas höheren Anteil (59 Prozent) als sehr wichtiger Lebensbereich beurteilt, liegt aber in der Rangreihung nach Familie und Freundeskontakten an dritter Stelle. Der Vergleich führt vor Augen, dass, auch wenn die Gewichtungen zwischen den Lebensbereichen etwas verschoben sind, in beiden Gruppen ein sehr ähnliches Bedürfnismuster dominiert.

Die hohe Wertigkeit, die dem Wohnen zugesprochen wird, erscheint angesichts der fragilen sozialen Position, der sich viele Migrantinnen im Alter ausgesetzt sehen, einsichtig und manifestiert sich auch in den vorhin berichteten Wohnbedürfnissen in Bezug auf Krankheit und Pflege. Umso gravierender der Kontrast zur Realität des ökologischen Nahraums: Die prekäre Wohnsituation manifestiert sich in einer Vielzahl an Indikatoren wie durchschnittliche Wohnungsgröße und baulicher Zustand, Wohnungskategorie und Ausstattung, Lage und Zustand des Wohnhauses. Über die Wohnverhältnisse von älteren MigrantInnen in Österreich berichten Sozial-

---

[42] In Österreich liegen nur wenige Forschungen zu migrantischen Wohnbedürfnissen und Wohnbiografien bzw. zur Wohnmobilität vor; zur Frage der Wohnbedürfnisse (vgl. Six-Hohenbalken 2001 sowie Pflegerl/Fernández de la Hoz 2001).

statistik (Volkszählung, Mikrozensus) und die Ergebnisse einschlägiger empirischer Studien (vgl. im Überblick Reinprecht 2003; Reinprecht/Latcheva 2000), die mit den Befunden internationaler Studien auch dahingehend übereinstimmen, dass trotz der durchwegs ungenügenden Wohnsituation die subjektive Wohnzufriedenheit relativ hoch ist (vgl. etwa Brandenburg 1994). Die Ergebnisse des WHO-Projektes legen jedoch nahe, dass diesem Zufriedenheitsparadox im Kontext des prekären Alterns deutliche Grenzen gesetzt sind. Das Adaptationsvermögen kapituliert, wenn bei wachsenden Behinderungen in der Bewältigung von Alltagsaufgaben die Wohnsituation zu einem echten Risikofaktor wird.

Wie Studien zeigen, erschweren ungesunde Wohnverhältnisse (Dunkelheit, Feuchtigkeit, Lärm) und fehlende Rückzugsmöglichkeiten aufgrund räumlicher Enge und Überbelegung bei akuter und insbesondere chronischer Erkrankung die Pflege und Rekonvaleszenz der erkrankten bzw. pflegebedürftigen Person, wobei diese Situation auch für die pflegenden Haushaltsmitglieder eine Belastung darstellt; darüber hinaus kann sich nicht altersgerechtes Wohnen insgesamt negativ auf die Selbstständigkeit auswirken (Saup/Reichert 1999). Das unterstreicht auch die folgende Tabelle 8.7 für den Zusammenhang von eingeschränkter Wohnsituation einerseits und Aktivitätspotenzialen und psychosozialem Stress andererseits.

Mit der Beengtheit der Wohnsituation sinken signifikant die außerfamiliären Aktivitäten; als besonders ausgeprägt erweist sich dieser Zusammenhang in Bezug auf die Bereitschaft zu ehrenamtlichem Engagement. Knappe Wohnressourcen sind zudem eine Quelle von psychosozialem Stress; sie erhöhen signifikant das Unsicherheits- sowie das Belastungsempfinden, und zwar aufgrund von Faktoren, die unmittelbar mit der beengten Wohnsituation zu tun haben, wie Streit, Einmischung anderer, Pflege von Familienangehörigen sowie Abhängigkeit von anderen.

Tabelle 8.7 Zusammenhang von Wohnraumknappheit mit Aktivitätspotenzialen und psychosozialer Befindlichkeit (Korrelationskoeffizienten)

Wohnraumknappheit mit Aktivitätspotenziale	
Aktivitäten außerhalb der Familie	-,24
Mitgliedschaft in Vereinen	-,26*
Bereitschaft zu ehrenamtlichem Engagement	-,50*
Wohnraumknappheit mit psychosoziale Befindlichkeit	
allgemeines Unsicherheitsgefühl	,22
Stressempfinden durch Einmischung anderer	,22
Stressempfinden durch Streit in der Familie	,28*
Stressempfinden durch Pflege anderer	,31*

Quelle: Aktiv ins Alter 2005; n=120
*p<,01; alle anderen Werte p<,05

Eine gute Wohnsituation gilt gemeinhin als ein „harter" Indikator für eine gelungene soziale Integration, und sie fungiert dabei nicht nur als eine Ressource für die Erhaltung von Selbstständigkeit, sondern auch als eine Quelle von Zugehörigkeitsgefühlen und Identität der gesellschaftlichen Umwelt gegenüber. So beeinflusst die Qualität der Wohnung nicht nur die allgemeine Befindlichkeit, sondern auch die Herausbildung von emotionalen Gefühlsbindungen an die umliegenden lokalen und überregionalen Lebenskontexte. Je mehr die eigene Wohnung den vielschichtigen Anforderungen als sozialökologisches Lebenszentrum entspricht, umso eher kann sich eine positive Bindung an die Wohnregion, im weiteren Sinne auch eine Verbundenheit mit der Aufnahmegesellschaft etablieren (der statistische Zusammenhang zwischen der Güte der Wohnsituation und der Wohngebiets- bzw. Österreichbindung ist stark und hoch signifikant, pearson ,30).

Die Güte der Wohnqualität ist für die Erhaltung von Lebensqualität und selbstständiger Lebensführung in der Altersphase, nach dem Ende des ursprünglichen Migrationsprozesses zweifellos von hoher Relevanz. Zu berücksichtigen ist allerdings auch, dass unterschiedliche Lebensgeschichten und Sozialisationskontexte, aber auch kulturelle Herkunftsprägungen und Alltagspraktiken auf die Wohnbedürfnisse und das Wohnverhalten von älteren MigrantInnen Einfluss haben können (vgl. Stix-Hohenbalken 2001). Die wenigen Forschungen, die zu dieser Thematik vorliegen, weisen darauf hin, dass aufgrund der heterogenen Struktur der älteren Bevölkerung mit Migrationshintergrund keine generalisierenden Aussagen möglich sind, sondern die Wohnbedürfnisse und das Wohnverhalten vor allem von Faktoren wie soziale Herkunft (urban – ländlich, bildungsnah – bildungsfern, etc.) und Bindung an kulturelle und religiöse Normen abhängig sind (Brandenburg 1994). Unbestritten ist, dass aufgrund der Tatsache, dass Migrationsprojekte vielfach nicht individuelle, sondern Familienprojekte darstellen, der sozialen Funktion des Wohnens eine überaus wichtige Bedeutung zukommt: Unter den in den beiden Wiener Studien befragten älteren MigrantInnen lebten jeweils etwa die Hälfte in einem Mehrgenerationenhaushalt – mit all den Vorzügen und Nachteilen, die eine solche Wohnform mit sich bringt: soziale Nähe und Unterstützung auf der einen Seite, Abhängigkeit und Verpflichtungsdruck auf der anderen Seite.

Das Zusammenleben in einem Mehrgenerationenhaushalt repräsentiert aber nicht die einzige spezifische Wohnform älterer MigrantInnen. Die auch in unseren Forschungen erkennbare herausragende Bedeutung der Familie darf nicht den Blick darauf verstellen, dass viele MigrantInnen im Alter allein stehend sind und in einem Singlehaushalt leben. In den Wiener Studien trifft dies auf 20 Prozent (Senior-Plus) bzw. 27 Prozent (Aktiv ins Alter) der befragten MigrantInnen zu. Unter den Singles befinden sich Personen, die als Ledige gekommen und auch noch im Alter allein stehend sind, vielfach aber auch verwitwete oder geschiedene Personen, unter letzteren viele Frauen aus dem ehemaligen Jugoslawien. Aufgrund der geringen Fallzahlen lassen sich für diese verschiedenen Gruppen keine verallgemeinerbaren

Aussagen treffen; das Alleinleben erhöht aber unzweifelhaft das Vulnerabilitätsempfinden. So fühlen sich nach den Ergebnissen von „Aktiv ins Alter" 63 Prozent der Alleinlebenden durch Einsamkeit belastet und 73 Prozent befürchten, im Alter einsam zu sein: Eine markante Mehrheit verknüpft also das Alleinleben mit der Erwartung von sozialer Isolation.[43]

5.2 Partnerschaft und intergenerationelle Familienbeziehungen

Nicht zufällig kreisen die Wohnbedürfnisse der meisten MigrantInnen im Alter um die Familie: Familiäre bzw. verwandtschaftliche Solidarbeziehungen bilden im prekären Kontext des Älterwerdens eine bedeutsame Ressource zur Alltagsbewältigung: eine Quelle von emotionalem Rückhalt und sozialer Wertschätzung, von Hilfe und Stützung in kritischen Situationen und Lebensphasen. Die eigene Wohnung fungiert dabei, häufig in Form von Mehrgenerationenhaushalten, als lokaler Ankerplatz der kooperativen Familieneinheiten sowie als Schnittpunkt der vielfach überregional gestrickten Familien- und Verwandtschaftsbeziehungen, wie sie auch in den Wiener Untersuchungen nachgewiesen werden konnten.

Auch wenn in Teilen der Literatur dem außerfamilialen sozialen Kapital der ethnischen Netzwerke primäre Aufmerksamkeit geschenkt wird, so ist es eine vielfach durch Forschung belegte Tatsache, dass es im Krankheits- und Pflegefall die näheren Angehörigen, vor allem die Partnerin oder der Partner sowie die Kinder (insbesondere Töchter) und Schwiegerkinder, aber auch Enkelkinder sind, die wichtige Dienste und Unterstützung leisten; auf extrafamiliale soziale Kontakte (insbesondere aus dem ethnischen Bezugskreis der Freunde, Bekannten und Nachbarn), kann zwar spontan, kaum aber für anhaltende Aufgaben der Pflege und Betreuung zurückgegriffen werden (vgl. Olbermann 2003a). Umso stärker sind die Erwartungen, die sich auf das einzelne Familienmitglied richten, wobei sich diese Erwartungen auf eingeübte Praktiken von familiärer Arbeitsteilung und Geschlechtsordnung stützten können. Entsprechend den überwiegend traditionellen Familienstrukturen, die in Familien der ersten Generation vorherrschen, richtet sich der normative Erwartungsdruck vor allem auf Frauen und jüngere Familienmitglieder.

Die Migrationsforschung betrachtete das Thema der Generationsbeziehungen lange Zeit unter dem modernisierungs- und assimilationstheoretischen Szenario vom „familialen Migrantendrama" (Dietzel-Papakyriakou, 1997). Demnach sei die Generationsfolge im Migrationskontext durch einen konfliktreichen Ablöse- und Entfremdungsprozess zwischen den Eltern, die

---

[43] Aufgrund der veränderten Struktur der Migration kann angenommen werden, dass der Anteil der allein lebenden MigrantInnen überproportional zunehmen wird.

den traditionellen Handlungsmustern und Werten verhaftet bleiben, und den unter einem Akkulturationsdruck stehenden, an der Aufnahmegesellschaft orientierten und für innerfamiliäre Solidarleistungen nicht zur Verfügung stehenden Kindern gekennzeichnet. Neuere Studien, die der Funktion der Familie als einer kooperativen Einheit mehr Aufmerksamkeit schenken (Nauck 2004) erlauben einen differenzierteren Blick auf die Bedeutung und Wirksamkeit der intergenerationellen Bezugssysteme. Nauck konstatiert eine starke kohäsive Kraft der Familie (Zusammengehörigkeitsgefühl als Überlebensgemeinschaft), einen hohen Grad an intergenerativer Transmission (Transfer von Wert- und Ordnungsvorstellungen) sowie eine ausgeprägte ökonomisch-utilitaristische Nutzenerwartung an die Kinder. Beobachtet wird, dass der Zugriff der traditionellen Rollenverpflichtungen bis hin zu Angehörigen der dritten Generation erfolgt und die jüngeren Familienmitglieder als Teil des familiären Solidarsystems erheblich zur Alltagsbewältigung der älteren Familienmitglieder beitragen. Im Anschluss an die generationssoziologische Literatur ist dabei von einem vielschichtigen Austausch von Gefühlen und instrumenteller Stützung, Informationen und Wertorientierungen zwischen den Generationen auszugehen. Die Austauschbeziehungen sind dabei durchaus als wechselseitig anzusehen, die komplexe intergenerationelle Beziehungsrealität ist allerdings nicht frei von Friktionen, vielmehr wird auch eine nicht unerhebliche Konfliktlatenz konstatiert.

Die normativ aufgeladene Nutzenerwartung manifestiert sich auch in unseren Forschungen, und zwar nicht nur in Bezug auf die Wohn- und Betreuungsbedürfnisse im Alter. In den Analysen wird vielmehr klar, dass ältere Migrantinnen ihre Kinder als die elementare Bewältigungsressource ansehen. Die Verfügbarkeit von Kindern erweist sich als einflussreichster Prädiktor für subjektive Lebensqualität (siehe Kapitel IV) sowie als wichtigste Stütze für die Erhaltung von Selbstständigkeit trotz beeinträchtigter Gesundheit im Alter. Dies bestätigt sich auch bei einer Neuberechnung der multivariaten Analyse von relevanten Determinanten auf die wahrgenommene Alltagsbeeinträchtigung (siehe Seite 183); wird die Existenz von Kindern als unabhängige Variable eingefügt, verdrängt diese den Gebietseffekt. Mit anderen Worten: Der Zugriff auf intergenerationelle familiale Ressourcen lässt eine selbstständige Lebensführung auch unter schwierigsten sozialräumlichen Existenzbedingungen möglich erscheinen und mindert ein als besonders gravierend erlebtes Risiko: die Übersiedlung in eine stationäre Pflegeeinrichtung.

Dass die Erwartungshaltung der Älteren keineswegs unrealistisch ist, zeigt eine kleine Untersuchung, die im Rahmen eines studentischen Forschungsseminars am Institut für Soziologie in Wien zum Verhältnis von Jugendlichen der 2. und 3. Generation zu älteren familiären Bezugspersonen durchgeführt wurde (Reinprecht/Donat 2004). Nach den Ergebnissen dieser Studie ist die Beziehung zwischen Jung und Alt durch Nähe und gegenseitige Hilfe und Unterstützung geprägt. 64 Prozent der insgesamt 130 befragten türkisch- und ex-jugoslawischstämmigen Jugendlichen, die zum Zeitpunkt des Interviews zwischen 15 und 25 Jahre alt waren, berichten von konkreten Hilfserwartungen, die seitens der Älteren an sie gerichtet werden, 62 Prozent geben an, dass die Bezugsperson auf die Unterstützung angewiesen ist. Es wird in erster Linie bei Sprach- und Verständigungsproblemen geholfen (57 Prozent der Nennungen), weitere wichtige Bereiche sind Haushalt (32 Prozent der Nennungen), Hilfe bei Krankheit und Pflege (30 Prozent der Nennungen) sowie Behördenwege (28 Prozent Nennungen); signifikante geschlechtsspezifische Unterschiede konnten in dieser Befragung nicht eruiert werden. Umgekehrt wendet sich jede/r zweite Jugendliche zumindest gelegentlich um Rat an die ältere Bezugsperson, wobei Ausbildungsfragen (66 Prozent der Nennungen) im Mittelpunkt stehen. Dass 89 Prozent der Jugendlichen angeben, von den Alten in ihrer Familie etwas lernen zu können, unterstreicht die Funktion der Familie für die intergenerative Transmission: Die wichtigsten Inhalte betreffen die Fähigkeit der Lebensbewältigung (52 Prozent der Nennungen) und richtige Umgangsformen (30 Prozent der Nennungen), 13 Prozent der Nennungen entfallen auf Traditionen. Im Vergleich der ethnischen Bezugsgruppen berichten türkischstämmige Jugendliche über eine größere intergenerationelle Beziehungsdichte sowie von einer stärkeren Präsenz traditioneller und religiöser Normen und Werte im Familienkontext.

Freilich warnen die Studienergebnisse zugleich vor einer Idealisierung der intergenerationellen Beziehungen: Immerhin ein Viertel der Jugendlichen markiert eine zum Teil deutliche Distanz zu den älteren Familienmitgliedern, 52 Prozent beklagen eine Einmischung in das eigene Leben, vor allem im Zusammenhang mit Fragen von Partnerschaft und Eheschließung, 46 Prozent berichten über zumindest gelegentliche starke Streitkonflikte, 21 Prozent fühlen sich nicht ausreichend respektiert.

Die intergenerationellen familiären Beziehungen bilden im Migrationskontext ein komplexes Phänomen, das sich gerade auch in Bezug auf das Älterwerden der MigrantInnen jeder Simplifizierung entzieht (Lorenz-Meyer/Grotheer 2000; Kalaycioglu/Rittersberger-Tilic 2000; Nauck 2001). Wie die Forschung zeigt, können Nähe und Vertrauen, Wertschätzung und wechselseitiger Austausch über die Generationenfolge erhalten werden, die Beziehung zwischen Jung und Alt beinhaltet aber auch ein nicht zu unterschätzendes Potenzial für Entfremdung, Konflikt und psychosozialen Stress, und zwar sowohl in Bezug auf das Älterwerden der ersten Generation als auch das Heranwachsen der Jugendlichen. Während Jüngere unter dem strengen und unmittelbaren Zugriff familiärer Verpflichtungsnormen und traditioneller Moralvorstellungen leiden und durch diese auch in ihren Lebens- und Integrationswegen gehemmt werden können, mischt sich bei den Älteren unter die Gewissheit, auf die Kinder als Ressource zur Alltags- und Krisenbewältigung zurückgreifen zu können, eine tiefe Sorge um das Wohlergehen der Kinder, aber auch Angst vor Abhängigkeit und Unselbstständigkeit. In der WHO-Studie fühlen sich 61 Prozent der älteren MigrantInnen durch die Sorge um das Wohlergehen ihrer Kinder belastet, 37 Prozent stehen aufgrund der Abhängigkeit von anderen unter Stress, 35

Prozent befürchten, dass sie im Alter anderen zur Last fallen könnten (in der Vergleichsgruppe der Autochthonen betragen die Vergleichswerte 18, 5 und 12 Prozent). Diese sichtbaren Belastungsfaktoren sind aufgrund der höheren sozialen Dichte der Familienbeziehungen bei MigrantInnen aus der Türkei stärker ausgeprägt als unter jenen aus dem ehemaligen Jugoslawien.

Die kooperative Einheit der Familie, auf die im Alter ein guter Teil der Gesundheitsbedürfnisse projiziert wird, erweist sich alles in allem als ein Fundament von Vertrauen und Solidarität, das im zunehmend höheren Alter jedoch an Tragfähigkeit einbüßt: je älter die Befragten in den Wiener Forschungen, umso fragiler die Resistenz der Familienressourcen und umso drängender die Zugänglichkeit und Erreichbarkeit von sozialen Diensten und Versorgungseinrichtungen. Letzteres gilt in besonderer Weise auch für die nur ungenügend in Familien oder ethnische Netzwerke eingebundenen – häufig allein stehenden, nicht (mehr) verheirateten – MigrantInnen.[44] Doch auch in jenen Lebenszusammenhängen, in denen Familien nicht zuletzt über intergenerationelle Austauschbeziehungen eine wichtige Puffer- und Brückenfunktion im Alltag erfüllen, gerät der Zugang zu professioneller Pflege und Hilfe zur Schlüsselfrage der Lebensbewältigung im Alter.

5.3 Zugang zu medizinischer Versorgung und sozialen Diensten

Es zählt zu den zentralen Einsichten der sozialgerontologischen Forschung, dass die Aufrechterhaltung und Förderung von Lebensqualität, Gesundheit und Selbstständigkeit im Alternsprozess grundsätzlich davon abhängt, ob und in welchem Maße es möglich ist, den veränderten Umweltanforderungen gerecht zu werden. Das Bewältigungsrepertoire, das MigrantInnen im Alter zur Verfügung steht, ist differenziert zu beurteilen: Auf der einen Seite stehen Restriktionen in materieller Hinsicht, die sich in einer benachteiligten Wohn- und Wohnumfeldsituation niederschlagen, auf der anderen Seite Gratifikationen durch soziale, hauptsächlich familiengebundene Ressourcen, die psychosoziale, kulturelle und identitäre Rückendeckung und Inspiration bieten und mit deren Hilfe es möglich ist, auch bei zunehmenden gesundheitlichen Funktionseinbußen in der eigenen Wohnung als Mittelpunkt des Lebenszusammenhangs zu verbleiben. In vielschichtiger Weise begrenzt ist freilich das Bewältigungspotenzial in Bezug auf die institutionellen Umwelten, und zwar infolge gravierender Zugangs- und Inanspruchnahmebarrieren zu den professionellen Angeboten und Einrichtungen der Altenarbeit, denen bei fortgeschrittenen Kompetenzeinbußen, wenn die individuellen und netzwerkgestützten Ressourcen die Selbstständigkeit nicht mehr sichern können, existentielle Bedeutung zukommt.

---

[44] Nach Kremla gehen auch alleinstehende türkische Frauen davon aus, im Alter auf sich selbst angewiesen zu sein (Kremla 2005, 78).

Starke körperliche Verschleißerscheinungen und ein hohes Morbiditätsrisiko erhöhen für ältere MigrantInnen die Wahrscheinlichkeit, im Alter auf ambulante oder auch stationäre Einrichtungen angewiesen zu sein. Die Existenz von Zugangsbarrieren ist ein wichtiger Bestandteil des Umweltdrucks, den MigrantInnen, wenn sie aufgrund gesundheitlicher Probleme bei der Verrichtung alltäglicher Tätigkeiten beeinträchtigt sind, im Alter besonders stark verspüren. Nach den Ergebnissen der Wiener Forschungen (Aktiv ins Alter) fühlen sich 59 Prozent der befragten älteren MigrantInnen in ihren Alltagstätigkeiten zumindest zeitweilig beeinträchtigt; rund ein Drittel unter ihnen empfindet dabei starke Behinderungen (in der autochthonen Vergleichsgruppe nennen 31 Prozent Alltagsbehinderungen). Es sind vor allem Gelenksleiden und Herz-Kreislaufbeschwerden, also stark mobilitätseinschränkende Krankheiten mit einer Neigung zu Chronifizierung, welche den älteren MigrantInnen im Alltag zusetzen: Gelenksleiden werden von insgesamt 84 Prozent der älteren MigrantInnen berichtet, unter Herz- und Kreislaufbeschwerden leiden 58 Prozent. Infolgedessen sehen sich gut drei von vier MigrantInnen (77 Prozent) nur bedingt in der Lage, anstrengende Tätigkeiten (schnell laufen, schwere Gegenstände heben, Sport) auszuführen, 36 Prozent berichten von erheblichen Problemen bei Tätigkeiten wie Beugen, Knien oder Bücken, 26 Prozent schaffen es nur mit Mühe, mehrere Treppenabsätze zu steigen (die entsprechenden Werte für die autochthone Befragtengruppe betragen 50, 27 und 18 Prozent).

Tabelle 8.8 Indikatoren für Alltagsbeeinträchtigungen (Prozentangaben)

	sehr eingeschränkt	etwas eingeschränkt	nicht eingeschränkt
anstrengende Tätigkeiten, z.B. schnell laufen, schwere Gegenstände heben, Sport	77	19	4
mittelschwere Tätigkeiten, z.B. einen Tisch verschieben, staubsaugen	20	57	23
Einkaufstaschen heben oder tragen	25	54	21
mehrere Treppenabsätze steigen	26	68	7
sich beugen, knien, bücken	36	47	18
mehrere Straßenkreuzungen weit zu Fuß gehen	16	43	42
sich baden oder anziehen	8	18	74

Quelle: Aktiv ins Alter 2005

Die hohen Zugangs- und Inanspruchnahmebarrieren können als ein Indikator für strukturelle Diskriminierung und institutionelle Schließungsprozesse gewertet werden, darüber hinaus behindern auch personenbezogene Merkmale wie Informationsmangel, fehlende Sprachkenntnisse, Orientierungsschwierigkeiten oder schlechte Erfahrungen mit der institutionellen Umwelt der Aufnahmegesellschaft die Nutzung von Einrichtungen der Altenhilfe. Analytisch kann zwischen selektiven Mechanismen auf der gesellschaftlichen Makroebene, der institutionellen Mesoebene und der Mikroebene der handelnden Individuen unterschieden werden. Auf der *Makroebene* entstehen Nutzungsbarrieren durch strukturelle Prozesse sozialer Ungleichheit und rahmenrechtliche Regelungen, die etwa für MigrantInnen, die nicht eingebürgert sind und aus keinem Mitgliedstaat der Europäischen Union kommen, nur eine begrenzte Teilhabe an den Wohlfahrtsrechten vorsehen. Dies betrifft vor allem die Leistungen des subsidiären Systems der Sozialhilfe, dem nicht nur hinsichtlich der Armutsbekämpfung, sondern auch für die meisten sozialen Dienste im Bereich der Altenhilfe zentrale Bedeutung zukommt, wobei als Kriterien für die Inanspruchnahme staatsbürgerschafts- bzw. aufenthaltsrechtliche Bestimmungen sowie eine Bedürftigkeitsprüfung definiert sind (König/Stadler 2003). Grundsätzlich sind Nutzungsbarrieren aber stets auch als ein Produkt struktureller Ungleichheit zu sehen, die sich nicht zuletzt in einer Segmentierung des Arbeitsmarktes sowie in Prozessen sozialräumlicher Segregation manifestiert, deren Auswirkungen auf die Lebenslage und die Wahrnehmung von Lebenschancen bereits mehrfach ein Gegenstand der Ausführungen in diesem Kapitel und den früheren Abschnitten waren.

Auf der *Mesoeben*e wirken hartnäckige (Aus)Schließungsmechanismen der Institutionen, die auf die steigende Nachfrage durch ältere MigrantInnen häufig auch nur ungenügend vorbereitet sind. Brandenburg (1994) nennt vier Merkmale, die seitens des institutionellen Versorgungssystems dazu beitragen, dass Angebote und Leistungen von MigrantInnen nicht entsprechend genutzt werden können. Erstens: Einrichtungen der Altenhilfe gehen in der Regel von einer Holschuld ihrer KlientInnen aus, wodurch generell sozial schwächere und bildungsfernere Schichten, die über geringes Orientierungswissen und wenig Information verfügen, systematisch ins Hintertreffen geraten. Zweitens: Die überwiegend deutschsprachige Personalstruktur in Einrichtungen der Altenhilfe erschwert die Interaktion mit Personen nicht deutscher Muttersprache; eine stärkere Einbindung von Fachpersonal aus der zweiten Einwanderergeneration könnte dieser Problematik entgegenwirken. Drittens: Die im Bereich der Altenarbeit vorherrschenden Angebote sind auf die Gewohnheiten und Lebenspraktiken der Mehrheitsbevölkerung abgestellt, während die sozio-kulturell geprägten Einstellungen und Verhaltensmuster von älteren Menschen mit migrantischem Hintergrund unberücksichtigt bleiben. Viertens: Die Fachkräfte der institutionellen Einrichtungen der Altenarbeit erleben in ihrer Arbeit mit der Zielgruppe häufig Unsicherheit und sind vielfach in Unkenntnis über deren Lebens- und Bedarfssituation;

neben der zielgruppengerechten Adaptation der Angebote bedarf es daher einer einschlägigen Qualifizierung und Kultursensibilisierung des Personals.

Aus einer ungleichheitstheoretischen Perspektive liegt das entscheidende Merkmal in den institutionell verankerten Mechanismen sozialer (Aus)Schließung, die eine Teilhabe bzw. Nutzung der Angebote vielfach auch dann erschweren, wenn die formalen Zugangsvoraussetzungen, wie etwa die Staatsbürgerschaft, erfüllt sind. Soziale Schließung (Exklusion) ist hier als ein Prozess anzusehen, mit der die Mehrheitsgesellschaft die Macht über Hilfsressourcen aufrechterhalten und den Zugang dazu zu beschränken sucht. Legitimität erlangt diese Ausschließung über eine ethnische Stigmatisierung, d.h. Leistungen des nationalstaatlichen Solidarverbands werden im normativen wohlfahrtsstaatlichen Konsens den älteren MigrantInnen unter Hinweis auf ihre fremde Herkunft nicht oder nur zögernd zugebilligt, und zwar auch dann, wenn sie bürger- und wohlfahrtsrechtliche Ansprüche geltend machen können. Institutionell verankerte (Aus)Schließungsmechanismen manifestieren sich in verschiedenen Formen von Diskriminierung, die nicht immer direkt erkennbar sind (vgl. dazu Blakemore/Boneham 1998). Dazu zählt zweifellos nicht nur die offene Diskriminierung oder der direkte Rassismus auf der Kommunikationsebene (warten lassen, Unfreundlichkeit, abschätzende Blicke oder Bemerkungen), sondern auch das Ignorieren von veränderten Erfordernissen und den Bedürfnissen der Zielgruppe; so kann das Fehlen von zielgruppenorientierter Information und Übersetzungsmöglichkeiten oder das Außerachtlassen von Ernährungsgewohnheiten beim Angebotsdesign als Diskriminierung bzw. Rassismus auf der Ebene der Organisation angesehen werden. Von institutionalisierter Diskriminierung bzw. institutionalisiertem Rassismus kann gesprochen werden, wenn etwa ältere MigrantInnen systematisch in ressourcenschwächere Angebotssegmente gelenkt werden und keine Chance auf Zugang zu besser ausgestatteten mainstream-Einrichtungen erhalten.

Ein für die Praxis der offenen Altenarbeit wichtiger Aspekt sozialer (Ab)Schließung auf institutioneller Ebene bezieht sich auf die Struktur der interinstitutionellen und interprofessionellen Kooperation. Soziale Schließung geht hier mit Distanzierung, Hierarchisierung und Abschottung unterschiedlicher Berufsgruppen, Angebotsstrukturen und Funktionssysteme einher. So bestehen erhebliche Unübersichtlichkeiten, soziale Distanzen und Schnittstellenprobleme etwa zwischen medizinischen und Pflegeeinrichtungen, ambulanten und stationären Angeboten der Altenhilfe, öffentlichen und privaten Trägern, institutionellen und außerinstitutionellen Akteuren, Einrichtungen der Mehrheitsgesellschaft und Initiativen in migrantischer Selbstorganisation. Wie die Erfahrungen im Rahmen der eigenen Projekte zeigen, nimmt mit sinkendem Grad institutioneller Kooperation das Risiko auf Fehlinterventionen wie etwa Wiedereinweisungen ins Krankenhaus (Stichwort Drehtürgeriatrie) zu, während durch Vernetzungsstrategien, die Einbindung der ethnischen Infrastrukturen vorausgesetzt, systemisch erzeugte Zugangserschwernisse abgemildert werden können.

Auf der personenbezogenen *Mikroebene* wird die Inanspruchnahme von sozialen Diensten durch Sprach- und Verständigungsschwierigkeiten sowie knappe Orientierungs- und Informationsressourcen erschwert; ökonomische Begrenztheiten und gesellschaftliche Isolation zementieren die strukturell und institutionell erzeugten Zugangrestriktionen. Zudem erfordert das stark ausdifferenzierte und mitunter unübersichtliche Leistungsangebot spezifische Kompetenzen im Auffinden von Informationen und im Umgang mit Behörden, die sich MigrantInnen bei fehlender Schulbildung und geringen Deutschkenntnissen nur schwer aneignen können (Brandenburg 1994). In allgemeiner Weise kann festgehalten werden, dass all jene Faktoren, die der sozialen und ethnischen Insulation im Alternsprozess förderlich sind, die Chancen auf eine Inanspruchnahme sozialer Dienste reduzieren (Dietzel-Papakyriakou 1993). Dazu zählen nicht zuletzt die mit hohen Binnenverpflichtungen verbundenen familiären Sozialressourcen, aber auch kulturell geprägte Erwartungen und Präferenzen, die das erfahrungsgeleitete Misstrauen gegenüber den institutionellen Umwelten zusätzlich legitimieren (vgl. Kruse et al. 2004).

In den Wiener Forschungen werden diese unterschiedlichen Barrieren differenziert zur Geltung gebracht. In einer Gegenüberstellung der Problemsicht von älteren MigrantInnen einerseits mit jener von Institutionen aus den Bereichen Gesundheitsversorgung und Altenarbeit andererseits erweist sich aus der Sicht der MigrantInnen die Verfügbarkeit über das Informations- und Sozialkapital als Dominante (Tabelle 8.9). Eine große Mehrheit von jeweils über 80 Prozent der befragten MigrantInnen gibt als Probleme im Zugang zu sozialen Diensten das Fehlen von muttersprachlichen Informationsangeboten und Kontaktpersonen an. Dies ist ein weiterer Anhaltspunkt für die in diesem Buch bereits mehrfach angesprochene Zentralität von Informationsressourcen, die in die Eigensprache eingebettet sind, und sozialen Brückenköpfen im Umweltzugang („weak ties"), über die MigrantInnen im Unterschied zu den sozial-emotional dichten Beziehungen kaum verfügen. Als weitere Barrieren werden aus migrantischer Sicht Orientierungs- und Verständigungsschwierigkeiten sowie Viktimisierungsängste und infrastrukturelle Barrieren (schlechte Erreichbarkeit) genannt.

Im Kontrast dazu wird die institutionelle Problemwahrnehmung durch die Zuschreibung einerseits von Verständigungsschwierigkeiten und Orientierungsdefiziten, andererseits von Diskriminierungsängsten und ökonomischer sowie sozialrechtlicher Ressourcenknappheit geprägt; zugleich findet sich bei einem Teil der befragten Einrichtungen eine durchaus selbstkritische Bewertung der bestehenden Organisationsstrukturen; kritisch beurteilt werden die mangelhafte Ressourcenausstattung, aber auch die ungenügenden Kenntnisse über die Zielgruppe sowie die fehlende Kultursensibilität.

Tabelle 8.9 Barrieren bei der Inanspruchnahme von sozialen Diensten aus der Sicht von Betroffenen und Einrichtungen (Prozentangaben)

	Sicht der MigrantInnen[1]	Sicht von Institutionen[2]
kein muttersprachliches (Informations)Angebot	84	
kannte niemanden dort	82	
Orientierungsdefizit der MigrantInnen („wusste Zuständigkeit nicht")	60	42
Verständigungsschwierigkeiten („konnte mich nicht verständigen")	43	60
Angst vor Diskriminierung/Misstrauen	23	35
schlechte Erreichbarkeit / Einrichtung zu weit weg	27	
prekäre rechtliche Situation der Zielgruppe		35
materielle Situation der Zielgruppe (Armut)		29
Ressourcenmangel der Einrichtung		26
Unkenntnis der Einrichtung über die Zielgruppe		21
kulturelle Vorbehalte seitens der Einrichtung		17

[1] Aktiv ins Alter 2005; n = 120; [2] Reinprecht, Dogan u. Tietze 1998; n = 68

6. Kernbedürfnisse selbstständiger Lebensführung

Welche Handlungskonsequenzen ergeben sich aus diesem Abriss struktureller, institutioneller und personenbezogener Zugangs- und Inanspruchnahmebarrieren? Im Anschluss an Blakemore und Bonehame (1998) können fünf Bedürfnisbereiche genannt werden. Der Bedarf an Bürger- und Wohlfahrtsrechten, der Bedarf an einer Öffnung der institutionellen Einrichtungen und sozialen Dienste; der Bedarf an sozial eingebetteter Information; der Bedarf an aufsuchender Aktivierung; sowie das Bedürfnis nach Unabhängigkeit und Selbstbestimmung der Lebensführung.

Bedarf an Bürger- und Wohlfahrtsrechten. Wohlfahrtsstaatliche Deckungsgarantien bilden die grundlegende Voraussetzung für die Befähigung zu einer autonomen Lebensbewältigung am Ende des Migrationsprojektes. Aufenthaltsrechtliche Stabilität und Sicherstellung von wohlfahrtsrechtlichen Ansprüchen auf Leistungen aus beiden Netzen des sozialen Sicherungssystems setzen MigrantInnen in die Lage, trotz gesundheitlicher und materieller Einschränkungen, die sich aufgrund der körperlich belastenden und häufig durchbrochenen Erwerbsbiografien ergeben, Lebensentwürfe wahrzunehmen. Um dem prioritären Bedarf an Bürger- und Wohlfahrtsrechten gerecht zu werden, ist es jedoch unerlässlich, dass die ältere Bevölkerung mit migrantischer Herkunft in den wohlfahrtsstaatlichen Konsens integriert wird. Erst die Anerkennung auf rechtlicher *und* auf normativer Ebene befreit MigrantInnen aus ihrem gesellschaftlich definierten Objektstatus und der Unterwerfung unter die paternalistische Haltung der Mehrheitsgesellschaft.

Bedarf an einer Öffnung der institutionellen Einrichtungen und sozialen Dienste. Die Präferenz älterer MigrantInnen für einen Verbleib im eigenen Wohnbereich auch bei eingeschränkter Gesundheit und Pflegebedürftigkeit unterstreicht die Notwendigkeit einer Öffnung der Zugangswege zu den ambulanten sozialen Diensten. Da aufgrund des erhöhten Morbiditäts- und Unselbstständigkeitsrisikos davon auszugehen ist, dass stationäre Einrichtungen in Zukunft ebenfalls vermehrt in Anspruch genommen werden, gilt es jedoch auch in diesem Bereich die Möglichkeiten der Inanspruchnahme zu verbessern. Soziale Dienste werden von älteren MigrantInnen bislang nur vereinzelt wahrgenommen. Wie Tabelle 8.10 auf Basis unserer Forschungen dokumentiert, scheint für die etablierten Einrichtungen wie Pflegeheim, Pensionistenwohnhäuser oder mobile Verpflegungsdienste ein durchaus hoher Bekanntheitsgrad gegeben. Eine hohe Bekanntheit ist aber nicht gleich bedeutend mit Akzeptanz. Die höchsten Akzeptanzwerte zeigen sich im Bereich der medizinnahen ambulanten Dienste (in der Tabelle beispielhaft die Einrichtung der mobilen Krankenschwester) und der alltagsbezogenen Hilfen (Essen auf Rädern, Heimhilfe). Stärkere Reserviertheit besteht in Bezug auf stationäre Einrichtungen, aber auch hinsichtlich von Einrichtungen wie geriatrisches Tageszentrum und Pensionstenklub. Während die niedrigen Akzeptanzwerte im ersten Fall durch Unkenntnis bewirkt worden sein könnten, ist die Skepsis gegenüber Pensionistenklubs wohl auf deren exklusiv autochthones Image zurückzuführen.

In der Literatur finden sich zahlreiche Hinweise darauf, dass für die Akzeptanz von sozialen Diensten und Versorgungsangeboten herkunftsbedingte Einflussfaktoren eine Rolle spielen. So wird zumeist davon ausgegangen, dass stationäre Einrichtungen (Pensionistenwohnhäuser oder Pflegeheime) für EinwandererInnen aus der Türkei in weit geringerem Maße eine Option darstellen als für Personen, die aus dem ehemaligen Jugoslawien zugewandert sind. Auch die Analyse der Wohnbedürfnisse bestätigt diese Beobachtung. Im Gegensatz dazu lassen die tabellarisch ausgewiesenen Akzeptanzwerte für stationäre Einrichtungen keine herkunftsbedingten Unterschiede erkennen. Der Grund für diese Differenz liegt in der unterschiedlichen Fragestellung: Während in einem Fall nach den subjektiven Wünschen gefragt wird, geht es im anderen Fall um eine potentielle Inanspruchnahme im Bedarfsfall. Wie qualitativ angelegte Studien herausarbeiten, schätzen MigrantInnen ihre Realitäten und Potenziale sehr realistisch ein (vgl. Kremla 2005), und dies bezieht sich auch auf die stationären Versorgungsangebote, die als eine wenn auch nicht gewünschte Option durchaus gesehen wird. Als entscheidende Frage erweist sich vielmehr, inwieweit im Rahmen der institutionellen Umwelt einer Wohn- oder Pflegeeinrichtung eine auch in kultureller Hinsicht selbstbestimmte Lebensführung noch möglich bleibt. Dies betrifft einerseits Aspekte wie die bauliche Struktur und die Gestaltung der Nasszellen, die Einrichtung von Gebets- und Gemeinschaftsräumen, die Essensversorgung oder Besuchsregelungen, andererseits die Qualifizierung und Kultursensibilisierung des Personals (vgl. Binder-Fritz 2003; Uzarwicz 2002; Barwig/Hinz-Rommel 1995). Unter entsprechenden Bedingungen steigt die Akzeptanz, aber auch die tatsächliche Bereitschaft, in ein institutionelles Umfeld zu wechseln, deutlich an.

Der Bedarf an einer Öffnung der institutionellen Einrichtungen und sozialen Dienste berührt keine abstrakte Forderung, sondern bezieht sich auf konkrete adaptative Maßnahmen, die MigrantInnen eine Aneignung auch von institutionellen Umwelten ermöglichen und erleichtern sollen. Wie die Tabelle ausweist, gilt es dabei auch geschlechtsspezifische Bedürfnisse zu berücksichtigen: So setzen Frauen stärker auf ambulante Dienste, die eine Entlastung im Alltag und in der Haushaltsführung bieten (dieses Bedürfnis ist unter Frauen aus der Türkei besonders stark ausgeprägt), während Männer etwas stärker für medizinnahe, aber auch für extramurale Angebote der offenen Altenarbeit zugänglicher scheinen.

Tabelle 8.10 Kenntnis, Inanspruchnahme und Akzeptanz sozialer Einrichtungen und Angebote (Prozentangaben)

Einrichtungen bzw. Angebote	bekannt	genutzt	Akzeptanzpotenzial				
			Σ (n=241)	Türkei (n=82)	Ex-Jugoslawien (n=159)	Männer (n=166)	Frauen (n=75)
Essen auf Rädern	60	2	27	26	28	22	37
Heimhilfe	55	-	22	21	23	21	25
mobile Krankenschwestern	47	3	30	31	29	32	27
geriatrisches Tageszentrum	30	1	9	16	5	10	8
Pensionistenklubs	59	-	12	22	8	13	8
Pensionistenwohnhaus	64	-	15	15	13	13	17
Pflegeheim	70	-	14	15	12	13	15

Quelle: Senior-Plus 1999

„In Wien gibt es zahlreiche Angebote für Menschen, die Hilfe und Pflege brauchen. Ich lese Ihnen nun einige Angebote vor. Welche davon sind Ihnen bekannt? Und was davon haben Sie selbst einmal bereits einmal oder mehrmals in Anspruch genommen? Bei welchem dieser Angebote könnten Sie sich vorstellen, es bei Bedarf (wieder) in Anspruch zu nehmen?"

Bedarf an sozial eingebetteter Information. In der Analyse von Zugangs- und Inanspruchnahmebarrieren schält sich auf umwelt- wie auch personenbezogener Ebene das Wissen bzw. Nichtwissen als Schlüsselfrage heraus. Wie auch die empirische Forschung zeigt, bildet die Verfügbarkeit von Informationsressourcen nicht nur einen elementaren Bestandteil des subjektiven Sicherheitsempfindens, sondern auch eine Voraussetzung für Wahlfreiheit und die Wahrnehmung von Lebenschancen. Wissen als Schlüsselkategorie ist aus zwei Gründen nicht trivial: Die Komplexität des wohlfahrtsstaatlichen Arrangements macht die funktions- und zielgruppenspezifische Aufbereitung und Vermittlung von Information erforderlich. In der Tat existiert eine Vielzahl an entsprechenden Materialien etwa in Form von Broschüren, Foldern oder Websites; diese Produkte sind aber häufig entweder zu technisch, d.h. sie setzen bestimmte Vorkenntnisse voraus, oder zu wenig fallbezogen, d.h. sie verlangen nach zusätzlichen Auskünften, und sind zudem meistens nur in deutscher Sprache zugänglich und damit für einen Großteil der älteren MigrantInnen nur indirekt von Nutzen (sie dienen dann z.B. als Informationsquelle für die Kinder). Die Verfügbarkeit von schriftlichen Informationen in den Eigensprachen der älteren Bevölkerung mit Migrationshintergrund ist ein notwendiges, aber nicht hinreichendes Element in der Gestaltung des Informationsbedarfs; vielmehr bedarf es ihrer sozialen Einbettung. Information ist dann wirksam, wenn es im lebensweltlichen Kontext die Möglichkeit zu ihrer Abrufbarkeit und Zirkulation gibt, konkret: wenn sie nicht in hochschwelligen Einrichtungen abgeholt werden muss, sondern im ökologischen Nahraum umläuft und erreichbar ist. Dieser Aspekt erweist sich vor allem für statusniedrige und bildungsfernere Bevölkerungsgruppen, die zumeist auch über eingeschränkte räumlich-soziale Aktionsradien verfügen, als entscheidend. Als potentielle Informationsdrehscheiben bieten sich nachbarschaftliche Infrastrukturen (Apotheken, Trafiken, Ärzte, Schulen) an, die nicht notwendigerweise mit dem Gesundheits- und Altenbereich verbunden, aber mit den lokalen sozialen Netzwerken der Bewohnerschaft verknüpft sind.[45]

Über die sprachliche Gestaltung der Information hinaus erweist sich also ihre soziale Einbettung bedeutsam. Soziale Einbettung bezieht sich dabei insbesondere auf das außerhäusliche und extrafamiliale Sozialkapital, an das angedockt werden kann und das eine Brückenfunktion vor allem zu den institutionellen Umwelten erfüllt. In diesem Zusammenhang zeitigt auch die Einrichtung von niederschwelligen, flexiblen und mobilen Beratungsangeboten sehr positive Folgen[46], darüber hinaus ist es in grundsätzlicher Weise

---

[45] Ansätze einer aktivierenden und zugehenden Informationsarbeit wurden im Rahmen von Senior-Plus und Aktiv ins Alter erfolgreich erprobt (vgl. Grasl 1999; Kienzl-Plochberger 2005); ein Modell „aktivierender Informationspolitik" findet sich bei Schmid (2003).

[46] Vgl. etwa in Wien die aus dem Projekt Senior-Plus hervor gegangene Seniorenberatung in türkisch und serbisch-kroatisch-bosnisch in der „Beratung am Eck" sowie (mobil) in den Gesundheits- und Sozialzentren.

erforderlich, die Schnittstelle zwischen den professionellen Einrichtungen und sozialen Diensten, die die angebotsbezogenen Informationen zur Verfügung stellen, und der migrantischen Infrastruktur in Selbstorganisation, der besonders im Alternsprozess eine wichtige psychosoziale und identifikatorische Funktion zukommt, aktiv zu beleben, sei es im Rahmen von bestehenden regionalen Vernetzungsstrukturen, Veranstaltungen wie Seniorenmessen oder speziellen Konsultations- und Beratungsmechanismen auf Stadtteilebene.

Bedarf an aufsuchender Aktivierung. Die Studienergebnisse des WHO-Projekts, wonach insgesamt 23 Prozent der befragten älteren MigrantInnen stark und immerhin 37 Prozent etwas unter eingeschränkter Mobilität im Alltag leiden, bekräftigen die Notwendigkeit von informeller und institutioneller Unterstützung im täglichen Leben. Dies erscheint umso wichtiger, als das Gefühl von Ausgesetztheit und Selbstständigkeitsverlust den Prozess des subjektiven Älterwerdens dramatisch beschleunigt, und je stärker dieses Empfinden, desto enger die sozialen und räumlichen Verkehrskreise und desto defensiver die Lebensführung. Die vielschichtigen Zugangs- und Inanspruchnahmebarrieren und die im letzten Kapitel analysierten Alterseinstellungen sind weitere, innere wie äußere, Motivationen für diese dem Gesundheitsbefinden abträgliche Haltung. Wie die angewandte Praxisforschung zeigt, kann mithilfe von aufsuchender Aktivierung dieser Kreislauf von sich gegenseitig verstärkenden Deprivationseffekten durchbrochen werden.

Im Anschluss an die in diesem Kapitel entwickelte Perspektive einer Verknüpfung von Konzepten der Salutogenese mit ökogerontologischen Ansätzen kann aufsuchende Aktivierung als eine Interventionsform beschrieben werden, die sich auf die Freilegung und Ausschöpfung von vorhandenen Potenzialen bezieht. Sozialer Rückzug, familiäre Insulation oder ethnische Enklavisierung machen es dabei erforderlich, zunächst die Schwelle zu den älteren Menschen zu überschreiten, um diese ihrerseits zur Überwindung von Schwellen zu bewegen. Das Ziel von aufsuchender Aktivierung als einer gemeinwesenorientierten Interventionsform besteht nicht darin, Aktivitäten an die Zielgruppe heran zu tragen, sondern die älteren Personen zu ermutigen, Möglichkeiten und Chancen für neue Betätigungen und Lebensperspektiven für sich zu entdecken und nutzbar zu machen. Es geht also primär darum, Eigeninitiative zu fördern und individuelle und netzwerkbezogene Aktivitätspotenziale freizulegen, bestehende Kontakte zu beleben und neue Kontakte zu knüpfen. In diesem Sinne zielt aufsuchende Aktivierung stark auf die Ermöglichung und Festigung von sozialen Beziehungsstrukturen in den sozialräumlichen und lebensweltlichen Kontexten der älteren Menschen ab. Die empirisch beobachtbaren Interventionserfolge stärken die Annahme, dass über die Förderung der in den jeweiligen Lebenszusammenhang eingebundenen Eigeninitiative auch Zugänge zu sozialen, aber auch informationsbezogenen Ressourcen eröffnet werden können, die trotz gesundheitlicher Beeinträchtigungen Selbstständigkeit zulassen (Details finden sich in WHO 2006).

Bedürfnis nach Unabhängigkeit und Selbstbestimmung der Lebensführung. Mit der Beseitigung von Zugangs- und Inanspruchnahmebarrieren wächst die Möglichkeit, die in den räumlich-sozialen Umwelten eingelassenen Entwicklungsgelegenheiten in Hinblick auf eine unabhängige und selbstbestimmte Lebensführung wahrzunehmen und auszuschöpfen; Prekarität hingegen schnürt Handlungsmächtigkeit und Beweglichkeit ein. MigrantInnen haben im Laufe ihres biografischen Projektes Handlungsmacht durch Bewegungen im Raum erworben. Die Erfahrung von komplexer Unsicherheit konterkariert nun diesen Horizont und wirft die Betroffenen im Übergang in die nachberufliche Lebensphase erneut in unmittelbare Gegenwärtigkeit. Unabhängigkeit und Selbstbestimmung der Lebensführung bedeuten freilich die Möglichkeit einer Wirklichkeitsüberschreitung.

Die vorgestellte Methode der aufsuchenden Aktivierung geht davon aus, dass ältere Menschen Handlungsmächtigkeit unter eingeschränkter Beweglichkeit dann behalten und gewinnen können, wenn ihnen selbst gewählte soziale Rollen und Aufgaben zugestanden werden und sie über ihre sozialen Beziehungen und Zugehörigkeiten nach freier Wahl entscheiden können; das Prinzip der Freiwilligkeit und das Recht auf freie Wahl sind für das Bedürfnis auf unabhängige und selbstständige Lebensführung bestimmend.

Die heterogene Struktur der älteren Bevölkerung mit türkischem oder ex-jugoslawischem Hintergrund widersetzt sich einer homogenisierenden Beschreibung von Lebensstilen und Lebenswegen. Gesellschaftliche Stigmatisierungsprozesse fixieren und reduzieren die älteren Menschen mit migrantischem Hintergrund auf ihre Herkunft und Fremdheit. In diesem Spannungsfeld von sozialer wie auch ethnischer Differenzierung und gesellschaftlicher Stigmatisierung entwickeln ältere MigrantInnen spezifische Strategien von Alltagsbewältigung und Wirklichkeitsüberschreitung. Im Laufe dieser Arbeit wurde eine Reihe von wichtigen Bedürfnisbereichen analysiert, die in unterschiedlicher Gewichtung und Zusammensetzung auftreten und in ihrer Bedeutung auch kontextabhängig variieren. Bedürfnisse wie etwa nach Geselligkeit *und* Selbstaufmerksamkeit, nach Mobilität *und* Bleibe, nach Engagement *und* Rückzug, nach Anpassung *und* Abschließung, nach Normvollzug *und* Normbrechung, nach erworbener *und* vorgestellter Zugehörigkeit. Der schlussendlich entscheidende Punkt aber ist: Wahlfreiheit und Optionenvielfalt sind erst gegeben, wenn die Zugänge zu den institutionellen Umwelten barrierefrei sind.

IX. Ausblick in die Zukunft

Am Ende dieses Buches über das prekäre Altern in der Einwanderungsgesellschaft ein Blick in die Zukunft: Nach den Ergebnissen der Volkszählung 2001 sind 25 Prozent der über 50-jährigen Wiener Bevölkerung ausländischer Herkunft, also im Laufe ihres Lebens aus einem anderen Land zugewandert. Fast zwei Drittel von ihnen verfügen über die österreichische Staatsbürgerschaft. Demografischen Schätzungen zufolge wird sich der Anteil der älteren Bevölkerung mit migrantischem Hintergrund bis 2021 in etwa verdoppeln. Das schon heute vielfältige Gesicht des Alters gewinnt durch diese Entwicklung neue Schattierungen und Facetten: Über die Ausdifferenzierung von Altersgruppen und Lebensstilen hinaus, wird die gesellschaftliche Realität des Alterns zunehmend durch ein Mosaik sozialer und kultureller Welten bestimmt (vgl. Reinprecht/Donat 2005b).

In urbanen Kontexten, die seit jeher Anziehungs- und Knotenpunkte von Wanderungsbewegungen sind, kann sich der Ort von Fremden zu einem Ort strukturell garantierter Freiheit entwickeln, sobald die nationale und ethnische Herkunft kein Diskriminierungsmerkmal mehr ist. Der Ausdruck Mosaik sozialer und kultureller Welten (ursprünglich Wirth 1938) spielt darauf an, dass sich Städte (als Siedlungsform) und Urbanität (als Lebensform) durch Wanderungsprozesse herausbilden, wobei die verschiedenen Einwanderungsgruppen erkennbar bleiben, indem sie sich zu ethnischen Minderheiten oder Subkulturen formieren[48]. Die gegenwärtige, durch sehr heterogene Migrationsmuster geprägte Wirklichkeit des städtischen Lebens ist um vieles komplexer, als es die aus der Perspektive der amerikanischen Einwanderungsgesellschaft in der ersten Hälfte des 20. Jahrhunderts entworfene Metapher der segregierten Stadt vermittelt; sie entspricht weniger einem letztlich geordneten Mosaik aus klar abgrenzbaren Einheiten, sondern ist vielmehr durch Verwerfungen, Polarisierungen und uneindeutige Lagerungen charakterisiert. Das Bild des Mosaiks ist dennoch aus zwei Gründen hilfreich: Zum einen macht es bewusst, dass sich städtisches Leben nicht unabhängig von Herrschafts- und Produktionsverhältnissen entfaltet. Soziale Segregation und ethnische Konzentration bilden nur die offensichtlichsten Repräsentationen von struktureller Gewalt, denen sich ImmigrantInnen fügen müssen und die die Ausgestaltung ihrer Lebensführung dauerhaft beeinflusst. Zum anderen können mithilfe dieses Bildes die Muster der Einwanderung sichtbar gemacht werden: In Wien zum Beispiel umfasst die älte-

---

[48] Wie Herbert Gans gezeigt hat, führt insbesondere die Immigration aus ländlichen Herkunftsregionen zu einer Bildung von „urban villages", deren Funktion über die Bereitstellung von Stützungsstrukturen hinaus unter anderem darin besteht, nicht-urbane Lebensformen und Gewohnheiten an das urbane Milieu anzupassen (Gans 1962).

re Bevölkerung mit ausländischer Herkunft 170 Herkunftsnationalitäten. In der heterogenen Zusammensetzung dieser Bevölkerungsgruppe spiegelt sich die Geschichte der österreichischen Einwanderungsgesellschaft: Unter den Älteren migrantischer Herkunft finden sich Flüchtlinge und Zuwanderer der unmittelbaren Nachkriegszeit, politische Flüchtlinge des ungarischen Aufstands 1956 und des Prager Frühling 1968, ArbeitsmigrantInnen der 1960er und 1970er-Jahre, Elitemigration aus Deutschland und anderen westeuropäischen Ländern, politische Flüchtlinge und Eliten aus außereuropäischen Ländern wie Chile oder dem Iran, Familienmitglieder von GastarbeiterInnen, Flüchtlinge des Kriegszustandes in Polen 1981 und der Bürgerkriege im ehemaligen Jugoslawien. Die Spuren eines Teils der ImmigrantInnen haben sich im Zuwanderungskontext verloren. Obwohl ethnische Minderheitenbildung nur partiell stattfindet, existieren vielfältige, häufig informelle Formen ethnischer Selbstorganisation und Selbstrepräsentation. Die verschiedenen Einwanderungen haben jedenfalls das Gefüge der Aufnahmegesellschaft nachhaltig geprägt, ihre Gestalt und ihren Geist grundlegend verändert. Und sie strukturieren in zunehmend sichtbarer Weise auch die Lebenszusammenhänge der älteren Bevölkerung.

Die fortschreitende Diversifizierung nach Herkunft und Ethnizität wird bislang nur peripher als Teil des allgemeinen Strukturwandels des Alters wahrgenommen. Die wenigen Forschungen, die in Österreich zur Thematik Altern und Migration durchgeführt wurden, beziehen sich nahezu ausschließlich auf die Gruppe der ArbeitsmigrantInnen aus dem ehemaligen Jugoslawien und der Türkei. Diese Studien sind überwiegend auf Problemlagen im Übergang in die Pension sowie auf eine Analyse des Handlungsbedarfs bei eingeschränkter Gesundheit und Pflegebedürftigkeit bezogen. Wie auch die eigenen Forschungsergebnisse zeigen, beeinflusst der Zusammenhang von Arbeitsmigration und Alter zumindest in dreierlei Hinsicht die Lebenssituation. Dies bezieht sich zum einen auf die Erfahrung der Migration selbst und auf die damit verbundenen Aspirationen und Besonderheiten von Lebenslauf und Lebensführung; zum zweiten auf die kumulierte Knappheit von essentiellen distributiven und relationalen Gütern wie Einkommen und Anerkennung; und schließlich auf die Verfügbarkeit von kompensatorischen Ressourcen (soziale und kulturelle Bindungen), die die Bewältigung der restriktiven Lebensbedingungen erleichtern und als Quelle von Lebensqualität fungieren können. Die empirischen Analysen im vorliegenden Buch illustrieren aber zugleich die innere Heterogenität dieser von außen oft als homogen wahrgenommenen Bevölkerungsgruppe.

Die Problematik vieler Forschungen besteht darin, dass sie von ihrem Ansatz her die Konstellation von Altern und Migration von vornherein auf ein gesellschaftliches Problemphänomen reduzieren, womit sie willentlich oder unwillentlich zum Abschließungs- und Unterwerfungsdiskurs der Aufnahmegesellschaft beitragen (vgl. dazu Beck-Gernsheim 2004; Bommes 1996; Dittrich/Radtke 1990). In Anlehnung an das Orientalismus-Konzept (Said 1979) ließe sich hier von *Migrantismus* als einer Strategie sprechen, ImmigrantInnen über die Produktion eines spezifischen Wissens in den instabilen Zonen der Gesellschaft festzuhalten, um die Machtdistanz zwischen Mehrheit und Minderheit aufrechtzuerhalten. Trotz gebotener Zurückhaltung gegenüber einer allzu leichtfertigen Generalisierung dieses Arguments lässt sich nicht übersehen, dass insbesondere im Bereich der angewandten Forschung eine mitunter als Defizitdiskurs (vgl. Vobruba 1991) apostrophierte Herangehensweise vorherrscht, welche einerseits die migrantischen Lebenswelten pauschalisierend als defizitär und problembehaftet, als beschädigt und (da es sich überwiegend um Personen aus weniger industrialisierten Regionen handelt) auch als rückständig etikettiert, und die andererseits auf eine unkritische Bestätigung von teils kulturalistisch verkürzten Vorannahmen über migrationsbezogene Erfahrungs-, Lebens- und Versorgungszusammenhänge ausgerichtet ist. Dass auch die stärker theoriegeleitete Forschung nicht frei von dieser Blickverengung ist, zeigt sich daran, dass eine Reihe von Fragen, die auf theoretischer wie auf Handlungs- und Interventionsebene von erheblichem Interesse und gesellschaftspolitischer Relevanz sind, bislang kaum oder höchstens beiläufig thematisiert wurden. Dazu zählt etwa auch die Frage nach der Gleichartigkeit oder Variabilität, der Konsistenz oder Inkonsistenz der Lebenslagen von zugewanderten Älteren. Lässt sich konzeptuell und empirisch überhaupt ein Idealtypus einer migrationsabhängigen Lebensform im Alter festmachen?

Soziale Schicht, Alter, Geschlecht, nationale und ethnische Zugehörigkeit: Erst aus dem komplexen Wechselspiel zwischen diesen Strukturmerkmalen entstehen spezifische Problemkonstellationen und Handlungsräume. Ein Blick auf die Zusammensetzung der größten ImmigrantInnengruppen unter der älteren Bevölkerung in Wien verdeutlicht die Vielschichtigkeit der Thematik. Die fünf zahlenmäßig bedeutendsten Herkunftsländer sind Serbien/Montenegro, die Tschechische Republik, Deutschland, Polen, Bosnien-Herzegowina; erst danach folgt die Türkei, gleichauf mit Ungarn. Es besteht also eine beträchtliche strukturelle und kulturelle Divergenz zwischen den (in sich ebenfalls teilweise stark aufgegliederten) Zuwanderungsgruppen, die die herkömmliche Fokussierung auf die Arbeitsmigration sprengt. Wie in vergleichender Analyse der verschiedenen Zuwanderungen – und in diesem Buch am Beispiel der Arbeitsmigration – gezeigt werden kann, provozieren Migration und Ethnizität nicht aus sich, sondern erst aus dem jeweils spezifischen Kontext des Ungleichheit erzeugenden gesellschaftlichen Kräftefelds heraus, in dem sich die Prozesse von Zuwanderung und Minderheitenbildung entfalten, Problemlagen von sozialer Deklassierung und „ausgeweiteter Marginalität" (Wacquant 1996). Der Blick auf die heterogene Struktur der Zuwanderung unterstreicht den Zugewinn an differenzierten Sichtweisen und alternativen Lebenskonzepten, der durch Migration entsteht, und schärft gleichzeitig die Wahrnehmung für neue Erscheinungsformen von sozialer Ungleichheit und ihre Verursachung.

In der späten Moderne schöpft die Gesellschaft ihre Integrationskraft unter anderem aus der Normalität von Fremdheit (Häußermann/Siebel 2004).

Wie die eigenen empirischen Analysen unterstreichen, ergibt sich das prekäre Altern der ArbeitsmigrantInnen aus einer spezifischen Positionierung im gesellschaftlichen Ungleichheits- und Anerkennungsgefüge. Armut, gesundheitliche Beeinträchtigungen sowie Barrieren im Zugang zu den überlebenswichtigen Einrichtungen des sozialen Sicherungssystems begründen sozial- und gesundheitspolitische Interventionen sowie die Entwicklung von Maßnahmen zur Sicherung und Stärkung dieser Bevölkerungsgruppe. Dass gerade an der Schnittstelle von Gesundheitspolitik und Altenhilfe erheblicher Handlungsbedarf besteht, während gleichzeitig viele Einrichtungen auf die damit verbundenen Aufgaben und neuen Anforderungen nicht oder nur ungenügend vorbereitet sind, ist durch empirische Evidenzen bestätigt. Zu den vordringlichsten Aufgaben zählen daher die Beseitigung von strukturellen Benachteiligungen insbesondere im Institutionenzugang sowie Hilfe und Unterstützung in der Alltagsbewältigung. Die grundsätzliche gesellschaftspolitische Herausforderung besteht jedoch auch im Bereich der Altenarbeit darin, die sozio-kulturelle Heterogenität des Alterns nach Herkunft und Ethnizität als Normalität anzuerkennen, d. h. zur selbstverständlichen Grundlage des Handelns zu machen (vgl. Torres-Gil/Bikson-Moga 2001). Wenn ein immer größerer Teil der älteren Bevölkerung sich aus unterschiedlichen nationalen und ethnischen Kontexten zusammensetzt, dann müssen sich auch die Strukturen und Institutionen der Einwanderungsgesellschaft in ihrer Gesamtheit transformieren; Integrations- und Diversitätspolitik adressiert dann nicht mehr allein die zugewanderten, sondern die Gesamtheit der Älteren. Zugleich schwindet die Exklusivität des migrantischen Alterns. Ungleichheit und Differenz der Lebenslagen als Folge von Wanderungsprozessen gründen auf einer Verknüpfung von Aspekten der strukturellen Lage mit sozio-kulturell geformten Präferenzen in der Lebensführung. Damit rückt der expressive Aspekt der Lebensführung in den Vordergrund. Dies manifestiert sich auch in der Aufwertung von Ethnizität im Alternsprozess. In der späten Moderne wandelt sich die ethnische Lebensführung zu einer von vielen möglichen Optionen. Sie bildet eine relationale Ressource, die in Abhängigkeit von individuellen Bekenntnissen, vor allem aber kontextabhängig stark variiert und nur dann zu einem Problem wird, wenn sie, verbunden mit struktureller Benachteiligung und Diskriminierung, soziale Ausschließung oder Abschottung begründet.

Die Berücksichtigung der wachsenden Diversität des Alterns hat für Forschung und Anwendung gleichermaßen weitreichende Bedeutung; es öffnet sich das inhaltliche und thematische Spektrum, zugleich ergeben sich neue Anforderungen an Methodologie und Methodik sowie an die Praxisrelevanz von Theorie und Forschung.

Generell sind sowohl empirische Forschung als auch Maßnahmenentwicklung gefordert, die Divergenz der Herkunftsmilieus mitsamt ihren jeweiligen inneren Auffächerungen anzuerkennen und zum Ausgangspunkt von Analyse und Interventionsorientierung zu machen. Vor diesem Hintergrund stellen sich zahlreiche Forschungsfragen, wobei spezielle Teilgruppen und Problemkonstellationen besondere Aufmerksamkeit beanspruchen. So existiert nur wenig gesichertes Wissen in Bezug auf den Genderaspekt des Älterwerdens in der Migration, und dies betrifft insbesondere die häufig prekäre Lebenslage von allein lebenden, geschiedenen oder verwitweten Frauen. Dieses Thema ist auch in Bezug auf die Frage nach alternativen Modellen der Lebensführung von Relevanz. Zu den (oftmals imaginierten) Praktiken von transnationaler Mobilität, ihrer Struktur und ihrem tatsächlichem Ausmaß liegen nur wenige Studien vor. Von Interesse sind diesbezüglich vor allem Fragen der Motivationslage und Potenziale sowie der materiellen, besonders auch der rechtlichen Voraussetzungen für alternative Lebensmodelle, wobei im Speziellen Struktur und Funktion der häufig sowohl über- als auch unterschätzten sozialen Beziehungsnetze zur Diskussion stehen. Forschungsbedarf ist weiters für die spezifischen Kontexte von Hochaltrigkeit, Familiennachzug älterer Angehöriger sowie für Situation und Bedarfslagen von migrantischen Älteren in institutionellen Umwelten (stationäre Einrichtungen der Systeme von Gesundheit und Altenarbeit) festzustellen. Mit der wachsenden ethnisch-kulturellen Ausdifferenzierung des Alters rückt gleichzeitig die Veränderung der gesellschaftlichen Altersnormen und Altersbilder ins Blickfeld: Es existieren (im deutschsprachigen Raum) nur vereinzelt Untersuchungen, die Rückschlüsse auf den Stellenwert und Einfluss von kulturell geprägten Altersvorstellungen und Bedürfnisstrukturen erlauben, wobei diese Erkenntnisse besonders für die Transformation der Institutionen und die Diversifizierung ihres Handelns wichtig wären. Erforderlich wären schließlich auch Studien zu den institutionellen Strukturen der Altenarbeit selbst und ihrer geforderten interkulturellen Öffnung und diversitätspolitischen Umwandlung. Dies berührt Fragen der Funktionsweise von eingelagerten Mechanismen selektiver Benachteiligung und Bevorzugung ebenso wie die Schnittstellenproblematik etwa entlang der Systeme von Gesundheit und Altenarbeit oder zwischen den (zumeist informellen) Hilfssystemen ethnischer Lebenskontexte und den institutionalisierten Sektoren der Altenarbeit.

Im gesellschaftlichen Strukturwandel verändern sich auch die methodologischen Anforderungen an die Forschung. Während es sich bei einem Großteil der empirischen Arbeiten zu Altern und Migration um Momentaufnahmen von ausgewählten Bevölkerungsgruppen handelt, verlangen die zunehmend komplexen sozialen Realitäten und Alternsprozesse vermehrt nach Längsschnittverfahren (Panel, Sequenz- und Ereignisanalysen), mit deren Hilfe die Ausdifferenzierung der Übergangsprozesse und Lebensformen analysiert werden können. Gleichzeitig erhöht die wachsende Diversität der älteren Bevölkerung den Bedarf an einer Verfeinerung der methodischen Vorgangsweisen im Zugang und der Erreichbarkeit der Zielgruppen. Dies betrifft sowohl die Frage des Samplings als auch die anspruchsvolle Aufgabe der Übersetzung von Erhebungsinstrumenten oder den Einsatz von doppel- oder mehrfachsprachig kompetenten InterviewerInnen etwa im Bereich der Befragungsforschung; bei vergleichend angelegten Studien stellt sich insbesondere auch die Frage nach der Äquivalenz der verwendeten Konstrukte (Indikatoren, Indizes, Skalen).

Generell zählen migrantische Ältere zu den am schwierigsten erreichbaren Zielgruppen für die empirische Forschung. Besonderheiten der Lebenslage wie die mobile Lebensführung (Pendelmigration), soziale Segregation und ethnische Verinselung, aber auch Viktimisierungsängste erschweren den Zugang (vgl. Blohm/Diehl 2001; Herwatz-Emden/Westphal 2000). Darüber hinaus strukturieren traditionelle Rollenkonzepte (Hierarchie der Geschlechter und Altersgruppen) und besondere Lebensformen (erweiterte Familie, Mehrpersonenhaushalte) die Kooperation (Einfluss von Rollenerwartungen, Anwesenheit Dritter in Interviewsituationen). In den Befragungskontexten gewinnen InterviewerInnenmerkmale (Geschlecht, Alter, Schicht, Sprache, etc.) deshalb an zusätzlicher Bedeutung. Nur wenige Forschungen sind auf diese mehrdimensionalen Anforderungen vorbereitet. Es ist wichtig zu sehen, dass auch entsprechende Methodenspezifikationen eine aufmerksame und professionelle Qualitätskontrolle nicht ersetzen: Wie in den eigenen Forschungen beobachtet werden konnte, erzeugt etwa der Einsatz von eigenethnischen InterviewerInnen spezielle Erwartungshaltungen im Sinne der sozialen Erwünschtheit. Auch tauchen insbesondere im Falle von Analphabetismus oder kurzer Bildungsbiografie, aber auch infolge semantischer Unschärfen (Problem der Konstruktäquivalenz) Verständigungsprobleme trotz eigensprachlicher Fragebögen oder InterviewerInnen auf. Auf der anderen Seite bestätigt die Felderfahrung, dass gerade in migrantischen Zielgruppen (auch unter den Älteren) eine hohe Kooperationsbereitschaft besteht, sofern Vertrauen hergestellt und der Nutzen der Forschung vermittelt werden können. Entsprechend vorbereitet, erweisen sich auch die häufig hoch stilisierten Barrieren im Zugang zu den als schwer erreichbar wahrgenommenen Gruppen wie etwa ältere Frauen oder Musliminnen als nur gering ausgeprägt.

Differenzierte Forschungen über das Älterwerden der migrantischen Bevölkerungsgruppen und ihre stark unterschiedlichen Lebenszusammenhänge bilden eine wesentliche Grundlage für eine angemessene Maßnahmenentwicklung. Damit ist auch der Praxisbezug der Forschung neu herausgefordert, wobei insbesondere die Beziehung zwischen WissenschaftlerInnen, PraktikerInnen, Zielgruppen und AuftraggeberInnen auf dem Prüfstand steht. Im Unterschied zur klassischen Auftrags- und Verwendungsforschung geht es jenseits der Übersetzungsproblematik (von der Problemdefinition zur Forschungsfrage, von der Theoriebildung zur Maßnahmenempfehlung, vgl. dazu Rosenmayr 1992) um die Entwicklung und Etablierung von mehrschichtigen und dynamischen Kooperations- und Konsultationsdesigns auch unter Einschluss der Zielpopulationen, deren Teilnahme nicht zuletzt entscheidende Impulse liefert. Freilich setzt Kooperation in einem funktional so stark ausdifferenzierten Feld widersprüchlicher (Erkenntnis)Interessen ein immer wieder neu zu klärendes, reflexives Verhältnis der beteiligten Akteure aus Anwendung, Politik und Forschung voraus (zur Problematik des

Praxisbezugs in der Soziologie vgl. Amann 2005). Dass die zumeist diskrepanten und auch konfligierenden Interessenlagen Kooperation erschweren, ist evident; Patentrezepten ist daher von vornherein ein schlechtes Zeugnis auszustellen. Es müssen stets kontextbezogen konkrete Lösungen ausgehandelt werden; Autonomiezugeständnisse sowie institutionalisierte Praktiken von Feedback und Beratschlagung bilden aber zweifellos den Kern jeder effizienten und gleichberechtigten Kooperation.

Die in diesem Buch berichteten empirischen Analysen enthalten eine Fülle an Hinweisen für mögliche Interventionen zur Verbesserung und Veränderung der mannigfach prekären Lebenslage der aus Ex-Jugoslawien und der Türkei stammenden ArbeitsmigrantInnen, von denen viele ihre nachberufliche Lebensphase in Österreich verbringen (möchten) oder beabsichtigen, ihre biografischen Bezugspunkte in den alten und neuen Heimaten zu einem erweiterten Handlungsraum zu verknüpfen. Als elementare Voraussetzungen für eine autonome Lebensführung wurden in den vorhergehenden Abschnitten Aspekte wie der unbeschränkte Zugang zu den Bürger- und Wohlfahrtsrechten, die Öffnung der institutionellen Einrichtungen und sozialen Dienste (auch im Sinne einer reflexiven Interkulturalität), die Verfügbarkeit von sozial eingebetteter Information und Aktivität sowie – als grundlegende normative Prinzipien – Freiwilligkeit und Wahlfreiheit benannt. Es handelt sich hierbei um die entscheidenden Prämissen für die Entfaltbarkeit von Handlungsfreiheit und Lebensqualität. Entfaltbarkeit meint dabei die Möglichkeit, sich aus verschiedenen Optionen für einen Lebensentwurf entscheiden zu können, weil sich in diesem Entwurf bereits vorhandene Potenziale freisetzen können. Gesellschaftspolitisch formuliert geht es darum, ImmigrantInnen, die in entscheidender Weise zur kollektiven Wohlstandsmehrung beigetragen haben, das Recht auf ein selbstständiges und selbstbestimmtes Leben jenseits genormter Lebenskonzepte zu sichern.

Literaturverzeichnis

Abeles, Ronald P./Gift, Helen C./Ory, Marcia G. (1994), Aging and Quality of Life. New York: Springer.

Alba, Richard/Nee, Victor (1999), Rethinking Assimilation Theory for a New Era of Immigration. In: Hirschman, Charles/Kasinitz, Philipp/DeWind, Josh (Hg.), The Handbook of International Migration. The American Experience. New York: Russell Sage, 135–160.

Albrow, Martin (1997), Travelling beyond Local Cultures. Socioscapes in a global city. In: Eade, John (Hg.), Living the Global City. Globalization as a local process. London/New York: Routledge, 37–55.

Alisch, Monika/Dangschat, Jens S. (1998), Armut und soziale Integration. Strategien sozialer Stadtentwicklung und lokaler Nachhaltigkeit. Opladen: Leske + Budrich.

Allardt, Erik (1993), Having, Loving, Being: An Alternative to the Swedish Model of Welfare Research. In: Nussbaum, Marta C./Sen, Amartya (Hg.), The Quality of Life. Oxford: Clarendon Press, 88–94.

Amann, Anton (2005), Praxisbezug in der Soziologie: Außer Kurs geraten? In: Amann, Anton/Majce, Gerhard (Hg.), Soziologie in interdisziplinären Netzwerken. Wien: Böhlau, 119–137.

Amann, Anton (2004), Die großen Alterslügen. Generationenkrieg, Pflegechaos, Fortschrittsbremse? Wien: Böhlau.

Amesberger, Helga/Halbmayr, Brigitte/Liegl, Barbara (2003), Gesundheit und medizinische Versorgung von ImmigrantInnen. In: Fassmann, Heinz/Stacher, Irene (Hg.), Österreichischer Migrations- und Integrationsbericht. Klagenfurt: Drava, 171–194.

Amin, Kaushika/Patel, Naina (Hg.) (1997), Growing Old Far From Home. Migration, Age and Ethnicity in Europe. Perspectives from seven countries. London: European Network on Ageing and Ethnicity (ENAE).

Angermeyer, Matthias/Kilian, Reinhold/Matschinger, Herbert (2000), WHOQOL-100 und WHOQOL-BREF. Handbuch für die deutschsprachige Version der WHO-Instrumente zur Erfassung von Lebensqualität. Göttingen: Hogrefe.

Antonucci, Toni C. (1990), Social support and social relationships. In: Binstock, Robert H./George, Linda K. (Hg.), Handbook of aging and the social sciences. San Diego: Academic Press, 205–226.

Antonovsky, Aaron (1997), Salutogenese. Zur Entmystifizierung der Gesundheit. Tübingen: Deutsche Gesellschaft für Verhaltenstherapie.

Anwar, Muhammad (1995), Social Networks of Pakistanis in the UK: A Re-Evaluation. In: Rogers, Alisdair/Vertovec, Steve (Hg.), The Urban Context: Ethnicity, Social Networks and Situational Analysis. Oxford: Berg, 237–257.

Anwar, Muhammad (1979), The Myth of Return. Pakistanis in Britain. London: Heinemann.

Appadurai, Arjun (1996), Modernity at Large. Cultural dimensions of globalization. Minneapolis, Minn.: University of Minnesota Press.

Arendt, Hannah (1960), Vita Activa oder Vom tätigen Leben. Stuttgart: Kohlhammer.

Arendt, Hannah (1959), Rahel Varnhagen. Lebensgeschichte einer deutschen Jüdin aus der Romantik. München: Piper.

Attias-Donfut, Claudine (Hg.) (2005), Le vieillissement des immigrés. Retraite et société, Heft 44. Paris: Caisse nationale d'assurance vieillesse (CNAV).

Badelt, Christoph (1997), Ehrenamtliche Arbeit im Nonprofit-Sektor. In: Ders. (Hg.), Handbuch der Nonprofit-Organisationen. Strukturen und Management. Stuttgart: Schäffer-Pöschel, 359–386.

Backes, Gertrud/Clemens, Wolfgang (2003), Lebensphase Alter. Weinheim/München: Juventa Verlag.

Balkan, Melek (1988), „Wer sich Allah nähert, wird frei von Freizeit werden" – Sichtweise und Probleme alternder Türken in der Bundesrepublik. In: Glöckenjahn, Gerhard/Kondratowitz, Hans-Joachim von (Hg.), Alter und Alltag. Frankfurt/M.: Suhrkamp, 386–406.

Baltes, Paul B./Smith, Jacqui (2003), New frontiers in the future of aging: From successful aging of the young old to the dilemmas of the fourth age. In: Gerontology, Vol. 49, 123–135.

Baltes, Magaret M./Carstensen, Laura L. (1996), The process of successful aging. In: Aging and Society, Vol. 16, 397–422.

Bandura, Albert (1997), Self-efficacy: The exercise of control. New York: Freeman.

Barwig, Klaus/Hinz-Rommel, Wolfgang (1995), Interkulturelle Öffnung sozialer Dienste. Freiburg: Lambertus.

Bauböck, Rainer (1996), „Nach Rasse und Sprache verschieden". Migrationspolitik in Österreich von der Monarchie bis heute. Reihe Politikwissenschaft 31. Wien: Institut für Höhere Studien.

Bauböck, Rainer (1994), Transnational Citizenship. Membership and Rights in International Migration. Aldershot: Edward Elgar.

Bauböck, Rainer/Perchinig, Bernhard (2006), Migrations- und Integrationspolitik. In: Dachs, Herbert/Gerlich, Peter/Gottweis, Herbert/Kramer, Helmut/Lauber, Volkmar/Müller, Wolfgang/Tálos, Emmerich (Hg.), Politik in Österreich. Wien: Manz, 726–742.

Bauböck, Rainer/Münz, Rainer/Waldrauch, Harald (2005), Integration und Staatsbürgerschaft: ein europäischer Vergleich. In: Schröter, Yvonne M./Mengelkamp, Christoph/Jäger, Reinhold S. (Hg.), Doppelte Staatsangehörigkeit – ein gesellschaftlicher Diskurs über Mehrstaatigkeit. Landau: Verlag Empirische Pädagogik, 344–359.

Bauman, Zygmunt (2000), Die Krise der Politik. Fluch und Chance einer neuen Öffentlichkeit. Hamburg: Hamburger Edition.

Bauman, Zygmunt (1992), Moderne und Ambivalenz. Das Ende der Eindeutigkeit. Hamburg: Junis.

Beck, Ulrich (1999), Schöne neue Arbeitswelt. Frankfurt/M.: Campus.

Beck, Ulrich (1997), Was ist Globalisierung? Frankfurt/M.: Suhrkamp.

Beck, Ulrich (1986), Risikogesellschaft. Auf dem Weg in eine andere Moderne. Frankfurt/M.: Suhrkamp.

Beck, Ulrich/Giddens, Anthony/Lash, Scott (1996), Reflexive Modernisierung – Eine Kontroverse. Frankfurt/M.: Suhrkamp.

Beck-Gernsheim, Elisabeth (2004), Wir und die Anderen. Vom Blick der Deutschen auf Migranten und Minderheiten. Frankfurt/M.: Suhrkamp.

Berger, Peter A. (1990), Ungleichheitsphasen. Stabilität und Instabilität als Aspekte ungleicher Lebenslagen. In: Berger, Peter A./Hradil, Stefan (Hg.), Lebenslagen, Lebensläufe, Lebensstile. Soziale Welt, Sonderband 7, Göttingen: Schwartz, 319–351.

Behrens, Johann/Voges, Wolfgang (Hg.) (1996), Kritische Übergänge. Statuspassagen und sozialpolitische Institutionalisierung. Frankfurt/M.: Campus.

Berry, John W. (1990), Psychology of Acculturation. Understanding Individuals Moving Between Cultures. In: Brislin, Richard W. (Hg.), Applied Cross-Cultural Psychology. London: Sage, 232–253.

Berry, John W./Kim, Uicho (1988), Acculturation and mental health. In: Dasen, Pierre R./Berry, John W./Sartorius, Norman (Hg.), Health and cross-cultural psychology. London: Sage, 207–236.

Bhaba, Homi K. (1994), The Location of Culture. London/New York: Routledge.

Bhatti, Anil (2005), Aspekte gesellschaftlicher Diversität und Homogenisierung im postkolonialen Kontext. Anmerkungen aus Indien. In: Müller-Funk, Wolfgang/Wagner, Birgit (Hg.), „Postkoloniale" Konflikte im europäischen Kontext. Wien: Turia + Kant, 31–47.

Biffl, Gudrun (2003a), Mobilitäts- und Verdrängungsprozesse auf dem österreichischen Arbeitsmarkt: Die Situation der unselbständig beschäftigten AusländerInnen. In: Fassmann, Heinz/Stacher, Irene (Hg.) (2003), Österreichischer Migrations- und Integrationsbericht. Klagenfurt: Drava, 62–77.

Biffl, Gudrun (2003b), Socio-economic Determinants of Health and Identification of Vulnerable Groups in the Context of Migration: The Case of Austria. WIFO Working Papers 206. Wien: Österreichisches Institut für Wirtschaftsforschung.

Biffl, Gudrun/Bock-Schappelwein, Gudrun (2003), Zur Niederlassung von Ausländern in Österreich. Wien: Österreichisches Institut für Wirtschaftsforschung.

Biffl, Gudrun/Bittner, Marc/Bock-Schappelwein, Gudrun/Hammer, Gerald/Huber, Peter/Kohl, Franz/Kytir, Josef/Matuschek, Helga/Waldrauch, Harald (2002), Arbeitsmarktrelevante Effekte der Ausländerintegration am österreichischen Arbeitsmarkt. Wien: Österreichisches Institut für Wirtschaftsforschung.

Binder-Fritz, Christine (2003), Herausforderungen und Chancen interkultureller Fortbildungen für den Pflegebereich am Beispiel Österreich. In: Friebe, Jens/Zalucki, Michaela (Hg.), Interkulturelle Bildung in der Pflege. Bielefeld: Bertelsmann, 116–144.

Blakemore, Ken/Boneham, Margaret (1994), Age, Race and Ethnicity. Buckingham: Open University Press.

Blohm, Michael/Diehl, Claudia (2001), Wenn Migranten Migranten befragen. Zum Teilnahmeverhalten von Einwanderern bei Bevölkerungsbefragungen. In: Zeitschrift für Soziologie, Vol. 30, Heft 3, 223–242.

Böhnke, Petra/Lampert, Thomas (2003), Ungleiche Lebensqualität im Alter – Zum Zusammenhang zwischen Armut, Gesundheit und gesellschaftlicher Teilhabe. In: Allmendinger, Jutta (Hg.), Entstaatlichung und soziale Sicherung. Opladen: Leske + Budrich, 543–548.

Bommes, Michael (1996), Die Beobachtung von Kultur. Die Festschreibung von Ethnizität in der bundesdeutschen Migrationsforschung mit qualitativen Methoden. In: Klingemann, Carsten/Neumann, Michael/Rehberg, Karl-Siegbert/Srubar, Ilja/Stölting, Erhard (Hg.), Jahrbuch für Soziologiegeschichte 1994. Opladen: Leske + Budrich, 205–226.

Bommes, Michael/Scherr, Albert (1991), Der Gebrauchswert von Fremd- und Selbstethnisierung in Strukturen sozialer Ungleichheit. In: Prokla, Heft 83, 291–316.

Bonß, Wolfgang (1995), Vom Risiko. Unsicherheit und Ungewissheit in der Moderne. Hamburg: Hamburger Edition.

Boos-Nünning, Ursula (1990), Einwanderung ohne Einwanderungsentscheidung: Ausländische Familien in der Bundesrepublik Deutschland. In: Aus Politik und Zeitgeschichte, Vol. 40, 16–25.

Borde, Thea/David, Matthias (2003), Gut Versorgt? Migrantinnen und Migranten im Gesundheits- und Sozialwesen. Frankfurt/M.: Mabuse.

Bott, Elizabeth (1957), Family and Social Network. London: Tavistock.

Bourdieu, Pierre (1998), Gegenfeuer. Wortmeldungen im Dienste des Widerstands gegen die neoliberale Invasion. Konstanz: UVK.

Bourdieu, Pierre et al. (1997), Das Elend der Welt. Zeugnisse und Diagnosen alltäglichen Leidens an der Gesellschaft. Konstanz: UVK.

Bourdieu, Pierre (1991), Physischer, sozialer und angeeigneter physischer Raum. In: Wentz, Martin (Hg.), Stadt-Räume. Frankfurt/M.: Campus, 25–34.

Bourdieu, Pierre (1983), Ökonomisches Kapital, kulturelles Kapital, soziales Kapital. In: Reinhard Kreckel (Hg.), Soziale Ungleichheiten. Soziale Welt, Sonderband 2, Göttingen: Schwartz, 183–198.

Bourdieu, Pierre/Darbel, Alain/Rivet, Jean-Paul/Seibel, Claude (1963), Travail et travailleurs en Algérie. Paris-La Haye: Mouton.

Bovenkerk, Frank (1974), The Sociology of Return Migration: A Bibliographic Essay. Den Haag.

Bradley, Harriet (2000), Fractured Identities. Changing Patterns of Identity. Cambridge: Polity Press.

Brandenburg, Hermann (1994), Altern in fremden Umwelten. In: Zeitschrift für Gerontologie, Vol. 27, 419–428.

Bratic, Ljubomir (2003), Soziopolitische Netzwerke der MigrantInnen aus der ehemaligen Sozialistischen Förderativen Republik Jugoslawien (SFRI) in Österreich. In: Fassmann, Heinz/Stacher, Irene (Hg.), Österreichischer Migrations- und Integrationsbericht. Klagenfurt: Drava, 395–409.

Braudel, Fernand (1977), Geschichte und Sozialwissenschaften. Die longue durée. In: Ders., Schrift und Materie in der Geschichte. Vorschläge zu einer systematischen Aneignung historischer Prozesse. Frankfurt/M.: Suhrkamp, 47–85.

Breckner, Roswitha (2005), Migrationserfahrung – Fremdheit – Biografie. Zum Umgang mit polarisierten Welten in Ost-West-Europa. Wiesbaden: Verlag für Sozialwissenschaften.

Brockmann, Michaela (2002), Quality of Life Among Older Ethnic Minority Migrants in Germany, Austria and the UK. In: European Societies, Vol. 4, Heft 3, 285–306.

Brockmann, Michaela/Fisher, Mike (2001), Older Migrants and Social Care in Austria. In: Journal of European Social Policy, Vol. 11, Heft 4, 353–362.

Bröckling, Ulrich (2004), Prävention. In: Bröckling, Ulrich/Krasmann, Susanne/Lemke, Thomas (Hg.), Glossar der Gegenwart. Frankfurt/M.: Suhrkamp, 210–215.

Brubaker, Rogers/Loveman, Mara/Stamatov, Peter (2004), Ethnicity as Cognition. In: Theory and Society, Vol. 33, Heft 1, 31–64.

Bukov, Aleksej (2000), Individuelle Ressourcen als Determinanten sozialer Beteiligung im Alter. In: Backes, Gertrud M./Clemens, Wolfgang (Hg.), Lebenslagen im Alter: Gesellschaftliche Bedingungen und Grenzen. Opladen: Leske+Budrich, 187–214.

Bundesarbeitsgemeinschaft der Immigrantenverbände in der Bundesrepublik Deutschland (BAGIV) (Hg.) (2002), Mobilität als Handlungsfähigkeit gegen Diskriminierung. Bonn: Avlos.

Bundesministerium für Familie, Senioren, Frauen und Jugend (Hg.) (2001), Dritter Bericht zur Lage der älteren Generation. Berlin: Bundesministerium für Familie, Senioren, Frauen und Jugend.

Bundesministerium für Familie, Senioren, Frauen und Jugend (Hg.) (2000), Sechster Familienbericht. Familien ausländischer Herkunft in Deutschland. Berlin: Bundesministerium für Familie, Senioren, Frauen und Jugend.

Campbell, Angus/Converse, Philip E./Rogers, Willard L. (1976), The Quality of American Life: Perceptions, Evaluations, and Satisfactions. New York: Russell Sage Foundation.

Carmel, Sara (2001), Subjective Evaluation of Health in Old Age: The role of immigrant status and social environment. In: International Journal of Aging and Human Development, Vol. 53, Heft 2, 91–105.

Castel, Robert (2005), Die Stärkung des Sozialen. Leben im neuen Wohlfahrtsstaat. Hamburg: Hamburger Edition.

Castel, Robert (2000), Die Metamorphosen der sozialen Frage. Eine Chronik der Lohnarbeit. Konstanz: UVK Verlag.

Castel, Robert (1996), Nicht Exklusion, sondern Desaffiliation. Ein Gespräch mit François Ewald. In: Das Argument, Heft 217, 775–780.

Cerase, Francesco (1974), Expectations and Reality: A Case Study of Return. Migration from the United States to Southern Italy. In: International Migration Review, Vol. 8, 245–262.

Çinar, Dilek (2004), Österreich ist kein Einwanderungsland. In: Gürses, Hakan/Kogoj, Cornelia/Mattl, Sylvia (Hg.), Gastarbejteri. 40 Jahre Arbeitsmigration. Wien: Mandelbaum, 47–52.

Çinar, Dilek/Davy, Ulrike/Waldrauch, Harald (1999), Rechtliche Instrumente der Integration von Einwanderern im internationalen Vergleich. In: Fassmann, Heinz/Matuschek, Helga/Menasse, Eva (Hg.), Abgrenzen, ausgrenzen, aufnehmen. Empirische Befunde zur Fremdenfeindlichkeit und Integration. Klagenfurt: Drava, 43–74.

Consedine, Nathan S./Magai, Carol/Conway, Francine (2004), Predicting ethnic variation in adaptation to later life: Styles of socioemotional functioning and constrained heterotype. In: Journal of Cross-Cultural Gerontology, Vol. 19, 97–131.

Constant, Amelie/Massey, Douglas S. (2002), Return Migration by German Guestworkers: Neoclassical versus New Economy Theories. In: International Migration, Vol. 40, Heft 4, 5–38.

Costa-Lascoux, Jacqueline (1996), Immigration: de l'exil à l'exclusion. In: Serge Paugam (Hg.), L'exclusion. L'etat des savoirs. Paris: Le Découverte, 158–171.

Csitkovits, Monika/Eder, Anselm/Matuschek, Helga (1997), Die gesundheitliche Situation von MigrantInnen in Wien. Wien: MA 15/Dezernat für Gesundheitsplanung.

Cumming, Elaine/Henry, William (1961), Growing Old: The process of disengagement. New York: Basic Books.

De Certeau, Michel (1988), Kunst des Handelns. Berlin: Merve.

Dangschat, Jens S. (2000), Segregation und dezentrale Konzentration von Migrantinnen und Migranten in Wien. In: Schmals, Klaus M. (Hg.), Migration und Stadt. Entwicklungen, Defizite, Potentiale. Opladen: Leske + Budrich, 155–182.

Dangschat, Jens S./Droth, Wolfram/Friedrichs, Jürgen/Kiehl, Klaus (1982), Aktionsräume von Stadtbewohnern. Eine empirische Untersuchung in der Region Hamburg. Opladen: Westdeutscher Verlag.

Devereux, Georges (1984), Angst und Methode in den Verhaltenswissenschaften. Frankfurt/M.: Suhrkamp.

Dittrich, Eckhard/Radtke, Frank-Olaf (1990), Der Beitrag der Wissenschaften zur Konstruktion ethnischer Minderheiten. In: Dies. (Hg.), Ethnizität. Wissenschaft und Minderheiten. Opladen: Westdeutscher Verlag, 11–40.

Dietzel-Papakyriakou, Maria (2004), Heimweh bei alten Migranten: Die Sehnsucht nach der Heimat ist auch eine Sehnsucht nach dem Raum. In: Karakasoglu, Yasemin/Lüddecke, Julian (Hg.), Migrationsforschung und Interkulturelle Pädagogik. Aktuelle Entwicklungen in Theorie, Empirie und Praxis. Münster: Waxmann, 29–44.

Dietzel-Papakyriakou, Maria (2002), Einleitung: Mobilität und Migration. In: BAGIV (Hg.), Mobilität als Handlungsfähigkeit gegen Diskriminierung. Bonn: Avlos, 8–13.

Dietzel-Papakyriakou, Maria (1999), Wanderungen alter Menschen. Das Beispiel der Rückwanderung älterer Arbeitsmigranten. In: Naegele, Gerhard/Schütz, Rudolf-Maria (Hg.), Soziale Gerontologie. Lebenslagen im Alter und Sozialpolitik für ältere Menschen. Wiesbaden: Westdeutscher Verlag, 141–156.

Dietzel-Papakyriakou, Maria (1993), Altern in der Migration. Die Arbeitsmigranten vor dem Dilemma: zurückkehren oder bleiben? Stuttgart: Enke.

Dietzel-Papakyriakou, Maria/Olbermann, Elke (2001), Gesundheitliche Lage und Versorgung alter Arbeitsmigranten in Deutschland. In: Marschalck, Peter /Wiedl, Karl Heinz (Hg.), Migration und Gesundheit. Osnabrück: Universitätsverlag Rasch, 283–311.

Dietzel-Papakyriakou, Maria/Olbermann, Elke (1998), Wohnsituation älterer Migranten in Deutschland. In: Deutsches Zentrum für Altersfragen (Hg.), Wohnverhältnisse älterer Migranten. Expertisenband 4 zum zweiten Altenbericht der Bundesregierung. Frankfurt/M./New York: Campus, 10–86.

Dietzel-Papakyriakou, Maria/Olbermann, Elke (1996), Soziale Netzwerke älterer Migranten: Zur Relevanz familiärer und interethnischer Unterstützung. In: Zeitschrift für Gerontologie und Geriatrie, Vol. 29, Heft 1, 34–41.

Dowd, James J./Bengtson, Vern L. (1978), Aging in Minority Populations. An Examination of the Double Jeopardy Hypothesis. In: Journal of Gerontology, Vol. 3, 427–436.

Ebrahim, Shah (1992), Social and Medical Problems of Elderly Migrants. In: International migration, Vol. 30 (special issue), 179–197.

Eichwalder, Reinhard (1991), Lebensbedingungen ausländischer Staatsbürger in Österreich. In: Statistische Nachrichten, Heft 2, 164–174.

Eisenstadt, Shmuel N. (1987), Aufnahme und Integration von Einwanderern sowie Auftauchen und Wandel des „ethnischen" Problems. In: Ders., Die Transformation der israelischen Gesellschaft. Frankfurt/M.: Suhrkamp, 433–484.

Elias, Norbert/Scotson, John L. (1993), Etablierte und Außenseiter. Frankfurt/M.: Suhrkamp.

Elder, Glen H. (1985), Life Course Dynamics: Trajectories and Transitions. Ithaca, NY: Cornell University Press.

Elwert, Georg (1982), Probleme der Ausländerintegration – Gesellschaftliche Integration durch Binnenintegration? In: Kölner Zeitschrift für Soziologie und Sozialpsychologie, Vol. 36, Heft 4, 717–731.

Erikson, Erik H. (1968), Identity, Psychosocial. In: Sills, David L. (Hg.), International Encyclopedia of the Social Sciences. Vol. 17, New York: MacMillan, 61–65.

Esser, Hartmut (2004), Welche Alternativen zur „Assimilation" gibt es eigentlich? In: Bade, Klaus J./Bommes, Michael (Hg.), Migration – Integration – Bildung. Grundfragen und Problembereiche. Imis-Beiträge, Heft 23, 41–60.

Esser, Hartmut (2003), Ist das Konzept der Assimilation überholt? In: Geographische Revue, Heft 5, 5–22.

Esser, Hartmut (1996), Die Mobilisierung ethnischer Konflikte, In: Bade, Klaus J. (Hg.), Migration – Ethnizität – Konflikt. Systemfragen und Fallstudien. Osnabrück: Universitätsverlag Rasch, 63–87.

Esser, Hartmut (1988), Ethnische Differenzierung und moderne Gesellschaft. In: Zeitschrift für Soziologie, Vol. 17, 235–248.

Esser Hartmut (1980), Aspekte der Wanderungssoziologie. Assimilation und Integration von Wanderern, ethnischen Gruppen und Minderheiten. Darmstadt: Luchterhand.

Esser, Hartmut/Friedrichs, Jürgen (1990), Generation und Identität. Opladen: Westdeutscher Verlag.

Fach, Wolfgang (2004), Partizipation. In: Bröckling, Ulrich/Krasmann, Susanne/Lemke, Thomas (Hg.), Glossar der Gegenwart. Frankfurt/M.: Suhrkamp, 197–202.

Faist, Thomas (1997), Migration und der Transfer sozialen Kapitals oder: Warum gibt es relativ wenig internationale Migration? In: Pries, Ludger (Hg.), Transnationale Migration. Soziale Welt, Sonderband 12, Baden-Baden: Nomos, 63–84.

Faltermaier, Toni (2001), Migration und Gesundheit: Fragen und Konzepte aus einer salutogenetischen und gesundheitspsychologischen Perspektive. In: Marschalck, Peter/Wiedl, Karl Heinz (Hg.), Migration und Krankheit. Osnabrück: Universitätsverlag Rasch, 93–112.

Fassmann, Heinz (2002), Transnationale Mobilität. Empirische Befunde und theoretische Überlegungen. In: Leviathan, Vol. 30, 345–359.

Fassmann, Heinz/Stacher, Irene (Hg.) (2003), Österreichischer Migrations- und Integrationsbericht. Klagenfurt: Drava.

Fassmann, Heinz/Münz, Rainer (1996), Österreich – Einwanderungsland wider Willen. In: Dies. (Hg.), Migration in Europa. Historische Entwicklung, aktuelle Trends, politische Reaktionen. Frankfurt/M.: Campus, 209–229.

Fassmann, Heinz/Münz, Rainer (1995), Einwanderungsland Österreich. Wien: Jugend & Volk.

Fernández de la Hoz, Paloma (2004), Familienleben, Transnationalität und Diaspora. Materialien Heft 21. Wien: Österreichisches Institut für Familienforschung.

Fiori, Katherine L./Antonucci, Toni C./Cortina, Kai S. (2006), Social Network Typologies and Mental health among older Adults. In: Journal of Gerontology, Psychology Series, Vol. 61, 25–32.

Fibbi, Rosita/Bolzmann, Claudio/Vial, Marie (1999), Alter und Migration. Europäische Projekte mit älteren Migranten und Migrantinnnen. Genf: Institut d'Etudes Sociales.

Findl, Peter/Fraji, Adelheid (1993), Ausländer in Österreich. Ergebnisse der Volkszählung 1991. In: Statistische Nachrichten, Heft 11, 956–972.

Flusser, Vilém (1994), Von der Freiheit des Migranten. Einsprüche gegen den Nationalismus. Berlin: Bollmann.

Foner, Nancy (1997), What's New About Transnationalism? New York Immigrants Today and at the Turn of the Century. In: Diaspora, Vol. 6, Heft 3, 355–375.

Förster, Michael/Heitzmann, Karin (2003), Einkommen und Armutsgefährdung von MigrantInnen in Österreich. In: Fassmann, Heinz/Stacher, Irene (Hg.), Österreichischer Migrations- und Integrationsbericht. Klagenfurt: Drava, 78–86.

Fraser, Nancy (2003), Soziale Gerechtigkeit im Zeitalter der Identitätspolitik. In: Fraser, Nancy/Honneth, Axel (Hg.), Umverteilung oder Anerkennung? Frankfurt/M.: Suhrkamp, 13–128.

Friedrichs, Jürgen/Blasius, Jörg (2000), Leben in benachteiligten Wohngebieten. Opladen: Leske+Budrich.

Frey, Hans Peter/Haußer, Karl (1987), Identitätsforschung. Entwicklungen in Psychologie und Soziologie. Stuttgart: Enke.

Gächter, August (1998), Die Integration der niedergelassenen ausländischen Wohnbevölkerung in den Arbeitsmarkt. Wien: Institut für Höhere Studien.

Gächter, August et al. (2004), Vom Inlandarbeiterschutzgesetz bis EURODAC-Abkommen. Eine Chronologie der Gesetze, Ereignisse und Statistiken bezüglich der Migration nach Österreich 1925–2004. In: Gürses, Hakan/Kogoj, Cornelia/Mattl, Sylvia (Hg.), Gastarbejteri. 40 Jahre Arbeitsmigration. Wien: Mandelbaum, 31–45.

Gaitanides, Stefan (2003), Selbsthilfepotential von Familien ausländischer Herkunft, freiwilliges Engagement und Selbstorganisationen von Migranten. Struktur, Funktion, Förder- und Anerkennungsdefizite. In: Zeitschrift für Migration und Soziale Arbeit, Heft 2, 21–29.

Gans, Herbert (1962), Urban Villages: Group and Class in the Life of Italian-Americans. New York: The Free Press.

Geißler, Rainer (1992), Die Sozialstruktur Deutschlands. Opladen: Westdeutscher Verlag.

Gelfand, Donald E. (Hg.) (2003), Aging and Ethnicity. New York: Springer.

Gennep, Arnold van (2005), Übergangsriten (Les rites de passage). Frankfurt/M.: Campus.

Giffinger, Rudolf/Wimmer, Hannes (2003), Kleinräumige Segregation und Integration. In: Fassmann, Heinz/Stacher, Irene (Hg.), Österreichischer Migrations- und Integrationsbericht. Klagenfurt: Drava, 109–119.

Glick Schiller, Nina/Basch, Linda/Blanc-Szanton, Cristina (Hg.) (1992), Towards a Transnational Perspective on Migration. Race, class, ethnicity, and nationalism reconsidered. New York: New York Academy of Sciences.

Granovetter, Mark S. (1974), Getting a Job. A Study of Contacts and Careers. Cambridge, Mass.: Harvard University Press.

Granovetter, Mark S. (1973), The strength of weak ties. In: American Journal of Sociology, Vol. 78, 1360–1380.

Grasl, Alexandra (Red.) (1999), Das war Senior-Plus. Wien: Sozial Global.

Grilz-Wolf, Margit (2003), Entwicklung innovativer Konzepte zur sozialen Integration älterer MigrantInnen. Unveröffentlichter Forschungsbericht. Wien: Europäisches Zentrum.

Grilz-Wolf, Margit/Strümpel, Charlotte (2003), Bürgerschaftliches Engagement von MigrantInnen. Abschlussbericht Österreich. Wien: Europäisches Zentrum für Wohlfahrtspolitik und Sozialforschung.

Goldberg, Andreas/Sauer, Martina (2004), Die Lebenssituation von Frauen und Männern türkischer Herkunft in Nordrhein-Westfalen. Essen: Zentrum für Türkeistudien.

Goldberg, Andreas/Feld, Claus/Aydin, Hayrettin (1999), Ältere Migranten in Deutschland. ZfT-Aktuell 76. Essen: Zentrum für Türkeistudien.

Gordon, Milton M. (1975), Toward a General Theory of Racial and Ethnic Group Relations. In: Glazer, Nathan/Moynihan, Daniel P. (Hg.), Ethnicity. Theory and Experience. Cambridge, Mass.: Harvard University Press, 84–110.

Gordon, Milton M. (1964), Assimilation in American Life. The Role of Race, Religion, and National Origin. New York: Oxford University Press.

Habermas, Jürgen (1999), Der europäische Nationalstaat unter dem Druck der Globalisierung. In: Blätter für deutsche und internationale Politik, Heft 4, 425–436.

Habermas, Jürgen (1998), Die postnationale Konstellation. Frankfurt/M.: Suhrkamp.

Habermas, Jürgen (1981), Theorie des kommunikativen Handelns. Frankfurt/M.: Suhrkamp.

Hägerstrand, Torsten (1969), On the Definition of Migration. In: Scandinavian Population Studies, Vol. 1, 63–72.

Halba, Bénédicte (2003), Bénévolat et volonariat en France et dans le monde. Paris: La documentation Française.

Hammer, Gerald (1999), Lebensbedingungen von Ausländern in Österreich. In: Statistische Nachrichten, Heft 11, 965–980.

Hammer, Gerald (1994), Lebensbedingungen ausländischer Staatsbürger in Österreich. In: Statistische Nachrichten, Heft 11, 914–926.

Han, Petrus (2000), Soziologie der Migration. Stuttgart: Lucius&Lucius.

Han, Byung-Chul (2005), Hyperkulturalität. Kultur und Globalisierung. Berlin: Merve.

Haug, Sonja (2001), Bleiben oder Zurückkehren? Zur Messung, Erklärung und Prognose der Rückkehr von Immigranten in Deutschland. In: Zeitschrift für Bevölkerungswissenschaft, Vol. 26, 231–270.

Haug, Sonja (2000), Soziales Kapital und Kettenmigration. Italienische Migranten in Deutschland. Opladen: Leske + Budrich.

Häußermann, Hartmut (1998), Zuwanderung und Zukunft der Stadt. Neue ethnisch-kulturelle Konflikte durch die Entstehung einer neuen sozialen „underclass?" In: Heitmeyer, Wilhelm/Dollase, Rainer/Backes, Otto (Hg.), Die Krise der Städte. Analysen zu den Folgen desintegrativer Stadtentwicklung für das ethnisch-kulturelle Zusammenleben. Frankfurt/M.: Suhrkamp, 145–175.

Häußermann, Hartmut/Siebel, Walter (2004), Die Stadt als Ort der Integration von Zuwanderern. In: Vorgänge. Zeitschrift für Bürgerrechte und Gesellschaftspolitik, Vol. 43, Heft 1, 9–19.

Häußermann, Hartmut/Kronauer, Martin/Siebel, Walter (Hg.) (2004), An den Rändern der Städte. Frankfurt/M.: Suhrkamp.

Havighurst, Robert J./Neugarten, Bernice L./Tobin, Sheldon S. (1968), Disengagement and Patterns of Aging. In: Neugarten, Bernice L. (Hg.), Middle Age and Aging. Chicago: The University of Chicago Press, 161–172.

Heckmann, Friedrich (1999), Ethnische Minderheiten. In: Albrecht, Günter/Groenemeyer, Axel/Stallberg, Friedrich W. (Hg.), Handbuch soziale Probleme. Opladen: Westdeutscher Verlag, 337–349.

Heckmann, Friedrich (1992), Ethnische Minderheiten, Volk und Nation. Soziologie inter-ethnischer Beziehungen. Stuttgart: Enke.

Heitmeyer, Wilhelm/Anhut, Reimund (2000), Bedrohte Stadtgesellschaften. Weinheim/München: Juventa Verlag.

Heller, Agnes (1989), From Hermeneutics in Social Science toward a Hermeneutics of Social Science. In: Theory and Society, Vol. 18, 291–323.

Herlyn, Ulfert/Lakemann, Ulrich/Lettko, Barbara (1991), Armut und Milieu. Benachteiligte Bewohner in großstädtischen Quartieren. Basel: Birkhäuser.

Herlyn, Ulfert (1990), Zur Aneignung von Raum im Lebenslauf. In: Bertels, Lothar/Herlyn, Ulfert (Hg.), Lebenslauf und Raumerfahrung. Opladen: Leske + Budrich, 7–34.

Herwatz-Emden, Leonie/Westphal, Manuela (2000), Methodische Fragen in interkulturellen Untersuchungen. In: Gogolin, Ingrid/Nauck, Bernhard (Hg.), Migration, gesellschaftliche Differenzierung und Bildung. Opladen: Leske + Budrich, 53–75.

Herzog-Punzenberger, Barbara (2003), Die 2. Generation an zweiter Stelle? Soziale Mobilität und ethnische Segmentation in Österreich – eine Bestandsaufnahme. Unveröffentlichter Forschungsbericht. Wien.

Hoffmann-Nowotny, Hans-Joachim (1973), Soziologie des Fremdarbeiterproblems. Eine theoretische und empirische Analyse am Beispiel der Schweiz. Stuttgart: Enke.

Hofinger, Christoph/Waldrauch, Harald (1997), Einwanderung und Niederlassung in Wien. Sonderauswertung der Befragung „Leben in Wien". Wien: Institut für Höhere Studien.

Hofinger, Christoph/Liegl, Barbara/Ogris, Günther/Unger, Theresia/Waldrauch, Harald/Wroblewski, Angela/Zuser, Peter (1998), Einwanderung und Niederlassung II. Soziale Kontakte, Diskriminierungserfahrung, Sprachkenntnisse, Bleibebabsichten, Arbeitsmarktintegration und Armutsgefährdung der ausländischen Wohnbevölkerung in Wien. Projektbericht. Wien: Institut für Höhere Studien/Sora.

Hradil, Stefan (1987), Sozialstrukturanalyse in einer fortgeschrittenen Gesellschaft. Von Klassen und Schichten zu Lagen und Milieus. Opladen: Leske + Budrich.

Hummel, Konrad (Hg.) (1995), Bürgerengagement. Seniorengenossenschaften, Bürgerbüros und Gemeinschaftsinitiativen. Freiburg 1995.

Izuhara, Misa/Shibata, Hiroshi (2001), Migration and Old Age: Japanese Women Growing Older in British Society. In: Journal of Comparative Family Studies, Vol. 32, Heft 4, 571–587.

Jenkins, Richard (2003), Rethinking Ethnicity: Identity, Categorization, and Power. In: Stone, John/Dennis, Rutledge (Hg.), Race and Ethnicity. Comparative and Theoretical Approaches. Malden et al.: Blackwell, 59–71.

Jenkins, Richard (1996), Social Identity. London: Routledge.

Kalaycioglu, Sibel/Rittersberger-Tilic, Helga (2000), Intergenerational Solidarity Networks of Instrumental and Cultural Transfers within Migrant Families in Turkey. In: Ageing and Society, Vol. 20, 5, 523–542.

Kauth-Kokshoorn, Erich-Marcel (1998), Älter werden in der Fremde: Wohn- und Lebenssituation älterer ausländischer Hamburgerinnen und Hamburger. Sozialempirische Studie. Hamburg: Behörde für Arbeit, Gesundheit und Soziales.

Kienzl-Plochberger, Karin (2005), Integrationsinfoservice von und für MigrantInnen. Bericht des Moduls 1 Forschung. Wien: Fonds Soziales Wien/Wiener Sozialdienste.

Klinkers, Ellen (Hg.) (1998), Growing Old in a Multi-Cultural Society. European Network on Ageing and Ethnicity Report. Utrecht: NIZW.

Knapp, Anny/Kremla, Marion (2002), Ältere Flüchtlinge in Europa. Wien: Asylkoordination.

Kohlbacher, Josef/Reeger, Ursula (2003), Die Wohnsituation von AusländerInnen in Österreich. In: Fassmann, Heinz/Stacher, Irene (Hg.) (2003), Österreichischer Migrations- und Integrationsbericht. Klagenfurt: Drava, 87–108.

Kohli, Martin (1990), Das Alter als Herausforderung für eine Theorie sozialer Ungleichheit. In: Berger, Peter A./Hradil, Stefan (Hg.), Lebenslagen, Lebensläufe, Lebensstile. Soziale Welt, Sonderband 7. Göttingen: Schwartz, 387–406.

Kohli, Martin (1986), Gesellschaftszeit und Lebenszeit. Der Lebenslauf im Stukturwandel der Moderne. In: Berger, Johannes (Hg.), Die Moderne – Kontinuitäten und Zäsuren. Soziale Welt, Sonderband 4. Göttingen: Schwartz, 183–208.

Kohli, Martin/Künemund, Harald (2001), Partizipation und Engagement älterer Menschen. Bestandsaufnahme und Zukunftsperspektiven. In: Deutsches Zentrum für Altersfragen (DZA) (Hg.), Lebenslagen, soziale Ressourcen und gesellschaftliche Integration im Alter. Expertisen zum Dritten Altenbericht der Bundesregierung, Band 3. Opladen: Leske + Budrich, 118–234.

Kohli, Martin/Wolf, Jürgen (1987), Altersgrenzen im Schnittpunkt von betrieblichen Interessen und individueller Lebensplanung. In: Soziale Welt, Vol. 38, 92–109.

König, Karin/Stadler, Bettina (2003), Entwicklungstendenzen im öffentlich-rechtlichen und demokratiepolitischen Bereich. In: Fassmann, Heinz/Stacher, Irene (Hg.), Österreichischer Migrations- und Integrationsbericht. Klagenfurt: Drava, 226–260.

Korte, Elke (1990), Die Rückkehrorientierung im Eingliederungsprozess der Migrantenfamilien. In: Esser, Hartmut/Friedrichs, Jürgen (Hg.), Generation und Identität. Opladen: Westdeutscher Verlag, 207–259.

Kraler, Albert/Parnreiter, Christof (2005), Migration Theoretisieren. In: Prokla, Heft 140, 327–344.

Kreckel, Reinhard (2004), Politische Soziologie der sozialen Ungleichheit. Frankfurt/M.: Campus.

Kremla, Marion (2005), Interkulturelle Altenpflege in Wien: Angebot und Veränderungsbedarf aus der Sicht von ZuwanderInnen und Trägereinrichtungen. Wien: Aslykoordination Österreich.

Kristeva, Julia (1990), Fremde sind wir uns selbst. Frankfurt/M.: Suhrkamp.

Kronauer, Martin (2002), Exklusion. Die Gefährdung des Sozialen im hoch entwickelten Kapitalismus. Frankfurt/M.: Campus.

Kronauer, Martin/Vogel, Berthold (2004), Erfahrung und Bewältigung von sozialer Ausgrenzung in der Großstadt: Was sind Quartierseffekte, was Lageeffekte? In: Häußermann, Hartmut/Kronauer, Martin/Siebel, Walter (Hg.), An den Rändern der Städte. Frankfurt/M.: Suhrkamp, 235–257.

Krumme, Helen (2004), Fortwährende Remigration: Das transnationale Pendeln türkischer Arbeitsmigrantinnen und Arbeitsmigranten im Ruhestand. In: Zeitschrift für Soziologie, Vol. 33, 138–153.

Krumme, Helen/Hoff, Andreas (2004), Die Lebenssituation ausländischer Menschen in der zweiten Lebenshälfte. In: Tesch-Römer, Clemens (Hg.), Sozialer Wandel und individuelle Entwicklung in der zweiten Lebenshälfte. Ergebnisse der zweiten Welle des Alterssurveys. Berlin: Deutsches Zentrum für Altersfragen, 455–500.

Kruse, Andreas/Schmitt, Eric/Dietzel-Papakyriakou, Maria/Kampanaros, Dimitrios (2004), Migration. In: Kruse, Andreas/Martin, Mike (Hg.), Enzyklopädie der Gerontologie. Bern et al.: Huber, 577–592.

Kytir, Josef/Lebhart, Gustav/Hochstädter, Christian (2005), Von der Bevölkerungsfortschreibung zum Bevölkerungsregister. In: Statistische Nachrichten, 3, 203–210.

Ladstätter, Johann (2002), Volkszählung 2001: Ausländer in Österreich. In: Statistische Nachrichten, 1, 8–13.

Lamei, Nadja/Till-Tentschert, Ursula (2005), Messung von Armutsgefährdung und Deprivation. In: Statistische Nachrichten, Heft 4, 349–359.

Lampert, Thomas (2000), Sozioökonomische Ungleichheit und Gesundheit im höheren Lebensalter: Alters- und geschlechtsspezifische Differenzen. In: Clemens, Wolfgang/Backes, Gertrud (Hg.), Lebenslagen im Alter. Gesellschaftliche Bedingungen und Grenzen. Opladen: Leske+Budrich, 159–185.

Lapeyronnie, Didier (1997), Les deux figures de l'immigré. In: Wieviorka, Michael (Hg.), Une société fragmentée? Le multiculturalisme en debat. Paris: Le Découverte, 251–266.

Latcheva, Rossalina/Obermann, Judith (2006), Between Equal Opportunity and Marginalisation. A Longitudinal Perspective on the Social Integration of Migrants. Unveröffentlichter Forschungsbericht. Wien: Zentrum für Soziale Innovation.

Latour, Bruno (1994), Wir sind nie modern gewesen. Versuch einer symmetrischen Anthropologie. Berlin.

Lawton, Powell M. (1989), Three functions of the residential environment. In: Pastalan, Leon A./Cowart, Marie E. (Hg.), Lifestyle and Housing of Older Adults. The Florida Experience. New York: The Haworth Press, 35–50.

Lehr, Ursula (1997), Gesundheit und Lebensqualität im Alter. In: Zeitschrift für Gerontopsychologie und -psychiatrie, Vol. 10, Heft 4, 277–287.

Leichsenring, Kai/Strümpel, Charlotte (1999), Gesellschaftliche und politische Partizipation älterer Menschen. In: Österreichisches Institut für Familienforschung (Hg.), Bericht zur Lebenssituation älterer Menschen in Österreich. Wien: 430–463.

Levy, René (1996), Zur Institutionalisierung von Lebensläufen. In: Behrens, Johann/Voges, Wolfgang (Hg.), Kritische Übergänge. Statuspassagen und sozialpolitische Institutionalisierung. Frankfurt/M.: Campus, 73–113.

Levy, Becca R. (2003), Mind matters: cognitive and physical effects of aging self-stereotypes. In: Journal of Gerontology, Psychological Sciences, Vol. 58 B, 203–211.

Lichtenberger, Elisabeth (unter Mitarbeit von Heinz Fassmann) (1984), Gastarbeiter – Leben in zwei Gesellschaften. Wien: Böhlau.

Litwin, Howard (1995), The Social Networks of Elderly Immigrants: An Analytical Typology. In: Journal of Aging Studies, Vol. 9, Heft 2, 155–174.

Logan, John R./Alba, Richard/Zhang, Wenquan (2002), Immigrant Enclaves and Ethnic Communities in New York and Los Angeles. In: American Sociological Review, Vol. 67, 299–322.

Lorenz-Meyer, Dagmar/Grotheer, Angela (2000), Reinventing the Generational Contract. Anticipated care-giving responsibilities of younger Germans and Turkish migrants. In: Arber, Sara/Attias-Donfut, Claudine (Hg.), The Myth of Generational Conflict. London/New York: Routledge, 190–208.

Löw, Martina (2001), Raumsoziologie. Frankfurt/M.: Suhrkamp.

Lucassen, Leo/Feldmann, David/Oltmer, Jochen (2006), Paths of Integration. Migrants in Western Europe (1880–2004). Amsterdam University Press.

Massey, Douglas S./Arango, Joaquin/Hugo, Graeme/Kouaouci, Ali/Pellegrino, Adela/Taylor, J. Edward (1998), New Migrations, New Theories. In: Dies. (Hg.), Worlds in Motion. Understanding International Migration at the End of the Millennium. Oxford: Clarendon Press, 1–16.

Matthes, Joachim (1978), Wohnverhalten, Familienzyklus und Lebenslauf. In: Kohli, Martin (Hg.), Soziologie des Lebenslaufs. Darmstadt/Neuwied: Luchterhand, 154–172.

Mathwig, Gasala/Mollenkopf, Heidrun (1996), Ältere Menschen: Problem- und Wohlfahrtslagen. In: Zapf, Wolfgang/Habich, Roland (Hg.), Wohlfahrtsentwicklung im vereinten Deutschland. Sozialstruktur, sozialer Wandel und Lebensqualität. Berlin: edition sigma, 121–140.

Marbach, Jan H. (2002), Zwischen Autonomie und Fügsamkeit: Der Aktionsraum im höheren Lebensalter. In: Motel-Klingenbiel, Andreas/Kondratowitz, Hans-Joachim von/Tesch-Römer, Clemens (Hg.), Lebensqualität im Alter. Generationsbeziehungen und öffentliche Servicesysteme im sozialen Wandel. Opladen: Leske + Budrich, 41–70.

Marshall, Thomas H. (1992), Bürgerrechte und soziale Klassen. Zur Soziologie des Wohlfahrtsstaates. Frankfurt/M.: Campus.

Matthäi, Ingrid (2005), Die „vergessenen" Frauen aus der Zuwanderergeneration. Eine Studie zur Lebenssituation von alleinstehenden Migrantinnen im Alter. Wiesbaden: Verlag für Sozialwissenschaften.

Mollenkopf, Heidrun/Oswald, Frank/Wahl, Hans-Werner/Zimber, Andreas (2004), Räumlich-soziale Umwelten älterer Menschen: Die ökogerontologische Perspektive. In: Kruse, Andreas/Martin, Mike (Hg.), Enzyklopädie der Gerontologie. Bern et al.: Huber, 343–361.

Münz, Rainer/Zuser, Peter/Kytir, Josef (2003), Demographische und sozio-ökonomische Strukturen. Grenzüberschreitende Wanderungen und ausländische Wohnbevölkerung. In: Fassmann, Heinz/Stacher, Irene (Hg.), Österreichischer Migrations- und Integrationsbericht. Klagenfurt: Drava, 20–61.

Mutz, Gerhard/Ludwig-Mayerhofer, Wolfgang/Koenen, Elmar/Eder, Klaus/Bonß, Wolfgang (1995), Diskontinuierliche Erwerbsverläufe. Analyse zur postindustriellen Arbeitslosigkeit. Opladen: Leske + Budrich.

Naegele, Gerhard/Olbermann, Elke/Dietzel-Papakyriakou, Maria (1997), Älterwerden in der Migration. Eine neue Herausforderung für die kommunale Sozialpolitik. In: Sozialer Fortschritt, Vol. 4, 81–86.

Nauck, Bernhard (2004), Soziales Kapital, intergenerative Transmission und interethnischer Kontakt in Migrantenfamilien. In: Merkens, Hans/Zinnecker, Jürgen (Hg.), Jahrbuch Jugendforschung 4, Wiesbaden: Verlag für Sozialwissenschaften, 18–49.

Nauck, Bernhard (2001), Der Wert von Kindern für ihre Eltern. „Value of Children" als spezielle Handlungstheorie des generativen Verhaltens und von Generationenbeziehungen im interkulturellen Vergleich. In: Kölner Zeitschrift für Soziologie und Sozialpsychologie, Vol. 53, Heft 3, 407–435.

Nauck, Bernhard (1998), Verwandtschaft als soziales Kapital – Netzwerkbeziehungen in türkischen Migrantenfamilien. In: Wagner, Michael/Schütze, Yvonne (Hg.), Verwandtschaft. Sozialwissenschaftliche Beiträge zu einem vernachlässigten Thema. Stuttgart: Enke, 203–235.

Nauck, Bernhard (1991), Migration, ethnische Differenzierung und Modernisierung der Lebensführung. In: Zapf, Wolfgang (Hg.), Die Modernisierung moderner Gesellschaften. Verhandlungen des 25. Deutschen Soziologentages. Frankfurt/M.: Campus, 704–723.

Nelissen, Henny (1995), Zonder pioniers geen volgers (Keine Pioniere, keine Mitläufer). Utrecht: NIZW.

Nghi Ha, Kien (2000), Ethnizität, Differenz und Hybridität in der Migration: Eine postkoloniale Perspektive. In: Prokla, Heft 120, 377–397.

Nussbaum, Martha C. (1999), Gerechtigkeit oder Das gute Leben. Frankfurt/M.: Suhrkamp.

Nussbaum, Martha C./Sen, Amartya (Hg.) (1993), The Quality of Life. Oxford: Clarendon Press.

Özcan, Veysel/Seifert, Wolfgang (2006), Lebenslage älterer Migrantinnen und Migranten in Deutschland. Expertise für den 5. Altenbericht der Bundesregierung.

Olbermann, Elke (2003a), Soziale Netzwerke, Alter und Migration: Theoretische und empirische Explorationen zur sozialen Unterstützung älterer Migranten. Unveröffentlichte Dissertation. Universität Dortmund.

Olbermann, Elke (Hg.) (2003b), Innovative Konzepte zur sozialen Integration älterer Migrantinnen und Migranten. Stuttgart: Peter Wiehl.

Olbermann, Elke (1995), Ältere Ausländer – eine neue Zielgruppe für Altenarbeit und -politik. In: Kühnert, Sabine/Naegele, Gerhard (Hg.), Perspektiven moderner Altenpolitik und Altenarbeit. Hannover: Vincentz, 149–170.

Olbermann, Elke/Dietzel-Papakyriakou, Maria (1995), Entwicklung von Konzepten und Handlungsstrategien für die Versorgung älter werdender und älterer Ausländer. Bonn: Bundesministerium für Arbeit und Sozialordnung.

Oswald, Franziska (1996), Hier bin ich zu Hause. Zur Bedeutung des Wohnens: Eine empirische Studie mit gesunden und gehbeeinträchtigten Älteren. Regensburg: Roderer.

Pagenstecher, Cord (1996), Die ‚Illusion' der Rückkehr. Zur Mentalitätsgeschichte von ‚Gastarbeit' und Einwanderung. In: Soziale Welt, Vol. 47, Heft 2, 149–179.

Parakulam, George/Krishnan, Vijaya/Odynak, Dave (1992), Health status of Canadianborn and foreignborn residents. In: Canadian Journal of Public Health/Revue canadienne de santé publique, Vol. 83, 4, 311–314.

Park, Robert E. (1928), Human Migration and the Marginal Man. In: American Journal of Sociology, Vol. 33, 881–893.

Park, Robert E./Burgess, Ernest W. (1921), Introduction to the Science of Sociology. Chicago.

Paugam, Serge (2004), Armut und Exklusion: Eine soziologische Perspektive. In: Häußermann, Hartmut/Kronauer, Martin/Siebel, Walter (Hg.), An den Rändern der Städte. Frankfurt/M.: Suhrkamp 71–96.

Perrig-Chiello, Pasqualina (1997), Wohlbefinden im Alter. Körperliche, psychische und soziale Determinanten und Ressourcen. Weinheim/München: Juventa.

Perrig-Chiello, Pasqualina/Stählin, Hannes B./Perrig, Walter J./Krebs, Eva/ Ehrsam, Rolf (1996), Wohlbefinden, Gesundheit und Autonomie im Alter. Eine interdisziplinäre Altersstudie. In: Zeitschrift für Gerontologie und Geriatrie, Vol. 29, Heft 2, 95–109.

Pessar, Patricia R. (1999), The Role of Gender, Households, and Social Networks in the Migration Process: A Review and Appraisal. In: Hirschman, Charles/

Kasinitz, Philip/DeWind, Josh (Hg.), The Handbook of International Migration. The American Experience. New York: Russell Sage, 53–70.

Pflegerl, Johannes/Fernández de la Hoz, Paloma (2001), Die Bedeutung des Wohnens für Migrantenfamilien. Wien: Österreichisches Institut für Familienforschung.

Pieterse, Jan Nederveen (1998), Der Melange-Effekt. In: Ulrich Beck, Perspektiven der Weltgesellschaft. Frankfurt/M.: Suhrkamp, 87–124.

Portes, Alejandro (1999), Immigration Theory for a New Century: Some Problems and Opportunities. In: Hirschman, Charles/Kasinitz, Philip/DeWind, Josh (Hg.), The Handbook of International Migration. The American Experience. New York: Russell Sage, 21-33.

Portes, Alejandro (1998a), Globalisation from Below: The Rise of Transnational Communities. Oxford: University of Oxford.

Portes, Alejandro (1998b), Social Capital: its Origins and Applications in Modern Society. In: Annual Review of Sociology, Vol. 24, 1–24.

Portes, Alejandro/Rumbaut, Rubén G. (2001), Legacies. The Story of the Immigrant Second Generation. Berkeley: University of California Press.

Portes, Alejandro/Sensenbrenner, Julia (1993), Embededdness and Immigration: Notes on the Social Determinants of Economic Action. In: American Journal of Sociology, Vol, 98, 1320–1350.

Power, Mick/Quinn, Kathryn/Schmidt, Silke/WHOQOL-OLD-Group (2005), Development of the WHOQOL-Old module. In: Quality of Life Research, Vol. 14, 2197–2214.

Pries, Ludger (1998), Transnationale Soziale Räume. In: Beck, Ulrich (Hg.), Perspektiven der Weltgesellschaft. Frankfurt/M.: Suhrkamp, 55–86.

Pries, Ludger (Hg.) (1997), Transnationale Migration. Soziale Welt, Sonderband 12. Baden-Baden: Nomos.

Reinprecht, Christoph (2006), La solidarité des semblables. In: Les rives de L'iriv, Heft 7, 7–8.

Reinprecht, Christoph (2005), Ergebnisse der Befragung älterer MigrantInnen im Rahmen der Begleitforschung des EQUAL-Projekts „IntegrationsInfoService von MigrantInnen für MigrantInnen (IIS)". Unveröffentlichter Projektbericht. Wien: Wiener Sozialdienste, 52–76.

Reinprecht, Christoph (2003), Zur Lebenssituation älterer Migrantinnen und Migranten in Österreich. In: Fassmann, Heinz/Stacher, Irene (Hg.), Österreichischer Migrations- und Integrationsbericht. Klagenfurt: Drava, 212–223.

Reinprecht, Christoph (2000), Ältere MigrantInnen und einheimische SeniorInnen. Zur Lebenssituation der älteren ausländischen und einheimischen Wohnbevölkerung in Wien. In: SWS-Rundschau, Vol. 40, Heft 1, 63–80.

Reinprecht, Christoph (1999), Ältere MigrantInnen in Wien. Empirische Studien zur Lebensplanung, sozialen Integration und Altersplanung. Wien: Senior-Plus.

Reinprecht, Christoph (1992), Zurückgekehrt. Identität und Bruch in der Biographie österreichischer Juden. Wien: Braumüller.

Reinprecht, Christoph/Unterwurzacher, Anne (2006), Lebenslagen und Lebensqualität. Sonderauswertung des Datensatzes „Leben und Lebensqualität in Wien II". Unveröffentlichter Forschungsbericht. Wien: Institut für Soziologie.

Reinprecht, Christoph/Donat, Lisa (2005a), Aktiv ins Alter. Ergebnisse der Begleitforschung zum WHO-Projekt „Investition in die Gesundheit älterer Menschen". Unveröffentlicher Forschungsbericht. Wien: Institut für Soziologie.

Reinprecht, Christoph/Donat, Lisa (2005b), Mosaik sozialer und kultureller Welten. Studien zur Diversität der älteren Bevölkerung Wiens. Unveröffentlichter Forschungsbericht. Wien: Institut für Soziologie.

Reinprecht, Christoph/Donat, Lisa (2004), Jung und Alt im Migrationsprozess. Eine Befragung von Jugendlichen der 2. und 3. Generation über ihr Verhältnis zu älteren Bezugspersonen. Unveröffentlicher Forschungsbericht. Wien: Institut für Soziologie.

Reinprecht, Christoph/Grasl, Alexandra (2002), Mobilität im Alter – Die 1. Migrantengeneration. In: Bundesarbeitsgemeinschaft der Immigrantenverbände in der Bundesrepublik Deutschland (BAGIV) e.V. (Hg.), Mobilität als Handlungsfähigkeit gegen Diskriminierung. Bonn: Avlos, 45–61.

Reinprecht, Christoph/Latcheva, Rossalina (2000), Lebens- und Gesundheitssituation älterer Migrantinnen und Migranten in Wien. Ergebnisse der Literaturrecherche und Datensammlung. Unveröffentlichter Forschungsbericht. Wien: Institut für Soziologie.

Reinprecht, Christoph/Spannring, Reingard (2000), Jugendliche Erwachsene am prekären Arbeitsmarkt. Unsicherheiten und Einstellungen. In: SWS-Rundschau, Vol. 40, Heft 4, 373–395.

Reinprecht, Christoph/Tietze, Filiz/Dogan, Ramiz (1999), Betreuungssituation von älteren Migrantinnen und Migranten in Wien. In: Reinprecht, Christoph, Ältere MigrantInnen in Wien. Empirische Studien zur Lebensplanung, sozialen Integration und Altersplanung. Wien: Senior-Plus, 105–126.

Romanucci-Ross, Lola (1996), Matrices of an Italian Identity. In: Romanucci-Ross, Lola/DeVos, George (Hg.), Ethnic Identity. Creation, Conflict, and Accomodation. Walnut Creak: Altamira, 73–96.

Romanucci-Ross, Lola (1987), Von ethnologoi: Die Erfahrungen des Einwanderns. In: Duerr, Hans Peter (Hg.), Die wilde Seele. Zur Ethnopsychoanalyse von Georges Devereux. Frankfurt/M.: Suhrkamp, 383–397.

Ronström, Owe (2002), The Making of Older Immigrants in Sweden: Identification, Categorization, and Discrimination. In: Andersson, Lars (Hg.), Cultural Gerontology. Westport: Auburn, 129–138.

Rosenmayr, Leopold (1992), Praxisrelevanz der Sozialforschung. In: Ders., Die Schnüre vom Himmel. Forschung und Theorie zum kulturellen Wandel. Wien: Böhlau, 305–323.

Rosenmayr, Leopold/Kolland, Franz (2002), Altern in der Großstadt – Eine empirische Untersuchung über Einsamkeit, Bewegungsarmut und ungenutzte Kulturchancen in Wien. In: Backes, Gertrud M./Clemens, Wolfgang (Hg.), Zukunft der Soziologie des Alter(n)s. Opladen: Leske+Budrich, 251–278.

Ross, Maximilian (Hg.) (2005), The Structure of the Life Course: Standardized? Individualized? Differentiated? Advances in Life Course Research 9. Amsterdam: Elsevier.

Rudinger, Georg (2003), Aspekte der subjektiven und objektiven Lebensqualität: Zufriedenheit und Kompetenz im Rahmen interdisziplinärer Modelle. In: Zeitschrift für Gerontologie und Gerontopsychiatrie, Vol.10, Heft 4, 259–275.

Rumbaut, Ruben G. (1999), Assimilation and its Discontents: Ironies and Paradoxes. In: The Handbook of International Migration. The American Experience. New York: Russell Sage Foundation, 172–195.

Sackmann, Rosemarie (1997), Migranten und Aufnahmegesellschaften – Einblicke in Forschung und Theorie. In: Häußermann, Hartmut/Oswald, Ingrid (Hg.), Zuwanderung und Stadtentwicklung. Leviathan Sonderband. Opladen: Westdeutscher Verlag, 42–59.

Said, Edward (1979), Orientalism. New York: Vintage.

Sassen, Saskia (2000), Migranten, Flüchtlinge, Siedler. Von der Massenauswanderung zur Festung Europa. Frankfurt/M.: Fischer.

Saup, Winfried (1993), Alter und Umwelt. Eine Einführung in die Ökologische Gerontologie. Stuttgart: Kohlhammer.

Saup, Winfried/Reichert, Monika (1999), Die Kreise werden enger. Wohnen und Alltag im Alter. In: Niederfranke, Annette/Naegele, Gerhard/Frahm, Eckhart (Hg.), Funkkolleg Altern. Bd. 2, Lebenslagen und Lebenswelten, soziale Sicherung und Altenpolitik. Opladen: Westdeutscher Verlag, 245–286.

Sayad, Abdelmalek (1999), La double absence. Des illusions de l'émigré aux souffrances de l'immigré. Paris: Seuil.

Schmacke, Norbert (2002), Migration und Gesundheit: Ist Ausgrenzung unvermeidbar? In: Gesundheitswesen, Heft 64, 554–559.

Schmid, Tom (2003), „Nichtwissen" in der Informationsgesellschaft. Information als Schlüssel in der Sozialpolitik. In: FHS Fachhochschulstudiengänge St. Pölten (Hg.), Die Informationsgesellschaft. Wien: Böhlau, 231–248.

Schmid, Gabriele/Giorgi, Liana/Pohoryles, Ronald/Pohoryles-Drexel, Sabine (1992), Ausländer und Gesundheit. Eine handlungsorientierte Studie zur adäquaten Nutzung präventiver und kurativer Gesundheitseinrichtungen durch in Wien ansässige ausländische Populationen. Unveröffentlichter Forschungsbericht. Wien: Interdisziplinäres Forschungszentrum Sozialwissenschaften.

Schmidt, R.M. (1994), Healthy aging into the 21st century. In: Contemporary Gerontology, 1, 3–6.

Schütz, Alfred (1972), In: Gesammelte Aufsätze. Bd. 2. Studien zur soziologischen Theorie. Den Haag, 53–69.

Schulz, Wolfgang (2000), Explaining Quality of Life – The Controversy between Objective and Subjective Variables. EuReporting Working Paper 10. Wien: Paul Lazarsfeld Gesellschaft.

Schulz, Wolfgang/Strodl, Robert/Lang, Gert (2005), Alter und Lebensqualität – eine methodologische Diskussion zum Stellenwert der "Variable" Alter. In:

Amann, Anton/Majce, Gerhard (Hg.), Soziologie in interdisziplinären Netzwerken. Wien: Böhlau, 211–223.

Seifert, Wolfgang (1995), Die Mobilität der Migranten. Die berufliche, ökonomische und soziale Stellung ausländischer Arbeitnehmer in der Bundesrepublik. Eine Längsschnittanalyse mit dem Sozio-Ökonomischen Panel 1984–1999. Berlin: Edition Sigma.

Sen, Amartya Kumar (2000), Der Lebensstandard. Berlin: Rotbuch.

Simmel, Georg (1908), Soziologie: Untersuchungen über die Formen der Vergesellschaftung. Berlin: Duncker & Humblot.

Six-Hohenbalken, Maria (2001), Migrantenfamilien aus der Türkei in Österreich: Wohnen, Verortung und Heimat, mit einem Exkurs über die Wohnsituation im Aufnahmeland. Wien: Österreichisches Institut für Familienforschung.

Sokolovsky, Jay (Hg.) (1997), The cultural context of aging: Worldwide perspectives. Westport: Bergin & Garvey.

Stauber, Barbara/Walther, Andreas (2001), Institutionelle Risiken sozialer Ausgrenzung im deutschen Übergangssystem. Tübingen: IRIS.

Stoik, Christoph (2000), Senior-Plus als Innovationsschub für die Wiener Gemeinwesenarbeit? Ein Beispiel für ein EU-gefördertes Projekt. In: Roessler, Marianne/Schnee, Renate/Spitzy, Christine/Stoik, Christoph (Hg.), Gemeinwesenarbeit und bürgerschaftliches Engagement. Wien: ÖGB-Verlag,

Stonequist, Everett V. (1937), The Marginal Man. A Study in Personality and Culture Conflict. New York: Russel&Russel.

Suárez-Oroczo, Marcelo M. (2000), Everything You Ever Wanted to know About Assimilation But Were Afraid To Ask. In: Daedalus, Vol. 129, Heft 4, 1–30.

Swallen, Karen C. (1997), Do Health Selection Effects Last? A Comparison of Morbidity Rates for Elderly Adult Immigrants and US-Born Elderly Persons. In: Journal of Cross-Cultural Gerontology, Vol. 12, Heft 4, 317–339.

Tesch-Römer, Clemens/Engstler, Heribert/Wurm, Susanne (Hg.) (2006), Altwerden in Deutschland. Sozialer Wandel und individuelle Entwicklung in der zweiten Lebenshälfte. Wiesbaden: Verlag für Sozialwissenschaften.

Tews, Hans Peter (1996), Grundlegungen der Sozialgerontologie. In: Baden-Württemberg/Ministerium für Arbeit, Gesundheit und Sozialordnung (Hg.), Initiative 3. Lebensalter: Bürger und Gemeinde. Stuttgart: Ministerium für Arbeit, Gesundheit und Sozialordnung 1996, 157–176.

Tews, Hans Peter (1993), Neue und alte Aspekte des Strukturwandels des Alters. In: Naegele, Gerhard/Tews, Hans Peter (Hg.), Lebenslagen im Strukturwandel des Alters. Alternde Gesellschaft – Folgen für die Politik. Opladen: Westdeutscher Verlag, 15–42.

Till-Tentschert, Ursula/Lamei, Nadja/Bauer, Martin (2004), Armut und Armutsgefährdung in Österreich. Wien: Bundesministerium für soziale Sicherheit, Generationen und Konsumentenschutz.

Torres-Gil, Fernando/Bikson-Moga, Karra (2001), Multiculturalism, social policy and the new aging. In: Journal of Gerontology Social Work, Vol. 36, Heft 3–4, 12–32.

Treibel, Annette (2003), Migration in modernen Gesellschaften. Soziale Folgen von Einwanderung, Gastarbeit und Flucht. Weinheim/München: Juventa.

Turner, Victor (2000), Das Ritual. Struktur und Anti-Struktur. Frankfurt/M.: Campus.

Uzarewicz, Charlotte (2002), Sensibilisierung für die Bedeutung von Kultur und Migration in der Altenpflege. Bonn: Deutsches Institut für Erwachsenenbildung.

Valtonen, Kathleen (2002), The Ethnic Neighbourhood: A Locus of Empowerment for Elderly Immigrants. In: International Social Work, Vol. 45, Heft 3, 315–323.

Vester, Michael/Oertzen, Peter von/Geiling, Heiko/Hermann, Thomas/Müller, Dagmar (2001), Soziale Milieus im gesellschaftlichen Strukturwandel. Zwischen Integration und Ausgrenzung. Frankfurt/M.: Suhrkamp.

Vobruba, Georg (1991), Jenseits der sozialen Fragen. Modernisierung und Transformation von Gesellschaftssystemen. Frankfurt/M.: Suhrkamp.

Wacquant, Loïc (1996), The Rise of Advanced Marginality. Notes on its Nature and Implications. In: Acta Sociologica, Vol. 39, Heft 2, 121–139.

Wagner, Michael (1989), Räumliche Mobilität im Lebensverlauf. Stuttgart: Enke.

Wagner, Michael/Motel, Andreas (1996), Die Qualität der Einkommensmessung bei alten Menschen. In: Kölner Zeitschrift für Soziologie und Sozialpsychologie, Vol. 48, Heft 3, 493–512.

Wagner, Michael/Schütze, Yvonne/Lang, Frieder R. (1996), Soziale Beziehungen alter Menschen. In: Mayer, Karl-Ulrich/Baltes, Paul B. (Hg.), Die Berliner Altersstudie. Berlin: Akademie-Verlag, 301–319.

Wagner, Peter (1995), Soziologie der Moderne. Freiheit und Disziplin. Frankfurt/M.: Campus.

Walden, Rotraut (1995), Wohnung und Wohnumgebung. In: Dies. (Hg.), Wohlbefinden in der Stadt. Umwelt- und gesundheitspsychologische Perspektiven. Weinheim: Beltz, 69–98.

Waldhoff, Hans-Peter (1995), Fremde und Zivilisierung. Frankfurt/M.: Suhrkamp.

Waldinger, Roger/Fitzgerald, David (2004), Transnationalism in Question. In: American Journal of Sociology, Vol. 109, Heft 5, 1177–1195.

Waldrauch, Harald/Sohler, Karin (2004), Migrantenorganisationen in der Großstadt. Entstehung, Strukturen und Aktivitäten am Beispiel Wiens. Frankfurt/M.: Campus.

Waldrauch, Harald/Çinar, Dilek (2003), Staatsbürgerschaftspolitik und Einbürgerungspraxis in Österreich. In: Fassmann, Heinz/Stacher, Irene/(Hg.), Österreichischer Migrations- und Integrationsbericht. Klagenfurt: Drava, 261–283.

Warnes, Anthony M./Friedrich, Klaus/Kellaher, Leonie (2004), The Diversity and Welfare of Older Migrants in Europe. In: Ageing and Society, Vol. 24, Heft 3, 307–326.

Weiss, Regula (2003), Macht Migration krank? Eine transdisziplinäre Analyse der Gesundheit von Migrantinnen und Migranten. Zürich: Seismo.

Wenger, Clare G. (1997), Review of findings on support networks of older Europeans. In: Journal of Cross-Cultural Gerontology, Vol. 12, 1–21.

WHO (2006), Gesundes Altern. Aufsuchende Aktivierung älterer Menschen. Kopenhagen: Weltgesundheitsorganisation Regionalbüro für Europa.

Williams, David R./Collins, Chiquita (2001), Racial Residential Segregation: A Fundamental Cause of Racial Disparities in Health. In: Public Health Reports, Heft 116, 404–416.

Williamson, David R./Colwick, Wilson M. (2001), Race, Ethnicity and Aging. In: Binstock, Robert H./George, Linda K. (Hg.), Handbook of Aging and the Social Sciences. San Diego: Academic Press, 160–178.

Wilmoth, Janet M. (2001), Living Arrangements among Older Immigrants in the United States. In: Gerontologist, Vol. 41, Heft 2, 228–238.

Wirth, Louis (1938), Urbanism as A Way of Life. In: American Journal of Sociology, Vol. 44, 3–24.

Wimmer, Hannes (Hg.) (1986), Ausländische Arbeitskräfte in Österreich. Frankfurt/M.: Campus.

Wimmer, Andreas/Glick Schiller, Nina (2002), Methodological Nationalism and Beyond: Nation-State Building, Migration, and the Social Sciences. In: Global Networks, Vol.2, 301–334.

Wohlrab-Sahr, Monika (1992), Über den Umgang mit biographischer Unsicherheit. In: Soziale Welt, Vol. 43, 217–236.

Wollcock, M. (1998), Social Capital and Economic Development: Towards a Theoretical Synthesis and Policy. In: Theory and Society, Vol. 27, 151–249.

Yilmaz, Türkan (1997), „Ich muss die Rückkehr vergessen!" Die Migrationsgeschichte und die Lebenssituation im Alter der türkischen Migrantinnen in der Bundesrepublik. Duisburg: Sokoop-Verlag.

Zapf, Wolfgang (1984), Individuelle Wohlfahrt: Lebensbedingungen und wahrgenommene Lebensqualität. In: Glatzer, Wolfgang/Zapf, Wolfgang (Hg.), Lebensqualität in der Bundesrepublik Deutschland. Objektive Lebensbedingungen und subjektives Wohlbefinden. Frankfurt/M.: Campus, 13–26.

Zapf, Wolfgang/Glatzer, Wolfgang (Hg.) (2002), Sozialer Wandel und gesellschaftliche Dauerbeobachtung. Opladen: Leske+Budrich.

Zuser, Peter (1998), Sprachkenntnisse und Sprachkurse. In: Hofinger, Christoph/Liegl, Barbara/Ogris, Günther/Unger, Theresia/Waldrauch, Harald/Wroblewski, Angela/Zuser, Peter, Einwanderung und Niederlassung II. Soziale Kontakte, Diskriminierungserfahrung, Sprachkenntnisse, Bleibebabsichten, Arbeitsmarktintegration und Armutsgefährdung der ausländischen Wohnbevölkerung in Wien. Projektbericht. Wien: Institut für Höhere Studien/Sora, 46–48.

Anhang

Daten zur Senior-Plus-Studie

Thema	Lebenssituation, soziale Integration und Altersplanung älterer MigrantInnen
Projektrahmen	Die Studie wurde durchgeführt im Rahmen des URBAN-Wien Gürtel-Plus-Projekts „Senior-Plus" (1997–1999, Projektträger: Verein Sozial Global, Fördergeber: MA 47 und EFRE/Europäischer Fonds für regionale Entwicklung).
Zielgruppe	241 Personen mit Herkunft aus der Türkei und Ex-Jugoslawien sowie 231 autochthone Personen über 50 Jahre
Methode	vollstandardisierte mündliche Interviews, eigensprachliche InterviewerInnen
Erhebungsgebiet	URBAN-Projektregion: Gründerzeitwohngebiete entlang des äußeren Westgürtels, im wesentlichen Teile des 12., 15., 16. und 17. Bezirks; in diesem Gebiet waren zum Erhebungszeitpunkt 24 Prozent der Wohnbevölkerung älter als 55 Jahre, das sind rund 31.500 Personen, der Anteil der ausländischen StaatsbürgerInnen beträgt 34 Prozent.
Befragungszeitraum	1999

Beschreibung der Stichprobe (Prozentangaben)

		migrantische Ältere	autochthone Ältere
Alter	50 bis unter 60	72	49
	60 Jahre und älter	28	51
Geschlecht	Männer	69	44
	Frauen	31	56
Familienstand	ledig	7	13
	verheiratet	72	49
	geschieden	8	18
	verwitwet	13	20
Erwerbsstatus	erwerbstätig	52	30
	arbeitslos	10	6
	in Pension	29	56
	im Haushalt ohne eigenes Einkommen	8	4
	anderes (Alimente)	2	4
Herkunft	türkisch	34	-
	ex-jugoslawisch	66	-

Anmerkung: Die migrantische Stichprobe entspricht hinsichtlich Altersverteilung, Familienstand, Berufsstatus und Herkunftsstruktur weitgehend der Grundgesamtheit in der URBAN-Region; der Frauenanteil ist geringer; 20 Prozent der Befragten waren eingebürgert.

DATEN ZUR WHO-STUDIE „AKTIV INS ALTER"

Thema	Lebenslage, Lebensqualität und Aktivitätsressourcen älterer MigrantInnen
Projektrahmen	Die Studie wurde durchgeführt im Rahmen des WHO-Projektes „Investition in die Gesundheit älterer Menschen" (2002-2005, Projektträger: Wiener Sozialdienste, Fördergeber: Bereichsleitung für Gesundheitsplanung und Finanzmanagement und MA 47/Fonds Soziales Wien)
Zielgruppe	120 Personen mit Herkunft aus der Türkei und Ex-Jugoslawien sowie 195 autochthone Personen über 55 Jahre
Methode	vollstandardisierte mündliche Interviews, eigensprachliche InterviewerInnen
Erhebungsgebiet	Aktiv ins Alter-Projektregion: Teile des 10., 12. und 15. Bezirks. Im Erhebungsgebiet sind laut Volkszählung 2001 28 Prozent der Wohnbevölkerung älter als 55 Jahre, das sind rund 20.200 Personen, der Anteil der ausländischen StaatsbürgerInnen beträgt 25 Prozent.
Befragungszeitraum	2004–2005

Beschreibung der Stichprobe (Prozentangaben)

		migrantische Ältere	autochthone Ältere
Alter	55 bis unter 65	62	34
	65 Jahre und älter	38	66
Geschlecht	Männer	40	29
	Frauen	60	71
Familienstand	ledig	4	7
	verheiratet	68	40
	geschieden	15	19
	verwitwet	13	35
Erwerbsstatus	erwerbstätig	15	4
	arbeitslos	19	1
	in Pension	50	90
	im Haushalt ohne eigenes Einkommen	12	5
	anderes (Alimente)	5	1
Herkunft	türkisch	35	-
	ex-jugoslawisch	65	-

Anmerkung: Die migrantische Stichprobe entspricht in ihrer Struktur im wesentlichen der Altersverteilung, Familienstand, Berufsstatus und Herkunftsstruktur weitgehend der Grundgesamtheit in den Erhebungsregionen, mit Ausnahme des überdurchschnittlichen Frauenanteils; 13 Prozent der Befragten waren eingebürgert.

Abbildung A.1: Über 50-jährige Bevölkerung mit ex-jugoslawischer und türkischer Staatsbürgerschaft (1971–2001)

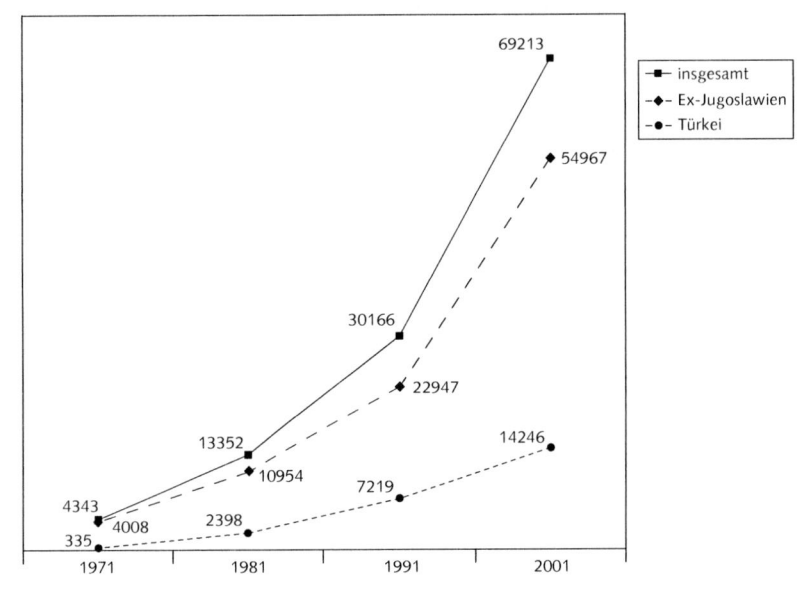

Quelle: Volkszählungen 1971, 1981, 1991, 2001; ISIS-Datenbank

Abbildung A.2: Altersstruktur der über 50jährigen Bevölkerung nach Geschlecht und Geburtsland

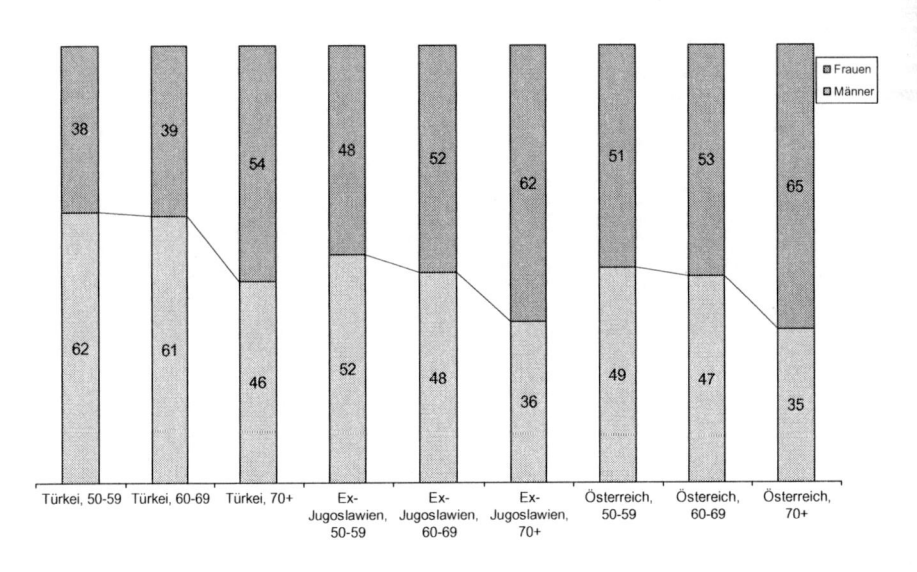

	Türkei, 50-59	Türkei, 60-69	Türkei, 70+	Ex-Jugoslawien, 50-59	Ex-Jugoslawien, 60-69	Ex-Jugoslawien, 70+	Österreich, 50-59	Österreich, 60-69	Österreich, 70+
Frauen	38	39	54	48	52	62	51	53	65
Männer	62	61	46	52	48	36	49	47	35

Quelle: Volkszählung 2001; ISIS-Datenbank

Tabelle A.1: Soziodemografische Merkmale nach Geburtsland (Prozentangaben)

	Österreich insg.			Ex-Jugoslawien insg.			Türkei insg.		
Geschlecht									
männlich	44			47			61		
weiblich	56			53			39		
	insg.	Männer	Frauen	insg.	Männer	Frauen	insg.	Männer	Frauen
Altersverteilung									
50–59	36	40	32	51	58	47	73	74	71
60–69	30	32	28	27	26	27	21	22	21
70+	34	28	40	22	16	26	6	4	8
Familienstand									
ledig	8	7	8	6	6	7	3	4	2
verheiratet	63	77	51	67	82	55	86	90	78
verwitwet	21	7	31	16	5	27	7	2	14
geschieden	9	8	9	10	7	12	4	4	5
Bildung									
Hochschule	9	12	6	4	5	3	3	3	2
Matura	9	12	8	2	3	4	4	2	2
ohne Matura	51	58	46	7	27	13	20	9	3
Pflichtschule	31	18	41	89	65	80	73	86	93
Erwerbsstatus									
erwerbstätig	24	33	17	41	47	36	33	42	20
arbeitslos	4	6	2	9	12	5	16	22	8
in Pension	67	61	72	43	38	47	32	33	29
Haushalt	5	0	8	6	1	10	16	2	37
sonstige	1	1	1	2	2	2	3	2	6
Stellung im Beruf[*)]									
Selbstständiger	13	16	11	4	4	3	4	5	4
Angestellter	53	47	59	23	20	26	17	16	20
Beamte	13	13	12	1	1	2	0	0	0
Facharbeiter	9	13	4	14	21	5	13	16	8
angelernte Arbeiter	8	7	9	27	28	27	19	19	17
Hilfsarbeiter	4	3	6	32	27	37	46	44	50

[*)] nur Erwerbspersonen
Quelle: Volkszählung 2001; ISIS-Datenbank

Mein Dank gilt

der Stadt Wien, im Speziellen jenen Stellen, die die Finanzierung der beiden Projekte „Senior-Plus" und „Aktiv ins Alter" sicherstellten, in deren Rahmen die diesem Buch zugrundeliegenden Feldforschungen durchgeführt werden konnten (MA 47 und Bereichsleitung für Gesundheitsplanung und Finanzmanagement), dem Wiener Integrationsfonds sowie den Projektträgern Verein Sozial Global und Wiener Sozialdienste; Filiz Tietze, die die erste Forschungskonzeption mit entworfen, und Ramiz Doğan, der darüber hinaus die Forschungstätigkeit über weite Strecken begleitet hat; Hanife Anil, Filiz Doğan, Samira Kadić und Jelena Radosavljević-Petrović, die einen großen Teil der eigensprachlichen Interviews getragen haben; Rossalina Latcheva und Lisa Donat für ihre kompetente wissenschaftliche Projektmitarbeit; den Studierenden, die im Rahmen des Forschungslabors am Institut für Soziologie der Universität Wien an der Durchführung innovativer Kleinprojekte mitwirkten, die die Feldforschung wertvoll ergänzten; den Mitarbeiterinnen und Mitarbeitern der mit dem Forschungsprogramm verbundenen Einrichtungen für ihre Bereitschaft, das Vorhaben zu unterstützen; sowie allen Personen, die zu einem Interview bereit waren und damit wesentlich zu einem differenzierten Bild der Lebenslage älterer Migrantinnen und Migranten beigetragen haben.

Manfred Oberlechner (Hg.)

Die missglückte Integration?

Neu!

Wege und Irrwege in Europa

Sociologica, Band 10

Braumüller 2006. Kart. ca. 280 Seiten. ca. € 26,90
ISBN 3-7003-1573-2 (ISBN 978-3-7003-1573-5)

Österreich glaubt bislang an die Assimilation, die Niederländer verfolgten bis Ende der 90er-Jahre den multikulturellen Ansatz der Integration unter Beibehaltung der eigenen Kultur, die Befürworter der französischen Assimilationspolitik sind nach Aufständen in den Banlieues französischer Großstädte ratlos. Die europäischen Integrationspolitiken stehen vor einem Kurswechsel: War der multikulturelle Zugang ein Fehler? Ist der assimilatorische Ansatz gescheitert? Oder lassen sich beide Konzepte reformulieren? Theorie und Praxis der Integrationsarbeit verknüpfend, stellt dieser Sammelband Kernfragen zur Integrationspolitik im Ländervergleich.

WILHELM BRAUMÜLLER

Universitäts-Verlagsbuchhandlung Ges.m.b.H.
A-1092 Wien, Servitengasse 5; Telefon (+43 1) 319 11 59, Telefax (+43 1) 310 28 05
E-Mail: office@braumueller.at http://www.braumueller.at

Von Christoph Reinprecht ist ebenso erschienen:

Hilde Weiss

Nation und Toleranz?

Empirische Studien zu nationalen Identitäten in Österreich

Mit einem Beitrag von Christoph Reinprecht

Sociologica, Band 8
Braumüller 2004. Kart. 186 Seiten. € 24,90
ISBN 3-7003-1481-7

Sind Nation und Toleranz ein Widerspruch? Auf welches Nationsverständnis stoßen Minderheiten in Österreich? Wird Antisemitismus geringer und ist Ausländerfeindlichkeit eine Form von Rassismus?

WILHELM BRAUMÜLLER

Universitäts-Verlagsbuchhandlung Ges.m.b.H.
A-1092 Wien, Servitengasse 5; Telefon (+43 1) 319 11 59, Telefax (+43 1) 310 28 05
E-Mail: office@braumueller.at http://www.braumueller.at